国家治理丛书

维新中国
——中华人民共和国经济史论

王曙光　王丹莉　著

2019年·北京

图书在版编目(CIP)数据

维新中国：中华人民共和国经济史论 / 王曙光，王丹莉著. — 北京：商务印书馆，2019
(国家治理丛书)
ISBN 978-7-100-16480-1

Ⅰ.①维… Ⅱ.①王… ②王… Ⅲ.①中国经济史－研究－中国－1949- Ⅳ.①F129.7

中国版本图书馆CIP数据核字（2018）第189239号

权利保留，侵权必究。

国家治理丛书
维新中国
——中华人民共和国经济史论
王曙光　王丹莉　著

商　务　印　书　馆　出　版
（北京王府井大街36号　邮政编码 100710）
商　务　印　书　馆　发　行
三河市尚艺印装有限公司印刷
ISBN 978-7-100-16480-1

2019年1月第1版　　开本 710×1000　1/16
2019年1月第1次印刷　　印张 30

定价：98.00元

国家治理丛书编委会

主编

陆　丹　三亚学院校长 教授
丁　波　商务印书馆文津公司总编辑
何包钢　澳大利亚迪肯大学国际与政治学院讲座教授

编委（按姓氏笔画排序）

丁学良　香港科技大学社会科学部终身教授
王　东　北京大学哲学系教授
王绍光　香港中文大学政治与公共行政系讲座教授
王春光　中国社会科学院社会学所研究员
王海明　三亚学院国家治理研究院特聘教授
王曙光　北京大学经济学院教授 北大产业与文化研究所常务副所长
丰子义　北京大学哲学系教授 中国人学学会会长
韦　森　复旦大学经济学院教授
甘绍平　中国社会科学院哲学所研究员
田海平　北京师范大学哲学学院教授
孙　英　中央民族大学马克思主义学院院长 北京高校特级教授
孙正聿　吉林大学哲学系终身教授

任　平	苏州大学校长助理 博研导部教授
仰海峰	北京大学哲学系教授
朱沁夫	三亚学院校长助理 科研处处长 教授
刘　继	国浩律师（北京）事务所主任 合伙人
刘建军	中国人民大学马克思主义学院教授 教育部长江学者特聘教授
刘剑文	北京大学法学院教授 财税法研究中心主任
刘晓鹰	三亚学院副校长 教授
刘敬鲁	中国人民大学哲学院教授 管理哲学研究中心主任
江　畅	湖北大学高等人文研究院院长 教育部长江学者特聘教授
安启念	中国人民大学哲学院教授
李　强	北京大学政府管理学院教授 北京大学校务委员会副主任
李　强	商务印书馆编辑
李　伟	宁夏大学民族伦理文化研究院院长 教授 原副校长
李炜光	天津财经大学财政学科首席教授
李德顺	中国政法大学终身教授 人文学院名誉院长
张　帆	北京大学历史学系主任 教授
张　光	三亚学院财经学院学术委员会主任 教授
吴　思	三亚学院国家治理研究院研究员 原《炎黄春秋》杂志总编辑
陈家琪	同济大学政治哲学与法哲学研究所所长 教授
杨　河	北京大学社会科学学部主任
罗德明	美国加州大学政治学系教授
周文彰	国家行政学院教授
周建波	北京大学经济学院教授
郑也夫	北京大学社会学系教授
郎友兴	浙江大学公共管理学院政治学系主任 教授
柳学智	人力资源和社会保障部中国人事科学研究院副院长 教授
胡　军	北京大学哲学系教授

郝立新	中国人民大学校长助理 马克思主义学院院长 教授
赵汀阳	中国社会科学院哲学所研究员
赵树凯	国务院发展研究中心研究员
赵家祥	北京大学哲学系教授
赵康太	三亚学院学术委员会副主任 教授 原海南省社会科学界联合会主席
赵敦华	北京大学哲学系教授 学术委员会主任
钟国兴	中共中央党校教授《学习时报》总编辑
姚先国	浙江大学公共管理学院文科资深教授
姚新中	中国人民大学哲学院院长 教育部长江学者讲座教授
顾　昕	北京大学政府管理学院教授
顾　肃	南京大学哲学与法学教授
钱明星	北京大学法学院教授
郭　湛	中国人民大学哲学院教授
高兆明	南京师范大学哲学系特聘教授
高全喜	北京航空航天大学法学院学术委员会主任 教授
高奇琦	华东政法大学政治学研究院院长
唐代兴	四川师范大学伦理学研究所特聘教授
谈火生	清华大学政治学系副主任 清华大学治理技术研究中心主任
萧功秦	上海师范大学人文学院历史学系教授
韩庆祥	中共中央党校副教育长兼科研部主任
焦国成	中国人民大学哲学院教授
熊　伟	武汉大学财税法研究中心主任 教授
蔡　拓	中国政法大学全球化与全球问题研究所所长 教授
樊和平	江苏省社会科学院副院长 东南大学人文社会科学学部主任 教育部长江学者特聘教授
戴木才	清华大学马克思学院长聘教授

作者简介

王曙光,山东莱州人,北京大学经济学院教授、博士生导师,北京大学产业与文化研究所常务副所长,兼任三亚学院国家治理研究院研究员。先后获北京大学经济学学士、硕士和博士学位,1998年留校任教至今。已出版著作《中国农村》、《天下农本》、《问道乡野》、《普惠金融》、《农行之道》、《告别贫困》、《金融减贫》、《金融伦理学》、《金融发展理论》、《乡土重建》、《草根金融》、《农村合作医疗与反贫困》、《农村金融学》、《金融自由化与经济发展》、《经济学反思札记》等二十余部,发表经济学论文百余篇。

王丹莉,内蒙古赤峰市人,先后获北京大学经济学学士、硕士和博士学位,2006年进入中国社会科学院当代中国研究所经济史研究室,从事中华人民共和国经济史研究,现任副研究员。主要研究领域为中华人民共和国财政史、农村经济史。曾在《中国经济史研究》、《中国社会经济史研究》等核心期刊发表论文二十余篇,并出版专著《银行现代化的先声——中国近代私营银行制度研究(1897—1936)》等数部,参与中国社会科学院创新工程《中华人民共和国经济史》的研究,并参与编纂《中华人民共和国史编年》。

内容简介

本书是作者研究中华人民共和国经济史的三部曲系列著作（包括《维新中国》、《计划中国》、《复兴中国》）中的第一部，其宗旨是从宏观的经济制度变迁史的视角，对中华人民共和国近七十年的经济发展和制度探索进行理论上的系统梳理。本书以系列专题的形式，对新中国的经济过渡和社会主义改造、合作化与人民公社化运动、社会主义计划经济体制的探索与演变、新中国工业化的路径选择与结构演进等重大问题进行了深入的理论解析，对中国特色社会主义和中国模式的内涵与争议进行了全方位的深入探讨，从"制度—目标—路径—文化"四维视角全面剖析了新中国制度变迁的内在逻辑。

再现、反思与多元融合
——经济史学方法论刍议①
（代序）

一、历史学：再现与反思

"爸爸，告诉我，历史有什么用？"身为历史学家的布洛赫先生听到儿子的这个看似简单实则深刻的提问之后，没有等闲视之，他决定用一本书来回答儿子的问题，于是就写下了《为历史学辩护》②这本书。自然，作为过去的事实的"历史"与研究过去事实从而形成系统的知识体系的"历史学"是两个完全不同的概念。布洛赫儿子的提问，既涉及对"过去的事实"即"历史"的作用的质疑，也涉及对"对过去的事实的系统理解"即"历史学"的作用的质疑。

对"过去的事实"怀有探究的兴趣，这恐怕是很多人（即使不是所有人）与生俱来且发自衷心和本能的一种爱好。但是对于不同的人而言，这种发自衷心和本能的爱好所指向的目的还是有所差异。有些人试图了解"过去的事实"，目的是为了单纯的娱乐（或曰"历史的享受"）。我们需要在此强调，追求在"过去的事实"中获得娱乐或享受并不是一个低下的企图，满足好奇心并获得娱乐或享受（甚至共鸣）原本亦应是历史学存在的严肃理由之一。而另一些人试图了解"过去的事实"，则是希望获得系统的关于过去的图景，以此来认识过去的

---

① 本文发表于《北京大学学报（哲学社会科学版）》2017年第2期。
② 马克·布洛赫：《为历史学辩护》，张和声、程郁译，中国人民大学出版社2006年版。

时空中人类的轨迹。这种系统的图景的发掘和探究,实际上是一种科学的工作,用以产生系统化的知识,而这种知识可以被"证实"或被"证伪"。

上述两类对于历史学的功用的理解,在历史学的修辞和写作上就形成了两个截然不同的派别。前者旨在发掘历史中精彩的具有故事性与传奇性的部分,并以此作为历史写作的宗旨。古代希腊的历史学家和古代中国的历史学家都是这方面的能手,他们撰写和发掘"故事"的能力如此强大,以至于两千多年过后,人们还对希罗多德描写的希腊战争故事和司马迁叙述的楚汉战争故事津津乐道,神往不已。

而后者则旨在产生"系统化"的知识。这种系统化的知识,并不在于揭示"过去的事实"中的一些引人入胜的细节,如特洛伊木马或者鸿门宴的故事所展示的那样,而在于获得对历史的一种规律的理解。在这种历史的修辞学当中,文学的、艺术的、情感的、人性的、伦理的描述,被迫让位于科学的、严谨的、逻辑的描述,这种描述所产生的知识,在某种意义上与其他任何科学领域所产生的知识一样,具有"可证伪性"。而"可证伪性",在波普尔主义观点看来,即是科学的唯一特征。

由此看来,前者的历史学修辞的特征在于还原历史的细节,满足人的好奇心理;而后者的历史修辞学的特征在于历史规律的探寻,以满足人对历史发展轨迹的探求的欲望。前者的目的在于"再现"历史("过去的事实"),而后者的目的则在于"反思"历史("过去的事实背后所蕴含的规律")。

二、历史与历史哲学

所有历史学的修辞和写作不外乎出于以下的动机:一是文学的动机,就是试图再现和还原历史的整体的故事性的细节,以满足人

再现、反思与多元融合——经济史学方法论刍议（代序）

的好奇心和享受的需求；二是伦理的动机，即从历史的描述和梳理中，确定人类的伦理原则和道德标准，从而既对历史上的事件与人物进行道德上的判断和裁定，又为未来的人类生活确定伦理的标杆和判断善恶的根据。在这种动机的指引下，历史学本身成为承载人类道德追求的载体和工具；三是社会的动机，即历史学的研究，最终体现为对现实中人类的政治、社会、经济生活提供有益的帮助和借鉴，历史学在这种动机的指引下，成为一门有着实际价值（使用价值，世俗价值）的学科，而不是仅仅具有娱乐和享受的功能，如同任何社会科学和自然科学一样，历史学可以被用来建构人类的经济、社会和政治生活，从历史学中寻找当下行动的依据和智慧；四是科学的目的，即历史学的研究最终是为了建构一整套科学话语体系，是为了通过对过去时空中的事件和人物的描述，获取可供验证的系统化的知识体系。应该说，历史学家的这四种动机，都是应该被尊重和理解的。

如果对人类在过去时空中的行动仅仅如同录像机一样再现出来，那么历史学家的这一使命似乎永远没有完成的时刻，甚至即使在历史学家完成这一使命的时刻，这一"使命的完成"立刻成为没有意义的行动。事实上，完全的"再现"历史，是一种不可能的行动。对于任何历史事实，不管它是如何微观和局部的，即使这个历史事实发生在昨天，也难以用任何手段完全进行录影般地再现。每个人都被自己的时间、空间、知识的局限、技术手段的局限、判断力的局限等条件所限制，从而根本难以对任何历史事实进行完全意义上的"再现"和"还原"。因此，当历史学家面对自己手中的工作的时候，一方面，他当然必须有绝对的信心和勇气去努力拼凑"过去的事实"，另一方面，却不能以过度的自负自称已经完全掌握了"过去的事实"。历史学家在福柯所谓的"知识考古学"的背后，不仅需要对现有知识的系统的"考古"，进行针对"过去的事实"的辨析和挖掘，而且还需要有哲学家的意志，要对所有已经浮出水面的事实进行形而上的"解释"。他还要精通"解释学"，善于运用自己的理性，基于过去的事实而建构一个形而上的观念世界。

这样一个基于历史事实而建构出的形而上的观念世界，当然是因人而异的。每个人的知识体系不同，经验世界不同，其所构建出来的关于"事实世界"的模型——即"观念世界"——就必定是不同的。李大钊1920年在他给北京大学开设的《史学思想史》课程中，就清晰地表达了这一点：

> 实在的事实是一成不变的，而历史事实的知识则是随时变动的；记录里的历史是印版的，解喻中的历史是生动的。历史观是史实的知识，是史实的解喻。所以历史观是随时变化的，是生动无已的，是含有进步性的。同一史实，一人的解释与他人的解释不同，一时代的解释与他时代的解释不同，甚至同一人也，于同一史实的解释，昨日的见解与今日的见解不同。此无他，事实是死的，一成不变的，而解喻则是活的，与时俱化的。①

对过去的历史事实的解喻，本质上是一件哲学工作。所谓历史哲学，就是对历史的一种系统性的形而上的哲学反思。历史哲学一词，是18世纪法国启蒙运动的著名思想家伏尔泰（1694—1778）最早使用的，意谓人们对于历史不应只以堆积史实为能事，还应达到一种哲学的高度。②黑格尔在他的《历史哲学》一书中，把观察历史的方法分为三种：原始的历史、反省的历史、哲学的历史。原始的历史，即历史学家"简单地把他们周围的种种演变，移到精神观念的领域里

---

① 李守常（李大钊）：《史学要论》，商务印书馆1999年版，第4页。
② 孔繁：《历史哲学引论》，甘肃人民出版社2007年版，第2页。

去"。原始的历史,也就是本文所说的以追求再现历史事实为目的的历史学传统和方法。反省的历史,即历史学家运用他们自己的精神来从事史料加工和整理的工作,此时历史学家在"叙述各种行动和事实的意义和动机时,他所依据的若干原则,以及决定他的叙事方式的若干原则,是特别重要的"。每个历史学家都运用自己的原则,融合时代的精神原则,试图对历史作出超越时代的一种"普遍的反省"。历史学家还对历史的叙述本身进行"批判性的反省",这是一种黑格尔所说的"历史的历史",是对各种历史记述的一种批判和对于它们的真实性和可靠性的一种审查。哲学的历史,则是历史学家运用自己的理性,对历史进行形而上的抽象和概括。黑格尔宣称,"哲学用以观察历史的惟一的'思想'便是理性这个简单的概念。'理性'是世界的主宰,世界历史因此是一个合理的过程";"'理性'是万物的无限的内容,是万物的精华和真相。……它既然是它自己的生存的惟一基础和它自己的绝对的最后的目标,同时它又是实现这个目标的有力的权力,它把这个目标不但展开在'自然宇宙'的现象中,而且也展开在'精神宇宙'——世界历史的现象中"。在这种"哲学的历史"的方法论指引下,"历史是精神的发展,或者它的理想的实现"[①]。黑格尔所说的"反省的历史"和"哲学的历史",对后世历史学家的治史方法有很大影响。1951年,沃尔什(W. Walsh)在《历史哲学导论》中正式提出"思辨的历史哲学"和"批判的历史哲学"之分,在我看来,所谓"思辨的历史哲学",即是黑格尔所说的"哲学的历史",而"批判的历史哲学",即是黑格尔所说的"反省的历史"[②]。

"思辨的历史哲学",或者"哲学的历史",其隐含的方法论假定

[①] 黑格尔:《历史哲学》,王造时译,上海世纪出版集团、上海书店出版社2001年版,第1—9页。

[②] 参见布莱德雷:《批判历史学的前提假设》,何兆武、张丽艳译,北京大学出版社2007年版,第VII—VIII页。

是，历史是有规律的，而且历史的规律是可以被哲学地认知的。在维柯、孔德、康德、赫德尔、黑格尔以及马克思等人的眼里，历史是一个有规律地、合目的地从低级向高级发展的有机的整体过程，这个过程可以被哲学所认知，历史研究的思维活动能够建构具有哲学意义的概念判断体系。这种理念和方法论，洋溢着启蒙运动以来思想家们的一种强大的自信，他们坚信人类进步的信念，这与其说是一种事实，毋宁说是一种理想或信仰。他们都试图对整个人类的发展历史提出一种带有普遍性、整体性的假说，构建一个庞大的无所不包的人类发展理论，这种假说和理论也就是一个理想的模型，以此来解释人类的发展演变规律。

然而这种信念受到了挑战。波普尔反对这种"历史主义"的观点和方法论，在他看来，历史主义者所持有的"历史进程遵循着客观的必然历史规律"的信念以及"社会科学的任务是预测历史发展"的功能观，都是错误的。在他的《历史决定论的贫困》中，波普尔认为，那种所谓的"人类历史中包藏的秘密的计划"，即根据上帝的主宰意志、黑格尔的绝对精神、历史的客观规律等等所推论出来的人类发展的普遍规律，是一种自欺欺人的说法。波普尔反对"对历史的神化"，他认为"我们必须摒弃理论历史学的可能，即摒弃与理论物理学相当的历史社会科学的可能性。没有一种科学的历史发展理论作为预测历史的根据"[①]。

三、历史学：科学还是艺术

尽管由于波普尔对历史决定论的讨伐使得历史学家对于那种"人

---

① 卡尔·波普尔：《历史决定论的贫困》，杜汝楫、邱仁宗译，华夏出版社1987年版，第1页。

类有规律地、合目的地从低级向高级发展的有机整体过程"的乌托邦式的历史观开始保持相当的警惕和反思,事实上,绝大多数历史学家已经放弃了这一信念,然而这并不是说对于历史的"哲学反思"是没有可能和必要的,也并不是否定历史理论本身,只是这种历史的哲学反思与历史理论不能与自然科学的规律简单地类比。历史的哲学反思,一方面需要从已知的历史事实中进行归纳,对那些经验事实的内在联系和一致性进行分析和梳理,这是培根所提倡的"归纳法"的工作;另一方面,历史的哲学反思还需要更进一步地依靠历史学家的理性,通过创造系统的哲学概念,来对经验事实的规律进行进一步的抽象和概括,这是笛卡尔所倡导的"演绎法"的工作,以求"历史的哲学反思"获得更加一般化、普遍化的结论。那些经过归纳法和演绎法的研究之后而获得的历史理论(或者说模型),如同自然科学一样,可以被其他研究者证伪,即具有自然科学一样的可反驳性和可证伪性,因而从这个意义上来说,历史学的研究也是一种科学研究,而不是神学的、宗教的、诗歌式的、不可证伪的研究。

19世纪以来,对于科学主义的盲目崇拜,使任何一个学科的科学工作者都被这样一种观点所俘虏和支配,即任何一种研究,假如没有达到几何学一般的精确的地步,就没有资格称为科学。笛卡尔在《探求真理的指导原则》中说:"探求真理正道的人,对于任何事物,如果不能获得相当于算术和几何那样的确信,就不要去考虑它。"① 这种唯科学主义的态度,以自然科学的研究范式要求所有科学研究,已经给其他科学领域的发展尤其是人文社会科学领域的发展造成了极其严重的影响,其中当然也包括历史学(当然也不幸地包含了经济学和伦理学等学科)。这种影响到现在还根深蒂固,以至于很多社会科学工作者仍在其研究工作中以模仿和复制自然科学工作者的范式为荣,以

---

① 笛卡尔:《探求真理的指导原则》,管震湖译,商务印书馆1991年版,第8页。

使自己的研究从形式上与那些自然科学的"表亲"相貌似,唯有如此,社会科学工作者才会自我安慰,认为自己在做同自然科学具有同样价值的"科学"研究。每一个学科都愿意自称为"科学",如历史科学、经济科学、道德科学,唯恐被那些自然科学的"表亲"所蔑视和抛弃。

历史学是一门艺术还是一门科学的争议,由来已久。在希腊时代,"历史知识理论"(historik)被安排在"历史艺术"(ars historia)的标题之下。而到了19世纪,甚至到了20世纪初期,历史学家"似乎已完全沉溺于孔德的自然科学概念。这种迷人的先验图式侵袭了思想的每一个领域,人们似乎以为,如果最后不能通过直接的、雄辩的证明,达到以至高而普遍的规律为形式的十分确切的公式,就算不上真正的科学"[①]。而另一些历史学家则坚持相信,"即使一门学问不具备欧几里得式的论证或亘古不易的定律,仍无损于其科学的尊严。我们发现,还是将确定性和普遍性视为'度'的问题更为妥当。我们感到,没有必要再把从自然科学那里引进的一成不变的思维模式强加给每一门知识。因为即使在自然科学界,这种模式也不再畅通无阻了"[②]。

实际上,历史学应该是科学与艺术的统一体。布洛赫对此打了一个比方:"表述自然界的语言与反映人类现实的语言之间是有差异的,这类似于操作钻床的工人和制造鲁特琴的匠人之间的差别,两者的工作都精确到以毫米为单位,但钻工使用精密的工具,匠人则主要凭借他的听觉和触觉。假如钻工效法工匠的经验和方法,或者工匠模仿钻工的做法,都将是不明智的。"[③]布洛赫的前一句话是对的,科学家更注重精确性,而艺术家的工作则要依靠直觉。但是他的后一句话说得太绝对了,事实上,科学发展到今日,我们应该清晰地看到,科学家从艺术的直觉中获得的创新灵感正在日益增多。艺术和科学,只是人

[①] 马克·布洛赫:《为历史学辩护》,张和声、程郁译,第11页。
[②] 马克·布洛赫:《为历史学辩护》,张和声、程郁译,第13—14页。
[③] 马克·布洛赫:《为历史学辩护》,张和声、程郁译,第22页。

类认识自身规律的两种不同的手段而已，是可以融合的，而不是互相排斥的。以科学来绝对地排斥艺术，则历史科学就会陷入盲目的数学形式主义，丧失真正的对于历史的洞察。而以艺术来绝对地排斥科学，则历史科学就会变成丧失理性的呓语。

四、史料/史实的辨析

史料是历史工作者的基础。史料的面目纷繁多样，有些史料是所谓"有意的史料"，那是作者们有意留下的以供时人或后人参考的历史资料，比如各种著述、回忆录、公开报道等，这些"有意的史料"尽管非常重要，但是其真实性需要历史学家作详尽的考证。另一类史料是一些所谓"无意的史料"，比如各种档案、私人年谱、各类信件、家谱、教堂人口资料、地方史志、民间婚约、各类民间契约和交易文件、法庭判例文件、历史图片和碑帖等，这些文献，并不是人们故意写作的成果，而是无意留下的历史痕迹。"无意的史料"受到当今的历史学家的推崇，因为这些史料在可靠性上要远远胜过那些"有意的史料"，但是并不是说这些"无意的史料"就一定是可以随意拿来使用而保证没有任何可疑之处的东西。只是相对于"有意的史料"而言，这些"无意的史料"更能反映在历史的真实场景中人类的真实行动，这些行动被固定在一定时空中，较少受到后来的人们的修改、润饰甚至伪造。

近年来，史学界对于"无意的史料"的挖掘获得了丰富的成果，尤其是那些原本散落在民间的各种素材，在以往的历史学家那里也许是不屑一顾的，然而在今天的历史学家那里却大放异彩。相比于西方对"无意的史料"的挖掘工作，我国历史工作者所面对的史料的丰富性和多元性还逊色许多。但是，在挖掘民间史料方面，我国历史工作者所面临的空间可以说极其广阔，有着非常灿烂的远景。大量的民间历史资料，即使是三十年、五十年前的材料，都是无比珍贵的，但是我们对这些材料的深入挖掘、收集、保护和系统的研究还远远没有开始。20世纪五六十年代的人口变化资料、农业生产和分配的资料、人民公社时期的各种档案、土地数据、企业在历次变革中的各种微观数据和材料，大部分还沉睡在农村和企业的各个角落，那些账本、地契、人口档案、交易文件、政府批示等，都隐含了大量的关于时代的信息，有待于历史学家的系统的科学整理工作。口述史的工作在中国还没有得到应有的重视，村庄的史料工作仅仅在个别历史学家那里获得了令人尊重的成果，而空白还有很多。

历史学家获得史料的方法各不相同。有人将东西方不同的史学传统概括为"行"和"坐"。西方的史学传统更重视"行"。当希罗多德撰写《历史》(《希腊波斯战争史》)和修昔底德撰写《伯罗奔尼撒战争史》时，他们往往亲自到各个地方游走，与各种人交谈，探访种种遗迹，采集各种史料，加以比较分析，从而作为他们撰写历史的素材。中国有漫长的史官传统，远在周朝，我国就有了比较完善的史官制度，各地的诸侯国根据周天子的要求，把各种历史记录和文献资料交到"中央"，然后再由史官将这些材料加以整理加工，从而形成历史。各个诸侯国也都有自己的史官，以同样的方式记载本国的历史。春秋战国时期的所谓"百国《春秋》"即是各国之史书，孟子和墨子都曾提到过（惜除鲁国《春秋》外，其余大多散佚）。后来史官制度逐步完善，司马迁及其父亲作为最优秀的史官的代表，在历史的记录和整理上做出了卓越的贡献。看起来，我国的史官制度偏于"坐"，作为"太史公"，司马迁似乎只需要坐在"国史编撰办公室"里整理国家档案馆（即司马迁所谓"石室"、"金匮"也）的文献就可以了，实际上并不尽然。在《史记·太史公自序》中，司马迁记述了自己年轻时游历天下的经过："二十而南游江、淮，上会稽，探禹穴，窥九疑，浮于沅、湘；北涉汶、泗，讲业齐、鲁之都，观孔子之遗风，乡射邹、峄；厄困鄱、薛、彭城,过梁、楚以归。于是迁仕为郎中,奉使西征巴、蜀以南,南略邛、筰、昆明,还报命。"从这个游历记录来看,司马迁的足迹几乎遍及半个中国,在当时交通不便的条件下,这样的游历成就实在是惊人的,远远超越了希罗多德的游历范围。没有这样的"行",而只是依赖于"坐"观现有的文献,太史公是断然写不出"通古今之变,成一家之言"的皇皇《史记》的。而且,《诗经》时代之"采风"之官,即专职周游各地进行文献民风之采集工作,此种工作,亦是积极的"行"的史料收集工作,不是消极的"坐"以待之。

因此,"行"和"坐"不是绝对对立的,而是要相互补充。"坐"意味着文献的搜集和辨析,而"行"意味着历史学家不满足于已有的文献,而迈向更广阔的天地,以自己丰富而扎实的田野工作,不仅获得更多的"无意的史料",获得更鲜活的历史素材,而且获得更富有直觉的"历史感"和"现场感"。每个历史学家,都需要训练这两种能力,即搜集现有文献的能力和运用田野工作获得历史素材的能力。我们的历史学家,有时候偏于依赖"坐"的功夫,这当然是一项极其重要的工作,然而我们还要有强大的"行"的能力,以主动的姿态去行动,而每一分行动,都会获得丰厚的回报。

"行"与"坐"的融合,目的是为了"史料的多元化"。王国维所倡导的"两重证据法"(把现有文献与地下文物相结合)、陈寅恪所倡导的"诗史互证",实际上都在提倡一种多元史料的方法论。不过,这两种方法还是比较初步的史料运用方法。中国存在的大量的民间谱牒、契约、史志、村庄文书档案等,与现有的政府档案、官修年谱等,都可以互相参证,历史工作者只有能够充分运用这些多元化史料,才能获得一种全面的、生动的历史图景。

但是,即使历史学家面对的史料看起来极其丰富,也不要过于自信。阿克顿勋爵当年曾经自豪地宣称,鉴于欧洲档案的开放,"全部资料"都可以获得,一切历史问题都将得到解决,建立"终极"的和"完善"的历史学的时代已经为期不远。^①这种观点现在看来过于乐观而显得有些幼稚。事实上,一方面史料是无穷无尽的,也是面貌各异的,多元化的史料会给历史学家以丰富的启示;另一方面,即使假定历史学家可以获得"全部资料",也并不意味着现有的"历史问题"可以获得一劳永逸的解决,因为即使面对"全部资料",历史学家的理性和判断力的差异也会使出现一门"终极"的和"完善"的历史学成为一件不可能的事。"无穷的史料的多元性"与历史事实本身的"无穷可解释性"的并存,使得历史学将永远是一项不可能达到终极完成的事业,而唯其如此,历史学才显示出作为一门复杂科学的独特魅力。

面对史料,需要一番批判性的考据的工作。批判性(critical)本身就具有"考据"的意义。乾嘉学派的考据功夫与西方史学家面对史料的批判和质疑在精神层面是一致的,即都将现有的文献和史料放在审判台和解剖台上,加以冷静的、客观的、深刻的审判与解剖,以去伪存真。汤因比认为,即使面对政府公布的档案文件,也不可先验地认为其就是客观的证据,问题不仅在于"对大量资料的主观选择,而且在于它所没有提供的资料"^②。史家对于各种材料必须下一番精鉴的功夫,即所谓考据的功夫,即使对于自信最为可靠之证据,也要有质疑的精神。梁启超曾在《中国历史研究法》中提到他自己的一个案例:

> 明末大探险家、大地理学者徐霞客,卒后其挚友某为之作墓志,宜若最可信矣。一日吾与吾友丁文江谈及霞客,吾谓其曾到西藏,友谓否;吾举墓铭文为证,友请检《徐霞客游记》共读,

---

① 姜芃主编:《西方史学的理论和流派》,中国社会科学出版社 2007 年版,第 5 页。
② 汤因比:《汤因比论汤因比》,王少如、沈晓红译,上海三联书店 1997 年版,第 27—28 页。

乃知霞客虽有游藏之志，因病不果，从丽江折归，越年余而逝。吾固悔吾前此读游记之粗心；然为彼铭墓之挚友，粗心乃更过我，则真可异也。①

与传主最为亲近之挚友亦不免在史料中犯如此严重如此明显之错误，则历史学家面对浩瀚史料时所遭遇的凶险状况就可想而知了。中国文献繁多，其中作伪者亦不在少数，因此使用任何史料，均应该持质疑批判之态度，否则易为史料所陷误。如果把历史学家分成三派：信古、疑古、鉴古，那么纯粹的信古派和一味的疑古派都不可取，而应该做一个"鉴古派"。

五、历史的量化方法

在传统史学的"舞台"上扮演主角的是帝王将相，上演的主要"事件"是那些被人们认为具有特殊重要性的征战、宫廷政变以及国家之间的外交活动，而对于整个社会的变动、经济的发展等现代史学家认为重要的问题，反而不予重视。这诚然一方面是由古代的"编年体"的撰写历史的方法所决定的，但另一方面，却也真实地反映了传统史学时代历史学家对历史的一种偏狭的理解。在传统史学家看来，历史是由"大事件"组成的，而"大事件"是由"大人物"所左右和创造的，因而把帝王将相置于历史的核心就不足为奇了。而现代历史学家所做的工作，恰恰是不仅试图理解这些煊赫的"大事件"和"大人物"，而且更是要深刻洞察决定整个时代演变或革命的背后的因素，这些背后的因素，是由无数微小的没有留下名字的个体所呈现和演绎的，他们隐藏在历史的幕后，却是影响历史的真正的力量。这个庞大

---

① 梁启超：《中国历史研究法》，中国华侨出版社2013年版，第81页。

的隐藏在历史背后的个体群落,往往构成一种看不见的伟大的力量,推动着历史的变动甚至革命。

虽然这些微小个体的生活偶尔会以小说或者诗歌的形式呈现出来,如同我们在中国的传奇小说或者演义中所读到的那样,然而这些小说语言却难以被历史学家用以进行历史的叙述。但是,这无数微小的个体仍旧以"群体"的形式留下了人类历史的诸多深刻的印记,这些印记有些通过器物的形式展现出来,考古学家通过地下文物的发掘,可以真实地描述古代这些无名的人类的伟大的物质创造;这些印记有些通过"数字"的形式展现出来,从而为我们勾画了一幅比较清晰的历史的轨迹,使历史学家可以通过这些数字,描述一个更广远的时空中所发生的"故事"。这些数字尽管泯灭了无数个体的"个性",却体现了无数个体的"共性"和"一致性"。正是在这种意义上,历史学家运用统计学和计量学的方法对无数个体的"共性"的描述才是可能的和有意义的。希克斯在其《经济史理论》中这样描述"个人"和"团体"以及统计学上的"一致性"在历史研究中的意义:

> 我们已经认识到的一个问题——我们一开头就应强调的一个重点——是把能够根据统计上一致性这个概念进行有益讨论的历史问题与不能那么做的历史问题区分开来。每一桩历史事件都有它独特的某一方面;但几乎总有另一些方面,它在其中只是一个团体(往往是一个很大的团体)中的一个成员。如果我们感到兴趣的是后面那些方面中的一个,那我们要予以注意的将是这个团体,而不是个人;我们将设法予以说明的是那个团体的平均数。我们可以允许个别与平均数有出入而不妨碍对统计学上的一致性的承认。①

---

① 约翰·希克斯:《经济史理论》,厉以平译,商务印书馆1987年版,第6页。

再现、反思与多元融合——经济史学方法论刍议（代序）

历史学家（尤其是经济史学家）在统计学和计量经济学的帮助下，获得了大量的研究成果，由此引发了一场史学上真正的革命。这场计量史学革命，为历史学家开拓了新的领地，打开了他们工作的新格局，使历史工作者不再仅仅关注那些传统史学中的"大事件"和"大人物"，而更注重发现大数据背后的更为强大的主导社会经济发展的力量，从而更容易洞察决定一个社会变动或革命的背后的深刻根源。这些只展现总量和团体的数字——人口和户籍、粮食产量及其结构、农民数量及其中佃农和自耕农的结构、土地的数量和拥有者的结构、各个产业的总量及其结构、货币发行量、借贷利率的变动、商品的价格变动、国家赋税和地租的规模及其结构、劳动者的报酬的变动、日常消费品的结构和数量、灾害的数量及其对生产规模和劳动力的影响、对外贸易的种类和数量——尽管丧失了个体化的细节和生动性，然而却展示出历史发展的更清晰的脉络。正如一位学者所描述的：计量历史学"与其说是对个别事实感兴趣的历史学，还不如说是对可以归纳为同类系列的成分感兴趣的历史学"[①]。20世纪50年代到70年代以来，法国的年鉴学派和美国的计量史学派，都为这场史学革命做出了卓越的贡献。[②]

我们既要充分肯定计量史学革命对历史学发展的重大意义，同时也要看到计量史学本身的局限性，并注意避免计量史学发展过程中的一些弊端。一些赞成量化历史学的人认为，量化方法能够使"历史数学化"，使历史更加与"科学"相像：

[①] 肖努：《序列史：总结和观点》（1970年版），转引自杰弗里·巴勒克拉夫：《当代史学主要趋势》，杨豫译，北京大学出版社2006年版，第104页。

[②] 彼得·伯克：《法国史学革命：年鉴学派1929—1989》，刘永华译，北京大学出版社2006年版，第48—59页。杰弗里·巴勒克拉夫：《当代史学主要趋势》，杨豫译，第104—110页。

维新中国

  有系统地搜集能以数量表示的文献资料以及应用计量手段，可以担保历史学的科学地位，并且带来了方法真正统一化的希望。他们认为，量化方法可以用于任何文化环境，任何时代，简直可以用于任何历史问题。因此，这些方法在理论上完全适合研究全世界的现代化过程。历史学者曾经用统计数字证实使用奴隶的经济体制的效率得失，用统计数字来构建前工业化时代与工业化时代的家庭生活模式，用统计数字追溯欧洲疾病对于新大陆土著居民的重大影响。他们希望，历史学者越多运用统计学技术，历史这门学问就越会与科学相像。量化方法被视为最理想的方法，因为它可确保态度超然而中立，可以让事实自己说话。简言之，它能把历史数学化。①

  然而这种希望把"历史数学化"的愿望，极容易导致历史学家走向另外一个极端，即过度依赖数字来进行判断，而没有认识到，如果没有使用正确的理论，那么单纯依赖数字往往会得出毫无意义甚至荒谬的结论。运用计量史学进行研究的核心是发现数字背后的人类行动规律，说明人类经济和社会活动之间的相互逻辑和因果关系，而不是"为数字而数字"；重要的是对人类活动的洞察，而不是那些数字本身。尤其是，当计量史学家试图运用一种"理论假设的先验公式"来分析这些数字背后的意义的时候，这种研究方法所蕴含的风险就更加严重。正如一位历史学家正确地指出的："运用计量经济学手段的经济分析……本身还没有足够的能力从因果关系上说明经济变革和经济发展的进程和结构。"②

---

 ① 乔伊斯·阿普尔比等：《历史的真相》，刘北成、薛绚译，世纪出版集团、上海人民出版社2011年版，第75页。
 ② 乔伊斯·阿普尔比等：《历史的真相》，刘北成、薛绚译，第95页。

再现、反思与多元融合——经济史学方法论刍议（代序）

美国计量经济史学的代表人物福格尔的两部著作《铁路与美国的经济增长》与《十字架上的岁月：美国黑人奴隶制经济学》（与斯坦利·恩格尔曼合作）所引发的巨大争议，典型地表明了计量史学本身所包含的方法论误区。《铁路与美国的经济增长》一书采用"反事实度量法"，对美国铁路建设在美国经济快速增长中的作用进行了研究，并对当时的主流思想提出了挑战。所谓"反事实度量法"（counterfactual measurement），就是假定历史上不曾发生某个事件或不曾发生某个事实，情况将会怎样？根据福格尔的计算，在1890年，如果美国全国的马车和帆船运输完全让位于铁路，所能增加的国民收入只抵当时美国年国民生产总值的4%—5%，对美国此后的经济增长，只有微末影响。也就是说，即便当时美国根本不建筑铁路，它的经济增长速度不过略微放慢一点而已，铁路对美国经济增长不是不可缺少的，甚至不是十分重要的。[①] 福格尔的研究方法和结论在学术界引起了巨大争议，福格尔的问题是他在1964年只研究了静态的铁路运输经济，而铁路对社会经济产生的复杂影响（包括直接和间接的影响）远远超出了铁路对单纯的国民产值的影响，不能用简单的新古典经济学概念来予以分析，除了铁路运输的经济影响之外，铁路对于人口、民族、文化和政治的影响亦十分巨大，从而间接地对经济产生巨大的影响。陈振汉先生对福格尔在方法论上的偏误进行了正确的评述：

> 所谓反事实度量法只是根据一些简单理论假设的逻辑推理，不能是研究历史的方法。福格尔正因为只是根据经济理论而不是从历史实际出发来研究铁路问题，所以不但看不见铁路的社会文化作用，而且连铁路的经济影响也不能全面考虑。[②]

---

① 陈振汉：《社会经济史学论文集》，经济科学出版社1999年版，第683页。
② 陈振汉：《社会经济史学论文集》，第683页。

反事实度量法的偏误在于，有些经济史领域的研究是不适于设置反事实的假定的，而且越是涉及社会、制度、政府、文化等方面的问题，情况就越是复杂，就越是不能忽略假设的前提是否成立这一关系重大的问题。历史现象是极其复杂的，运用简单的新古典经济学理论仅就其中的一两个因素进行计量并作出判断，其计量结果是很难令人信服的，有些甚至会得出荒谬的结论。

而福格尔运用新古典经济学理论和经济计量学方法所产生的另一项成果《十字架上的岁月：美国黑人奴隶制经济学》的结论更加惊动当时的学界。两位作者搜集了大量的原始历史材料，以大量的数据试图证明南方奴隶们的物质生活和身份地位不像人们想象的那样恶劣，并用新古典经济学的范畴和概念来分析和描述奴隶制经济，把当时种植场棉花生产的赢利完全归功于奴隶制的"高效率"和"生命力"，归功于奴隶主和奴隶双方的优越资本主义本质。这部学术界公认的失败的著作，完全不涉及社会伦理，不涉及社会群众心理，不涉及作为有知觉和有感情的人的奴隶，成为一部没有奴隶的"奴隶制经济史"，一部完全脱离了真实社会历史面目的"历史学"著作，这部著作的失败，直接标志着新经济史学革命的终结。即使是当年同情且积极倡导这场革命的一些经济史学家也改变了他们的研究方向，比如诺思。[①]

从计量史学革命的几十年历史来看，我们对历史的量化方法的利弊应该有一番冷静的判断。量化方法对历史研究的重大贡献在于突破了传统史学叙事的方法，而用坚实的数字和计量的方法对历史学进行了重新的构造。量化史学对于当代经济理论和社会理论的产生都有积极的影响，经济学家可以从纷繁芜杂的经济现象背后，经由庞大的数据，而发现潜藏着的经济规律，并构建相应的解释框架。但是计量本

---

① 陈振汉：《社会经济史学论文集》，第685页。

身只是一个手段和工具,对这种手段和工具的任何不切实际的夸大都极易导致灾难性的后果。计量史学方法如果没有正确的理论的引领,如果历史学家在应用计量史学方法的时候没有对那些不能量化但是有可能更为重要的因素(如制度、文化、宗教、法律、政策、伦理道德、社会习俗等)加以足够的重视和深入的研究,那么他们得到的结论便很难具有科学的性质,实际上,经由这样的计量史学而得到的结论,不仅不是科学的,而且有可能是荒谬的、反科学的。

六、多元方法的融合

1. 史论结合(经济史和经济理论的结合)

经济史学家的经济史研究,与传统史学家最显著之不同在于对经济学理论的有意识的应用,因而经济史和经济理论的结合是经济史学家研究的基本方法。熊彼特把历史、统计学和理论称为构成"经济分析"的三门学问,他特别重视经济史的研究,但熊彼特与德国历史学派的区别在于他不仅重视历史,而且重视经济学理论,即重视在历史研究中把理论当作合适的工具对历史事实和统计数据进行分析。同时,更进一步,经济史学家必须学会从现有的历史事实和统计数据中发现经济规律,塑造一种理论模型或者理论。在这个过程中,经济史学家的感性认识逐步上升到理性认识,所谓感性认识,就是经济学家根据自己的初步历史经验对经济现象各种共性(由不同名词和概念所代表的)之间的关系作出的想象、假定或假设;而所谓理性认识,则是这种想象经过在历史经验中反复检验、修正和补充之后形成的理论。假如没有这个自始至终的理论化的过程,那么任何历史经验也只能永远停留在原始的杂乱无章状态而不可能上升到理性阶段,成为理论模型。熊彼特所描述的模型塑造法,实际上是任何一个理论工作都必须做的工作,经济史学家尤其如此。[①]涂尔干、韦伯等社会学家所运用的"类型法",实质上也是同样的工作。门格尔把经济史和经济统计视为历史科学,而把经济学视为理论科学[②],实际上,经济学理论的产生与发展与经济史和经济统计是相辅相成的关系,而不是相互割裂的关系:经济理论固然在很多时候支撑着经济史和经济统计的研究,但是反过来经济史和经济统计的发展也催生了经济理论的诞生和发展。

但是在应用经济学理论进行经济史研究的过程中,要避免以经济史实削足适履地套用现存的经济理论,避免对经济理论的滥用和误用。简单地搬用经济理论而对自己拥有的史料或者数据进行割裂式的解释,是计量史学给予后来者的最大的负面学术遗产,需要我们汲取这方面的教训。在经济学研究中,我们也要避免滥用现成的概念,诸如封建主义、资本主义等,而要对其适用性以及适用条件作出反省和说明。仅仅对历史进行呆板的再现式的叙述是没有意义的,在"史实"之外,我们还要有"史识",有对于历史的洞察,这都需要有经济理论的支撑。但是对于不适当地滥用理论,亦需要高度警惕。

2. 比较经济史方法

"比较"方法是历史研究的基本方法之一,"比较"之可行,源于不同文明之可比性,即不同的文明之间、不同文明的不同阶段之间、不同文明的相同阶段之间,皆可以相互比较。汤因比认为,一切文明形态都是可比的,历史学家不仅应当将古代希腊、罗马的历史与现代西方的历史进行纵向比较,而且还应当把一切文明的全部历史进行横

[①] 熊彼特:《科学和意识形态》,原载《美国经济评论》卷39,1949年,第350—351页。转引自陈振汉:《社会经济史学论文集》,第573—575页。

[②] 卡尔·门格尔:《经济学方法论探究》,姚中秋译,新星出版社2007年版,第18—22页。

向比较，这样才能从整体上把握人类历史发展的趋势。①汤因比正是因为成功地运用了比较方法，才提出了关于文明兴衰的"挑战—应战"机制。纵向的比较可以看出一个文明在不同历史阶段上所呈现的不同特征，而横向的比较则可以看出不同的文明在面对同一挑战时所采取的应战机制的异同，从而得出相应的结论。

在经济史研究中，比较经济史方法往往是利器。比较经济史学是经济史学的一个分支，它考察世界上各个不同国家和地区经济史过程的差异和共同点，分析这些差异和共同点的原因和后果，以加深对人类社会经济活动的历史过程的认识。②不同国家、不同社会、不同文明的历史发展轨迹不同，因而在发展阶段和发展模式上便展现出不同的特征。在相同的发展阶段上，不同国家和文明或许采取不同的发展模式，其经济和社会发展的形态呈现出不同的特征；然而，即使在采取相同发展战略和模式的国家，其具体的发展路径也会出现显著的差异。经济史学家不仅要关注不同国家和文明在发展阶段和发展模式上的区别方面，还要看到不同国家和文明在发展阶段和发展模式上的趋同方面，这两种比较都能使历史学家获得理论上的灵感。

应用比较经济史学方法是否得当和成功，取决于一个历史学家的史识，即他对历史的洞察能力和对应用比较方法之后的结论的抽象和概括能力。把不同国家和文明的不同发展阶段进行过于简单的类比，简单地把其他国家和文明的发展经验和发展模式移植过来，用以生硬地分析本国的问题，而不具体分析不同国家和文明在不同阶段上所具备的政治、经济、社会、文化、宗教、伦理条件，潜藏着巨大的危险。正确地运用比较史学方法，需要史学家动用一切可能的知识储备，尽可能全面而深刻地揭示不同国家和不同文明的异同及其背后的原因。

---

① 汤因比：《汤因比论汤因比》，王少如、沈晓红译，第7页。
② 厉以宁：《厉以宁经济史论文选》，商务印书馆2013年版，第557页。

3. 古今融合：由古知今，由今知古

历史是一个连续的过程，"古今"本质上仅仅是一个相对的概念，其间没有绝对的界限。不知历史，一个人就很难准确而深刻地理解现在，因为所有的"现在"都是历史发展的一个"结果"的呈现，所有的"现在"都凝结着或者隐藏着"过去"的所有因素的合乎逻辑的发展。所以，要理解"现在"，就必须追溯历史，从过去的事物及其发展轨迹中探索"现在"事物的成因与来源。从这个意义上来说，"今"就是"古"。由"古"才能知"今"。

反过来说也一样。如果一个人没有对"现在"的事物的深刻的洞察，甚至对现实的活生生的存在及其意义缺乏探究的兴趣，那么他就难以成为一个优秀的历史工作者。一个优秀的历史学家，必须对"现在"怀着浓郁的兴趣，他对现实有着敏锐的感觉，从而能够从生动的现实中发现事物发展的脉络以及这种脉络背后的意义，从而激发他从历史的维度进一步对此作出系统的探究。布洛赫曾经说过他和历史学家皮雷纳一同去斯德哥尔摩游览的逸事。皮雷纳强烈建议先去参观那里新建的市政大厅，这让布洛赫感到十分惊愕。对此，皮雷纳解释说："如果我是一个文物收藏家，眼睛就会光盯住那些古老的东西，而我是一个历史学家，因此我热爱生活。"① 这种渴望理解生活的欲望，确实反映出优秀历史学家最重要的素质。一个对当今土地制度没有浓厚兴趣和深刻认识的历史学家，你很难指望他对土地制度史有深刻的研究。经济史学家对现实生活的热爱会促使他发现现实中的"历史问题"，发现现实和历史之间的血肉关系，最终所有他对现实世界的关注与热爱都会呈现在他的历史研究之中。因为对于一个热爱生活的历史学家而言，"古"就是"今"。一切历史，都需要用"当下"

---

① 马克·布洛赫：《为历史学辩护》，张和声、程郁译，第37页。

的眼光来观察,都需要出于对"当下"的好奇心和敏感性来认识,所有的历史都具有"当下"的意义,都与当下有着密切的关联,这就是意大利哲学家克罗齐所说的"一切历史都是当代史"的精义所在。从这个意义上来说,由"今"才能知"古"。当然,"六经注我"式地以"今"之观点与思想,来肢解"古"和解释"古",是历史学家应该警惕的。

4. 宏观史学和微观史学的融合

传统史学偏于"宏大叙事",试图从宏大的视角出发,在一个大的历史时空中理解过去,从而获得对历史发展的带有整体感和纵深感的认识。宏观史学视野开阔,往往带有"整体史"的性质。但是人类对历史的好奇心,除了试图了解过去的总体的发展脉络和一般规律之外,还希望理解过去事物发展过程中的"细节":人的细节,行动的细节,空间的细节,结构的细节。所有这些细节本身,就像一个个细胞一样,展示出一个生物体局部然而生动的活动;又像一段具体的录像一样,事无巨细地反映一段时空之中人类的行动轨迹及其意义。微观史学是对这些细节的再现,它是"放大的历史",把长时空的一个具体片段呈现出来,使我们在历史细节中再现历史的真实场景。

这种微观史学使新史学充满了活力,因为它对历史的描述精细、直观而且生动。勒鲁瓦·拉杜里在1975年出版了他的心态史名著《蒙塔尤》,采取了直观的方法,以大量适宜的材料详尽描述了一个小山村的人文景观。这种方法在最近的几十年中得到大量的应用,人们通过对一个人物、一个特殊的年份、一个村庄、一个事件的详尽且富有魅力的描述,通过大量翔实的历史资料甚至是当事人的直接材料,借以说明历史的发展脉络。见微知著、以小见大,是微观史学的特点。微观史学所引发的"叙述复兴",是历史学界对于社会科学界阐明

"有关人类行为的一般性规则"这一目标感到悲观的产物。微观史学恢复了传统史学的"叙述"传统,但是与传统史学相比,微观史学更重视下层普通人民的生活形态,更倾向于使用那些非正统的史料(比如法庭记录、家谱、民间诉讼材料、手稿、私人信件等),这使得微观史学成为一种"民主化史学"[①]。然而,微观史学如果把这种个人化的微观方法使用过度,却极容易产生"一叶障目"的效果,难以对历史形成一个综合的判断,导致史学碎片化的后果。

因此,我们要将宏观史学与微观史学加以必要的融合,既要有宏观史学的大视角、大叙事和大概括,又要汲取微观史学的展现细节、关注下层、注重"无意识的史料"的优点,从而在更高的高度上建构一种新的史学。微观史学方法在运用的时候,要注意不要陷在历史的细节中不能自拔,要在微观史学成果的基础上,学会进一步抽象和一般化,并注意展现历史的多样的可能性,而不是拘泥于微观史学的偏狭的碎片化的结论。

5. 突破学科的藩篱:多学科融合

历史学家的工具箱应该包含着各种不同的工具,而不是单一的工具。这就要求历史学家要自觉地避免把自己与单一的"领域"和"专业"结合在一起,而是要打通各个"领域"和"专业",成为一个具有"通识"的研究者。这并不是一个"历史帝国主义"的观点,而是就其操作性而言,单一的专业知识在解释任何历史现象时都显得捉襟见肘,难以奏效。因此,自觉地打破学科之间的藩篱,有机地融汇和调动政治学、文化人类学、社会学、经济学、心理学等领域的知识,从而对历史事实进行多维度的解读,必须成为新一代史学家必备的素质。从这种方法论出发,我们似乎又必须回归一种我们已经抛弃的史

---

① 姜芃主编:《西方史学的理论和流派》,第18—19页。

学传统，即历史学必须是一种整体的史学，它必须体现真实的历史的实际运行规律，因为真实的历史并不会自己给自己区分哪些部分是"经济的历史"，哪些部分是"文化的历史"，哪些部分是"政治的历史"。历史只有一个，它是一个多维的历史，而不是被我们现代的知识分工体系所肢解的历史。

王曙光于善渊堂
（2016年2月7日丙申年正月初一开笔，
2月13日正月初六成稿）

周虽旧邦，其命维新。
——《诗经·大雅·文王》

大曰逝，逝曰远，远曰反。
——《道德经》

目 录

上篇　经济过渡和计划经济的探索

第一章　经济过渡与中国式发展道路的奠基：以社会主义改造为核心 ……3
 一、引言：中国道路的逻辑起点：目标函数和约束条件 ……3
  1. 中国道路选择的目标函数和约束条件 ……4
  2. 中国为什么要选择工业化目标和赶超战略？ ……6
 二、经济恢复与过渡时期的初步探索与渐进式过渡战略的开创 ……10
  1. 采取稳健农业政策，加强乡村政权建设，减轻农民负担 ……11
  2. 稳健均衡的物价和财金政策，强调货币纪律和财政纪律，为经济恢复和过渡提供稳定宏观经济环境 ……12
  3. 维护财经统一，努力克服旧体制下的无政府状态 ……13
  4. 强调渐进式策略，有秩序、有步骤地向社会主义经济体制过渡 ……14
 三、经济赶超、动态平衡与渐进赎买式的资本工商业社会主义改造 ……15
  1. 强调私营工业国有化改造的长期性和渐进性 ……15

  2. 重工业优先发展战略下重轻工业和国防工业的均衡发展思想 ··· 16
  3. 采取对资本家的稳健渐进改造政策，强调学习过程，防止激进主义 ··· 18
  4. 对资本主义工商业执行渐进赎买政策，将对资本家的政治教育与经济赎买相结合 ··························· 23
  5. 制定经济赶超战略，打破对欧美和苏联的迷信 ········· 24

四、中国的过渡经济学：社会主义改造与渐进式社会革命 ···25
  1. 强调过渡经济的长期性和渐进性，对旧有的非社会主义经济成分采取包容态度和渐进改造政策 ·················· 25
  2. 动态地看待资本主义经济体系，采取国家资本主义的公私兼顾策略，缓和与资本家的矛盾对抗，降低制度过渡成本 ··· 27
  3. 强调灵活性和原则性的统一，摒弃所有制的单一化和理想化，以和平渐进方式进行社会革命 ···················· 29

五、结论 ··· 30

第二章　制度、技术与文化变迁的路径选择：土地改革与合作化的激进主义与渐进主义 ·· 33

一、民国以来关于农村土地和农村发展思想的争议 ··········· 33
  1. 自孙中山以来民国思想界关于土地改革的争议 ········· 33
  2. 毛泽东在新中国成立前后对农村情况的总体判断 ····· 36

二、新中国成立初期关于农村社会革命的四次争论及其评价 ····· 40
  1. 刘少奇与东北局之争 ·· 40
  2. 华北局与山西省委之争 ·· 41
  3. 毛泽东与邓子恢之争："小脚女人"与"好行小惠" ······· 44
  4. 毛泽东与梁漱溟之争：大仁政与小仁政 ····················· 48

  5. 对四次争议的小结 ································· 49
 三、农村制度变革的路径选择：毛泽东的农村社会革命思想 ·········· 51
  1. 新中国成立初期毛泽东关于土地制度改革的思想 ············ 51
  2. 新中国成立初期毛泽东关于农村合作化的思想 ·············· 53
 四、农村技术变革的绩效与文化变革的影响 ······················ 57
  1. 毛泽东关于农业技术变革的主要思想 ······················ 57
  2. 农业技术变革的绩效 ···································· 59
  3. 农村集体主义文化的影响：从传统乡村治理到集体主义乡村
    治理 ·· 71
 五、结论 ·· 74

第三章 从"非自觉"到"自觉"：中国农民合作百年历程反思 ········ 76
 一、引言：现代化进程中的农民合作 ···························· 76
 二、始于"非自觉"：新中国成立以前的农民合作 ················ 77
  1. 20世纪早期的农民合作：外部嵌入与民间社团的推动 ········ 78
  2. 南京国民政府官方推动下的农民合作 ······················ 79
  3. 农民合作的"非自觉性"与被动推进 ······················ 82
 三、国家行为与工业化：新中国成立初期的农民合作 ·············· 86
  1. 农民合作与国家工业化 ·································· 86
  2. 人民公社时期的农民合作及其外部效应 ···················· 91
 四、从"非自觉"到"自觉"：改革开放以来的农民合作 ············ 92
  1. 农民合作参与主体与外部环境的转变 ······················ 92
  2. 从"非自觉"到"自觉"的农民合作 ······················ 94
 五、结论：农民自觉与内生合作 ································ 96
  1. "农民合作"的非经济使命 ······························ 97
  2. 农民自觉与内生合作 ···································· 97

第四章　从合作化运动到新型农民合作：契约—产权视角的分析 …… 99

一、问题的提出：新中国农民合作组织的长期演进及其解释 …… 99

二、"契约—产权假说"与农业合作化绩效：争议和经验（1949—1978） …… 102

三、从契约—产权视角看新型农民合作社的兴起及制度特征（1979—2009） …… 107

四、结论：农民合作社历史演进的经验教训：契约—产权关系与政府扶持 …… 112

第五章　当代中国的"理想国"试验：人民公社的制度安排及其历史遗产 …… 114

一、从高级社到人民公社："大跃进"与迅猛的人民公社化 …… 115
　1. "大跃进"中的合作社发展 …… 116
　2. 迅速完成的人民公社化 …… 118

二、以土地集中为标志的农民合作：人民公社的制度安排 …… 120
　1. 人民公社与高级社之比较：规模、退出权和产权 …… 121
　2. 土地集中下的农业经营：土地规模经营与自留地 …… 122
　3. 人民公社体制下剩余、收益的分配机制 …… 124

三、人民公社时期的制度调整 …… 132
　1. 集体经济规模的变动和基本核算单位的调整 …… 133
　2. 土地集体所有条件下农业生产责任制的探索 …… 136

四、人民公社的制度绩效 …… 139
　1. 人民公社时期的农业集体经营与农业现代化 …… 140
　2. 人民公社时期的集体公共积累与公共品供给 …… 147
　3. 二元体制下的农业和农村发展 …… 150

五、结论：人民公社的历史遗产 …… 153
　1. 人民公社的历史教训 …… 153

2. 人民公社的历史遗产 ································· 155

**第六章　"弹性的社会主义"：计划经济的历史探索、运作特征
　　　　与未来展望** ·· 158
　一、引言：过渡经济学中的计划与市场 ······················ 158
　二、毛泽东在社会主义过渡时期对计划经济与市场经济关系的
　　　理解 ·· 159
　　1. 实行轻重平衡、工农平衡、国防工业与非国防工业平衡、
　　　 沿海与内地平衡的国民经济平衡发展战略 ··············· 159
　　2. 科学谨慎编制经济发展计划，做到经济计划与自由主义的
　　　 统一 ··· 161
　　3. 强调经济计划的渐进性、试验性和试错性，进行经济计划的
　　　 动态调整 ··· 162
　　4. 探索中央集权和地方分权之间的辩证关系，调动地方
　　　 积极性 ··· 163
　三、刘少奇在新中国建立前后对计划和市场关系方面的观点 ········ 165
　　1. 消除旧中国无组织、无纪律、无政府状况，构建有组织、
　　　 有计划的国民经济 ··································· 165
　　2. 做好集中统一与因地制宜和适度分散之间的权衡 ········ 166
　　3. 认识到自由市场有利有弊，对其要实行差别化的政策，但是
　　　 慎用行政手段和强制性的手段，同时要把计划性和多样性、
　　　 灵活性结合起来，适当增加地方、企业和个人的自由度 ··· 166
　　4. 强调正确处理中央和地方的关系，既反对分散主义，又要
　　　 照顾地方利益和诉求 ································· 168
　　5. 在制定社会主义计划中强调充分协商、民主集中制、尊重
　　　 等价交换原则 ······································· 171
　四、陈云在社会主义计划经济确立初期的"计划—市场"观 ········ 172

1. 注意国家与农民之间的关系，在统购统销制度中适度地赋予农民更多的自主经营权 ……173
2. 国家市场和自由市场相结合，在计划经济体制下不能忽视市场调节机制的作用 ……174
3. 对计划经济体制下微观经济主体组织形式进行初步反思，主张不要一味追求"大"与"统"，而要容许在部分领域的"小"和"散" ……175
4. 克服以往过于集中的弊端，注重调动地方的积极性，开始对高度集权的计划管理方式进行改革的尝试 ……177

五、李富春对社会主义计划经济和市场关系的观点 ……179

1. 社会主义经济发展初期国民经济的困难和统计工作的薄弱，决定了社会主义经济计划的渐进性和多样性 ……179
2. 社会主义经济计划的前提和基础是认识客观规律、深入进行调查研究、做好综合平衡 ……180
3. 社会主义计划的制定必须重点和全面相结合、体现社会主义经济有计划按比例发展的规律、采取统一领导分工协作方法，实现动态的平衡 ……181
4. 在社会主义经济计划中要把计划的统一性与因地制宜的灵活性结合起来，实行分级管理，调动地方的积极性和创造性 ……182
5. 计划要分轻重缓急，把高速度与按比例结合起来，要留有余地，要考虑经济可行性，计划编制要采取从上而下和从下而上相结合的方法 ……183

六、"弹性的社会主义计划经济"的伟大试验：前提要素、运行特征与"试错—自我调节"机制 ……185

1. 社会主义经济计划需具备的理想前提条件 ……185
2. 社会主义计划经济的运行特征：弹性的社会主义计划经济 ……186

  3. 社会主义计划经济运行过程中的"试错—自我调节"

   机制 188

  4. 社会主义计划经济的未来 189

中篇 工业化与制度创新

第七章 集权与分权：工业化初期的中央与地方关系 193
 一、引言 193
 二、统一财经：财政集权的起点 193
 三、集权下的分权：在频繁博弈中实现动态平衡 195
  1. "企业收入"的归属与分配 197
  2. "各项税收"及其管理权限在中央与地方之间的分割 200
  3. 集权与分权：中央与地方之间的频繁博弈 204
 四、结论：在集权和分权的动态调整中实现计划经济的

  自我纠错 207

第八章 工业化视角下农村税费制度与农民负担的历史解读 209
 一、新中国成立以来农民税费负担情况的演变 209
 二、工业化启动与农业剩余提取：集体组织下农民税费负担的

  "隐性化" 212
  1. 重工倾向的工业化战略的启动与农业剩余提取 212
  2. 集体组织下农民税费负担的"隐性化" 214
 三、工业化进程中的"反哺"与制度补偿 216
  1. 改革开放以来农民税费负担的变化趋势及农村的税费

   改革 217
  2. 工业化进程中的农村税费制度演进 220
 四、结论 225

第九章　新中国的工业化、政府投资行为与产业结构演进⋯⋯⋯229
　　一、引言⋯⋯⋯⋯⋯⋯⋯⋯⋯⋯⋯⋯⋯⋯⋯⋯⋯⋯⋯⋯⋯⋯229
　　二、政府投资在固定资产投资中的比重⋯⋯⋯⋯⋯⋯⋯⋯⋯231
　　三、直接的干预与介入：计划经济时期的政府投资⋯⋯⋯⋯234
　　　　1. 重工业优先的工业化路线⋯⋯⋯⋯⋯⋯⋯⋯⋯⋯⋯234
　　　　2. 政府投资推动下的工业生产能力提升⋯⋯⋯⋯⋯⋯235
　　　　3. 产业结构"突变"与增长方式的自我强化⋯⋯⋯⋯240
　　四、从直接主导转向间接调控的政府行为⋯⋯⋯⋯⋯⋯⋯⋯242
　　　　1. 投资主体和投资方式的转变⋯⋯⋯⋯⋯⋯⋯⋯⋯⋯242
　　　　2. 政府投资在三次产业间的重新布局⋯⋯⋯⋯⋯⋯⋯245
　　　　3. 政府投资的转型⋯⋯⋯⋯⋯⋯⋯⋯⋯⋯⋯⋯⋯⋯⋯251
　　五、转变中的政府：产业结构演进中的政府行为⋯⋯⋯⋯⋯254

第十章　从社队企业到乡镇企业：新中国的乡村工业化进程⋯⋯256
　　一、新中国乡村工业化的探索和毛泽东关于乡村工业化的思想⋯⋯256
　　二、六七十年代乡村工业化的探索与社队企业的蓬勃发展⋯⋯258
　　三、改革开放以来的乡村工业化与乡镇企业的崛起⋯⋯⋯⋯261
　　四、乡镇企业发展的几个历史阶段⋯⋯⋯⋯⋯⋯⋯⋯⋯⋯⋯263
　　五、中国乡村工业化的温州模式⋯⋯⋯⋯⋯⋯⋯⋯⋯⋯⋯⋯266
　　六、中国乡村工业化的苏南模式⋯⋯⋯⋯⋯⋯⋯⋯⋯⋯⋯⋯271

第十一章　存量变革与增量创新：新中国农业信贷体制的历史演变⋯⋯277
　　一、引言：农村金融改革：从十一届三中全会到十七届三中全会⋯⋯⋯⋯⋯⋯⋯⋯⋯⋯⋯⋯⋯⋯⋯⋯⋯⋯⋯⋯⋯⋯⋯277
　　二、从路径依赖到制度突破：农村合作金融体系改革⋯⋯⋯278
　　三、市场准入与风险控制：农村民间金融规范发展⋯⋯⋯⋯280
　　四、增量改革与资本整合：新型农村金融机构⋯⋯⋯⋯⋯⋯284

五、结论：中国农村改革的传统智慧和现代农村金融制度构建……285

第十二章　从全面介入到两权分离：国有资产管理的历史演变与制度创新……289
一、引言……289
二、从全面介入到两权分离：新中国国有资产管理模式的演变……290
 1. 国有经济体系的快速构建与计划管理的起步……290
 2. 工业化目标下全面介入的"所有者"：计划经济时期的国有资产管理……291
 3. 两权分离下的出资人与经营者：现代企业制度构建过程中的国有资产管理……294
三、四重转变：新中国国有资产管理的演进特征……300
四、结论……304

第十三章　地方政府行为与民间金融演进：以温州为核心的微观史学考察……306
一、制度变迁中地方政府的角色……306
 1. 经济体制变迁中的地方政府创新……306
 2. 渐进式变迁中的地方分权、财政联邦制与地方政府行为……308
二、地方政府行为的约束条件和目标函数……315
 1. 地方政府行为的约束条件……315
 2. 地方政府行为的目标函数……318
三、地方政府行为与民间金融发展（一）：温州钱庄……320
 1. 温州钱庄的发展史：从清代到20世纪80年代……320
 2. 方兴钱庄的兴衰史及其启示……325
 3. 民间金融部门、地方政府与中央监管部门之间的博弈框架……334

四、地方政府行为与民间金融发展（二）：温州典当业……336
    1. 温州典当业的早期历史……336
    2. 温州典当业的重新复苏及其经营特征……339
    3. 温州典当业引起的争议和温州地方政府的政策框架……342

五、地方政府行为与民间金融发展（三）：温州钱会和非金融机构借贷……345
    1. 治理与疏导：从乐清"抬会"事件和苍南、平阳"排会"事件看温州地方政府行为……345
    2. 合法化和规范化：温州的非金融机构借贷……354

六、结论……359

下篇　"中国模式"的历史反思

第十四章　反思"中国模式"：内涵、争议与演进……363

一、引言："中国模式"与"中国模式"研究的"转型"……363

二、"中国模式"研究中的新动向……365
    1. "中国模式"时间范围的再界定：长时段视角下的"中国模式"……365
    2. "中国模式"的普适性与独特意义……368
    3. 对"中国模式"及"中国模式"研究的反思……370
    4. 解释框架和话语体系的重新构建："中国模式"研究中新的理论诉求……375
    5. "中国模式"未来的发展方向……379

三、现代化路径的多元性——"中国模式"的历史价值……383

四、结论："中国模式"研究之再认识……384

目 录

第十五章　独立自主与批判吸收——探索中国道路与反思苏联模式 …385
- 一、独立自主与批判吸收——毛泽东对中国道路的探索和对苏联模式的系统反思 …386
  1. 强调独立自主地探索中国道路，不迷信苏联模式，批评贾桂主义的奴性，鼓舞中国人民的民族自信 …386
  2. 强调在社会主义实践中的制度创新和制度自信，超越经典作家的思想，批判教条式地盲目学习苏联模式 …388
  3. 强调社会主义实现模式的多元化路径，强调中国特色，为中国特色社会主义奠定理论和实践基础 …389
  4. 全面反思苏联模式的弊端，在经济过渡与经济发展中采取渐进与均衡策略，警惕重蹈苏联的覆辙 …390
  5. 以苏联为镜鉴，突出群众路线，谨慎对待阶级斗争，降低过渡时期的社会转型恐慌 …393
- 二、中国道路的起点：过渡时期的体制特征、哲学渊源及其经济遗产 …395
  1. 中国道路的形成：动态调整的渐进式过渡的体制特征 …395
  2. 毛泽东的经济遗产和渐进式过渡的哲学渊源 …399
- 三、不能割裂两个时代：邓小平渐进式改革与毛泽东渐进式过渡的内在联系 …401

第十六章　中国经济体制变迁的历史脉络与内在逻辑 …404
- 一、引言：对经济体制变迁的不同模式的反省 …404
- 二、中国经济体制变迁的历史起点与基本条件 …407
- 三、中国经济体制变迁的内在逻辑和传统智慧 …417
- 四、中国经济体制变迁的若干检讨和未来方向探讨 …422

后　记 …426

图表目录

图 2.1　中国农业机械总动力与排灌动力机械的变化情况（1952—1978）

图 2.2　中国主要农业机械年末拥有量（一）（1952—1978）

图 2.3　中国主要农业机械年末拥有量（二）（1952—1978）

图 2.4　中国机耕面积和有效灌溉面积变化情况（1952—1978）

图 2.5　中国乡村办水电站数量、发电能力及农村用电量的变化（1952—1978）

图 2.6　中国化肥拥有量的变化（1949—1978）

图 2.7　中国化肥施用量的变化（1952—1978）

图 2.8　中国主要粮食作物的亩产变化情况（1949—1978）

图 2.9　中国主要经济作物的亩产变化情况（1949—1978）

图 2.10　中国大型灌区开灌时间及有效灌溉面积情况示意图

图 3.1　南京国民政府时期历年合作社数量及社员数

图 3.2　1932 年我国合作社种类示意图

图 3.3　华洋义赈会掌管的合作社系统社内资金与总会借款对比示意图

图 3.4　民国时期河北、江苏两省合作社放款总额按放款期限分类示意图

图 3.5　民国时期河北、江苏两省合作社借款社员按借款额多少分类示意图

图 3.6　全国农业生产合作社发展情况（1952—1957）

图 3.7　我国部分省份农民合作经济组织数量及农民合作经济组

织成员数占乡村户数百分比

图3.8　我国农民合作经济组织按牵头人分类情况

图4.1　中国总要素生产率指数和农业产出趋势图（1952—1984，1952＝100）

图5.1　历年国家税收与农村人民公社基本核算单位纯收入对比

图5.2　1949—1978年我国耕地面积的变化

图5.3　1958—1978年全国粮食播种面积及粮食总产量变化情况

图5.4　1950—1978年主要农产品产量增长速度（比上年增长%）

图5.5　1958—1978全国主要经济作物播种面积

图5.6　1952—1978年我国农业现代化水平的变化

图5.7　1950—1978年工业总产值和农业总产值增速对比

图5.8　工农业总产值指数（以1949年为100）

图5.9　工农业投资额占基建投资总额比重（%）对比

图5.10　1958—1978年农业、轻工业、重工业总产值占工农业总产值比重

图7.1　中央及地方财政收入占全国的比重变化（%）

图8.1　新中国成立以来农村税费负担概况

图8.2　新中国成立以来税费负担与农民所得之比的年增长率变化趋势图

图9.1　1953—1980年国有经济固定资产投资的资金来源比重（%）

图9.2　1981—2012年全社会固定资产投资资金来源（%）

图9.3　国有经济在全社会各种经济形式投资中所占比重（%）

表2.1　中国主要粮食作物的总产量变化情况（1949—1978）及1949年以前最高年产量

表2.2　中国主要经济作物的总产量变化情况（1949—1978）及1949年以前最高年产量

表3.1　中国华洋义赈救灾总会信用合作社发展情况一览表（河北省）

表3.2　1950—1952年农业生产互助组及合作社发展情况

表5.1　1958年部分省市农村人民公社化实现时间及基本状况

表5.2　全国农村人民公社发展情况（1958—1979）

表5.3　1958—1978年粮食征购量占总产量比重

表5.4　棉花、食用植物油收购量及其占总产量比重

表5.5　1958—1979年全国主要经济作物总产量

表5.6　人民公社时期关于公积金、公益金、劳动积累工的规定

表5.7　农村合作医疗和赤脚医生发展情况

表7.1　1950—1979年我国财政管理体制及地方政府财力权限的变化

表8.1　中日两国劳动力在三大产业间分布及国内生产总值构成情况概览

表8.1-1　中日两国三次产业就业结构相似程度

表8.1-2　中日两国产值结构相似程度

表9.1　1953—1980年各个计划时期国民经济各行业基本建设投资比重（%）

表9.2　1981—2002年国有经济分行业固定资产投资比重（%）

表9.3　2004—2012年各行业固定资产投资中国家预算内资金所占比重及国家预算内固定资产投资资金的行业分布

表13.1　1931年永嘉县城区钱庄一览表

表13.2　1949年7月温州市城区私营钱庄一览表

表13.3　温州市五家典当商行质押物状况（1988年6月）

表13.4　温州市五家典当商行的资金投向状况（1988年6月）

表13.5　20世纪80年代温州平阳腾蛟区四个挂户公司经营金融业务情况

上 篇

经济过渡和计划经济的探索

第一章
经济过渡与中国式发展道路的奠基：以社会主义改造为核心

一、引言：中国道路的逻辑起点：目标函数和约束条件

中华人民共和国成立六十多年以来对有中国特色的社会主义道路的探寻过程，是在极为复杂而深刻的国内外经济社会和政治条件约束下所进行的历史选择过程，这个过程不仅反映了中国现代化历史进程和历史逻辑的独特性，同时也彰显出这场规模巨大且持久的制度变迁试验本身的宝贵价值。从1949年至1957年这段时间，新中国经历了国民经济的初步恢复、社会主义经济改造以及第一个"五年计划"，经济社会和政治制度处于前所未有的深刻的转折与过渡时期，在这一时期，毛泽东及其他第一代中共领导人对社会主义制度及其运行体系进行了初步的可贵的探索，开启了一场极为艰苦、极为复杂、极为深刻且极为伟大的社会制度转型试验，而且随着历史的焦距拉得越来越远，这场伟大试验所折射出来的历史教训与宝贵经验越来越显示出其超越历史的价值。可以说，1949—1957年这段时间是具有中国特色社会主义道路探索进程的起点。新近出版的《毛泽东年谱》以其卷帙浩繁、内容丰赡而显示出其作为档案资料的独一无二的价值，这部几乎按日排列的大型编年体实录，以无数批示、讲话、书信、报告等原始材料生动展示了毛泽东对中国道路的艰苦探索及其走过的曲折道路。本章拟以《毛泽东年谱》为核心，并佐以其他权威文献，全面梳理1949—1957年间毛泽东对社会主义

体制的初步探索和对苏联模式的系统反思，对中国道路的起点及其历史逻辑进行初步的考察。

1. 中国道路选择的目标函数和约束条件

中国道路的初步探索和社会主义体制形成的内在逻辑要从当时中国特殊的国家目标函数和具体的资源禀赋上的约束条件这二者的结合中来解释。中国当时的目标函数是实现迅速的工业化和现代化，并实现经济上对发达国家（包括西方资本主义强国和苏联等先进社会主义国家）的赶超，因此赶超战略下的工业化是新中国的首要目标。实现这个目标，才能一洗中国人民 1840 年以来所遭受的列强欺凌与民族屈辱，也才能消除百年来积贫积弱的状况。1949 年 9 月 21 日中国人民政治协商会议第一届全体会议上，毛泽东所致的开幕词集中表达了新中国建立初期中国人民努力摆脱积贫积弱局面并实现国家富强的急迫意愿：" 我们有一个共同的感觉，这就是我们的工作将写在人类的历史上，它将表明：占人类总数四分之一的中国人从此站起来了。……我们的民族将从此列入爱好和平自由的世界各民族的大家庭，以勇敢而勤劳的姿态工作着，创造自己的文明和幸福，同时也促进世界的和平与自由。我们的民族将再也不是一个被人侮辱的民族了，我们已经站起来了。" 工业化是新中国面临的重大使命，工业化不仅意味着中国产业结构和经济结构的变化，而且从更深刻的社会转型层面意味着中国作为现代化国家的建立以及中国国防安全的巩固。1951 年 12 月，毛泽东指出：" 1952 年是我们三年准备工作的最后一年。从 1953 年起，我们就要进入大规模经济建设了，准备以二十年时间完成中国的工业化。完成工业化当然不只是重工业和国防工业，一切必要的轻工业都应建设起来。为了完成工业化，必须发展农业，并逐步完成农业社会化。但是首先重要并能带动轻工业和农业向前发展的是建设重工业和

国防工业。"（511201-1-426）[①]

早在抗日战争时期，毛泽东在陕甘宁边区的讲话中就曾说过，"共产党是要努力于中国的工业化的。中国落后的原因，主要的是没有新式工业。……消灭这种落后，是我们全民族的任务"[②]。1950年，中财委已经开始了编制国民经济计划的尝试。1951年2月，中共中央政治局扩大会议决定自1953年起实施第一个五年计划，并要求政务院着手进行编制计划的各项准备工作。1952年下半年，第一个五年计划的编制工作开始紧锣密鼓地进行。1952年12月22日，毛泽东在审阅中共中央关于编制1953年计划及长期计划纲要若干问题的指示稿时强调，编制计划应注意"必须以发展重工业为大规模发展的重点"（521222-1-642）。1953年5月6日，毛泽东批改了贾拓夫关于工业情况的报告，以下两点是报告的核心内容之一："（一）到1952年，我国工农业主要产品的产量大多已超过历史最高年产量，胜利地完成了争取国家财政经济状况根本好转的任务。我国现代工业在工农业总产值中所占的比重已有增长。在现代工业中，国营工业的比重已达到60%左右。以上情况表明，我国现在不但有必要而且已有可能使国民经济走上国家计划的轨道。（二）从1953年开始，我国已进入第一个五年计划的建设。第一个五年计划的基本任务，在于集中力量发展重工业，为国家的工业化建立基础，并保证国民经济中社会主义成分的比重稳步增长。在这一总的目标下，相应地发展轻工业，积极地发展农业和手工业，有步骤地促进其合作化，正确地发挥私营工业的作用，并在发展生产的基础上，提高人民的物质文化水平。"（530506-2-91）

在确立了以重工业优先发展为目标模式的工业化和赶超战略之后，

[①] 本书凡引用《毛泽东年谱》中之文献，一律以"时间—卷数—页码"的形式进行标注，如"511201-1-426"指《毛泽东年谱》第一卷第426页，1951年12月1日"条。本书后文亦如此，不再一一说明。

[②] 《毛泽东文集》第三卷，人民出版社1996版，第146页。

新中国创建之初所面临的约束条件又是十分严峻和苛刻的：资金严重匮乏，技术资源落后而分散，整个国民经济处在百多年战乱和贫弱所造成的严重混乱与凋敝状态。因而在这种目标函数和约束条件下的国家发展道路的选择必须满足两个基本条件：一是自然资源、资金资源、人力资源的大规模动员，二是这些资源的有秩序的迅速的投放。要执行这种国家战略，必然要有一种相对集中的、强调国家干预的经济体制，克服旧中国一盘散沙的局面，克服经济发展和社会发展的无序局面，以利于最大限度地动员极为稀缺的资金和技术资源，大规模动员丰富的人力资本，并把有限的资源最大限度地配置到对于国家的现代化最关键的重工业部门当中，如此具有高度经济发展秩序（严格依照国家的经济发展战略来决定所有资源的流动方向和速度）和高度资源配置效率（以行政命令而不是自发市场的手段来决定资源的运用以适应快速重工业化的要求）的社会主义计划体制就应运而生。这就是中国社会主义传统体制形成的内在逻辑起点。

2. 中国为什么要选择工业化目标和赶超战略？

新中国建立初期制定迅速实现工业化的赶超战略，也许可以用以下因素来解释：

第一，社会主义苏联在经济建设上的巨大成就形成的榜样作用，激励中国人民模仿其体制实现民族复兴。即使不以在统计口径和指数计算上受到质疑的苏联官方数据为依据，按照格申克龙的估计，苏联机器、钢铁、煤炭、石油、电力五个处于核心地位的工业部门在1928—1937年近十年间的年平均增长率达到了17.8%[①]，而同一时期的西方国家则由于经济危机的影响而面临着严重的经济萧条。同时，近代以来与西方发达国家的经济差距，使中国人民产生摆脱民族耻辱、

[①] 亚历山大·格申克龙：《经济落后的历史透视》，张凤林译，商务印书馆2009年版，第295页。

迅速赶超和实现工业化的内在冲动与自觉意识。1950年毛泽东对苏联的历史性访问（这是毛泽东一生唯一一次出国访问）对毛泽东的新中国经济发展思想与社会主义工业化思想有很大的触动。1950年2月17日，毛泽东在离开莫斯科前的告别演说中说："苏联经济文化及其他各项重要的建设经验，将成为新中国建设的榜样。"（500217-1-95）回国后，毛泽东就《中苏友好同盟互助条约》签订、访苏观感等问题说："我们看到这些工厂，好像小孩子看到了大人一样，因为我们的工业水平很低。但是，他们的历史鼓励了我们。……第一个社会主义国家发展的历史，给我们提供了最好的经验，我们可以用他们的经验。"（500303-1-98～99）

毛泽东在1956年11月12日纪念孙中山先生诞辰90周年的文章中说："事物总是发展的。一九一一年的革命，即辛亥革命，到今年，不过四十五年，中国的面目全变了。再过四十五年，就是两千零一年，也就是进到二十一世纪的时候，中国的面目更要大变。中国将变成一个强大的社会主义工业国。中国应当这样。因为中国是一个具有九百六十万平方公里土地和六万万人口的国家，中国应当对于人类有较大的贡献。而这种贡献，在过去一个长时期内，则是太少了。这使我们感到惭愧。"这段话实际上代表了一代被压抑的爱国者的内心呼求。新中国的赶超战略的目标不仅指向西方发达国家，还指向当时先进的社会主义工业国，其中首要的就是要赶超苏联，要打破苏联迷信和苏联神话。1956年2月25日，毛泽东在听取重工业部汇报后谈及发展速度时说，"我国建设能否超过苏联头几个五年计划的速度？我看是可以赶上的，工业也可以超过。中国有两条好处，一曰穷，二曰白，一点负担没有。……要打破迷信，不管中国的迷信，外国的迷信。我们的后代也要打破对我们的迷信。我国工业化，工业建设，完全应该比苏联少走弯路。我们不应该被苏联前几个五年计划的发展速度所束缚。……即使在技术发展方面，也可以超过苏联"（560225-2-

536～537)。毛泽东在1965年5月所填的《念奴娇·鸟儿问答》词中说:"鲲鹏展翅,九万里,翻动扶摇羊角。背负青天朝下看,都是人间城郭。炮火连天,弹痕遍地,吓倒蓬间雀。怎么得了,哎呀我要飞跃。借问君去何方,雀儿答道:有仙山琼阁。不见前年秋月朗,订了三家条约。还有吃的,土豆烧熟了,再加牛肉。不须放屁!试看天地翻覆",表达出中国人民对超越苏联神话、期待中国迅速复兴和发生天翻地覆变化的热切愿望与大无畏精神。

第二,当时中国面临的国际环境以西方国家对中国的敌视与封锁为特征,这逼迫中国采取一种对西方体制保持警惕和疏远的制度安排,同时使中国人感到迅速建立强大而完整的现代工业和国防体系的重要性。虽然毛泽东强调资本主义国家的先进的东西也要学习,但是从国家发展战略和经济体制的设计来说,这种严酷的国际环境使新中国在选择政治体系、社会发展目标和社会经济体制的时候,更多地考虑到国家安全和国际阵营分化下的国家发展模式,也就是独立于西方发达国家体系的带有鲜明政治倾向和当时具有明显比较优势的社会主义体制。1954年10月19日,在接见印度总理尼赫鲁的时候,毛泽东说:"我们的国家不是一个工业国,而是一个农业国。我国的工业水平比印度还低。我们要努力十年二十年之后才能取得一些成绩。帝国主义国家现在是看不起我们的。我们两国的处境差不多,这也是东方国家的共同处境。"(541019-1-302)

实际上,毛泽东在新中国成立初期是准备与西方发达国家建立贸易和经济关系的。1949年12月22日,正在苏联访问的毛泽东就准备对苏贸易条约等问题致电中共中央,指出,"波兰、捷克、德国都想和我们做生意。似此,除苏联外又有这三个国家即将发生通商贸易关系。此外,英国、日本、美国、印度等国或已有生意或即将做生意。因此,你们在准备对苏贸易条约时应从统筹全局的观点出发,苏联当然是第一位,但同时要准备和波、捷、德、英、日、美等国做生意,其范围和数量要有一个大概的计算"(491222-1-62)。1956年,当周恩来讲到要派人到资本主义国家去学技术时,毛泽东赞成说:"不论美国、法国、瑞士、挪威等,只要他们要我们的学生,我们就派去。"(560225-2-537)但是后来的朝鲜战争以及一系列的国际政治变动改变了毛泽东这一初步设想,西方的封锁禁运政策又加速使中国选择了一条迥异于西方的、以自给自足和赶超战略为主要特征的社会主义体制。① 毛泽东对实现赶超战略有着清醒的估计和必胜的信心,从现在的眼光来看,这种前瞻性的赶超战略是符合中国工业化的实际情况的,且正在全方位地实现。

第三,中国共产党所建立的新兴政权给予中国人崭新的期待,而旧的政权因为垄断资本主义和官僚资本主义的畸形发展使得市场经济在中国人心目中已成为导致中国积贫积弱的罪魁,因而政权更替本身使得中国人民对于一种完全不同的、更有资源动员能力、更廉洁和高效、更能实现民族复兴理想的体制充满期待和信任。这也是新中国选择动员能力强且更为理想主义的集中式社会主义体制的原因。

第四,这种体制与中国共产党自身的经济与政治目标密不可分,中国共产党在中国实现平等与发展的共产主义大同世界的理想,其在经济中的首要表现便是实现生产资料的国家所有和整个经济运行的国家计划与控制,实现经济有秩序地按照政府意志来运作,以实现民族的迅速复兴和对发达国家的赶超。这就需要一种大一统的集中的资源配置体系,克服旧中国体制的一盘散沙的弊端,而这种新体制是饱经贫弱之苦与外国欺凌的举国人民所衷心期待的。新中国肇创伊始,最困难的使命是恢复经济,"迅速恢复战争的创伤,发展经济建设和文化建设",而迅速医治战争创伤和进行经济文化建设需要强有力的体制,克服"一盘散沙"的局面,克服各自为政和"封建割据"的局面。毛

---

① 参见董志凯:《应对封锁禁运——新中国历史一幕》,社会科学文献出版社2014年版。

泽东在中央人民政府委员会第四次会议上说："应该统一的必须统一，决不许可各自为政，但是统一和因地制宜必须互相结合。在人民的政权下，产生像过去那样的封建割据的历史条件已经消灭了，中央和地方的适当的分工将有利而无害。"（491202-1-55）在为中国人民政治协商会议第一届全体会议起草的会议宣言中，毛泽东指出："全国同胞们，我们应当进一步组织起来。我们应当将全中国绝大多数人组织在政治、军事、经济、文化及其他各种组织里，克服旧中国散漫无组织的状态，用伟大的人民群众的集体力量，拥护人民政府和人民解放军，建设独立民主和平统一富强的新中国。"

第五，群众高昂的民族情绪和加快实现工业化与赶超的激情并不是完全由天才领袖的鼓动而生成的，对于一个长期遭受战争困扰、没有享受和平、而且长期被贫穷弱小折磨的民族来说，人们在一个安定而有威望的政权下产生自豪感和饱满的激情是一件再自然不过的事情，而一种集体主义的、带有理想色彩的、群众性的、以建设强大民族国家为目标的经济运动，最能满足群众这种既寻求安定又渴望民族迅猛振兴的内在心理需求。

二、经济恢复与过渡时期的初步探索与渐进式过渡战略的开创

从1949年10月到1952年左右，是新中国的经济恢复时期和经济过渡的发轫时期，也是毛泽东对于社会主义体制的初步探索时期。从历史视角与国际比较视角来看，新中国的经济恢复与过渡基本上是平稳的、顺利的、成功的，为新中国的社会主义建设奠定了社会、经济、政治基础。早在1949年10月24日毛泽东谈到政治改造的问题时说："不能用粗暴的方法，要像下小雨一样，才能渗透进去"（491024-1-27），这种润物无声的渐进的思想改造模式可以视为毛泽东在中华人民

共和国建立初期一切工作方法的一个形象的概括。从总体来说，经济恢复与经济过渡初期的政策框架的基本风格是渐进主义的，尽管医治战争创伤和经济恢复是一个涉及面极广且异常复杂的工作，但是毛泽东对带有战略性的政策问题一贯采取十分谨慎、冷静而倾向于渐变的态度。与新中国肇创初期国民的激昂情绪和爱国民主人士的热切期待相比，毛泽东的心态是比较冷静而客观的，对形势的判断是高瞻远瞩、富于远见的。1949年12月16日毛泽东来到苏联，在同斯大林进行会谈时说："中国需要三至五年的和平时间，以便把经济恢复到战前水平和稳定国内局势"，"因此在这个阶段经济的稳定化是最大的目标。经济稳定化需要国内经济形势的稳定、战争状态的结束、原有资本主义企业生产的维系以及国际经济合作与和平"。

正是基于对经济恢复时期困难状况与复杂形势的清醒而谨慎的判断，毛泽东在这个阶段采取的渐进主义策略对经济的迅速平稳恢复是极为有利的，从而奠定了社会主义改造的经济基础。

1. 采取稳健农业政策，加强乡村政权建设，减轻农民负担

稳健农业政策的目的，是为了稳定农村，发展农业经济，为全国的经济恢复和工业化的展开奠定物质基础。中华人民共和国成立初期，毛泽东在全国解放战争尚未完全结束的时候，就对若干带有政策性的农业农村问题十分关注。

在土改准备工作中，毛泽东强调要加强对区乡政权的改造，并把乡村政权的改造和巩固作为土改工作启动的重要前提条件（500113-1-77）。同时，毛泽东对当时中财委所采取的减轻农民负担，尤其是对地富的公粮征收面太窄、地富负担太重、层层附加现象的纠正给以肯定（500104-1-72）。毛泽东尤其注意在经济恢复时期对富农的渐进主义的改造政策，强调要稳住富农，不动富农，这不仅是一个在经济恢复阶段极为重要的农业经济政策，有利于农村经济的快速稳定和繁荣，而

且是一项对于农村中的阶级关系和政治斗争十分重要的政策，有利于农村阶级斗争局势的缓和。1950年3月12日毛泽东在复电邓子恢时指出："土地改革运动中，不但不动资本主义富农，而且不动半封建富农，待到几年之后再去解决半封建富农问题。……我们和民族资产阶级的统一战线，现在已经在政治上、经济上和组织上都形成了，而民族资产阶级是与土地问题密切联系的，为了稳定民族资产阶级，暂时不动半封建富农似较妥当的。"（500312-1-102～103）

2. 稳健均衡的物价和财金政策，强调货币纪律和财政纪律，为经济恢复和过渡提供稳定宏观经济环境

（1）面对中华人民共和国成立初期混乱的财经局面，毛泽东的基本指导思想是严格货币纪律、稳定物价、稳定金融、平衡收支、稳定财政局面。1949年11月底，毛泽东主持召开一届全国政协常务委员会第二次会议时强调要保持收支平衡，控制好物价，不能乱印钞票（491129-1-52）。1950年4月2日，毛泽东主持召开中共中央政治局会议，讨论当时的财经状况，毛泽东说，"基本工作是平衡收支，稳定物价。好转已经开始，但不稳固。要稳固，必须土改以恢复农业，调整以恢复工业，整干以执行政策。两全其美是可能达到的，必须去掉一些毛病。决定要调整工业……调整公私关系、劳资关系、各地关系"（500402-1-108）。明确提出了平衡收支、严肃货币纪律、稳定物价的思想，这实际上是任何过渡经济必备的宏观经济基础。

（2）整顿私营银行和钱庄，改组私营商业，活跃市场金融，保障信贷自由。新中国成立初期允许私人银钱业发展，贯彻自由借贷政策，允许私营企业发展。1950年10月20日，为转发中共察哈尔省委关于调整城乡关系的报告，毛泽东起草中央批语："察哈尔省委的这一文件是正确的，全国各省市区均应推行。"察哈尔省委的报告，提出了为促进城乡物资交流使工商业继续好转的几项措施：一、大力掌握物价，

使工农业产品在价格上保持适当的比例；二、吸引私商下乡经营农副产品；三、活跃市场金融，允许私人依法经营银钱业，进一步贯彻借贷自由政策；四、工业上坚持以销定产的方针；五、商业上继续贯彻薄利多销的方针。

（3）维护社会信用，给银行贷款和存款创造条件。1952年9月13日，毛泽东就关于清偿解放前人民存款问题，为中共中央起草给中财委党组的批语，指出："基本上同意你们关于清偿解放前人民存款问题的方案，但尺度还须放宽些，望根据放宽的尺度制订一个具体清偿办法，再送中央核阅。"中财委的方案提出：现在全国财政情况已经根本好转，为了维护社会信用，给银行贷款和存款创造有利条件，决定凡解放前的存款一律归还。处理原则是：首先照顾大多数小额存款户，适当照顾大额存款户；偿还倍数按目前银元牌价计算；所有存款一律还本金不还利息；分期偿还，先还小户，后还大户，小户凭单据一次还清，大户登记分期归还（520913-1-597）。社会信用体系的稳定是经济过渡时期人心稳定的基础。

以上这些金融市场政策，对于金融市场的稳定起到重要平衡器作用，使新中国肇创初期在极端复杂困难的情况下较好地控制了物价，抑制了通货膨胀，稳定与活跃了信贷与贸易市场，达到休养生息的作用。

3. 维护财经统一，努力克服旧体制下的无政府状态

毛泽东在建国初期强调财经统一与因地制宜相结合，反映了他正确的辩证思维方法。1949年12月，毛泽东指出："应该统一的必须统一，决不许可各自为政，但是统一和因地制宜必须互相结合。"（491202-1-55）1950年6月6日，毛泽东向中共七届三中全会提交《为争取国家财政经济状况的基本好转而斗争》的书面报告，并作《不要四面出击》的讲话。毛泽东的报告指出：要获得财政经济情况的根本好转，需要三个条件，即：（一）土地改革的完成；（二）现有工商

业的合理调整；（三）国家机构所需经费的大量节减。要争取这三个条件，大约需要三年时间，或者还要多一点。为了实现整个财政经济状况的根本好转，报告提出了要做好八项工作，其中包括"有步骤有秩序地进行土地改革工作"；"巩固财政经济工作的统一管理和统一领导，巩固财政收支的平衡和物价的稳定"。（500606-1-153）

毛泽东建国初期特别强调要克服无政府状态，各成分要分工合作，各得其所。1950年4月13日，中央人民政府委员会第七次会议听取和批准陈云《关于财政状况和粮食状况的报告》，毛泽东在会上就陈云的报告发表讲话说：今后几个月内政府财经领导机关的工作重点，应当放在调整公营企业与私营企业以及公私企业各个部门的相互关系方面，极力克服无政府状态。《共同纲领》规定，在经营范围、原料供给、销售市场、劳动条件、技术设备、财政政策、金融政策等方面，调剂各种社会经济成分在国营经济领导之下，分工合作，各得其所，这必须充分实现，方有利于整个人民经济的恢复和发展。（500413-1-116）

4.强调渐进式策略，有秩序、有步骤地向社会主义经济体制过渡

强调过渡时期的渐进性，反对急躁和冒进，是毛泽东在建国初期的一贯思想。1952年9月24日，毛泽东主持召开中共中央书记处会议，讨论"一五"计划的方针和任务。毛泽东在会上说："我们现在就要开始用十年到十五年的时间基本上完成到社会主义的过渡，而不是十年或者以后才开始过渡。"（520924-1-603～604）1953年2月，毛泽东在一次谈话中强调，"新民主主义是向社会主义过渡的阶段。……要三个五年计划。……过渡的时间，多说几年没有坏处，如十五年到二十年可说二十几年。这是性急不得的。私营工业要搞公私合营，一年搞一点，几年后资本家的问题就可以解决了。要与五年计划的过程

相结合"（530224-2-39）。1953年2月27日，毛泽东在中南海主持召开中共中央政治局会议时强调："要防止急躁情绪。基本上是什么倾向？是盲目积极性，太急了。"（530227-2-42）

1953年12月13日，毛泽东修改胡乔木以中共中央宣传部名义提出的《为动员一切力量把我国建设成为伟大的社会主义国家而斗争——关于党在过渡时期总路线的学习和宣传提纲》。毛泽东在宣传提纲中将过渡时期总路线的表述最后确定为："从中华人民共和国成立，到社会主义改造基本完成，这是一个过渡时期。党在这个过渡时期的总路线和总任务，是要在一个相当长的时期内，逐步实现国家的社会主义工业化，并逐步实现国家对农业、对手工业和对资本主义工商业的社会主义改造。这条总路线是照耀我们各项工作的灯塔，各项工作离开它，就要犯右倾或'左'倾的错误。"（531207-2-200～201）

在毛泽东所描述的过渡时期总路线文本中，值得注意的是"相当长的时期"和"逐步"这两个关键词，在这个伟大的制度变迁过程中，毛泽东强调它的渐进性和矛盾性，这也就决定了它的长期性。1955年3月21日，毛泽东在中国共产党全国代表会议开幕式上说："在我们这样一个大国里面，情况是复杂的，国民经济原来又很落后，要建成社会主义社会，并不是轻而易举的事。我们可能经过三个五年计划建成社会主义社会，但要建成为一个强大的高度社会主义工业化的国家，就需要有几十年的艰苦努力，比如说，要有五十年的时间，即本世纪的整个下半世纪。"（550321-2-357）

三、经济赶超、动态平衡与渐进赎买式的资本工商业社会主义改造

1. 强调私营工业国有化改造的长期性和渐进性

毛泽东在过渡时期特别强调私营工业国有化的长期性、渐进性，

这方面论述极多,可以说,从1949年到1956年左右,毛泽东对社会主义过渡的复杂性和长期性有非常清醒的估计。

毛泽东在建国初期实施的渐进式的过渡政策,与苏联对资本家的剥夺政策和大规模农业集体化政策是不同的。他强调这个渐进式的过渡不是"共产风",不是一种运动式的革命,而是有秩序有步骤的渐进制度演变,以减少社会震荡和社会损失为目标。1955年10月,毛泽东在邀集全国工商联执行委员座谈私营工商业社会主义改造问题时说,"现在我们实行这么一种制度,这么一种机会,是可以一年一年走向更富更强的,一年一年可以看到更富更强些。而这个富,是共同的富,这个强,是共同的强,大家都有份,也包括地主阶级。……农民……不再是个体私有制的农民,而变成合作社集体所有制的农民了。这种共同富裕,是有把握的,不是什么今天不晓得明天的事。那种不能掌握自己命运的情况,在几个五年计划之内,应该逐步结束。……我们现在对资本主义工商业的社会主义改造,实际上就是运用从前马克思、恩格斯、列宁提出过的赎买政策。它不是国家用一笔钱或者发行公债来购买资本家的私有财产,也不是用突然的方法,而是逐步地进行,延长改造的时间,比如讲十五年吧……改变资本主义私有制,要有几年的准备工作。你们回去传达,请注意不要说是共产了,引起一阵风,好像刮台风一样,那样不好。关于社会主义改造,我们需要有充分的准备,包括思想准备、宣传教育等许多工作在内,要有秩序有步骤地进行,而不是一阵风,以免招致可能的某些损失。我们要力求保障损失越少越好"(551029-2-459~460)。

2. 重工业优先发展战略下重轻工业和国防工业的均衡发展思想

毫无疑问,在毛泽东所描绘的中国工业化蓝图中,首先是重工业的优先发展战略,因为只有发达的重工业,才能支撑中国的强大的国防，重工业在中国工业化体系中占有极为重要的地位；同时，毛泽东从辩证思维的高度出发，在重工业优先发展的同时，又特别强调重工业与轻工业以及国防工业的协调均衡发展，这与苏联模式是迥然不同的。1951年12月，毛泽东指出："1952年是我们三年准备工作的最后一年。从1953年起，我们就要进入大规模经济建设了，准备以二十年时间完成中国的工业化。完成工业化当然不只是重工业和国防工业，一切必要的轻工业都应建设起来。为了完成工业化，必须发展农业，并逐步完成农业社会化。但是首先重要并能带动轻工业和农业向前发展的是建设重工业和国防工业。"（511201-1-426）

毛泽东在推进中国工业化的过程中，特别注意反思斯大林的轻视轻工业和农业的错误。1956年10月31日，毛泽东会见波兰驻中国大使时说："应该多搞些轻工业和农业。我们也有这个问题，我们正在注意轻工业和农业，重工业不能搞得太多。苏联牺牲轻工业和农业来搞重工业的这条路，恐怕不那么合适。过去，批评资本主义国家，说他们是先搞轻工业后搞重工业。结果，社会主义国家重工业搞起来了，轻工业很差，人民不满意，农民不满意。斯大林错误中，恐怕也要算进这一条。"（561031-3-20）1957年1月18日，毛泽东主持省市自治区党委书记会议时说："各部门之间的比例究竟怎样平衡才恰当？重工业各个部门之间的比例，轻工业各个部门之间的比例怎样平衡才恰当？这个比例再搞五六年是不是能搞得出来？我希望缩短这个时间。建设这个过程，我希望缩短时间，并且不要付那样大的代价。苏联是付了很大代价的，竭泽而渔，搞了二十一年，钢从四百万吨只增加到一千八百万吨。我们是不是可以也在同样的时间，不采取那个竭泽而渔的办法，把我们的重工业建设得比它还多一点呢？苏联付出的代价相当大，人民束紧裤带。他们是有了重工业，丧失了人民。我们是不是可以又有重工业，又得了人民？……保证必要的民生。无非是使轻工业发展起来，这是增加积累的道路。重工业、轻工业投资的比例问题，要重新研究。……在轻工业方面要多投点资，这样恐怕有利。去年四月，我们在这里谈过重、轻、农的比例问题。适当地（不是太多地）增加轻工业方面的投资、农业方面的投资，从长远来看（五年、十年），既可以搞积累，又满足了人民的需要，反而对于重工业的发展有利。这样一来，就跟苏联走的那条路有点区别，不完全抄它那条路。"（570118-3-65～68）汲取苏联教训，注重在发展重工业的过程中适当发展轻工业和农业，照顾民生，这是毛泽东在社会主义建设初期产业结构探索方面做出的杰出贡献，这个贡献对中国经济发展模式的影响是不可低估的。

3. 采取对资本家的稳健渐进改造政策，强调学习过程，防止激进主义

（1）在资本主义工商业的社会主义改造中，毛泽东一直注意团结民族资产阶级，利用私人资本改善公私关系，强调私营工商业长期存在，大力纠正党内的"左"倾情绪。

1950年4月12日，毛泽东审阅了全国统战会议工商组讨论会的一份发言记录稿，并写下多处批语："今天的斗争对象主要是帝国主义封建主义及其走狗国民党反动派残余，而不是民族资产阶级。对于民族资产阶级是有斗争的，但必须团结它，是采用既团结又斗争的政策，以达团结它共同发展国民经济之目的。""应限制和排挤的是那些不利于国计民生的工商业，即投机商业、奢侈品和迷信品工商业，而不是正当的有利于国计民生的工商业，对这些工商业当它们困难时应给以扶助使之发展。"在发言记录稿谈到"国营经济是无限制地发展"处，毛泽东批写："这是长远的事，在目前阶段不可能无限制地发展，必须同时利用私人资本。"在发言记录稿谈到"大资本家要停工，我们就让他停工。我们有钱，就接收过来"处，毛泽东批写："这是不对的。"（500412-1-115～116）从这些批改处，我们可以看到当时党内的教条主义和"左"倾情绪是十分严重的，同时也可以看到毛泽东对这些错误思想是有深刻的洞察的，他对社会主义过渡阶段的理解是中庸客观的，而不是主观和绝对的；他所采取的思想方法是辩证而灵活的，而不是教条主义和本本主义的。

1950年5月25日，毛泽东在中共中央政治局会议上说：今天的资本主义工商业对社会是需要的，有利的。私营工商业统统要拿到政府的翅膀之下来，是有理由的，因为适应了人民的需要，改善了工人的生活。当然，资本家要拿走一部分利润，那是必需的。私营工商业是会长期存在的，我们不可能很快实行社会主义。现在我们有广大的国营工商业，需要把这些企业搞好。要有所不同，一视同仁。有所不同者，是国营占领导地位，是进步的，把位置反转过来是不行的，因为私营工商业比较落后，这一点必须公开说明……裁员问题、失业救济问题，都应该是一样的，一视同仁，或者如陈云同志所说的"不分厚薄"。这个精神在《共同纲领》第二十六条中已经有了，即统筹兼顾。[1]（500525-1-146）

（2）"三反"、"五反"中采取安定资本家的分类处理政策，肯定民族资产阶级积极性一面，强调对资本家进行政治改造和分化，并防止党内过激的"左"倾做法。

1952年2月15日，毛泽东为中共中央起草关于"五反"中对各类资本家的处理意见的指示。指示指出：各城市市委、市政府均应于开展"三反"和"五反"斗争的同时，注意维持经济生活的正常进行。如果在一个短时间内出现了不正常状态，亦应迅速恢复正常状态。为着维持经济生活的正常进行，除对没有问题的守法的工商户，应鼓励他们照常营业外，对于问题不大的半违法半守法的工商户，应于"五

---

[1] 《中国人民政治协商会议共同纲领》第二十六条规定："中华人民共和国经济建设的根本方针，是以公私兼顾、劳资两利、城乡互助、内外交流的政策，达到发展生产、繁荣经济之目的。"

反"斗争开展后分作几批做出结论,安定他们。这一类工商户占全体工商户的绝大多数。上述两部分资本家,即守法资本家和半守法半违法资本家,占着全体资本家的95%左右,只有把他们争取过来,才能使占5%左右的反动资本家完全陷于孤立。(520222-1-493～494)

毛泽东尤其强调要稳定大资本家的情绪,认为民族资产阶级在建国初期还有一定积极性,严厉批评"左"倾的做法。1952年4月4日,为转发陆定一关于《学习》杂志错误的检讨报告,毛泽东起草批语,指出"中央宣传部3月29日关于《学习》杂志错误的检讨,中央认为是必要的和适当的",并要求各级组织宣传文教工作人员讨论检讨文件。陆定一的检讨报告说:"《学习》杂志在一九五二年第一、第二、第三期,发表了一系列的带有严重的错误性质的文章。这些文章实质上是否定了民族资产阶级在现阶段还存在着两面性,而认为只有反动的腐朽的一面,从而达到了根本否定民族资产阶级在现阶段仍有其一定的积极性的结论。这样就公开地违反了党的路线和党的政策。在中央宣传部的刊物上连续地发表违反党的路线和政策的文章,这对于我们,实在是个严重的教训。"毛泽东的批语表明他在新中国经济恢复和过渡时期,处理资本家的问题时是有着长远的战略眼光和阶段性的策略设计的,并不固守教条,反映了他作为政治家的灵活性与治理智慧。

(3) 实行公私共同发展,教育改造资本家,打击投机商业,实行利润分享,逐年增加对私营工商业的计划性。强调斗争是为了团结,要尊重《共同纲领》,逐渐改变资本主义工商业;强调学习过程,在改造资本家时要循序渐进。

1952年3月,毛泽东在同黄炎培的谈话中询问民主建国会"三反"运动情况,毛泽东说:我们要从经济观点,向大的远的方面看。现在中国的私人资本,在全国工商业经济上,比重还是相当大,向着社会主义走,公私双方都需要发展的。私人资本在新中国经济建设上,它是有贡献的。只不要让它向坏的方向发展。……毛泽东说:资本家唯利是图，人家说是不好，但"利"可以分析一下，一部分是国家的利，一部分是工人的利，其余一部分是资本家的利。如果唯利是图的资本家，他们所图的利，三方面都能够顾到，正是希望他们、需要他们来"图"，只不能让他们光图私人的利。毛泽东说："五毒"①俱全的，完全违法的，一定不要，守法的及基本守法的要争取，半守法半违法的也要争取，要教育改造他们。中间还要特别重视工业，劝导大家在人民政府领导之下，依据国家经济需要，有步骤地把商业资本转向工业，于国家是有利的。商业中间特别是投机商，于国家人民全无益处，绝对不要。（520315-1-520）这里面就体现出毛泽东一贯坚持的有区别的、分化式的斗争思想以及因势利导的、渐进式的资本主义工商业改造策略。

对于民族资产阶级中的一些激进思想，毛泽东也极注意给以及时的纠正，并不因为这些激进思想迎合共产党的宗旨而加以鼓励，这也就给民族工商业者传达了一个稳定的、缓和的、渐进的信号，有助于稳定民心，减低资本家改造的成本，缓和矛盾。1952年9月，黄炎培将自己准备在中国民主建国会北京市分会第四届会员大会上的讲话稿给毛泽东审阅，毛泽东在9月5日给黄炎培的复信中说："讲稿用意甚好，惟觉太激进了一点，资产阶级多数人恐受不了……。要求资产阶级接受工人阶级的基本思想，例如消灭剥削，消灭阶级，消灭个人主义，接受马克思主义的宇宙观，或者如先生所说'没有劳动，没有生活，不从劳动以外求生活，不从自力以外求生活'，这就是要求资产阶级接受社会主义。这些对于少数进步分子说来是可能的。当作一个阶级，则不宜这样要求，至少在第一个五年计划时期不宜如此宣传。当作一个阶级，在现阶段，我们只应当责成他们接受工人阶级的领导，

---

① 指"五反"运动所反对的资本家的行贿、偷税漏税、盗骗国家财产、偷工减料和盗窃经济情报五种违法行为。

亦即接受《共同纲领》，而不宜过此限度。在现阶段，允许资产阶级存在，但须经营有益于国家人民的事业，不犯'五毒'，这就是工人阶级对于资产阶级的领导，也就是《共同纲领》所规定的。""先生近来思想前进甚快，例如北戴河信上所说国家主权的思想，此次所说社会主义的思想，都表示这一点，但在现在却是言之过早，在少数人想想是可以的，见之实行则是不可以的。"对于黄炎培的讲稿，毛泽东作了一些修改。把讲稿中两处提到的资本家应"接受工人阶级思想"，改为"接受工人阶级和国营经济的领导"；把讲稿中用"工人阶级思想"教育改造资本家，改为用"爱国主义的思想，《共同纲领》的思想"教育改造资本家。（520905-1-594）这些修改，反映了毛泽东冷静的实事求是的作风，这对防止资产阶级改造中的激进"左"倾做法十分有益，也稳定了民族资产阶级尤其是大资本家的情绪。

毛泽东强调对资本家的征税要适当，要搞好劳资关系。1953年2月，毛泽东在同地方干部的谈话中强调，"现在征税中有不实事求是的，引起资本家叫唤，例如收所得税收得多了，这样收税要不得。……税收要民主评议，不要变成强迫摊派。资本家应交的税要交，不应当要的我们不要，不要把人家搞光了。……资产阶级现在还是要，要使他们能够存在。属于资本家所应得的，不管资本家如何花掉，都不能干涉"（530224-2-41）。1953年9月15日，毛泽东在和盛丕华、荣毅仁等中华全国工商业联合会筹备委员会负责人的谈话中特别提到，"每个企业要好好经营，搞好劳资关系，发动劳动积极性，搞好劳动纪律，降低成本，提高产量，提高质量，每年扩大设备，这样就有了前途。……中国民族资产阶级和无产阶级具有同一命运。他们均受帝国主义、封建主义的压迫。过去在革命中中立过、参加过，从历史上看，现在从企业情况看，我们没有理由排斥他们"（530915-2-166）。

毛泽东一直主张对资产阶级要以教育为主。1953年，毛泽东在一次会议上谈及资本主义工商业改造问题，他说：对资产阶级与对地主阶级不同，以教育为主，斗争为辅，教育中以鼓励为主，批评为辅，百分之九十几是可以改造的。批评通过他们自己进行。资产阶级有进步、中间、落后、反动、反革命，在报纸上说资产阶级，应实事求是，要具体分析。争取中间的和落后的，孤立反动的。有些人对这个问题思想不明确。不敢讲资产阶级一句好话，不是实事求是的。联合不是空话，有政治、经济（饭票）。世界事物，两个东西碰在一起不能不起变化。我们同资产阶级发生关系，它不起变化是不可思议的。（531228-2-212～213）这些表述不仅阐明了毛泽东改造资本家时所采取的渐进的以教育为主的高明策略，同时也表明了他对改造资本家以至于改造整个社会制度的极大的自信气度。

4. 对资本主义工商业执行渐进赎买政策，将对资本家的政治教育与经济赎买相结合

（1）用赎买方式对待民族资产阶级，并采取渐进的赎买政策。1953年2月19日，毛泽东在谈及社会主义改造时说：我爱进步的中国，不爱落后的中国。中国有三个敌人帝国主义、封建主义、官僚资本主义，已经被打倒了，还有民族资产阶级、个体农业和手工业、文盲这三个问题。当然对待这些不能用对待三个敌人的办法。个体农业，要用合作社和国营农场去代替，手工业要用现代工业去代替。手工业目前还要依靠，还要提倡，没有它不行。对民族资产阶级，可以采取赎买的办法。1953年12月9日，毛泽东主持召开中共中央政治局扩大会议时说，实行国家资本主义，一定要给资方分红利，十三年准备支出五十万亿元给资本家。这可能成为另外一种方式的购买，比较行得通。……私营企业要多少年才实行国营？可能有先有后，要看发展，看看他们的生活、社会、人心等。（531209-2-202～204）1955年11月，毛泽东修改《中共中央关于资本主义工商业改造问题的决议（草

案）》:"为了借助国家资本主义达到社会主义的目的,我们就需要对资产阶级偿付出一笔很大的物质代价。……这是逐步的赎买,不是一下子赎买。也不是由国家另外拿出一笔钱来进行赎买,而是由工人阶级在十年左右的时间内用给资本家生产一部分利润的方法进行赎买。"(551130-2-476)实践证明,这种渐进式赎买和以企业利润增量赎买的政策是符合中国实际的制度安排,也是代价最小、引发社会震荡最小的制度安排。

（2）承认民族资产阶级是爱国的阶级,强调赎买不是欺骗。1956年12月8日,毛泽东与出席全国工商联第二届会员代表大会的各省市代表团负责人座谈。毛泽东说:关于定息的时间问题,解决这个问题有一个原则,就是不要损害资本家的利益,特别是不要损害大资本家的利益。对国家经济生活作用大的,还是大资本家。从公私合营和国有化来说,大资本家对国家的意义更大。定息到底搞多长时间,中共中央讨论过,认为时间太短了不好。赎买就是真赎买,不是欺骗的。以七年为期,从今年算起到第二个五年计划最后一年。我说还可以拖一个尾巴,拖到第三个五年计划,总要天理人情过得去。(561208-3-49)

5. 制定经济赶超战略,打破对欧美和苏联的迷信

赶超战略是解释中国传统社会主义体制形成的最重要因素之一。国际竞争和国际环境是决定重工业优先发展战略的重要考量,毛泽东等第一代领导人在制定新中国发展战略时,其首要出发点便是希望通过体制的创新实现快速的重工业化,实现经济赶超,其中主要是超越美欧,还要追赶苏联。

1955年3月21日,毛泽东在中国共产党全国代表会议的开幕词中指出:要在大约几十年内追上或赶过世界上最强大的资本主义国家,这是决不会不遇到困难的,如同我们在民主革命时期所曾经遇到过的许多困难那样,也许还会要遇到比过去更大的困难。但是,同志

们，我们共产党人是以不怕困难著名的。……一句话，更多地懂得客观世界的规律，少犯主观主义错误，我们的革命工作和建设工作，是一定能够达到目的的。（550321-2-358）这可能是赶超战略的最初表述。1955年10月29日，毛泽东邀集全国工商联执行委员座谈私营工商业社会主义改造问题时说：我们的目标是要赶上美国，并且要超过美国。美国只有一亿多人口，我国有六亿多人口，我们应该赶上美国。哪一天赶上美国，超过美国，我们才吐一口气。现在我们不像样子嘛，要受人欺负。（551029-2-460）1956年1月25日，毛泽东在中南海勤政殿召开的最高国务会议第六次会议上说：目前我国正处在伟大的社会主义革命的高潮中。……我国人民应该有一个远大的规划，要在几十年内，努力改变我国在经济上和科学文化上的落后状况，迅速达到世界上的先进水平。（560125-2-520）1956年2月28日，毛泽东听取电力工业部汇报，在得知1955年我国发电量为98亿度时，毛泽东说：就这么一点，怎么不受人家欺负呢？当汇报到我国电力生产要50年才能赶上美国时，毛泽东说：就在这个世纪赶上它，并且超过它。（560228-2-538）这种赶超欧美时不我待的心境，是我们解释新中国大一统社会主义体制和赶超发展战略形成根源时不能不考虑的。

赶超战略不仅仅是超越欧美，还要超越第一个社会主义国家苏联，这是毛泽东心目中更为宏大的目标，他要打破苏联神话，消除胸中郁积的被苏联压制的愤懑，因此他充满了紧迫感，要加快建设社会主义，打破对苏联的迷信，奋力追上苏联。（560225-2-537）

四、中国的过渡经济学：社会主义改造与渐进式社会革命

1. 强调过渡经济的长期性和渐进性，对旧有的非社会主义经济成分采取包容态度和渐进改造政策

毛泽东计划用三个五年计划实现社会主义改造，同时告诫全党要

保持谦虚。1953年2月17日，毛泽东同时任中共中央中南局第二副书记的李雪峰等人谈社会主义问题。毛泽东说：新民主主义是向社会主义过渡的阶段。在这个过渡阶段，要对私人工商业、手工业、农业进行社会主义改造。过渡要有办法，像从汉口到武昌，要坐船一样。国家实现对农业、手工业和私营工商业的社会主义改造，从现在起大约需要三个五年计划的时间，这是和逐步实现国家工业化同时进行的。（530217-2-32）

1953年9月7日，毛泽东在中南海颐年堂同民主党派和工商界的部分人士谈话，毛泽东系统说明经过国家资本主义完成对私营工商业社会主义改造的形式、方法、时间和利润分配等。谈话中指出："（四）稳步前进，不能太急。将全国私营工商业基本上（不是一切）引上国家资本主义轨道，至少需要三年至五年的时间，因此不应该发生震动和不安。……（八）有些资本家对国家保持一个很大的距离，他们仍没有改变唯利是图的思想；有些工人前进得太快了，他们不允许资本家有利可得。我们应向这两方面的人们进行教育，使他们逐步地（争取尽可能快些）适合国家的方针政策：即使中国的私营工商业基本上是为国计民生服务的、部分地是为资本家谋利的——这样就走上国家资本主义的轨道了。……（十）实行国家资本主义，不但要根据需要和可能（《共同纲领》），而且要出于资本家自愿，因为这是合作的事业，既是合作就不能强迫。这和对地主不同。……（十三）至于完成整个过渡时期，即包括基本上完成国家工业化，基本上完成对农业、对手工业和对资本主义工商业的社会主义改造，则不是三五年所能办到的，而需要几个五年计划的时间。在这个问题上，既要反对遥遥无期的思想，又要反对急躁冒进的思想。"（530907-2-160～161）1953年8月12日，毛泽东出席全国财经工作会议时说：要苦学苦干，在十五年或者更长的时间内，基本上完成社会主义工业化和社会主义改造。那时，我国强大了，也要谦虚，永远保持学习的态度。（530812-2-150）

2. 动态地看待资本主义经济体系，采取国家资本主义的公私兼顾策略，缓和与资本家的矛盾对抗，降低制度过渡成本

毛泽东指出工业化和社会主义改造中的"左"倾与右倾错误，提出不应急躁冒进，要统筹兼顾。1953年6月15日，毛泽东主持召开中共中央政治局会议，听取并讨论李维汉《关于利用、限制和改造资本主义工商业的若干问题》的报告。毛泽东在讲话中，首先对过渡时期党的总路线作了一个比较完整的表述："从中华人民共和国成立，到社会主义改造基本完成，这是一个过渡时期。党在过渡时期的总路线和总任务，是要在十年到十五年或者更多一些时间内，基本上完成国家工业化和对农业、手工业、资本主义工商业的社会主义改造。"在谈到过渡时期总路线、总任务的基本内容及向社会主义逐步过渡的方法时，他说：过渡时期的时间多长？考虑来考虑去，讲十年到十五年或者更多一些时间比较合适。总路线和总任务包括两部分性质：（一）工业化，工业在国民经济中的比重要超过农业。（二）社会主义改造，即对农业、手工业、资本主义工商业的社会主义改造。在批评"左"、右两种倾向时说：党在过渡时期的总路线是照耀我们各项工作的灯塔。不要脱离这条总路线，脱离了就要发生"左"倾或右倾的错误。有人认为过渡时期太长了，发生急躁情绪。这就要犯"左"倾的错误。有人在民主革命成功以后，仍然停留在原来的地方，他们没有懂得革命性质的转变，还在继续搞他们的"新民主主义"，不去搞社会主义改造。这就要犯右倾的错误。……我们提出逐步过渡到社会主义，这比较好。社会主义因素是逐年增长的，不是说到第十六个年头上突然没收资本主义工商业。我们根据过去四年的经验，资本主义企业中社会主义因素是逐年增长的，不要认为资本主义经济十五年原封不动，不要总把资本主义经济看成一块铁板，看成是不变化的。……目前一脚踢开资本主义企业是不行的，我们也没有资格。现在，我们飞机、坦

克、汽车、拖拉机等都不能造，就想把资本主义企业一脚踢开，是不对的，不应急躁冒进。统筹兼顾完全必要，以便我们集中主要精力做国营企业的工作，集中力量搞国防，搞重工业。（530615-2-115～117）

毛泽东提出国家资本主义时期要公私兼顾，对资本家的政治地位要重视，要懂得让利。1953年6月29日，毛泽东主持召开中共中央政治局扩大会议，讨论《关于利用、限制和改造资本主义工商业的若干问题（修改稿）》时说：中国的资产阶级与苏联和东欧新民主主义国家的不同，是从历史不同来的，他们参加过反对帝国主义的斗争，没有理由没收他们的企业。……这个文件，要有一个地方，批评错误的看法，例如认为党和工人阶级仍应以在国民党统治时期的态度对待资本主义企业。其实，在国民党统治的后期，我们对民族资本主义工商业的政策即有改变。现在已经是在人民政府管理下的、和社会主义经济联系着的并受其领导的、受工人监督的资本主义，我们的同志还把它们看成是同国民党统治下一样的，把它们搞垮完事，不采取积极态度。……对资本家不取消公民权，消费财产不交出，现在给利，将来给工作。虽然要警惕，但我们不要怕它。（530629-2-121～122）

要重视改造资本家，不要过早消灭资本家，不要造成与资本家的矛盾对抗，政治上的动员整顿与经济上的渐进主义相结合。1956年12月5日，毛泽东在中南海颐年堂同陈叔通谈话。毛泽东说：对资本家要解决两个问题，一是物质问题，二是思想问题。物质问题就是有职有权问题，有工资可拿，拿到工资能过生活。思想问题要资本家改造自己，发挥他们的作用，不但使用老经验，而且使得他们能够发展新的经验。比如荣毅仁年纪轻轻的，这种人来日方长，还可以学新的经验。现在看起来，苏联消灭阶级太早了，不能够使用资本家的能力。定息拿多久呢？可以问资本家，要拿多久就拿多久。主要是要解决问题，不能解决问题时还要叫他拿下去。取消定息不要来个高潮。资本家拿定息如两个五年计划不能解决问题，拖到三个五年计划。带个尾巴进工会,你看怎么样?……让资本家多拿几年定息,安心工作,安心学习,对工人阶级是有利的。资本家学习改造要自己努力,大家帮助。……我们把资本家当成真正的财富,重视工商界,他们有现代文化。我们党说话要有信用,说话算数的。(561205-3-44~45)

3. 强调灵活性和原则性的统一,摒弃所有制的单一化和理想化,以和平渐进方式进行社会革命

(1)社会主义全民所有制与国家资本主义的关系要体现原则性与灵活性的统一。1954年6月14日,毛泽东主持召开中央人民政府委员会第三十次会议。毛泽东指出,我们的宪法草案,结合了原则性和灵活性。原则基本上是两个:民主原则和社会主义原则。我们的民主不是资产阶级的民主,而是人民民主,这就是无产阶级领导的、以工农联盟为基础的人民民主专政。人民民主的原则贯串在我们整个宪法中。另一个是社会主义原则。我国现在就有社会主义。宪法中规定,一定要完成社会主义改造,实现国家的社会主义工业化。这是原则性。社会主义全民所有制是原则,要达到这个原则就要结合灵活性。灵活性是国家资本主义,并且形式不是一种,而是"各种",实现不是一天,而是"逐步"。这就灵活了。(540614-2-251)

(2)建立多元化的所有制关系,避免绝对化、单一化、过度理想主义。1954年9月上旬,毛泽东审阅修改九月七日排印的《关于中华人民共和国宪法草案的报告(修正稿)》。毛泽东将关于过渡时期的多种经济成分的论述,修改为:"就目前来说,我国的生产资料所有制,主要的有:国家所有制,即全民所有制;合作社所有制,即劳动群众集体所有制;个体劳动者所有制;资本家所有制。国家的任务是尽力巩固和发展前两种所有制的经济成分,即社会主义的经济成分,所以国家要'保证优先发展国营经济',特别要注意逐步建立社会主义主要经济基础的重工业,同时要'鼓励、指导和帮助合作社经济的发展'。"

（540910-2-277）实际上，这种多元所有制并存的思想，就是混合所有制思想，毛泽东在建国之初就提出社会主义多元所有制思想，其思想是比较超前的。

（3）生产关系要渐变，分阶段提升公众福利，以减少社会摩擦，提升公众对制度过渡的支持和认同，使资本家在改造中也要实现福利的"帕累托改进"。1955年10月27日，毛泽东说：社会主义改造是三个五年计划基本完成，还有个尾巴要拖到十五年以后，总之是要瓜熟蒂落、水到渠成。现在还是要劝大家走社会主义道路。……总之是要逐步地做，不使人们感到突然。生产关系、生活方式都要逐步改变，不要突然改变，最后是要改变的，但是要安排好，要使这些人过得去。一个工作岗位，一个政治地位，都要安排好。将来农民的生活要超过现在的富农。资本家如果将来饿肚子，这个制度就不好。如果大家生活不提高，革命就没有必要，因此生活福利都要逐步提高。总之，要逐行逐业安排好。（551027-2-457～458）

（4）社会主义革命用和平方法，减少社会动荡和制度过渡之成本。1956年1月25日，毛泽东在中南海勤政殿主持召开最高国务会议第六次会议。毛泽东在讲话中说：从去年夏季以来，社会主义改造也就是社会主义革命，就以极广阔的规模和极深刻的程度展开起来。……社会主义革命的目的是为了解放生产力。……我们进行社会主义革命所用的方法是和平的方法。对于这种方法，过去在共产党内和共产党外，都有许多人表示怀疑。……在我国的条件下，用和平的方法，即用说服教育的方法．不但可以改变个体的所有制为社会主义的集体所有制，而且可以改变资本主义所有制为社会主义所有制。（560125-2-519）

五、结论

全面梳理新中国建立初期的社会主义体制的探索史和形成史，努力以客观和同情的史家眼光来看待这段波澜壮阔且错综复杂的历史，既是对本国历史和文明的一种尊重，也是一种对未来中国负责任的态度。中国的道路是自己走出来的，先人的伟大探索和牺牲是需要高度重视、认真对待和深切检讨的。本章着重从经济恢复与过渡时期的初步探索与渐进式过渡战略的开创、经济赶超与渐进赎买式的资本工商业社会主义改造等方面，试图系统梳理毛泽东在新中国建立初期艰难的探索历程以及他对苏联模式的逐步深入的清醒认识、辩证汲取和深刻反思。当然这种梳理也还是初步的，无论在文献上还是在理论上，都还有进一步深入挖掘、提炼和辨析的必要。

中国道路的选择有其内在的历史逻辑，带有某种历史必然性。工业化和现代化的国家目标以及赶超战略的制定，可以用五大因素来解释：欧美国家现代化和工业化实践，尤其是苏联社会主义建设的示范效应；国际环境因素；对旧政权覆灭教训的检讨和对新兴政权的合法性基础的思考；中共的大同政治目标；民族复兴与建立强大民族国家的内在动力。而新中国面临的资金匮乏、技术落后、国民知识程度低、国家宏观控制能力薄弱、国民经济水平与结构严重落后等约束条件，逼迫新中国采取集权式的、大一统的、能够最大限度动员资源的、制度结构上单纯而便于控制的经济运行制度，这种经济制度的选择是最有利于工业化和现代化目标以及赶超战略实现的制度安排。

但是从旧有的传统的落后的制度体系过渡到这样一种能够高效率动员各种资源（包括资本、劳动力、技术和知识、土地等物质资源）的制度体系，需要极为智慧的模式选择。以毛泽东为代表的新中国第一代领导人创造了一种可供借鉴和模仿的中国式的过渡经济学。从1949年至1957年新中国的经济运行来看，这种中国式过渡经济学强调经济过渡的长期性和渐进性，强调经济结构和产权结构的多元性、弹性和包容性，强调过渡模式的灵活性而摒弃单一化和理想化，强调和平赎买、学习过程和思想教育相结合，它不仅对于中国社会主义制度的创立和工业化、现代化的实现起到关键性的作用,而且就其方法论的精髓与灵魂而言,也值得任何组织和实施大规模制度变迁与社会改造的行动者借鉴与学习。这个方法论的精髓和灵魂就是在一个原则性的目标指引之下,选择社会震荡和制度成本最低的体制安排,以灵活而富有弹性的方式推动社会变革,把理想主义目标和折衷主义战略结合起来,从而实现经济和社会的平稳过渡。在这个经济过渡过程中,既要有主动的强有力的思想引领与政治教育,又要有均衡、弹性、包容、渐进、柔和、中庸的实施策略。

第二章
制度、技术与文化变迁的路径选择：土地改革与合作化的激进主义与渐进主义

一、民国以来关于农村土地和农村发展思想的争议

1. 自孙中山以来民国思想界关于土地改革的争议

农村土地问题是解读中国历史上王朝兴衰与治乱循环的核心密码之一。土地是农民的命根子，由土地而生出来的税赋当然也是传统农业社会统治者的命根子。几千年来，一种以土地为主角的历史剧反复上演：当一个王朝肇创与兴起时期，统治者往往以平均地权作为统治合法性的基石，农民获得耕地并得到较长时期的休养生息，在此期间，主要依赖土地产出的税赋持续增加；而随着国家汲取能力的增强与国力的提升，国家治理体系亦开始膨胀，财政支出压力随之增大；继而，随着经济的发展与社会结构的演变，小农经济内部出现贫富分化，富裕阶层的土地兼并以及拥有较高政治地位的官僚阶层的土地占有亦有逐渐加剧的趋势；在王朝的由盛转衰的后期，大规模的土地兼并带来社会矛盾的激化，此时统治者必须进行深刻的社会变革以抑制豪强对土地的过度占有，然而这种社会变革虽然可能给农民带来局部的福利改善，却又极易导致统治者内部的剧烈冲突，从而使土地变革搁浅；在王朝的最后阶段，失地农民往往以集体暴力的形式满足自己对土地的梦想与渴求，从而颠覆旧王朝，创建新王朝。如此周而复始，千年兴衰故事又开始重演。在这个治乱循坏的历史图景中，土地流动与农民福利之间的张力，一直是决定我们这个以小农经济为基础的国家兴

亡的主导力量。

近代以来，中国面临着政治、社会、经济乃至于文化的剧烈动荡，内忧外患踵至，国家日益衰败，农村凋敝之情形日甚一日。中国面临着前所未有的农业和农村危机，有识之士无不苦思良策，志在重振农业，复兴乡村，以图中华民族之再造。民国时期，学者和政界人士对于农村土地变革和农村制度建设提出了很多建议，对中国农村存在的弊端也有深刻的揭露和批判。然而学者和政界人士的这些主张并不一致，甚至存在着尖锐的矛盾。从中国近代农村面临的主要挑战来看，危机主要来自几个方面：首先，中国在当时仍然是一个以小农经济的经营形态为主的农业国，中国的国民生产总值中的绝大部分是农业产值，中国国民的绝大部分也是农民，尤其是小农（包括自耕农和佃农）。中国的小农经济在20世纪初期首先面临着国内资本主义生产方式的挑战，19世纪中叶以来，国内工商资本已经渗透到农村，使农村的小农经营模式受到极大的冲击，甚至面临破产的风险。其次，中国的农村和农业发展还受到国外帝国主义的冲击和挑战。19世纪下半叶以来，大量的外国资本和商品进入中国，垄断了中国的农村市场，把传统的建立在小农经济基础上的商品经济逼上了破产的边缘。最后，中国小农经济还受到内部两极分化的严峻考验。随着土地的逐步集中，农村中形成了缺地或无地的小农和拥有较多土地甚至垄断一个地区土地的地主（其中既有纯粹以农业为生的土地拥有者，也有控制土地所有权但以工商业为生的民族资产阶级）这样两个对立的阶层，这两个严重分化的阶层的存在，既降低了农业生产效率，又激化了农村的社会矛盾，使近代农村处于严重的动荡状态之中。

20世纪初期，以孙中山为代表的民族资产阶级陆续提出了"平均地权"和"耕者有其田"等政策主张。"平均地权"思想的基本主张是"照价纳税"、"涨价归公"和"照价收买"，实际上是一种土地的最终所有权归国有的政策，其目的是着眼于将工业化进程中土地的增值收归国有，以便人人得均享其利，消除贫富差距。"耕者有其田"则进一步使农民拥有土地的使用权和一定的收益权，这是孙中山在"平均地权"基础上提出的更加深刻的、旨在变革农村中的生产关系的革命性主张。在孙中山之后，不同派别的学者站在自己的立场上提出了很多关于农村发展的思想主张，但其焦点仍在于土地问题，仍在于小农经济的去向，仍在于工业化过程中如何平衡好工业和农业的关系。大体来说，民国时期在土地改革方面存在三派观点：一是以"中国农村派"为代表的比较激进的一派，二是以董时进先生为代表的保守派，三是以中国地政学会为代表的中间派。

民国时期在土地改革方面比较激进的是"中国农村派"，他们依托中国农村经济研究会和《中国农村》杂志，在进行大量田野调查的基础上，提出了半殖民地半封建的农村社会必须进行彻底的土地改革和社会革命的政策主张，为中国共产党实施土地革命奠定了理论基础。二三十年代陈翰笙带领王寅生、钱俊瑞、薛暮桥、张锡昌、张稼夫、孙冶方、姜君辰和秦柳方等一大批青年学者在江苏无锡、河北保定、广东岭南、广西、河南、陕西等地进行调查，深刻认识到中国农村中存在的土地分配不公和土地经营分散的严重问题，揭示了土地所有与土地使用间的矛盾是中国农村凋敝的根源。"中国农村派"极力主张土地革命，主张农村的社会革命。

与"中国农村派"不同，当时有一批学者极力反对土地革命。比较有代表性的是董时进。董时进坚决维护旧社会农村生产关系，反对土地改革，主张保留土地私有制。在20世纪上半叶，针对地权集中，包括国民党与共产党在内的多种政治力量均主张进行某种形式的土地改革，董时进先生却明确反对任何形式的土改。关于"中国无封建论"，他认为：近代东欧国家是封建社会，土地属于贵族，农民属于土地，所以要土地革命和农民解放。而中国在秦朝以后，土地可以自由买卖，有钱就可以当地主。农民不管是自耕农或佃农，都是身份高尚的人民，因此，中国根本不存在近代东欧诸国所进行的土地革命和农民解放，这在中国两千年前已经闹过了，中国的地主非外国的贵族可比。[①]1950年，董时进先生在复刊的《观察》周刊上发表《董时进上书反对土地改革问题》一文，并将给毛主席的信四处散发，造成不小的影响。[②]董时进认为，中国的土地问题不是制度和分配的问题，而是土地数量多少的问题。应该说，董时进对当时中国农村存在的尖锐的土地制度问题和社会矛盾采取视而不见的态度，虽其立论在某些局部方面不无可取之处，但是就其总体而言则很难说是客观而公允之论，他代表了保守派的极端。

与比较激进的"中国农村派"和极端保守的"中国无封建论者"不同，"中国地政学会派"则代表了三四十年代比较中庸和主流的土地思想，在中国地政学会第二届年会上，此派提出了实行累进地价税及增价税以平均人民负担限制豪强兼并、基于平等合作之精神改正佃租制度使劳资密切合作地尽其利、实行设立农业及土地金融机关以调剂农村经济奖励土地生产、注重土地利用实行移垦政策以求土地与人口之调剂与生产之增进等观点。[③]这些政策主张，将土地制度的调整与生产关系之协调结合起来，属于一种渐进的中庸的政策主张，既不主张完全的激进的土地革命，也不是完全保守的消极的一派，而是走了中间路线。

2. 毛泽东在新中国成立前后对农村情况的总体判断

毛泽东在20世纪30年代就十分重视土地革命问题，将土地所有权的调整视为中国革命的中心环节。中国共产党在革命根据地打土豪、分田地、废除封建剥削和债务，极大地调动了农民参与革命的积极性，

---

① 董时进：《论共产党的土地改革》，香港自由出版社1951年版，第5—8页。
② 《董时进致信毛泽东谈土改》，《炎黄春秋》2011年第4期。
③ 中国地政学会：《中国目前之土地政策》，《地政月刊》1935年第3卷第4期。

满足了农民渴望获得土地的强烈需求，赢得了农民的衷心拥护。在延安时期，毛泽东不仅重视土地制度的调整，同时也开始关注中国农村经营模式的转型与变革，他在这时深刻认识到合作经济的重要性，在农村大力推广农民互助合作，试图在土地所有权调整的基础上进一步推动生产方式的变革，即由单一小农为主的生产经营方式逐步过渡到具有一定规模的互助组和合作社的生产经营模式，从而改造中国的小农经济。可以说，土地改革是中国共产党胜利的基石，这一点不论是毛泽东还是他的敌人都是有共识的。

新中国成立之后，毛泽东对农村情况的总体判断沿袭了解放前的思路，但是同时，为了维护新中国的经济和政治稳定，他在推动中国农村土地改革的过程中极其注重协调不同利益主体的关系，注重维护总体的稳定性和渐进性，并没有采取疾风骤雨式的土地革命。他强调要推翻地主土地所有制，但同时主张要给地主出路，强调"废除他们这一个社会阶级，而不是要消灭他们的肉体"，同时他还强调"我们建议的土地改革法，采取了消灭封建制度保存富农经济的方针，也是完全必要的"。（500604-1-151～152）

在土地改革基本完成之后，自1953年开始，毛泽东在农村变革的思想上又跨越了一步，他更多地从工业化的高度去认识中国农村和农业问题，更多地思考工业化和农业发展之间的互动关系。在他看来，工业化是压倒一切的最大的国家战略目标，实现工业化是农业发展的前提和条件。1953年10月31日，毛泽东审阅修改中共中央10月19日关于统购粮食的宣传要点稿，他写道："实现国家的社会主义工业化。社会主义工业化就是要使中国由工业不发达的国家变成工业发达的国家，把非社会主义的工业变成社会主义的工业。……只有工业发达了，国家才能多造新农具和农业机器来帮助农民发展大规模的社会主义农业生产合作社（即集体农场），才能多修铁路公路把城市和农村联接起来，才能多修水利来发展农业，才能用大量的便宜的化学肥

料、杀虫药剂、药品、糖、布匹、自行车、收音机、电影等各种日用东西来供给农民。"（531030-2-187）

同时，毛泽东深刻认识到，工业化也不可能脱离农业发展而实现，在中国这个以农为主的国家，工业化的资金积累靠农业解决，因此工业和农业必须协调发展，要工农业并举。1955年7月31日，毛泽东说："为了完成国家工业化和农业技术改造所需要的大量资金，其中有一个相当大的部分是要从农业方面积累起来的。这除了直接的农业税以外，就是发展为农民所需要的大量生活资料的轻工业的生产，拿这些东西去同农民的商品粮食和轻工业原料相交换，既满足了农民和国家两方面的物资需要，又为国家积累了资金。而轻工业的大规模的发展不但需要重工业的发展，也需要农业的发展。因为大规模的轻工业的发展，不是在小农经济的基础上所能实现的，它有待于大规模的农业，而在我国就是社会主义的合作化的农业。因为只有这种农业，才能够使农民有比较现在不知大到多少倍的购买力。"（550730-2-411）1957年1月27日，毛泽东在省市自治区党委书记会议上讲话。谈及农业问题，毛泽东说：全党一定要重视农业，农业关系国计民生极大。要注意，不抓粮食很危险。不抓粮食，总有一天要天下大乱。……农业也关系到城市和工矿区人口的吃饭问题。……农业发展起来了，就可以为发展工业提供更多的原料、资金和更广阔的市场。因此，在一定的意义上可以说，农业就是工业。……先让农业本身积累多，然后才能为工业积累更多。（570127-3-71）农业不仅为工业化提供了大量原始积累，贡献了大量农业剩余，同时农业也是工业化产品的消费者、工业生产原料的提供者、工业生产者所需粮食的提供者。因此，在工业化的发展进程中，必须有强大的农业作为支撑，假若农业长期处于不发达的状态，工业化就无从谈起。毛泽东对工业化进程中工业和农业互动关系的理解，用现代发展经济学的眼光来看也是极其深刻而辩证的。毛泽东"农业就是工业"的提法，包含着丰富的辩证法思想，这个指导思想使中国避免了苏联模式中只重视工业（尤其是重工业）而忽视农业的弊端，使中国的工业化更加稳健和有效率，在有着数亿人口的大国，这个思想尤其重要。

毛泽东不仅认识到工业化需要农业作为基础，工农业应该协调发展，他更深刻认识到工业化不能以小农经济为基础，而是必须与规模化的"大农"相结合，与合作化的农业相结合，工业化的"大厦"是不可能建立在小农经济的"散沙"上的。因此，从50年代中期开始，毛泽东开始考虑展开大规模的合作化运动。1955年7月31日，毛泽东说：有些同志"不知道社会主义工业化是不能离开农业合作化而孤立地去进行的"。"我国的商品粮食和工业原料的生产水平，现在是很低的，而国家对于这些物资的需要却是一年一年地增大，这是一个尖锐的矛盾。如果我们不能在大约三个五年计划的时期内基本上解决农业合作化的问题，即农业由使用畜力农具的小规模的经营跃进到使用机器的大规模的经营，包括由国家组织的使用机器的大规模的移民垦荒在内（三个五年计划期内，准备垦荒四亿亩至五亿亩），我们就不能解决年年增长的商品粮食和工业原料的需要同现时主要农作物一般产量很低之间的矛盾，我们的社会主义工业化事业就会遇到绝大的困难，我们就不可能完成社会主义工业化。""社会主义工业化的一个最重要的部门——重工业，它的拖拉机的生产，它的其他农业机器的生产，它的化学肥料的生产，它的供农业使用的现代运输工具的生产，它的供农业使用的煤油和电力的生产等等，所有这些，只有在农业已经形成了合作化的大规模经营的基础上才有使用的可能，或者才能大量地使用。我们现在不但正在进行关于社会制度方面的由私有制到公有制的革命，而且正在进行技术方面的由手工业生产到大规模现代化机器生产的革命，而这两种革命是结合在一起的。在农业方面，在我国的条件下（在资本主义国家内是使农业资本主义化），则必须先有合作化，然后才能使用大机器。由此可见，我们对于工业和农业、社会主义的工业化和社会主义的农业改造这样两件事,决不可以分割起来和互相孤立起来去看,决不可以只强调一方面,减弱另一方面。"(550730-2-410)这段话深刻分析了制度变革与技术变革的关系问题,农业领域的技术变革(农业机械的大规模运用和农业技术的大规模推广)必须与制度变革相结合,也就是必须与合作制度相结合。

二、新中国成立初期关于农村社会革命的四次争论及其评价

新中国成立后,围绕农业和农村发展以及工农业的关系,产生了几次比较重大的争论,这些争论,不仅反映了不同的人对农业发展和农村社会变革的不同看法,而且更深刻地反映了不同的人对当时中国发展阶段和工业化进程中工农业关系的不同判断。

1. 刘少奇与东北局之争

东北是老解放区,在1948年左右就开始了土改,农民分得了土地,成为拥有小块土地的自耕农。土地私有在刺激了农业生产的同时,也使农村出现了新的"分化"。1950年前后,在土改完成一段时间以后,大多数农民的生活都有所改善,这引发了两个问题:第一,一些收入增加较快的农民开始雇用长工、添置农具,他们中有相当一部分出现了单干的倾向,不愿意继续参加互助合作,而经营不好的农民则面临着出卖或出租土地,甚至去做雇工的境况;第二,部分党员也出现了雇工和不参加互助合作的现象。对此,以东北局书记高岗为代表的领导者认为,尽管原则上允许土地的买卖和出租,允许雇工、单干、借贷等,但重点是强调限制这些现象和推动农村互助合作的进一步提高与发展,并进而制定了奖励和支持互助组织的经济政策。刘少奇对

东北局的主张给予了批评。中组部在给东北局的复信中指出,"党员雇工与否、参加变工与否,应有完全的自由,党组织不得强制,其党籍亦不得因此停止或开除","在今天农村个体经济基础上,农村资本主义的一定限度的发展是不可避免的,一部分党员向富农发展,并不是可怕的事情"。

2. 华北局与山西省委之争

1951年,山西围绕着类似的问题也展开了讨论。长治地委针对土改后农村两极分化、互助组涣散的问题,主张必须提高互助组,试办土地入股的农业生产合作社,这一意见得到了山西省委的支持。1951年4月17日,以赖若愚为书记的山西省委给华北局写了一份报告,主张"把老区互助组提高一步",报告认为,"山西老区的互助组织,基础较大,历史较长,由于农村经济的恢复和发展,战争时期的劳力、畜力困难,已不再是严重的问题,一部分农民已达到富裕中农的程度,加以战争转向和平,就使某些互助组中发生了涣散的情形"。报告认为,"随着农村经济的恢复和发展,农民自发力量是发展了的,它不是向着我们所要求的现代化和集体化的方向发展,而是向着富农的方向发展。这是互助组发生涣散现象的最根本的原因。……如搞不好,会有两个结果:一个是使互助组涣散解体,一个是使互助组变成富农的'庄园'"。同时,报告也指出,"在另一方面,也有不少的互助组织,产生了新的因素。老区互助组的发展,已经达到了一个转折点,使得互助组必须提高,否则就要后退,必须在互助组内部,扶植与增强新的因素,以逐步战胜农民自发的趋势,积极地稳健地提高农业生产互助组织,引导它走向更高级一些的形式,以彻底扭转涣散的趋势"。报告提出了两个根本措施:一是用积累公积金和按劳分配来逐步动摇、削弱私有制基础直至否定私有制基础,二是试办农业生产合作社。①

在报送中央之后,刘少奇明确反对,他强调:"用积累公积金和按劳分配来逐步动摇、削弱私有制基础直至否定私有制基础,是和党的新民主主义时期的政策及共同纲领的精神不相符合的,因而是错误的。……动摇私有财产是社会主义革命时期的任务","提高与巩固互助组的主要问题,是如何充实互助组的生产内容,以满足农民进一步发展生产的要求,而不是逐渐动摇私有的问题"。②对于这样的批评,山西省委并不同意,而是提出了申述,认为党的七届二中全会已经明确半社会主义性质的合作社是新民主主义五种经济成分之一,因此试办初级社,不存在违背《共同纲领》的问题。③华北局薄一波等在刘少奇的支持下,仍坚持原来的意见,双方争执不下。1951年5月7日,刘少奇在全国宣传工作会议上代表中央讲话,批评山西省委想用农业合作社、互助组的方法使中国农业走向社会主义化,说那是不可能的,"是一种空想的农业社会主义,是实现不了的","我们中国党内有很大一部分同志存在有农业社会主义思想,这种思想要纠正"。6月3日,刘少奇在华北局又一次严厉而系统地批评山西省委,认为:"农业集体化必须以国家工业化使农业能用机器耕种和土地国有为条件……普遍发展农业合作社是错误的,现在搞合作社,富农反对,中农动摇,贫农要求,供给制干部热心。凡办事要重多数,少数人拥护的事是不能推广的。现在试办农业社,只能起到培养干部、积累经验、教育农民的作用,不能有别的作用。企图由此直接转变到集体农场是错误的,

---

① 中共山西省委:《把老区互助组提高一步》(1951年4月17日),载国家农业委员会办公厅编:《农业集体化重要文件汇编》(上册),中共中央党校出版社1981年版,第35—36页。
② 薄一波:《若干重大决策与事件的回顾》(上),中共党史出版社2008年版,第132页。
③ 陶鲁笳:《毛主席支持山西省委试办初级社》,《中国农业合作史料》1994年第2期,第9页。

它本身没有前途,将来实行集体农场,它是要被取消的。"[1] 刘少奇把山西省委的思想定性为"错误的、危险的、空想的农业社会主义思想"[2]。刘少奇的这个批评,与毛泽东在 1948 年左右批评的"农业社会主义"看起来有很大的关系,但是细究起来,两者又很不一样。毛泽东所批评的"农业社会主义"思想,"是指在小农经济基础上产生出来的一种平均主义的思想。抱有这种思想的人们,企图用小农经济的标准,来认识和改造全世界,以为把整个社会经济都改造为划一的'平均的'小农经济,就是实行社会主义,而可以避免资本主义的发展"[3]。把山西省委试图鼓励农民发展互助合作的做法完全概括为"农业社会主义"思想,从逻辑上讲并不正确,而从中国共产党在新民主主义阶段的具体战略来讲,也是不全面的。在这个历史阶段,既要承认"竞争和新的阶级分化,即使在新民主主义的社会里,也是不可避免的,而且是被允许的,不是可怕的",同时也认识到,"在新民主主义国家内,自由竞争与阶级分化仍然存在,但不是没有限制的……一方面,要在共产党与新民主主义政府的领导之下,根据农民自愿(不是强迫命令和矫揉造作)与等价(出劳动多的得多,出劳动少的得少)的两个原则……以发展农村中在个体经济基础上(私有财产基础上的)变工合作……另方面,要经过我们新民主主义政府对于广大农民生产以财政投资及经济及技术的援助,这样就使大多数努力生产的农民在从封建的压迫解放出来之后,可能保持中农的地位,避免因受垄断资本家的压迫而重新陷于破产,并且会使他们的生活步步向上"[4]。可见,在新民主主义阶段,并不是不允许发展农业合作社,而恰恰相反,根据自愿

---

[1] 陶鲁笳:《毛主席支持山西省委试办初级社》,《中国农业合作史料》1994 年第 2 期,第 9—10 页。
[2] 国家农业委员会办公厅编:《农业集体化重要文件汇编》(上册),第 33 页。
[3] 国家农业委员会办公厅编:《农业集体化重要文件汇编》(上册),第 23 页。
[4] 新华社:《关于农业社会主义问答》,1948 年 7 月 27 日,参见国家农业委员会办公厅编:《农业集体化重要文件汇编》(上册),第 25—26 页。

与等价原则鼓励发展互助合作是新民主主义题中应有之义，而且是保证贫农不至于破产和防止两极分化的重要手段。从这个角度来看，刘少奇和华北局对于"农业社会主义思想"的理解和新民主主义阶段农民互助合作的态度，都不够全面，没有从新民主主义经济的大局和未来社会主义发展的动态趋势上去理解；同时，在农业合作化和工业化的关系的理解上，也存在机械主义的倾向，没有辩证地看到二者相辅相成互为条件的依存关系。但是在主张新民主主义阶段不急于大规模推广合作化而在一定程度上鼓励个体农业的发展，以保证过渡阶段的稳健性和渐进性这一点上，刘少奇和华北局的观点也有一定的合理性。

毛泽东并不同意刘少奇的看法，他支持山西省委，并找刘少奇、薄一波、刘澜涛谈话，明确表示不支持他们的意见，他们也就不再坚持自己的观点。1951年10月，华北局通过了《关于进一步提高农业生产的决定》，肯定了农业生产合作社的优越性，并指出，必须"采取积极的态度"对待把互助组提高一步产生的"新因素"。这一次的争论随着同年全国第一次互助合作会议的召开和《关于农业生产互助合作的决议（草案）》的颁布而彻底告一段落。

3. 毛泽东与邓子恢之争："小脚女人"与"好行小惠"

在合作社发展过程中，冒进和反冒进，如影随形，总是交替进行，这不仅反映了党内高层的矛盾和认识差异，更深刻反映了中国农村和农民两种并存的倾向：一方面，农民（尤其是下层农民）在生产过程中有自发的合作倾向，合作可以提升其生产能力和抗风险能力，可以使其避免贫困破产，所以他们在合作社运动中很积极；但另一方面，农民由于其经济地位不同，更由于长期顽固的小农思想和小私有者思想，对合作是天然排斥的，尤其是那些经济地位较好的富裕农民。因此，执政者的行动总是要在冒进和稳健中找一个平衡：既要推动中国农业的转型（由小农经营向规模化经营转型，以适应和促进工业化的进展），又要在转型中适应中国农民的认识能力、适应当时的技术状况以及中国农村经济发展阶段。如果不推动农业的转型，长期维持小农经济，则中国的工业化必将面临更大的困难和挑战，中国的经济复兴与工业化就很难实现；可是如果过快推动中国农业的合作化转型，在农民认识跟不上、技术没有达到一定程度、农村经济发展还没有达到一定阶段的情况下，势必会造成农村生产力的"反动"，甚至会导致农业生产的倒退。

1952年3月，华北局发出《关于注意防止农业生产合作社盲目发展倾向的通报》，指出在华北存在着盲目冒进的严重倾向，突出表现是"宁多毋少，宁大毋小"、"越多越好、越大越好"的思想泛滥，违反农民自愿原则，盲目办大社，盲目追求公共财产（把私人财产归合作社所有），对农业生产和生活造成严重破坏。[1] 这种盲目办社的急躁冒进倾向在西南局、东北局、西北局等地也普遍存在。1953年3月，中央连发三个文件（《中央关于缩减农业增产和互助合作发展的五年计划数字给各大区的指示》、《中央关于布置农村工作应照顾小农经济特点的指示》、《中央关于解决区乡工作中"五多"问题的指示》[2]）。1953年，邓子恢在主持召开的全国第一次农村工作会议上，明确以"反急躁冒进"为主要议题，认为"今天在全国范围来说，'急躁冒进'是主要的偏向，是主要的危险"[3]。邓子恢提出有条件的保证"雇工自由"、"借贷自由"、"租佃自由"、"贸易自由"，即后来被毛泽东批评的"四大自由"。

1953年11月4日，就农业互助合作问题，毛泽东同陈伯达、廖鲁言谈话。毛泽东说：做一切工作，必须切合实际。切合实际就是要

---

[1] 国家农业委员会办公厅编：《农业集体化重要文件汇编》（上册），第55页。
[2] 国家农业委员会办公厅编：《农业集体化重要文件汇编》（上册），第104、106、110页。
[3] 邓子恢：《在全国第一次农村工作会议上的总结报告》，载国家农业委员会办公厅编：《农业集体化重要文件汇编》（上册），第132页。

看需要与可能，可能就是包括政治条件、经济条件和干部条件。发展农业生产合作社，现在是既需要，又可能，潜在力很大。"纠正急躁冒进"，总是一股风吧，吹倒了一些不应当吹倒的农业生产合作社。"确保私有"是受了资产阶级的影响。"群居终日，言不及义，好行小惠，难矣哉"。"言不及义"就是言不及社会主义，不搞社会主义。搞农贷，发救济粮，依率计征，依法减免，兴修小型水利，打井开渠，深耕密植，合理施肥，推广新式步犁、水车、喷雾器、农药，反对"五多"等等，这些都是好事，但是不靠社会主义，只在小农经济基础上搞这一套，那就是对农民行小惠。必须使这些好事与社会主义联系起来。至于"确保私有"、"四大自由"，那更是小惠了，而且是惠及富农和富裕中农。不靠社会主义，想从小农经济做文章，靠在个体经济基础上行小惠，而希望大增产粮食，解决粮食问题，解决国计民生的大计，那真是难矣哉！……我们所采取的步骤是稳的，由社会主义萌芽的互助组，进到半社会主义的合作社，再进到完全社会主义的合作社（将来也叫农业生产合作社，不要叫集体农庄）。稳步不前，右了，超过实际可能办到的程度勉强去办，"左"了，这都是主观主义。冒进是错误的，可办的不办也是错误的，强迫解散更是错误的。……总之，既要办多，又要办好，积极领导，稳步发展。（531104-2-189）

在"毛邓（子恢）之争"中，毛泽东批评其"小脚女人"思想，指出为了使农民摆脱贫困、改善生活、抵御灾荒，只有联合起来，向社会主义前进。毛泽东的观点里面既有一定的历史合理性，又表现出一定程度的求快思想和冒进思想。1955年5月5日，毛泽东约邓子恢谈话，向邓子恢发出警告："不要重犯1953年大批解散合作社的错误，否则又要作检讨。"[①] 但在第二天的全国第三次农村工作会议上，邓子恢在总结报告中仍旧认为"干部中的冒进情绪是带有普遍性的……而这

---

① 薄一波：《若干重大决策与事件的回顾》（上），第237页。

个冒进对我们的工作只有损害"①。基于这个判断,邓子恢提出四项整顿和收缩方针:第一,要求一般停止发展;第二,立即抓生产,全力巩固;第三,少数的省要适当收缩;第四,把互助组办好、整顿好,照顾个体农民。② 这个观点得到了刘少奇的支持。1955年7月31日,中共中央召开的省、市、自治区党委书记会议,毛泽东作《关于农业合作化问题》的报告时说:"在全国农村中,新的社会主义群众运动的高潮就要到来。我们的某些同志却像一个小脚女人,东摇西摆地在那里走路,老是埋怨旁人说:走快了,走快了。过多的评头品足,不适当的埋怨,无穷的忧虑,数不尽的清规和戒律,以为这是指导农村中社会主义群众运动的正确方针。否,这不是正确的方针,这是错误的方针。目前农村中合作化的社会改革的高潮,有些地方已经到来,全国也即将到来。这是五亿多农村人口的大规模的社会主义的革命运动,带有极其伟大的世界意义。我们应当积极地热情地有计划地去领导这个运动,而不是用各种办法去拉它向后退。"报告说:"广大农民的生活,虽然在土地改革以后,比较以前有所改善或者大为改善,但是他们中间的许多人仍然有困难,许多人仍然不富裕,富裕的农民只占比较的少数,因此大多数农民有一种走社会主义道路的积极性。我国社会主义工业化的建设和它的成就,正在日益促进他们的这种积极性。对于他们说来,除了社会主义,再无别的出路。这种状况的农民,占全国农村人口的百分之六十到七十。这就是说,全国大多数农民,为了摆脱贫困,改善生活,为了抵御灾荒,只有联合起来,向社会主义大道前进,才能达到目的。"(550730-2-409)

---

① 国家农业委员会办公厅编:《农业集体化重要文件汇编》(上册),第336页。
② 国家农业委员会办公厅编:《农业集体化重要文件汇编》(上册),第340页。

4. 毛泽东与梁漱溟之争：大仁政与小仁政

1953年9月8日至18日，政协全国委员会常委会扩大会议召开，后又转为中央人民政府委员会扩大会议。作为政协委员，梁漱溟参加了这次会议。9月11日，针对会上李富春副总理关于发展重工业和周恩来关于工商业改造的报告，梁漱溟作了大会发言，发表了他的不同的看法："我想着重点说的，那就是农民问题。过去中国将近30年的革命中，中共都是依靠农民而以乡村为根据地的。但自进入城市之后，工作重点转移于城市，从农民成长起来的干部亦都转入城市，乡村便不免空虚。特别是近几年来，城里的工人生活提高得快，而乡村的农民生活却依然很苦，所以各地乡下人都往城里、包括北京跑，城里不能容，又赶他们回去，形成矛盾。有人说，如今工人的生活在九天，农民的生活在九地，有'九天九地'之差。这一问题，望政府重视。"这个观点，9月16日遭到周恩来的严厉批评，后毛泽东发表长篇讲话批评梁漱溟的思想。在这次影响极大的争论中，当然各自都有意气用事的一面，但是其根本分歧却在于对中国工业化进程中工农关系的理解的差异。

毛泽东认为新中国面临的最大使命是工业化，其长远利益也是在工业化，使中国这个落后国家迅速富强，工业化是大仁政，而民生是小仁政，大仁政和小仁政要兼顾，民生和工业化要平衡，但重点是大仁政。"打仗要用钱，可是抗美援朝战争用钱也不十分多。用了还不到一年的工商业税。当然，能够不打仗，不用这些钱，那就更好。因为现在建设方面要用钱，农民的生活也还有困难。去年、前年收的农业税重了一点，于是有一部分朋友就说话了。他们要求'施仁政'，好像他们代表农民利益似的。说到'施仁政'，我们是要施仁政的。所谓仁政有两种：一种是为人民的当前利益，另一种是为人民的长远利益，例如抗美援朝，建设重工业。前一种是小仁政，后一种是大仁政。两者必须兼顾，不兼顾是错误的。那末重点放在什么地方呢？重点应当放在大仁政上。现在，我们施仁政的重点应当放在建设重工业上。要建设，就要资金。所以，人民的生活虽然要改善，但一时又不能改善很多。就是说，人民生活不可不改善，不可多改善；不可不照顾，不可多照顾。照顾小仁政，妨碍大仁政，这是施仁政的偏向。"（530912-2-163）

5. 对四次争议的小结

四次争议的焦点有两个：一是对 1953 年左右中国农村经济发展阶段、发展特点和发展趋势的认识；二是对工业化过程中工农业之间关系的认识。以刘少奇和邓子恢为代表的一派认为中国当时还应当主要执行新民主主义经济路线，保护财产私有制，使小农经济有一个长期的发展，在这个基础上，以自愿的原则鼓励农民互助合作，但不要在全国范围内大规模地推广合作社，而且要确保个体农民的自由。另一派以东北局、山西省委与毛泽东为代表，他们认为当时小农经济和私有制已经引发了农村的两极分化和诸多社会矛盾，土地买卖的盛行会加剧农村社会的分裂，农民既有自由主义的一面，但同时更有自发的合作的一面，政府应该积极引导，使中国农民能够在小农经济的基础上再进一步，提升为规模化的大农经济，如此一方面克服两极分化和农民破产危机，另一方面（也是更重要的一方面）也可以使合作化的农村更能适应工业化的需要。历史事实证明了，从工业化的长远视角出发，中国从 20 世纪 50 年代到 90 年代用了 40 年时间基本完成工业化，建立了比较完善的工业体系，为中国的经济发展和国防奠定了坚实的基础，使中国由一个小农为主的国家跃升为一个工业基础雄厚的工业国，完成了毛泽东在 1949 年 9 月 21 日中国人民政治协商会议第一次全体会议上所发出的"中国人从此站立起来了"的伟大梦想。当然，在这个伟大的进程中，尤其在改造中国小农经济的过程中，确实存在着巨大的挑战，正像毛泽东在 1955 年 7 月 31 日《关于农业合作化问题》一文中所说的那样,"社会主义工业化和社会主义改造都不是容易的事情。要将大约一亿一千万农户由个体经营改变为集体经营,并且进而完成农业的技术改革,确有很多的困难"①。为了克服这些困难,毛泽东提出"必须一开始就注重合作社的质量,反对单纯地追求数量的偏向",而且必须遵循几个原则:坚持自愿互利原则;改善经营管理(生产计划、生产管理、劳动组织等);提高耕作技术;增加生产资料(土地、肥料、水利、牲畜、农具等)。②这样就把农村的生产关系方面的变革与技术层面和经营管理方面的变革结合了起来。刘少奇和邓子恢在中国工业化和合作化的大战略方面与毛泽东并没有根本的分歧,其分歧在于激进主义与渐进主义的合作化模式之争,在于对当时中国农村经济形势的判断方面的差异。相对于刘少奇和邓子恢等人来说,毛泽东应该属于积极推进派,但是把毛泽东完全划为激进主义一派实际上不符合历史事实。在工业化与农业合作化关系的理解上,毛泽东很显然更胜一筹,他深刻地看到农业集体化对于中国工业化这个"大仁政"的重要意义,因此在推动中国农村合作化的过程中他就显得非常积极和急切,他充满信心地宣布"农村中不久就将出现一个全国性的社会主义改造的高潮"③,而且在1955年9月和12月连续为自己编辑的《中国农村的社会主义高潮》一书写了两篇序言,并为这本书撰写了104篇按语④。不用说,毛泽东对中国农村出现的合作化这一新现象新事物是充满鼓舞之情的。客观地说,中国农村在合作化运动实践中所发生的急躁冒进现象也是广泛存在的,系统性地保证合作化运动的稳健性和渐进性非常必要,但是在当时的政治经济环境下却难以有效把控,这也就成为50年代末期农村出现严重经济困难的直接诱因之一。

---

① 《毛泽东选集》第五卷,第172页。
② 《毛泽东选集》第五卷,第175—177页。
③ 《毛泽东选集》第五卷,第188页。
④ 《毛泽东选集》第五卷,第218—259页.

三、农村制度变革的路径选择：毛泽东的农村社会革命思想

1. 新中国成立初期毛泽东关于土地制度改革的思想

新中国建立初期的三四年时间，土地改革是全国农村工作的重心。土改的目的是实现"耕者有其田"，恢复经济，使农村得以迅速恢复战争创伤，休养生息。在土地改革中，毛泽东的主要策略是采取结构性的阶级分化和阶级稳定政策，防止经济过渡中的秩序混乱，即既要消灭封建剥削制度，消灭地主阶级，同时又要稳定农村社会，不要造成经济过渡过程中的恐慌和震荡。

（1）毛泽东在土地改革中强调消灭封建制度，保存富农经济，稳定富农阶层，稳定民族资产阶级。1950年3月12日，毛泽东复电邓子恢，电文要求在"现正召开的各省负责同志会议中"征询关于对待富农策略问题的意见。电文中说："在今冬开始的南方几省及西北某些地区的土地改革运动中，不但不动资本主义富农，而且不动半封建富农，待到几年之后再去解决半封建富农问题。……我们和民族资产阶级的统一战线，现在已经在政治上、经济上和组织上都形成了，而民族资产阶级是与土地问题密切联系的，为了稳定民族资产阶级起见，暂时不动半封建富农似较妥当的。"（500312-1-102）1950年6月4日，毛泽东对刘少奇《关于土地改革问题的报告》草稿进行修改，加写："除对极少数犯了重大罪行的地主，即罪大恶极的土豪劣绅及坚决反抗土地改革的犯罪分子，应由法庭判处死刑或徒刑而外，对于一般地主只是废除他们的封建的土地所有制，废除他们这一个社会阶级，而不是要消灭他们的肉体。……我们现在是处在完全新的情况下，我们建议的土地改革法，采取了消灭封建制度保存富农经济的方针，也是完全必要的。"（500604-1-151～152）

（2）认真执行政策，教育农民消除极左，防止滥杀地主，要给地主阶级出路。1951年9月3日，毛泽东同梁漱溟谈话，了解他参加西南土地改革工作团期间，对西南土改和对四川的印象。在梁漱溟谈到土改有过火现象时，毛泽东说：我们总的政策是斗倒地主，分田分财，给他出路。大多数地主有活路，不会自杀，也不会反抗。问题是贫雇农受苦受压多少年了，怒火一点着，就难以控制，于是对地主非打即骂。我们应该认真贯彻执行政策，努力说服教育农民。关键是土改工作队的干部，只要他们能执行好政策，就出不了大的偏差。梁漱溟说：四川解放不到两年，能出现这样安定的情势，不容易，变化这么快，出乎我意料。（510903-1-392）

（3）有秩序有步骤地推行土改，不要四面出击。1950年6月6日，毛泽东向中共七届三中全会作《为争取国家财政经济状况的基本好转而斗争》的书面报告，指出：要获得财政经济情况的根本好转，需要三个条件，即：（一）土地改革的完成；（二）现有工商业的合理调整；（三）国家机构所需经费的大量节减。要争取这三个条件，大约需要三年时间，或者还要多一点。为了实现整个财政经济状况的根本好转，报告提出要做好八项工作，其中包括：（一）有步骤有秩序地进行土地改革工作。（二）巩固财政经济工作的统一管理和统一领导，巩固财政收支的平衡和物价的稳定。（500606-1-153）

（4）毛泽东认为土地改革的顺序是先整顿秩序，要发动群众整顿基层组织，而后进行土地改革，而不急于先分地。1951年2月7日，毛泽东为中共中央起草关于分阶段进行土改的指示，指示谈及"土地改革的正确顺序"问题，指出："我们同意杜润生所提的方法，即首先在各县普遍发动群众，进行减租退押反霸及镇压反革命的斗争，整顿基层组织，将此作为一个阶段，接着转入分田阶段。这样做是完全必要的，而且也是最迅速的。土地改革的正确秩序，本来应当如此。"（510207-1-299）

2. 新中国成立初期毛泽东关于农村合作化的思想

从 1953 年开始，毛泽东的思路从土地改革逐步转移到推动合作化。在毛泽东的整体战略构想中，建国初期的新民主主义经济（允许和鼓励小农经济与私有制）和土地改革，只是一个暂时的、过渡性的目标，而新中国更大、更长远、更根本性的目标在于农业的社会主义化和国家工业化。在这个历史进程中，毛泽东对农村合作化进行了有益的艰苦的探索，他深刻理解中国农村制度变迁的渐进性，从社会革命、工业化和巩固工农联盟高度认识和推进农民互助合作。

（1）深刻认识中国农村的六个特点，深刻认识小农经济进行互助合作的自发性和盲目性。毛泽东内心深处渴望极快解决中国农村的贫困散乱面貌，但是新中国初期他对农业合作化的估计基本上是清醒的。1953 年 10 月 2 日，毛泽东在中共中央政治局会议上听取了陈云作的关于粮食问题的报告，指出：农民有自发性和盲目性的一面。农民的基本出路是社会主义，由互助合作到大合作社（不一定叫集体农庄）。……我国经济的主体是国营经济，有两个翅膀，一翼是国家资本主义（对私人资本主义的改造），一翼是互助合作、粮食征购（对农民的改造）。毛泽东总结了中国农村的六个特点：（一）小农经济。（二）百分之十左右的缺粮户，共约有四千八百万左右的农民缺粮。（三）每年两千万到四千万灾民。（四）百分之十左右的落后乡。以上四条都是不好的方面，以下两条是好的方面。（五）百分之八十到九十的农民欢欣鼓舞，拥护政府。缺粮户和灾民也拥护政府。我们在农村的基础就是这百分之八十到九十的农民。（六）互助合作已经发展起来，老区是百分之六十到七十，新区是百分之二十到二十五，其中也有部分是假的。（531002-2-173）农民自发性和盲目性两方面的特点都有，因有自发性，可以充分调动其积极性，因有盲目性，需要进行耐心的教育，需要尊重农民的自主选择（即自愿互利原则）。在 1957 年之前，毛泽东对这一问题的认识是比较清楚而客观的。但是此后却明显有冒进的倾向。在农民的认识能力没有达到一定高度的情况下，过快地一厢情愿地推动合作化，其壮大虽极速，然而因其根基不稳，其溃也极速。1958年之后"大跃进"运动的速度被人为地提快，其损失是惨重的。

（2）认识到农业合作社私有的性质与社会主义的性质并存，强调要尊重单干农民。1953年3月24日，毛泽东审阅修改《中共中央关于农业生产互助合作的决议》，其中写道："中央估计了它们的两方面的性质，即私有的性质和合作的性质。初级互助组的组员，他们的生产资料是完全私有的，但也带了共同劳动的性质，这就是社会主义的萌芽。常年互助组则使这种萌芽进一步生长起来了。农业生产合作社，就其建立在私有财产的基础上，农民有土地私有权和其他生产资料的私有权，农民得按入股的土地分配一定的收获量。并得按入股的工具及牲畜取得合理的代价这些条件来说，它保存着私有的性质。就其在农民以土地入股后得以统一使用土地，合理使用工具，共同劳动，实行计工取酬，按劳分红，并有某些公共的财产这些条件来说，它就比常年互助组具有更多的社会主义的因素。""要充分地满腔热情地没有隔阂地去照顾、帮助和耐心地教育单干农民，必须承认他们的单干是合法的（为共同纲领和土地改革法所规定），不要讥笑他们，不要骂他们落后，更不允许采用威胁和限制的方法打击他们。农业贷款必须合理地贷给互助合作组织和单干农民两方面，不应当只给互助合作组织方面贷款，而不给或少给单干农民方面贷款。在一个农村内，哪怕绝大多数农民都加入了互助组或合作社，单干农民只有极少数，也应采取尊重和团结这少数人的态度。"（530324-2-67）

（3）把农民组织起来，国家得到商品粮和工业原料，工业品获得市场，有利于工农联盟。1951年12月15日，毛泽东审阅修改中共中央《关于农业生产互助合作的决议（草案）》，草案说，要克服农民在分散经营中的困难，使广大农民走上丰衣足食的道路，就必须提倡组织起来。毛泽东在"丰衣足食的道路"之后,加写:"要使国家得到比现在多得多的商品粮食及其他工业原料,同时也就是提高农民的购买力,使国家的工业品得到广大的市场。"(511215-1-440)1953年10月31日,毛泽东审阅修改中共中央关于统购粮食的宣传要点稿,指出:(一)"要过更好的日子,一定还要实行社会主义工业化和对农业对手工业对资本主义工商业的社会主义改造。就农业来说,只有在农村中一步一步地实行社会主义的制度,才能使农业生产和农民生活一步一步地和普遍地获得提高"。(二)"农村里一切明白道理的人都应当积极加入带有社会主义萌芽性质的互助组,加入半社会主义的生产合作社和供销合作社,将来就可以再进一步实行集体农民公有制的完全社会主义性质的生产合作社(就是集体农场)和供销合作社,实现集体生产和富裕生活。工人在城市里建设,农民在农村里建设,农民要和工人一面合作,一面比赛,把农村也改造得和城市差不多,这才是真正的工农联盟。要不是这样,所谓工农联盟,就不能发展和巩固,而且有使已经建立的互农联盟归于破裂的危险"。(531104-2-187)

(4)实行农业组织化,实行社会革命,以促进农业生产力的发展。1954年6月7日,毛泽东审阅修改中央农村工作部关于第二次全国农村工作会议的报告稿,毛泽东改写了以下两段话:(一)"这种有计划地大量增产的要求和小农经济分散私有的性质以及农业技术的落后性质之间的矛盾是越来越明显了,困难越来越多了。这是两个带根本性质的矛盾。解决这些矛盾的第一个方针,就是实行社会革命,即农业合作化,就必须把劳动农民个人所有制逐步过渡到集体所有制,逐步过渡到社会主义。第二个方针,就是实行技术革命,即在农业中逐步使用机器和实行其他技术改革"。(二)"提高单位面积产量,是目前农业增产的主要出路。但要发挥这种增产潜在力,靠小农经济是有限的,靠在农业中实行大规模的机械化是工业发展以后的远景,在最近几年之内必须依靠大力发展农业合作化,在合作化的基础上适当地进行各种可能的技术改革"。（540607-2-246）毛泽东从工农联盟和社会革命的高度理解合作化，并初步提出城乡一体化和工农业协调发展的构想，不能不说是相当有战略高度和前瞻性的。

（5）在合作化运动中采取灵活的相机调整的战略，尊重农民的财产权和选择权，尊重经济规律。毛泽东意识到农民对社会主义改造和合作化是有既向往又犹疑矛盾心理的，甚至出现拒卖余粮、粮食恐慌、退社等消极现象，因此提出"停缩发"的方针，允许富农退社，并告诫统购统销不要征"过头粮"。（550509-2-370）1955年5月17日，毛泽东在中南海主持召开华东、中南、华北三个地区的15个省市委书记会议时说：对于合作化，一曰停，二曰缩，三曰发。缩有全缩，有半缩，有多缩，有少缩。社员一定要退社，那有什么办法。缩必须按实际情况，片面地缩，势必损伤干部和群众的积极性。后解放的地区就是要发，不是停、不是缩，基本是发。有的地方也要停，但一般是发。……该停者停，该缩者缩，该发者发。发展合作社的原则是自愿互利。（550517-2-376）毛泽东在合作化运动执行过程中，强调不要剥夺中农的财产，要尊重经济规律，定产要低，四留要多，采取比较中庸的方式推动合作，注意消除消极面。1955年7月15日下午，毛泽东谈及对中农半妥协的问题：对中农包括富裕中农在内，不能剥夺他们的财产，中农入社作价很低，一百年还清等于剥夺了他们的财产。不要揩中农的油，照顾到中农的利益，就是半妥协，全妥协就是不搞社会主义。合作社增产了，中农收入没有减少反而增加了，中农满意了，这就可以。牲口折价低了要调整，归公多了不好可以改正。……社会经济的规律是不能违反的，生产关系一定要适合生产力，生产力是最活跃的。生产关系处理得好，生产力就会发展，牲口增加，猪增加，肥料增加。如果处理得不好就会破坏生产力。合作社是改变生产关系的，农民的私有观念很强，先改为部分公有，即半社会主义，以促进生产力的发展。……生产关系处理得不好，违反了经济规律，农民会骂人，要砍树，对生产不利。统购任务过大，农民就顶牛。上层建筑不能违反经济发展规律，违反了就会使生产力起埂子。生产关系在一定条件下决定生产力的停滞、下降或发展。我们的各项政策一定要促进生产力的发展。政策对头不对头，对生产力的影响是很灵的。（550715-2-399）

（6）毛泽东认为合作化是降低农村人口中收入不平等的重要举措，不合作就可能造成农村两极分化。1955年7月31日，中共中央召开省、市、自治区党委书记会议，毛泽东作《关于农业合作化问题》的报告。报告认为农业合作化运动"如果不赶快上马，就有破坏工农联盟的危险"。报告指出，"现在农村中存在的是富农的资本主义所有制和像汪洋大海一样的个体农民的所有制。大家已经看见，在最近几年中间，农村中的资本主义自发势力一天一天地在发展，新富农已经到处出现，许多富裕中农力求把自己变为富农。许多贫农，则因为生产资料不足，仍然处于贫困地位，有些人欠了债，有些人出卖土地，或者出租土地。这种情况如果让它发展下去，农村中向两极分化的现象必然一天一天地严重起来"。

四、农村技术变革的绩效与文化变革的影响

1. 毛泽东关于农业技术变革的主要思想

在通过合作化变革农村的生产关系，以使农村从小农经济过渡到规模化的大农经济的同时，毛泽东十分重视农业技术方面的变革，将社会革命与技术革命很好地统一起来，希望通过农业技术改进、农业机械化、兴修农业水利设施，逐步推进农业现代化。

（1）毛泽东认为，要在合作化基础上进行技术变革，将技术革命和社会革命相结合。1954年6月7日，毛泽东审阅修改中央农村工作部关于第二次全国农村工作会议的报告稿指出：（一）"这种有计划地大量增产的要求和小农经济分散私有的性质以及农业技术的落后性质

之间的矛盾是越来越明显了，困难越来越多了。这是两个带根本性质的矛盾。解决这些矛盾的第一个方针，就是实行社会革命，即农业合作化，就必须把劳动农民个人所有制逐步过渡到集体所有制，逐步过渡到社会主义。第二个方针，就是实行技术革命，即在农业中逐步使用机器和实行其他技术改革"。（二）"提高单位面积产量，是目前农业增产的主要出路。但要发挥这种增产潜在力，靠小农经济是有限的，靠在农业中实行大规模的机械化是工业发展以后的远景，在最近几年之内必须依靠大力发展农业合作化，在合作化的基础上适当地进行各种可能的技术改革"。（540607-2-246）

1957年10月12日，毛泽东审阅修改《一九五六年到一九六七年全国农业发展纲要（草案的修改稿）》时指出："随着国家工业化的发展，有步骤地积极地实行农业机械化。从一九五六年起，在尽可能短的时间内，机械制造部门和农业部门应当经过广泛的试验研究工作，拟出一个适合我国条件的农业机械化方案，为推广农业机械化做好准备，随即制造适合各地的机械，供应农民；随时改良，积极推广。"（571012-3-226）毛泽东强调机械化与改良农具同时进行。1958年3月20日，毛泽东在成都会议上的讲话中讲到：改良农具的群众运动，应该推广到一切地方去。它的意义很大，是技术革命的萌芽，是一个伟大的革命运动。以车子代替肩挑，就会大大提高劳动效率，由此而进一步机械化，机械化与改良农具运动要同时进行。改良农具运动的特点是迅速有效。群众性的创造是无穷无尽的，我们发现了好的东西，就要加以总结推广。（580320-3-318）

（2）毛泽东在合作化运动中特别重视农田水利工作，鼓励发展小型的群众性的水利建设，这些农村小型水利建设的成果，对几十年后特别是改革开放之后的农业发展仍然发挥了巨大的作用，而农村人民公社体制瓦解之后的农田水利建设则长期处于停滞状态。1953年6月5日，毛泽东审阅修改中共中央批准水利部党组5月6日关于农田水利问题的报告给各中央局、分局、省市委和水利部党组的批语稿:"中央同意这次农田水利会议所提出的各项改进工作意见,即在农田水利建设中,现时应将重点放在开展群众性的各中小型水利,并切实整顿现有水利设施,发展其应用效益方面。"(530605-2-109)毛泽东一贯重视兴修农业水利,实现农业机械化。在1956年1月5日—9日召开的省市委书记会议上,《一九五六年到一九六七年全国农业发展纲要(草案)》最终讨论形成,毛泽东对该草案作过多次修改,他特别为修水利一条加写导语"兴修水利,保持水土",并将这一段原文修改为:"一切大型水利工程,由国家负责兴修,治理为害严重的河流。一切小型水利工程,例如打井、开渠、挖塘、筑坝和各种水土保持工作,均由农业生产合作社有计划地大量地负责兴修,必要的时候由国家予以协助。通过上述这些工作,要求在七年内(从一九五六年开始)基本上消灭普通的水灾和旱灾,在十二年内基本上消灭主要河流的重大水灾和旱灾。"(560109-2-507)

2. 农业技术变革的绩效

(1) 技术变革与农业现代化

由于选择了优先发展重工业的工业化道路,计划经济时期农业一直不是政府投资的重点。但随着工业化的推进,农业生产还是在一些领域表现出了明显的变化,图2.1反映的是新中国成立直至1978年我国农业机械总动力与排灌动力机械的变化情况。图中选取了1952年、"一五"计划结束的1957年、"二五"计划结束的1962年、国民经济调整时期结束的1965年、"三五"计划结束的1970年、"四五"计划结束的1975年以及改革开放开始的1978年七个时点。图中标示出来的是农业机械总动力的数据,1957年我国农业机械总动力分别为165万马力和12.1亿瓦,1978年则分别为15975万马力和1175亿瓦。1952年我国的排灌动力机械分别为12.8万马力和0.9亿瓦,1978年则分别为6557.5万马力和482.3亿瓦。

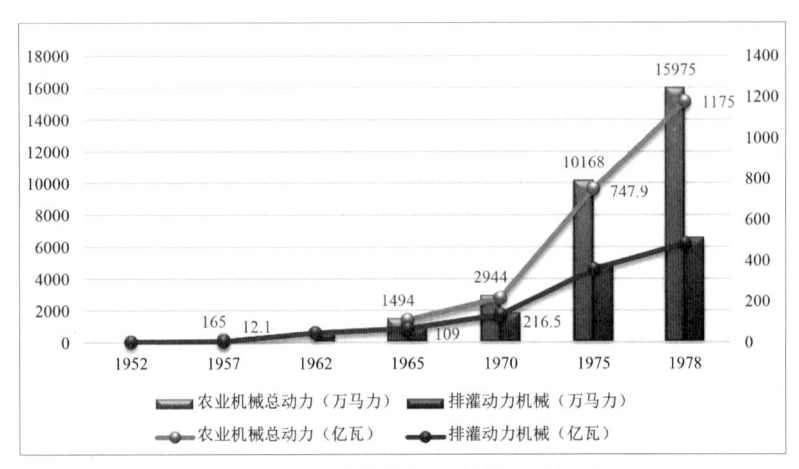

图 2.1　中国农业机械总动力与排灌动力机械的变化情况（1952—1978）
资料来源：中华人民共和国农业部计划司编：《中国农村经济统计大全（1949—1978）》，农业出版社 1989 年版，第 308—314 页。

下边图 2.2、图 2.3 反映了我国从 1952 年到 1978 年间大中型拖拉机、小型和手扶拖拉机、大中型机引农具、机动脱粒机、饲料粉碎机、联合收割机、机动收割机、牧草收割机、渔业机动船、农用载重汽车十种主要农业机械的年末拥有量。图中同样选取了 1952 年、"一五"计划结束的 1957 年、"二五"计划结束的 1962 年、国民经济调整时期结束的 1965 年、"三五"计划结束的 1970 年、"四五"计划结束的 1975 年以及改革开放开始的 1978 年七个时点。由于数量过少或其他原因，有的农业机械数量在 20 世纪的 50 年代甚至 60 年代都缺乏统计数据。从绝对数量上看，这些农业机械在计划经济时期都获得了较大幅度的增长：如图所示，它们中的绝大多数都是在 60 年代开始数量明显上升，进入 70 年代以后以极快的速度增加。如大中型拖拉机 1952 年全国共有 1307 台，1962 年增至 5.5 万台，1978 年有 55.74 万台；机动脱粒机 1962 年全国有 1.5 万台，1978 年 210.6 万台；农用载重汽车 1957 年全国共有 4084 辆，1978 年增至 7.38 万辆；联合收割机 1952 年全国有 284 台，1978 年增至 1.8987 万台；等等。

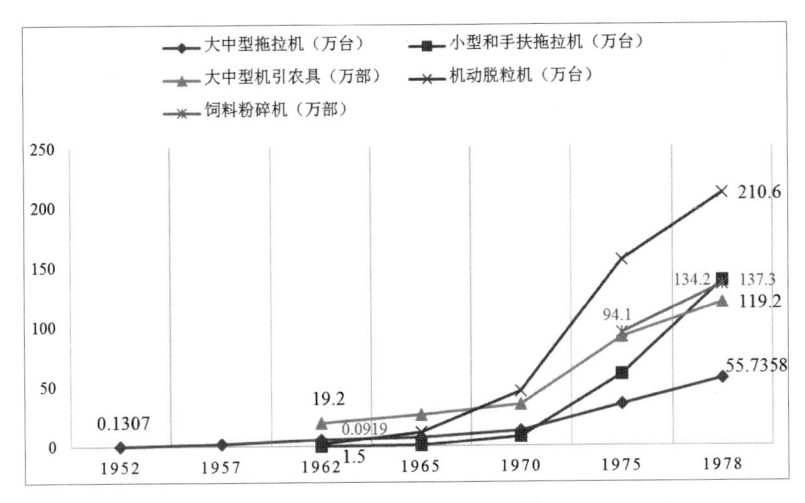

图 2.2　中国主要农业机械年末拥有量（一）(1952—1978)

资料来源：中华人民共和国农业部计划司编：《中国农村经济统计大全（1949—1978）》，第 308—315 页。

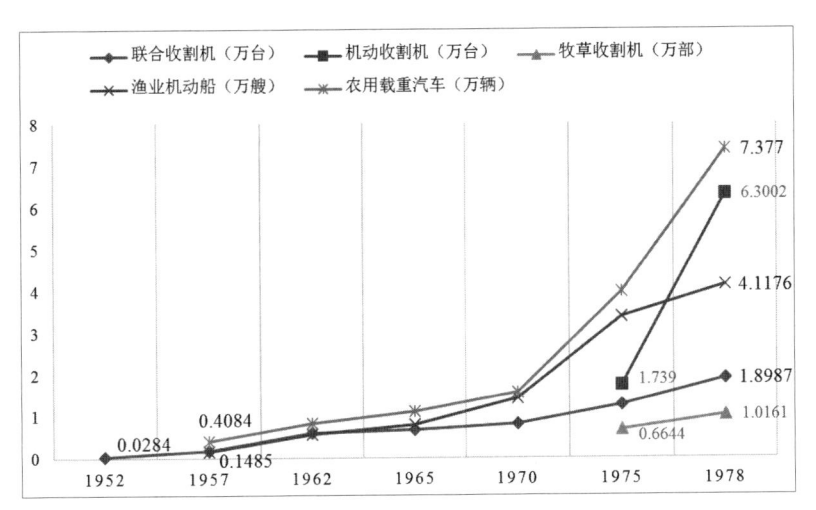

图 2.3　中国主要农业机械年末拥有量（二）(1952—1978)

资料来源：中华人民共和国农业部计划司编：《中国农村经济统计大全（1949—1978）》，第 308—315 页。

图 2.4 反映了机耕面积和有效灌溉面积的变化。1952 年我国机耕面积为 204 万亩,1978 年为 61005 万亩;有效灌溉面积 1952 年为 29938 万亩,1978 年为 67448 万亩;1952 年我国机电灌溉面积占有效灌溉面积的比重仅为 1.6%,到 1978 年这一比重已经达到 55.4%。

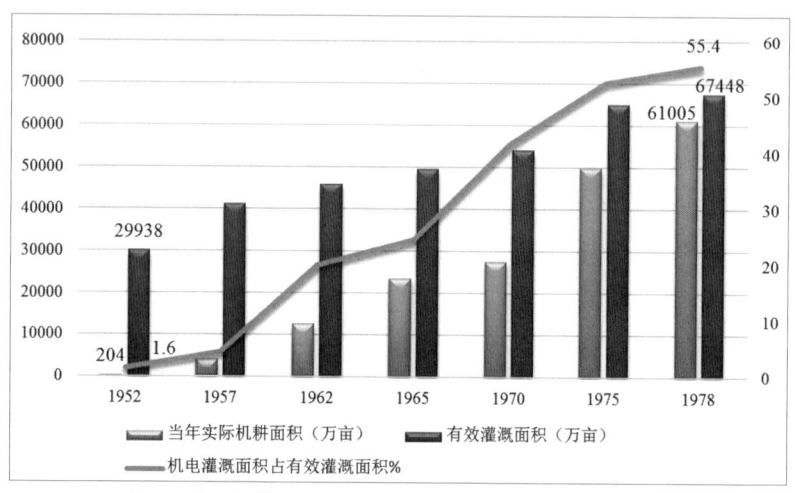

图 2.4　中国机耕面积和有效灌溉面积变化情况(1952—1978)
资料来源:中华人民共和国农业部计划司编:《中国农村经济统计大全(1949—1978)》,第 318 页。

1952 年我国农村用电量占全国用电量的比重不足 1 个百分点,而到了 20 世纪 70 年代的中后期,这一比重基本上保持在 10 个百分点左右。从 70 年代开始乡村办水电站的数量和发电能力也开始有较大幅度的增长,1970 年全国有乡村办水电站 29202 处,1978 年增至 82387 处,其发电能力由 1970 年的 70.9 万千瓦增至 1978 年的 228.4 万千瓦。

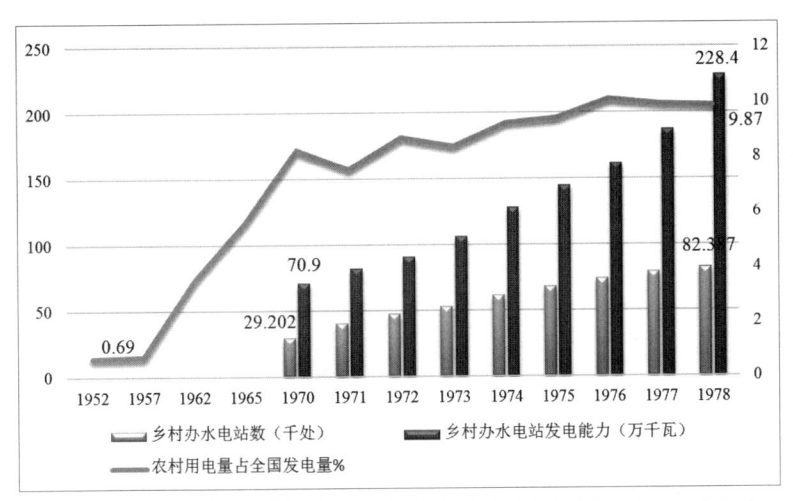

图 2.5 中国乡村办水电站数量、发电能力及农村用电量的变化（1952—1978）
资料来源：中华人民共和国农业部计划司编：《中国农村经济统计大全（1949—1978）》，第 319—321 页。

和近代的农业生产相比，新中国成立后农业生产领域最显著的变化之一是化肥拥有量与施用量的大幅度提升。1949 年我国化肥拥有量仅有 6.5 万吨（标肥），其中国内生产 3 万吨，国外进口 3.5 万吨，从这时起直到 1959 年，国外进口的化肥量一直明显高于国内生产的化肥量。但 1960 年发生了改变，这一年国内生产化肥 207 万吨，第一次超过了当年国外进口的化肥量（125.1 万吨）。1960—1978 年间，国外进口的化肥量再没有超过国内生产的化肥量。1978 年，全国化肥拥有量为标肥 4948.7 万吨，其中国内生产标肥已经达到 4215.4 万吨，同年国外进口标肥 733.3 万吨。与此同步提升的是我国的化肥施用量。1952 年全国化肥施用量为 29.5 万吨，每亩播种面积平均施用量为 0.15 公斤，在第一个五年计划完成后，每亩播种面积的平均施用量就已经超过了 1 公斤。到 1978 年，我国的化肥施用量已经达到了 4368.1 万吨，每亩播种面积平均施用量已增至 19.4 公斤。

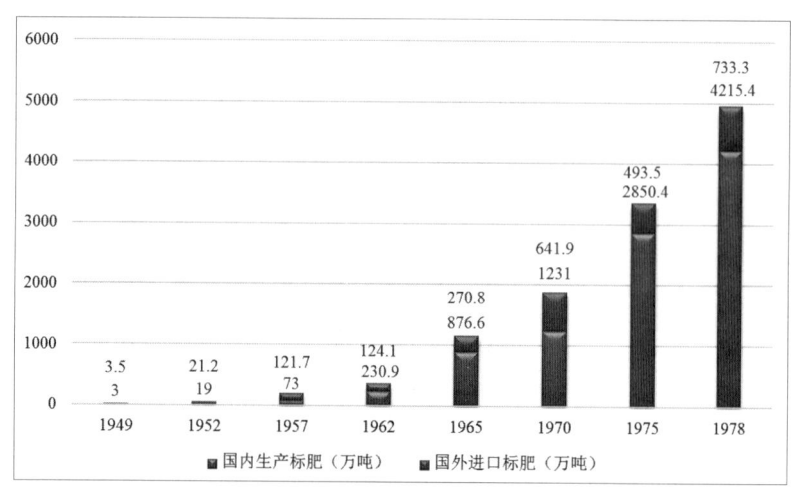

图 2.6 中国化肥拥有量的变化（1949—1978）
资料来源：中华人民共和国农业部计划司编：《中国农村经济统计大全（1949—1978）》，第 324—325 页。

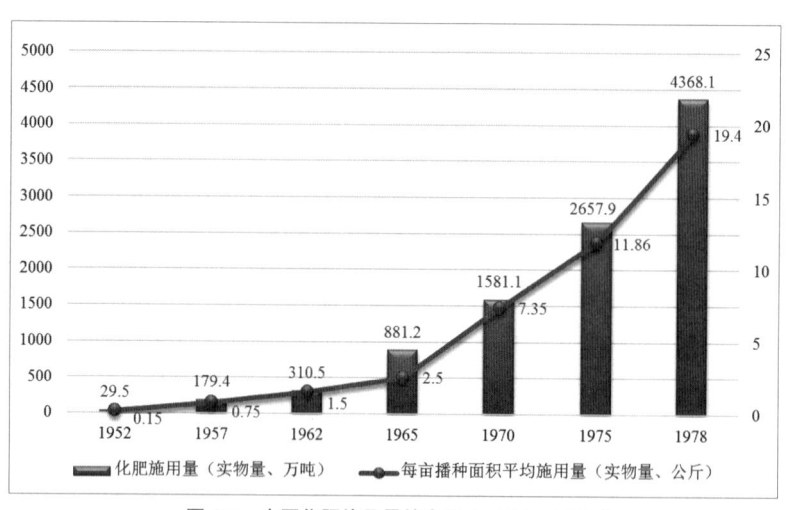

图 2.7 中国化肥施用量的变化（1952—1978）
资料来源：中华人民共和国农业部计划司编：《中国农村经济统计大全（1949—1978）》，第 340—341 页。

图 2.8 和图 2.9 反映的是计划经济时期我国主要粮食作物和经济作物亩产的变化情况，图中每一类作物对应的四个柱状图分别反映

的是该作物1949年的亩产量、1952年国民经济恢复时期结束时的亩产量、1957年全国农业合作化基本完成时的亩产量和1978年改革开放即将开始时的亩产量，柱状图上方的折线反映的是该作物1978年亩产量比1949年亩产量（或1952年亩产量[①]）增长的百分比。从图表中的数据可以看出，稻谷、小麦、玉米、高粱、谷子、薯类、杂粮、大豆等主要粮食作物的亩产在计划经济时期均获得了较大幅度的提升，其中稻谷、小麦、玉米、杂粮的亩产增幅均不低于100%，小麦亩产增幅最大，由1949年的亩产43公斤增长到了1978年的亩产123公斤，增长了186%；高粱、薯类亩产量的增幅在90%—100%之间，大豆亩产增幅为73.17%；谷子的亩产增幅最小，为32.05%。相比而言，经济作物亩产增长的幅度偏小。以棉花、花生、油菜籽、芝麻、黄红麻、甘蔗、甜菜、烤烟等主要经济作物为例，棉花的亩产增幅最高，亩产由1949年的11公斤增长至1978年的30公斤，增长了173%；烤烟次之，亩产由1949年的47公斤增至1978年的115公斤，增长了145%；黄红麻第三，亩产由1949年的87公斤增至1978年的176公斤，增长了102%；油菜籽和甘蔗的亩产增幅在40%—60%之间；芝麻和花生的亩产增幅在25%—35%之间；甜菜的亩产不仅没有增加，反而由1949年的亩产797公斤下降到1978年的545公斤，下降了32%。

各种作物亩产及总产量的变化可以部分地反映出这一时期农业技术的改进状况。尽管，从亩产来看，主要经济作物的亩产增幅要整体上小于主要粮食作物，但就总产量而言，经济作物的产量增长并不少（参见表2.1中数据）。由于部分经济作物在1949年前后的产量基数较小，增幅十分明显，和1949年相比，1978年黄红麻、烤烟、甜菜的产量分别增长了2840.5%、2348.84%和1314.66%；甘蔗和棉花

[①] 因少量作物1949年亩产数据缺失，见图下说明。

维新中国

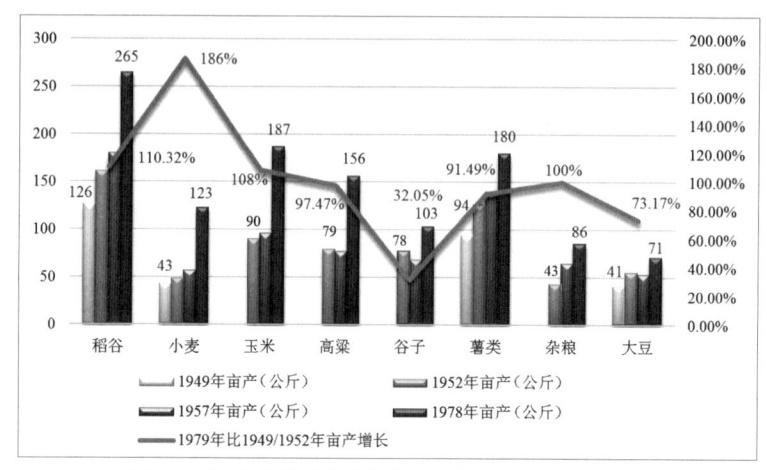

图 2.8　中国主要粮食作物的亩产变化情况（1949—1978）

资料来源：中华人民共和国农业部计划司编：《中国农村经济统计大全（1949—1978）》，第150—165页。注：图中折线所反映的数据是根据上述资料来源中数据计算而得的，因玉米、高粱、谷子、杂粮等粮食作物种类缺乏1949年的亩产数据，故折线中稻谷、小麦、薯类、大豆四类作物计算的是1978年比1949年亩产增长的百分比，其余四类作物计算的是1978年比1952年亩产增长的百分比。

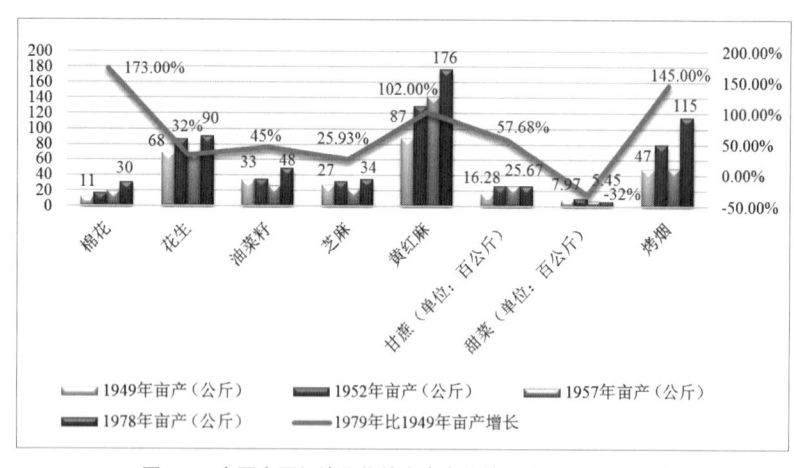

图 2.9　中国主要经济作物的亩产变化情况（1949—1978）

资料来源：中华人民共和国农业部计划司编：《中国农村经济统计大全（1949—1978）》，第189—214页。注：（1）图中折线所反映的数据是根据上述资料来源中数据计算而得的；（2）因甘蔗、甜菜两类作物亩产量均在数百公斤，与其他经济作物亩产（数十公斤）差异较大，为将变化整体情况反映在同一图表中，该两类作物亩产均以"百公斤"为单位。

分别增长了 699.24% 和 388.06%；油菜籽和花生分别增长了 151.41% 和 87.46%；芝麻出现了微弱的大约 1 个百分点的负增长。从 1949 年到 1978 年，大部分的粮食作物产量均在稳步增长中。其中，小麦总产量增长最高，1978 年比 1949 年增加了 290.2%；玉米 1978 年比 1952 年增长了 232.05%；薯类 1978 年比 1949 年增长了 222.34%；1978 年和 1949 年比，稻谷总产量增长了 181.5%；大豆增长了 48.04%；杂粮 1978 年产量和 1952 年相比仅增长了一成左右；高粱、谷子出现了不同程度的负增长。和 1949 年以前的最高年产量相比，上述提及的各种作物中，除了高粱、谷子、大豆等粮食作物以及花生、芝麻、油菜籽等油料作物外，其余农作物在 1978 年的总产量都远高出 1949 年之前的最高年产量。

表 2.1 中国主要粮食作物的总产量变化情况（1949—1978）及 1949 年以前最高年产量（单位：万吨）

粮食作物	1949年总产量	1952年总产量	1957年总产量	1978年总产量	1978年总产量比1949（或1952）年增长的百分比（%）	1949年以前最高年产量	
						年份	年产量
稻谷	4865	6845	8680	13695	181.5%	1936	5735
小麦	1380	1815	2365	5385	290.2%	1936	2330
玉米		1685	2145	5595	232.05%	1936	1010
高粱		1110	765	805	−27.48%	1936	1195
谷子		1155	855	655	−43.29%	1936	1060
薯类	985	1635	2190	3175	222.34%	1936	635
杂粮		1205	1505	1360	12.86%		
大豆	510	950	1005	755	48.04%	1936	1130

资料来源：中华人民共和国农业部计划司编：《中国农村经济统计大全（1949—1978）》，第 150—165、234 页。注：如果该作物有 1949 年总产量数据，则第五列数据表示 1978 年总产量比 1949 年总产量增长的百分比，如果该作物 1949 年数据缺失，则第五列数据表示 1978 年总产量比 1952 年总产量增长的百分比。

表 2.2　中国主要经济作物的总产量变化情况（1949—1978）
及 1949 年以前最高年产量（单位：万吨）

经济作物	1949年总产量	1952年总产量	1957年总产量	1978年总产量	1978年总产量比1949年增长的百分比（%）	1949年以前最高年产量	
						年份	年产量
棉花	44.4	130.1	164	216.7	388.06%	1936	85
花生	126.8	231.6	257.1	237.7	87.46%	1933	317
油菜籽	74.3	93.2	88.8	186.8	151.41%	1934	191
芝麻	32.6	48.1	31.2	32.2	−1.23%	1933	99
黄红麻	3.7	30.6	30.1	108.8	2840.5%	1945	11
甘蔗	264.2	711.6	1039.2	2111.6	699.24%	1940	565
甜菜	19.1	47.9	150.1	270.2	1314.66%	1936	33
烤烟	4.3	22.2	25.6	105.3	2348.84%	1948	18

资料来源：中华人民共和国农业部计划司编：《中国农村经济统计大全（1949—1978）》，第 189—214、235 页。

（2）农田水利事业的推进

数千年来中国以农立国，农田水利的重要性不言而喻，它不仅关系到农业生产的发展，还影响着整个社会经济的稳定。近代以来，由于长期战乱，社会动荡不安，不论是传统的农业生产方式，还是农田水利建设的推进都受到了不同程度的影响。1949 年新中国成立时我国全国的灌溉面积有 2.4 亿亩，约占当时耕地面积的 16.3%，人均灌溉面积 0.44 亩，全国主要用于灌溉的较大水库仅有甘肃鸳鸯池、新疆红海子等十几座。[1] 对于一个水旱灾害频繁的农业大国而言，这样的现状对于农业生产的恢复与快速发展提出了挑战。计划经济时期政府干预和调动资源配置能力的增强，为农田水利建设的大规模推进创造了条件。

---

[1]　水利部农村水利司：《新中国农田水利史略（1949—1998）》，中国水利水电出版社 1999 年版，第 8—9 页。

农田水利设施的不足是制约近代一些地区农业生产发展的重要因素之一。因此，新中国成立初期，大力恢复整顿和兴修农田水利工程就成为水利工作的一项重要内容。在经济建设经费极其有限的情况下，"发动群众"参与和投入成为改善农村农田水利现状的一个重要方式。从1949年冬到1953年春，各地共兴修和整理小型塘坝600多万处，打井80余万眼，恢复和修建较大的灌溉排水工程280余处，1953年在过渡时期总路线出台之后，农田水利建设的重点开始由恢复整顿原有的灌溉排水工程转为有计划地兴修新的水利工程及设施。[1] 农业合作化的完成，使大规模地组织开展群众性的农田水利建设特别是小型农田水利工程的建设创造了条件，而相当一部分大中型的水库和灌区也在随后的"大跃进"中相继动工。不计其数的农村劳力投入到农田水利建设当中，不可否认的是，这在一定程度上加重了农民的负担，也由于一些工程的缺乏规划而造成了很多人力物力的浪费，但前所未有的大规模投入还是带来了农田水利状况的改善。1980年起财政体制改革，农田水利费在包干到地方后大量减少，水利投资的持续下降使得农田水利建设的规模缩小，有的地方甚至陷于停顿状态。从1949年到1978年，我国全国的有效灌溉面积由2.4亿亩增加到近6.8亿亩，即增加了4.4亿亩。而改革开放后相当一部分水利工程由于老化失修效益衰减，根据统计，1981—1990年10年间，全国新增灌溉面积1.19亿亩，同期减少1.26亿亩，相抵后净减少700万亩。[2]

以大型灌区的建设为例，截至1996年，我国设计灌溉面积在30万亩以上的大型灌区共有247处，其中有效灌溉面积已达到和超过30万亩的大型灌区有183处，有效灌溉面积在100万亩以上的有31处。[3] 根据统计，在设计灌溉面积达30万亩以上的247处大型灌区中，有明

---

[1] 水利部农村水利司：《新中国农田水利史略（1949—1998）》，第11—12页。
[2] 水利部农村水利司：《新中国农田水利史略（1949—1998）》，第18—20页。
[3] 水利部农村水利司：《新中国农田水利史略（1949—1998）》，第32页。

确开灌时间记录的共有235处。图2.10是上述235处大型灌区开灌时间及形成的有效灌溉面积的简单统计。如图所示，统计截至1996年，改革开放前的时段划分基本是以历次五年计划为依据，分为1949年以前、1949—1952年、1953—1957年、1958—1962年、1963—1965年、1966—1970年、1971—1975年、1976—1978年，改革开放后1979—1996年作为一个时段。图中折线记录了在相应时段内开灌的灌区数量，柱形图记录了在这一时段开灌的大型灌区所形成的有效灌溉面积。可以看出，在整个计划经济时期大型灌区开灌数量最集中的是在1958—1962年，合计有82处，也就是说截至1996年我国所有设计灌溉面积在30万亩以上的大型灌区中有1/3都是在1958—1962年间开灌，由此形成的有效灌溉面积达到6816.58万亩，而除此之外，在上述提及的其他所有各时段开灌的大型灌区形成的有效灌溉面积总和为8058.7万亩，由此足以看出"大跃进"时期农田水利建设发展的速度与规模。"大跃进"时期的农田水利建设和同一时期的其他生产建设一样，由于指导思想的不切实际而存在盲目上马、缺乏规划甚至人力物力的巨大浪费等诸多问题，但必须看到，在近乎全民参与的广泛社会动员中，农田水利建设规模在极短的时间里有了一个飞跃。

将时间段再稍微拓展一下，从1949年新中国成立到1978年改革开放，在整个计划经济时期开灌的大型灌区所形成的有效灌溉面积合计为13593.48万亩，占下图中所有大型灌区有效灌溉面积总和的91.38%，为农业生产的发展创造了有利条件。根据水利部的估计，在新中国成立的前三十年，国家兴修各项水利工程总投资达763亿元，同一时期的社队自筹及劳动积累约580余亿元。① 在国家财政无暇顾及类似公共品投入的时候，这些积累所具有的重要意义直到今天我们都

---

① 《国务院批转水利部关于三十年来水利工作的基本经验和今后意见的报告》（1980年10月20日），载中国农业年鉴编辑委员会编：《中国农业年鉴（1981）》，农业出版社1981年版，第433页。

应当予以肯定。

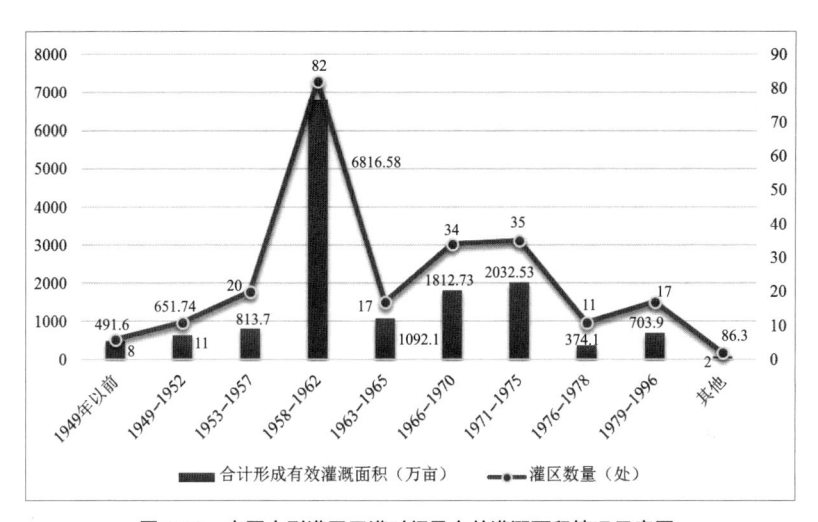

图 2.10 中国大型灌区开灌时间及有效灌溉面积情况示意图

资料来源：水利部农村水利司：《新中国农田水利史略（1949—1998）》，中国水利水电出版社 1999 年版。

3. 农村集体主义文化的影响：从传统乡村治理到集体主义乡村治理

（1）中国传统乡土社会的文化与治理模式

传统乡土社会有以下五个特点。第一，熟人社会。中国依靠熟人来维系乡土社会的秩序，大家彼此熟悉，世代生活在一个比较封闭的社区里面。第二，中国的乡土社会是一个差序格局社会，这个概念是费孝通教授提出来的，就是每个乡土社会中的成员都是以自我为核心，按照跟自己的亲疏远近慢慢地往外推，来形成一个差序的格局，从而确定一个交往和信任的次序。第三，中国传统乡土社会是一个由乡村精英治理的社会，由他们承担起治理乡土社会的重任。第四，传统乡土社会的治理是"皇权不下县"。第五，宗族与宗法制度，这是维系传统社会秩序和伦理的主要机制。

由中国乡土社会这五个特点造就了中国传统乡土社会当中乡村治

理的五大理念：第一，以宗法制度作为乡村社会治理与救济的基本制度。宗法制度是一套维系乡村社会和谐的主要制度，靠家族和宗族维系。第二，以文化伦理教化为乡村治理的基础。在传统的乡村治理当中，主要靠思想教化，来维系传统的伦理道德体系。谁做教化呢？就是乡村知识分子，那帮有知识的人来承担教化任务。第三，以乡土社会内部激励与约束作为治理工具。第四，以儒家乡土精英和底层人民的结合作为维系手段。第五，以乡规民约作为乡村治理的法治基础。中国古代传统的乡村治理不是靠法律，而是靠乡规民约，靠这种介于正规的法律和不成文的民俗之间的乡规民约。①

中国古代传统乡村治理的实践历史非常悠久，积累了大量的经验，这些传统治理模式包括族谱、祠堂、义庄、义田、社仓、乡约、义学、民间知识分子讲学等。中国传统乡村治理是一套非常有效的自治性的、内生性的、伦理本位的治理模式，它不太靠正规的法律制度，不太靠外在的官方组织，而是靠内生性的宗族社会机制和伦理教化机制。

（2）从传统乡土文化和宗族治理向集体主义文化和乡村治理模式的转型

建立在小农经济基础之上而以宗族和血缘关系为纽带构建起来的传统乡土社会的治理模式，具有非常强的生命力和超稳定性，这构成中国传统社会稳定性的基石。然而，这种传统农业社会的守望相助的宗族式治理也有其内在弊端。这种传统乡村治理适应着小农经济的经营模式，但是对现代规模化的农业经济而言，它在风险控制和收益增加上的局限性是显而易见的。以家族为纽带的小的共同体，必须转变为以更现代的治理模式进行治理的大的共同体，才能适应农业社会化的需要。这是历史发展的必然。

---

① 王曙光：《天下农本：制度创新与文化自觉》，中国发展出版社 2015 年版，第 202—220 页。

在新中国建立的初期,尤其是50年代末期到60年代,农业的集体化经营模式、土地的规模化耕作模式和农村公共产品供给方式的演变,要求乡村的文化和治理模式发生深刻的变化。中国自有文明以来的五六千年之间,从来没有像20世纪五六十年代一样,农民的集体主义精神和协作意识空前提高,乡村集体主义文化对传统乡土社会的宗族文化进行了彻底的改造,维系乡村治理的支柱不再是血缘关系和宗族关系,而是现代意义上的集体决策和政治精英治理。很显然,这不仅仅是因为政治教育和宣传的结果,更不是政治上强压的结果,而是与农业的集体经营模式和土地制度的变革密切相关的。中国乡村文化和制度变革非常生动地诠释了一个基本的经济学原理,即制度变革往往是生产方式变革的结果,而文化变革往往是制度变革的结果,但是制度变革对生产方式变革又有着极大的促进作用,文化变革对制度变革也有着极大的促进作用,三种变革之间呈现出相互推动、相互耦合、螺旋式上升的变迁形态。从中国漫长的历史来看,20世纪五六十年代的农村集体主义文化的兴起,具有异常宝贵的历史价值,它在一定程度上迅速塑造和构建起与大规模工业化和农业集体化相适应的现代乡村治理结构,打破了已经趋于僵化的传统治理结构,治愈了中国农民几千年"一盘散沙"的痼疾,使农村产生空前的资源动员能力,在历史上具有革命性的意义。

但是集体主义文化在70年代末期的式微,也充分表明,这一集体主义文化的塑造和构建又是极其脆弱的。随着集体经营的破产和土地制度的再次变革,集体主义文化迅速消逝,乡村治理在近三十年逐步涣散,原先由集体提供的公共品(如教育、医疗、水利、农业技术等)再次由私人提供,其效率大大下降,农村公共品提供的数量和质量下降,农民的福利受到很大影响,农村不平等程度提高。集体主义乡村文化和乡村治理模式的式微以至于消逝,而新的乡村治理尚未建立起来,农村治理结构中的真空难以被填补,这是当前中国农村最令人忧虑的问题。如何在市场化环境下重构中国的乡村治理，是决定我国农村发展与社会和谐的大问题。

五、结论

新中国成立初期的土地制度变革和合作化运动的兴起，是中国历史上翻天覆地的大事件，这些制度变革彻底改变了农村几千年来的小农生产方式，也深刻改变了农村的产权制度、分配制度和阶级关系。在制度变革的基础上，农村技术也相应发生了深刻的变革。毫无疑问，新中国成立以来的农村技术变革，其根基是土地制度和农村合作制度的变迁，没有制度层面的彻底变化，是很难发生技术层面如此巨大的变革的。农村技术层面的变革，需要极大的物质资本投入、人力资本投入、强有力的组织和分配体系以及在市场定价体系缺失的前提下对农村技术供给者提供足够的激励。而在土地制度变革和合作化运动之后，农村集体组织空前强大，为农村技术创新、技术推广以及利于规模化经营的新农具的使用等提供了条件，也刺激了对新技术的需求。集体积累的扩张以及政府统一调配资源的能力的提升，也使得当时能够调动起足够多的人力和物质资本来实施大规模技术创新和技术推广，并为农业技术推广者提供足够的物质激励。以现在的眼光来看，大规模的农业基础设施建设、灌溉体系建设和农田水利的提升、农业科技推广的大规模实施、农村医疗水平和健康水平的大幅度改善，这些成就的取得，在世界范围内都堪称奇迹，奇迹背后的奥秘是集体化之后的公共积累的迅速提升、政府动员能力的增强以及农村公共品供给方式的内部化，使得农村公共品的供给（包括基础设施和农村医疗等）都是以极低的成本实施的。

制度变革和技术变革本身引发了农村深刻的文化变革。农村集体主义文化的空前高涨，其根源和基础是农村集体积累规模的提升以及农村集体在公共品供给方面的重要性的不断增强。这使得传统乡土社会中依赖宗族关系提供的一系列公共品（尤其是教育、医疗和社会保障层面的）转而由农村集体提供，这就深刻地削弱了宗族关系以及附着在宗族关系之上的整个传统乡村治理体系（包括义庄、义田、家谱、祭祀、义学等），导致传统乡村文化在整体上式微和衰落。农村集体主义文化当然也反过来支撑了农村土地制度和合作化运动的不断深入变革，从更远的历史维度来说，则支撑了中国整个工业化和赶超战略的大规模开展。从新中国初期整体变迁来看，制度变革、技术变革和文化变革融汇在一起，互相促进，互相影响，形成巨大的历史洪流，为中国工业化的迅猛开展与初步完成提供了基础。

第三章
从"非自觉"到"自觉":中国农民合作百年历程反思

一、引言:现代化进程中的农民合作

1840年的鸦片战争拉开了中国近代史的序幕,同时也开启了中国现代化的进程。此后的百余年间,为了实现救亡图存和国富民强的理想,中国人开始了理论与实践层面的不懈探索与努力。从康有为将中国"定为工国"的设想,到孙中山的《实业计划》,再到新中国成立初期的过渡时期总路线,工业化成为几代中国人的梦想。然而,对于一个典型的农业国来说,要达到这一目标,不仅需要建立起一个庞大的工业体系,还必须对农业进行改造,使之完成由传统到现代的转型。农业的现代化是工业化进程内在的不可分割的组成部分[①],因此,如何改变传统的落后的农业经营方式、提高农业生产和农民生活水平、使工农业真正实现均衡发展和良性互动,成为过去一个多世纪的时间里中国人最为关注的问题之一。

在鸦片战争后涌现出的众多社会思潮当中,合作思想的传播是颇为重要的一个。薛仙舟、于树德等一批中国合作运动的先行者,在向国内民众介绍罗虚代尔公平先锋社和雷发巽乡村信用合作社等来自西方的思想与实践的同时,也竭尽全力地将自己宣传的理论付诸行动,

---

① Pei-Kang Chang, *Agriculture and Industrialization*, Massachusetts: Harvard University Press, 1949, p.199.

我国农村合作运动正是在这样的背景下应运而生。当时很多知识分子认为农村复兴可以借助农民合作来实现，诸如资金不足、交通不便、农具机械落后等农民"经济上之弱点咸可以合作组织济其穷，甚至如产业之小、田亩之仄，亦莫不可以合作方法补救之。谓其为复兴农村经济重要方案之一，宜也"[①]。这代表了当时很多理论家与实践者的想法，他们借助"合作"的组织形式开始了构建新的经济秩序的尝试。

值得深思的是，在中国近百年来的现代化进程中，"农民合作"贯串始终：20 世纪 20 年代起有民间团体倡导的农民合作；1928 年以后南京国民政府大力推行农民合作运动；新中国初期在全国范围内进行了农业合作化；而现在，数量可观、类型多样的农民专业合作社迅速成长起来。尽管各个时期内"农民合作"的内涵不尽相同，但这并不影响"农民合作"在这段历史上的重要地位与作用。

本章尝试对中国近百年来的农民合作历程进行回顾和反思，分别讨论和分析了新中国成立以前、新中国成立初期以及改革开放以来三个不同历史时段内的农民合作情况。"非自觉性"是 20 世纪初叶中国农民合作运动一开始就具有的特点，而从"非自觉"到"自觉"是农民合作正在经历——同时也是必须完成的转变。因为，只有内生性的合作才能增强合作组织自身的凝聚力与生命力，使合作可持续，同时也为合作参与者带来更多的收益。

二、始于"非自觉"：新中国成立以前的农民合作

合作理论和思想的广泛传播为农民合作的实践奠定了基础。从 20 世纪 20 年代起，直到 1949 年新中国成立，近 30 年的时间当中，我国的农民合作先后在民间社团和南京国民政府的推动下迅速展开。尽管

---

① 陈振汉：《浙江省之合作事业》，《政治经济学报》1935 年第 3 卷第 2 期。

农民合作的主导者不同，但这一时期的两次农民合作热潮却有一个相似之处——农民在合作中的"非自觉性"，很多农民并没有强烈的合作意识、意愿，而只是合作的被动参与者。农民合作的发展情况在很大程度上取决于外部因素而不是农民自身，合作组织的独立性和自生能力也因此受到削弱。

1. 20 世纪早期的农民合作：外部嵌入与民间社团的推动

1920 年，直隶、山东等华北五省大旱，灾情严重，各地纷纷成立了一些由中外人士共同组成的义赈团体，接受捐款办理赈济事宜。次年，北方丰收，在停止办理赈济事务之后，各地的华洋义赈团体联合发起成立了中国华洋义赈救灾总会（以下简称华洋义赈会），他们以提倡、帮助农民进行信用合作的方式继续开展预防灾荒和改良农民生计的工作。① 尽管只是一个非官方的慈善机构，但华洋义赈会却对我国早期的农民合作运动产生了巨大的影响。

表 3.1 中国华洋义赈救灾总会信用合作社发展情况一览表（河北省）

年度		1923	1924	1925	1926	1927	1928	1929	1930	1931	1932	1933
县数		8	10	24	43	56	58	61	68	67	69	70
社数		—	9	44	47	129	169	246	277	273	379	408
社员数		—	403	1270	3288	4354	5624	7862	8788	8903	11274	11865
已认社存款		—	—	169.9	1195	2550.3	4465.1	2519.5	4546.8	8777.3	16244.7	9982.1
已认社公积金		—	—	42.5	156.1	342.8	559.5	898.3	1506.8	1958.4	4887.9	7459.9
总会对已认社放款	历年放款	—	3290	7160	21990	28555	28579	33040	49859	59834	68619	69441
	历年累计	—	3290	10450	32440	60795	89374	122414	172273	232107	300726	370167

注：社数、社员数、社员股款均指已被华洋义赈会承认的合作社。
数据来源：于永滋：《本会农村合作事业之鸟瞰》，《合作讯》第 100 期特刊，1933 年 11 月，第 968 页。

---

① 张镜予：《中国农村信用合作运动》，商务印书馆 1930 年版，第 40—43 页。

华洋义赈会领导下的农民合作是"外部嵌入"式的。作为一个民间社团，华洋义赈会从未直接组织农民进行合作，而是以多种方式积极鼓励农民进行合作。各地农民在产生了创办合作社的意愿之后，即可向华洋义赈会提出申请，如果获得承认，就能从华洋义赈会获得稳定的、低息的贷款，贷款年利率一般在5.5%到10.5%之间，这些贷款成为支撑农民进行信用合作的最重要的资金来源（参见表3.1数据）。保持农民合作组织的独立性一直是华洋义赈会努力的方向，然而由于合作社资金上对总会的过度依赖，这一目标始终没有实现。在南京国民政府全国范围内的农民合作运动逐步展开后，华洋义赈会掌握的合作社交由国民政府实业部接管。

2. 南京国民政府官方推动下的农民合作

在近现代史上，"合作"最初引起政界人物的关注，并不是单纯地因为这一新的组织形式所能产生的经济效益，而是"合作"本身可能具备的其他社会功能。这是农民合作运动后来受到南京国民政府高度重视的根本原因。孙中山早年曾提出在中国实行地方自治的主张，在他看来，除了清户口、立机关、定地价、修道路、垦荒地、设学校等这些首先需要完成的基本工作之外，地方自治团体此后应办之"要事"，即"农业合作、工业合作、交易合作、银行合作、保险合作等事"，"此所建议之地方自治团体，不止为一政治组织，亦并为一经济组织"[①]。合作社，在孙中山的理论体系中，肩负着促进分配社会化和缓和社会矛盾的重要职能。

如果说以孙中山为代表的早期国民党人对"合作社"的关注还寄托了他们对于未来社会的理想的话，那么国民党统治后期对农民合作运动的强力推进则具有更实际的作用。有学者曾经这样描述甲午战后

---

① 孙中山：《孙中山全集》（上），三民公司1927年版，第382—389页。

直至 1927 年前后这一时期的农业生产，"其基本状况可以用狭小的经营规模、落后的生产技术、种植业为主的单一结构和低而不稳的土地产量加以概括"①。所有这些要素，在连年的战乱、动荡的政局和频繁发生的自然灾害的作用下，使农村经济日趋凋敝，农民生活困苦窘迫。这时推行农民合作，意义不只在于改善农村经济，其更重要的作用或许在于通过农民的组织化可以将可能激化的社会矛盾消化于无形，在恢复农业生产的同时，消除对当权者统治构成潜在威胁的不稳定因素。而在那些非国民党统治区域，农民合作同样重要，因为"伴随着对共产党根据地的围剿，如何处理被国民党政府重新占领的农村是一个更紧迫的政治问题"②。

1928 年以后，南京政府通过了大量关于推进农民合作的条例、法令、决议等文件，从地方到中央，一系列以推动农民合作为主要任务的行政管理机构也相继成立。这一时期的合作社在数量上出现了一个极大飞跃。图 3.1 数据显示，如果以 1931 年全国的合作社数量为基数，则十五年内增长了 60 余倍，由不足 3000 家变成了 172053 家，合作社社员达 17231640 人。

南京国民政府以行政命令的方式，将农民合作社的发展情况作为考核基层政府业绩的指标，培训并下派了大量人员到地方直接组织、督导合作社工作的开展，这使农民合作原本的"非自觉性"得到了进一步强化。合作社数量虽然有了明显的上升，但合作社的质量和发挥的作用却并不尽如人意。

这一时期还有两股重要的力量在推动农民合作：一是乡村建设运动的倡导者。比较典型的如梁漱溟在邹平主导的乡村建设实验，尽管

---

① 汪敬虞主编：《中国近代经济史（1895—1927）》中册，人民出版社 2000 年版，第 1163 页。
② 卜国群：《中国三十年代的合作运动及乡村改良潮》，《中国经济史研究》1994 年第 4 期。

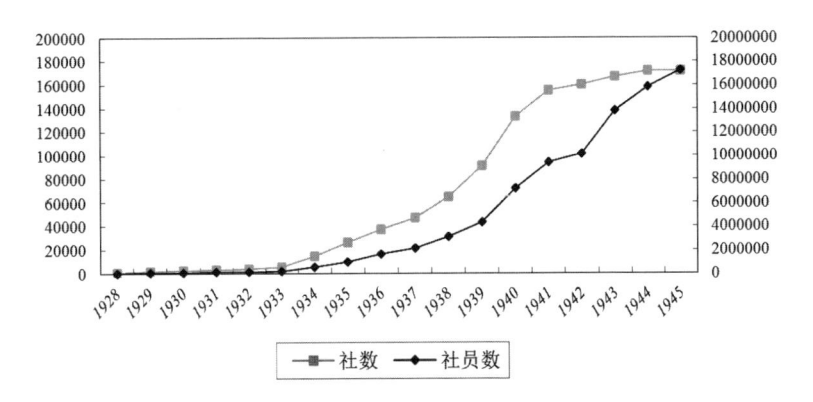

图 3.1　南京国民政府时期历年合作社数量及社员数
资料来源：赵泉民：《政府·合作社·乡村社会——国民政府农村合作运动研究》，上海社会科学院出版社2007年版，第159—160页。

合作经济并不是"乡村建设"的核心内容，但却是乡村建设运动的一个重要的副产品。梁漱溟说，中国"要翻身在工业，而凭藉以翻身的是农业……改造乡村经济的路子在合作"[①]，而"中国农村的合作，恐怕要从生产合作、利用合作做起"[②]。在这一理念的指导下，邹平建立起了生产、运销、购买、信用等多种类型的合作社。在晏阳初以河北定县为主要实验区推行的平民教育运动中，筹建农民之间的合作组织也是其中的一项重要内容。二是中央革命根据地的中国共产党。在共产党的支持、指导下成立的农民合作组织涵盖了信用、消费、购买、运销、工业、手工业、生产、土地等诸多层面和领域。据1934年统计，在当时的中央革命根据地加入各种合作社的社员达50万人以上。闽浙赣革命根据地加入合作社的人数平均约占总人数的一半，有的区、乡几乎全体穷苦农户都加入了合作社。

---

① 梁漱溟：《乡村建设与合作》，《梁漱溟全集》（第5卷），山东人民出版社2005年，第944—945页。

② 梁漱溟：《中国合作运动之路向》，《梁漱溟全集》（第5卷），第603页。

3. 农民合作的"非自觉性"与被动推进

与西方合作社的成长历程不同，我国近现代史上的农民合作从一开始就是一种"非自觉"的行为。不论其推动力是来自非官方的民间社团、社会精英，还是来自官方的中央及地方各级政府，农民始终是被动地走向合作。当然，并不排除一些领域——特别是生产领域的互助合作是农民自发、自觉进行的①，但这样的合作社并不是当时合作社的主流，下面的数据即可说明这一点。农民合作的"非自觉性"与被动推进导致了一些问题的产生。

（1）农民合作社发展的双重失衡

这一时期农民合作社发展的一个显著特征是合作社自身类型结构和区域分布结构的双重失衡。

首先，就合作社类型而言，信用合作社的比重一直居高不下，远远超出其他种类的合作社。华洋义赈会的初衷是以信用合作帮助农民恢复生产，改善农村金融服务匮乏的境况，因此，在其主导下的农民合作以信用合作为主不足为奇。但是，这一局面在此后的二十余年中未发生任何根本的变化。到南京国民政府推行合作运动时，信用合作社依然"一枝独秀"。"我国所谓合作运动，大部分实为农贷运动的别名。"②很多农民"非为合作而合作，乃为借款而合作"，成立合作社的目的就是获取借款，"求助于人，大违信用合作之本旨"③。

---

① 比如 20 世纪 30 年代中央革命根据地农民的劳动互助社以及为解决牲畜不足问题而成立的犁牛合作社等是比较典型的例子。
② 陈翰笙：《合作运动与农村机构》，载汪熙、杨小佛主编：《陈翰笙文集》，复旦大学出版社 1985 年版，第 168 页。
③ 方显廷：《中国之合作运动》，《政治经济学报》第 3 卷第 1 期，1934 年 10 月，第 25—27 页。

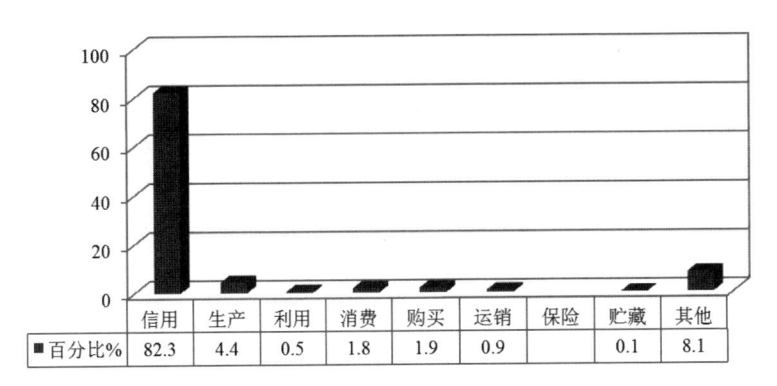

	信用	生产	利用	消费	购买	运销	保险	贮藏	其他
百分比%	82.3	4.4	0.5	1.8	1.9	0.9		0.1	8.1

图 3.2　1932 年我国合作社种类示意图

注：1932 年保险合作社有 1 家，因所占比重太小，故图中无法反映出来。
资料来源：《合作月刊》第 6 卷第 1 期，1934 年 1 月，第 13—14 页。

其次，合作社在地区之间的分布极不均衡。华洋义赈会限于自身能力，其组织的农民合作绝大部分在河北省，其余省份并不多。而南京国民政府虽然以中央政府的名义发动了农民合作运动，但各地情况差异显著。江苏、浙江、河北农民合作发展最快，1931 年这三省农民合作社数量分别占全国的 45.32%、22.25% 和 25.43%，几年后尽管这一比例有所下降，但仍有近半数左右的省份合作社数量占全国比重仅有 1% 左右。[①] 农民合作在当时的农村经济中所能发挥的作用于此已可见一斑。

（2）农民合作组织独立性与生产带动作用的缺失

即使不考虑信用合作社在全部合作社中所占的过高比重的问题，农民的信用合作社本身也存在问题。最主要的缺陷在于，不论是华洋义赈会还是南京国民政府主导的农民信用合作，合作社依赖的资金都源于社外。图 3.3 是华洋义赈会掌管的农民信用合作社社内资金与华

---

① 参见李紫翔：《中国合作运动之批判》，载千家驹、李紫翔：《中国乡村建设批判》，新知书店 1936 年版，第 201—202 页。

洋义赈会总会借款的对比，很直观地反映出了社外资金的重要性。到了南京国民政府时期，这一问题依然没有得到彻底的解决，农民银行和合作金库提供的政策性贷款成为维系农民信用合作社日常运作的主要资金来源。农民信用合作组织独立性的缺失影响了这种运作方式本身的可持续发展。"外来资金没有把握，一旦来源断绝，业务乃不能进行。"[1]

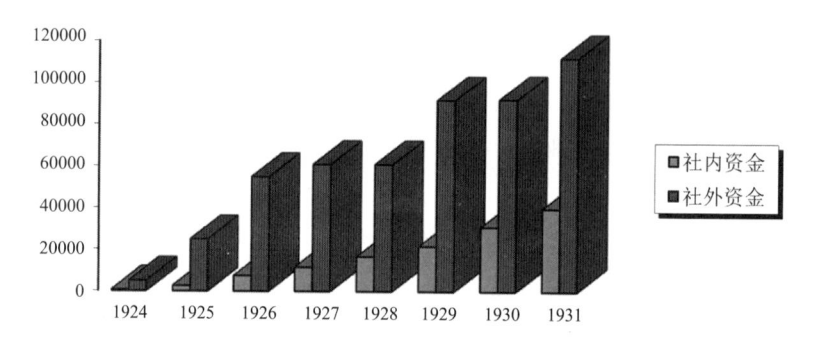

图 3.3　华洋义赈会掌管的合作社系统社内资金与总会借款对比示意图
注：社内资金包括合作社本身的股款、存款及公积金；社外资金即合作社从华洋义赈救灾总会获得的贷款。
资料来源：巫宝三：《华洋义赈救灾总会办理河北省农村信用合作社放款之考察》，《社会科学杂志》第5卷第1期，第74页。

另一方面，信用合作可以满足农民的借贷需求，但并不意味着这些资金能直接作用于生产，从华洋义赈会的经验来看，贷款中有接近五分之一的比例被用于偿还旧债或婚丧嫁娶等其他开销。[2] 图3.4、图3.5描述了河北、江苏两省合作社放款的期限和额度，可以看到，50元以下、一年以内的小额、短期贷款占全部贷款的绝对多数，这些借款即使全部用于生产，也只能做到维系农民的生产现状，而很难真正

---

[1]　郑厚博：《中国合作运动实况之检讨》，《实业部月刊》第1卷第7期，第44页。
[2]　于永滋：《本会农村合作事业之鸟瞰》，《合作讯》第100期特刊，1933年11月，第970页。

改变农业生产水平和农民生活。

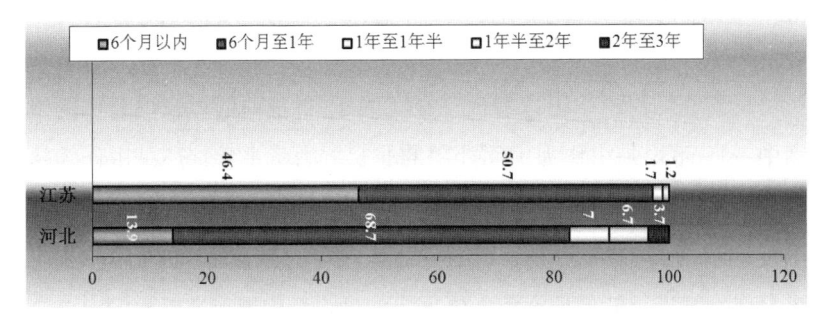

图 3.4 民国时期河北、江苏两省合作社放款总额按放款期限分类示意图

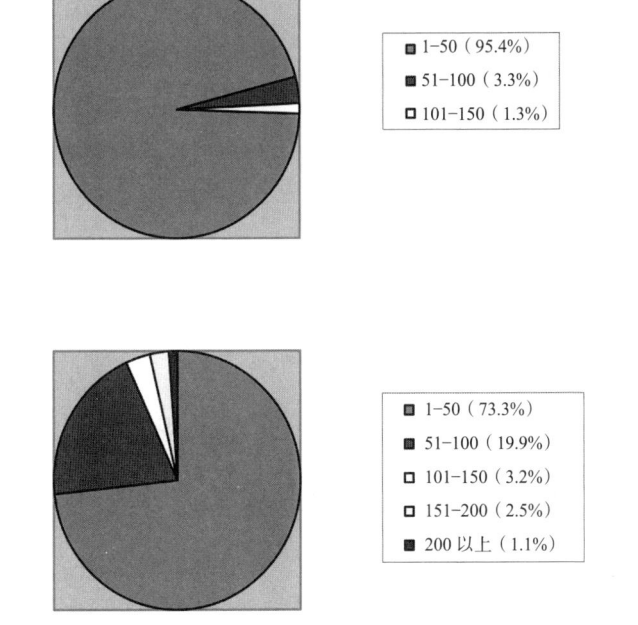

图 3.5 民国时期河北、江苏两省合作社借款社员按借款额多少分类示意图
注：第一个饼状图反映的是河北省 1924—1932 年间合作社中不同借款额（单位：元）的借款社员占合作社借款社员总量的比重情况；第二个饼状图反映的是江苏省 1928—1929 年间合作社中不同借款额（单位：元）的借款社员占合作社借款社员总量的比重情况。
数据来源：方显廷：《中国之合作运动》，《政治经济学报》第 3 卷第 1 期，1934 年 10 月，第 21—22 页。

三、国家行为与工业化：新中国成立初期的农民合作

从前文的讨论中可以看出，在我国 20 世纪前两次农民合作的浪潮中——不论是由作为民间社团的非官方力量主导，还是由作为执政者的南京国民政府主导，农民都只是"合作"的被动参与者。如果不是外界的强力推动，他们既缺乏合作的意识和动力，也难以拿到支撑合作持续进行的各种资源。更重要的是，新中国成立以前的农民合作，其覆盖的范围始终有限，这与合作倡导者们的目标——实现农民的组织化、提高农业生产水平距离甚远，而农民对于"合作"的"非自觉"状态短期内很难改变。新中国成立后，当工业化成为我们迫切渴望实现的目标，当提高农民的组织化程度与农业剩余供给成为必须完成的任务，一场自上而下的、快速推进的农业合作化运动就在情理之中了。此时的"农民合作"已经不是单纯的个体行为，而是国家行为。

在中国近一百年来的现代化进程中，新中国成立初期的农业合作化运动并不是第一次农民在外力推动下快速走向合作的尝试，不同历史时期的不同推动主体都对"农民合作"给予了高度关注。"合作"在提高我国农民的组织化程度、促进我国由传统走向现代的转型中发挥了十分独特而重要的作用。

1. 农民合作与国家工业化

20 世纪 50 年代，关于合作化问题，中共第一代领导集体有过几次争论：1950 年，东北局内部针对土改后农村出现的分化和当时的农村互助合作组织是否需要提高一步的问题产生过分歧并上报中央；1951 年，围绕着山西老区农村是否要起步向社会主义过渡的问题，党内高层领导人之间也有不同意见；1955 年，针对农业合作化发展

的速度问题,党内又出现了激烈的争论,直至同年 10 月七届六中全会的召开。①但是,几次争论的焦点都不是是否需要进行合作化——关于这一最终的发展方向,当时的国家领导人并没有不同看法,而只是在争论到底如何推进合作化,这包括合作化的时间、方式、步骤、速度等。

从表 3.2 的数据可以看出,新中国成立后的最初几年,在进行土地改革的同时,全国的互助合作运动仍然在稳步推进,农业生产互助组由 1950 年的 272.4 万个增至 1952 年的 802.6 万个,但这期间的农业生产合作社数量很少,基本上处于试办阶段,1952 年才有所增加。1953 年可以被视作一个转折点,这年年底中央通过了《关于发展农业生产合作社的决议》,其中指出,"我们组织个体农民参加互助组以及帮助搞好互助组的工作,也就是为着便利于再引导它们发展成为农业生产合作社,并准备再进而实现完全的农业社会主义改造。如果不把互助组看成是逐步引导农民走向社会主义改造的一种初级的过渡的形式,因而不重视互助组的工作,这将是一个重大的错误"②。从 1953 年起,初级农业生产合作社开始以极快的速度发展,而 1955 年以后,高级农业生产合作社快速发展。直到 1958 年 8 月,中央发出了《关于在农村建立人民公社问题的决议》,全国农村由此掀起大办人民公社的高潮。到 1958 年底,全国(除西藏和个别地区以外)共成立人民公社 23630 个,有 1.28 亿户农民——几乎占全国农户总数的 99%,合计 5.6 亿农民,全部加入了人民公社。③

---

① 薄一波:《若干重大决策与事件的回顾》(上),第 130—142、230—250 页。
② 《中国共产党中央委员会关于发展农业生产合作社的决议》,载史敬棠等编:《中国农业合作化运动史料》下册,生活·读书·新知三联书店 1959 年版,第 23 页。
③ 数据引自中国农业鉴编辑委员会编:《中国农业年鉴(1980)》,农业出版社 1981 年版,第 4 页。

表 3.2　1950—1952 年农业生产互助组及合作社发展情况

年份	农业生产互助组（万个）	农业生产合作社（万个）	
		高级社	初级社
1950	272.4	1（个）	18（个）
1951	467.5	1（个）	129（个）
1952	802.6	10（个）	0.4

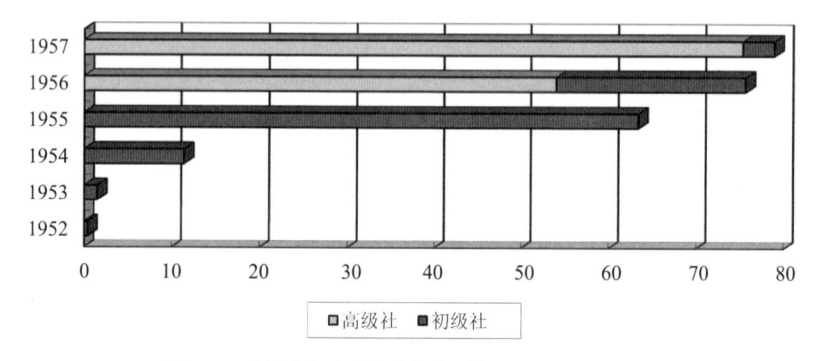

图 3.6　全国农业生产合作社发展情况（1952—1957）

注：（1）单位：万个；

（2）1952 年、1953 年、1954 年和 1955 年全国的高级社数量分别为 10 个、15 个、200 个和 500 个，而相同年度初级社的数量分别为 0.4 万个、1.5 万个、11.4 万个和 63.3 万个，高级社所占比重非常小，所以在图中几乎无法反映出来（数据参见附录 1）。

资料来源：中国农业年鉴编辑委员会编：《中国农业年鉴（1980）》，农业出版社 1981 年版，第 4 页。

农业合作化的步伐从 1953 年底开始加快并非偶然，新中国许多具有标志性的经济事件都以这一年为起点：首先，1953 年过渡时期总路线出台，提出"要在一个相当长的时期内，基本上实现国家工业化和对农业、手工业、资本主义工商业的社会主义改造"[1]。其次，以"集中主要力量发展重工业，建立国家工业化和国防现代化的基础"为基本

---

[1] 《建国以来毛泽东文稿》第四册，中央文献出版社 1990 年版，第 301 页。

任务的第一个五年建设计划[1]在1953年启动。第三，随着大规模经济建设的开展，为解决日趋严重的粮食供求矛盾，粮食统购统销政策在这一年推行，随后粮食等农副产品的统购统销体系逐步形成。而关于发展农业生产合作的决议不过是这一系列决策和事件的一个有机组成部分，这些决策之间有着紧密的联系。

对于农业合作化所能发挥的作用，当时的国家领导者抱有很高的期望，一直主管经济工作的陈云是其中的代表。一方面，陈云希望借助农业生产合作来推动"一五"计划的顺利完成，他认为，"一五"计划中"最薄弱的部分是农业生产"，而根据以往的经验，使农业增产见效最快的办法就是合作化。[2]根据农业部1952年初对东北、华北40个农业生产合作社的抽样调查统计，1951年这些合作社的粮食平均亩产量超过当地互助组16.4%，超过单干户39.2%；90%以上社员的收入，比过去显著增加；各个合作社的总收入，全部超过了各社全体成员过去在互助组和单干时候的收入的总和。[3]另一方面，陈云认为合作化可以确保统购统销政策的顺利贯彻。统购统销政策推行之初遇到了很多困难，"困难不单来自我们对于统购统销缺少经验，主要的是对这样众多的农户，要估计产量、分清余缺及其数量，很不容易"，如果能把农民组织起来，向农业生产合作社进行统购统销的工作，则要"容易得多，合理得多"[4]。

就国家战略的高度而言，农民合作已经被赋予了新的使命，而不再是简单的农民个体行为。1955年，毛泽东在《关于农业合作化问题》的报告中指出，"我国的商品粮食和工业原料的生产水平，现在是很低的，而国家对于这些物资的需要却是一年一年地增大，这是一个

---

[1] 中共中央文献研究室编：《建国以来重要文献选编》（第四册），中央文献出版社1993年版，第353页。
[2] 《陈云文选》第二卷，人民出版社1995年版，第237—239页。
[3] 杜润生主编：《当代中国的农业合作制》（上），当代中国出版社2002年版，第115页。
[4] 《陈云文选》第二卷，第277页。

尖锐的矛盾。如果我们不能在大约三个五年计划的时期内基本上解决农业合作化的问题……我们的社会主义工业化事业就会遇到绝大的困难"①。这段文字说明，在党和国家的最高领导人毛泽东看来，农业合作化的最主要作用恰恰在于推进工业化。

从实践来看，工业化与农业合作化的同步进行，不但是许多社会主义国家曾经遵循的方针，也是很多发展中国家的选择。20世纪的60和70年代，拉丁美洲各国以及一些非洲新独立的国家都在推进工业化进程的同时开展了农村的生产合作②等改革。这种历史背景下的农民合作，决定了农民合作只是国家长远目标函数中的一个变量，它的发展方向和方式由国家决定。

新中国初期的农业合作化是一种完全不同于西方经典合作社意义上的"合作"，它实现了对生产资料所有权的转移。在高级社中，农民的土地、耕畜、大型农具等生产资料就已经全部转为合作社集体所有，与此相配套的，是农民不再拥有对农业剩余的支配权。这是新中国迫切希望短期内迅速推进工业化的一个必然结果，当分散的个体小农的经营方式不能提供工业化进程快速启动所必需的农业剩余时，领导者期待另一种组织方式可以使这一问题得以彻底解决。而除了工业化，"使劳动农民永远摆脱贫穷和剥削"也是农业合作化力求实现的目标，"雇佣长工、出租土地、放债取利、进行商业剥削"等行为在农业生产合作社中都被严格禁止。③农业的合作化，不仅是新中国领导者对于"社会主义道路"的探索和尝试，它甚至同时承载着近代以来历经磨难的中国人追求大同世界和国富民强的理想。

---

① 《建国以来毛泽东文稿》第五册，中央文献出版社1991年版，第248—249页。
② 张晓山、苑鹏：《合作经济理论与中国农民合作社的实践》，首都经济贸易大学出版社2009年版，第114页。
③ 《农业生产合作社示范章程》，载史敬棠等编：《中国农业合作化运动史料》下册，第23页。

2. 人民公社时期的农民合作及其外部效应

人民公社不是严格意义上的合作经济，但是，作为新中国农业合作化运动的最终结果，它仍然是我们在考察农民合作这一命题时必须给予关注的一部分。"人民公社"将一个重要的目标变为现实，即全体农民的组织化，这是此前的农民合作运动试图实现而终未达到的。

早在 20 世纪初期，中国人就开始了以合作方式将农民组织起来、改善农业生产现状的努力，但不论是非官方还是官方的力量，"农民合作"一直收效甚微。新中国的农业合作化运动有两点与此前的"农民合作"不同：第一，实现了对农民的全覆盖，而不是各地区发展严重失衡；第二，"农民合作"是直接指向生产的，只是农业生产剩余由国家而不是农民来进行控制和分配。

新中国成立之后的"农民合作"为工业化的推进奠定了基层的组织基础，而农民的组织化还带来了一个副产品——农村公共品的"普惠式"提供。人民公社集体提留中的公积金和公益金被用于"生产队兴办基本建设和扩大再生产的投资"以及"作为社会保险和集体福利事业的费用"[①]，发挥着提供公共品的作用，如普及教育、合作医疗、建设基础设施、兴修水利等。政府在农业和农村生活中的作用有限却必不可少，至少在公共品提供、基础设施建设等方面都需要政府有所作为。[②] 而在国家财政无力顾及农村的公共产品与公共服务的工业化初期，人民公社的集体提留资金在一定程度上改善了农村的公共服务。

---

① 《农村人民公社工作条例修正草案》，载中共中央文献研究室编：《建国以来重要文献选编》（第十五册），中央文献出版社 1997 年版，第 633—634 页。

② D. 盖尔·约翰逊著，林毅夫、赵耀辉编译：《经济发展中的农业、农村和农民问题》，商务印书馆 2004 年版，第 375—390 页。

四、从"非自觉"到"自觉":改革开放以来的农民合作

新中国成立初期的农民合作中有农民自觉的成分,特别是互助合作运动早期,很多农民有在生产、流通领域进行合作的要求和热情,但随着农业合作化的不断加速和国家主导作用的增强,这种自觉成分逐渐消失了。农业合作化运动中的农民合作不是农民的自发行为。而改革开放以来的农民合作经历着从"非自觉"到"自觉"的转变。

1. 农民合作参与主体与外部环境的转变

改革开放以来的的农民合作,与过去的一个世纪当中前三次农民合作相比,最大的不同之处在于农民自身在"合作"中扮演的角色越来越重要,这一转变是在两个背景下开始的。

先是农村微观经济主体的组织形式发生了改变。1978年的十一届三中全会拉开了改革开放的序幕,随后,家庭联产承包责任制的迅速推广使农民重新获得了土地的使用权和独立的生产经营权。自主的经营决策以及对农业剩余的自由支配,是农民"自觉"的前提条件,然而,农民拥有独立决策的权力并不必然引发农民之间的合作。新中国成立前由非官方和官方主导的两次农民合作浪潮都是在农民自由决策的条件下开始的,但农民的"合作"却一直带有"非自觉"的特征,合作社的发展态势直接取决于外界推动力的强弱,甚至必须依靠外界资金支持维系合作社自身的运转。而改革开放后不同,相当一部分农民合作是农民自发的行为。这与外部经济体制环境的改变有密切关系。经过不断的探索,我国逐步确立了建立社会主义市场经济体制的目标。市场经济体制的不断完善为新时期农民合作的成长与发展提供了契机。

改革开放以来,我国农民合作经济组织的发展大体可以分为几个阶段:20世纪的80年代初到90年代初,伴随着个体农户取代集体组织成为农村新的微观经济主体,一些合作经济组织的组建就已经同时

起步，它们大都冠以"专业技术协会"或者"研究会"的名字，以技术合作和交流为核心内容，但这类组织的结构相对松散，其成员并不稳定。到了20世纪的90年代，农民的合作开始由简单的技术交流转向流通和生产领域，这一时期的许多合作经济组织已经担负起联合农民共同购买生产资料、销售农产品甚至共同使用资金、设施等生产要素的任务，它们的会员相对稳定，管理也日益规范。而进入新世纪以后，合作经济组织成员共同投资，兴建从事农产品加工的经济实体成为一个新的发展趋向。①农民合作经济组织由此也引起了人们越来越多的关注。

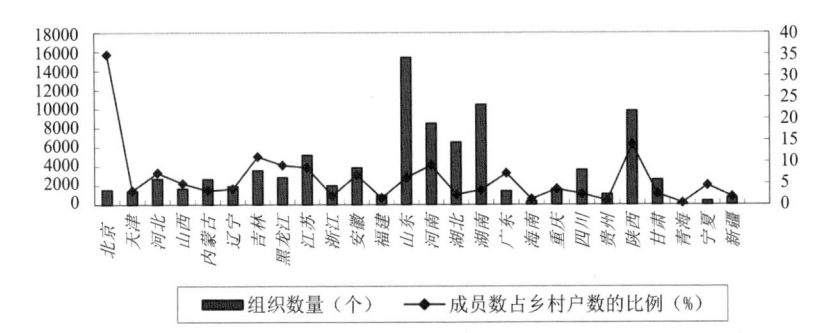

图3.7 我国部分省份农民合作经济组织数量及农民合作经济组织成员数占乡村户数百分比
资料来源：全国人民代表大会农业与农村委员会课题组：《农民合作经济组织法立法专题研究报告》，2004年3月，转引自徐旭初：《中国农民专业经济组织的制度分析》，经济科学出版社2005年版，第88页。

图3.7反映了我国绝大部分省份农民合作经济组织的发展情况。截至2004年3月，上图提及的26省（直辖市、自治区）农民合作经济组织共计92680家，全部成员占26省（直辖市、自治区）乡村总户数的5.27%。从数据来看，除了山东、河南、海南、陕西、湖北等个

---

① 全国人大农业与农村委员会课题组：《农民合作经济组织法立法专题研究报告（一）》，《农村经营管理》2004年第9期。

别省份农民合作经济组织发展规模比较突出以外,其他省份的发展相对均衡,农民合作经济组织就数量而言区别不是很大。只是,农民合作经济组织的成员占当地农户总数的比重还偏低,除北京(34.92%)、吉林(11.11%)、陕西(13.93%)三省(直辖市)外,其余省份均在10%以下。

2004年以后的农民合作又有了较大的发展。2006年10月,全国人大常委会通过了《中华人民共和国农民专业合作社法》,2007年7月这部法律正式颁布实施,农民合作经济组织成为我国市场经济体系中又一个重要的市场主体。截至2007年底,全国各类农民专业合作经济组织总数超过15万个,成员规模2363万户,占全国农户总量的13.8%;带动非成员农户5512万户,占农户总数的21.9%,两类农户合计占农户总数的35.7%。自2007年7月《农民专业合作社法》颁布实施至2008年6月,农民专业合作社以每季度2万左右的数量递增。[①] 尽管笔者并没有找到充分的数据以完整地反映改革开放以来历年农民合作经济组织的增长情况,但从现有的农民合作经济组织的数量来看,当下的农民合作,其增长的速度是十分"稳健"的,其增速远远低于新中国成立前后两次由政府主导的农民合作运动。

2. 从"非自觉"到"自觉"的农民合作

家庭联产承包责任制的好处是,它以极简单的方式解决了集体经济对农民有效激励不足的难题。但问题在于,它使原本集中的小生产者再一次走向分散,而高度发达的现代农业体系不可能以众多个体农户的小规模经营作为基础。只有将分散的小生产者集中起来,才能为农业生产的现代化创造有利的条件。

---

① 中国社科院农村发展研究所合作经济研究中心、四川省社科院农村发展研究所主编:《中国农民专业合作社——发展新走向:理论研究·实践探索》,四川科学技术出版社2009年版,第2页。

从我国改革开放以来农民合作经济组织不同阶段的发展特征可以看出，新时期的农民合作，在一定意义上，是市场经济的产物，是分散经营的个体农户在愈来愈激烈的市场竞争中试图联合起来降低交易费用、抵抗市场风险、增强与外界博弈能力的结果。他们的这种联合，同时也推动了农业的产业化经营以及农业由传统向现代的转型。农民之间的合作，为在传统的农业生产经营方式中不断引入现代生产要素创造了条件。

而从国外的经验来看，"合作"在现代农民的经济生活中发挥着越来越重要的作用。以欧盟国家为例，早在1995年，来自农民合作社的各种产品已经在许多国家占有相当高的市场份额，如德国60%的水果蔬菜来自农民合作社，英国98%的奶制品来自农民合作社，法国50%—60%的生产资料来自农民合作社，瑞典75%的粮食来自农民合作社，比利时20%—30%的肉类制品来自合作社，等等。[①] 随着全球经济的一体化，"合作"不仅越来越成为农民的"自觉"行为，也是农民的必然选择。

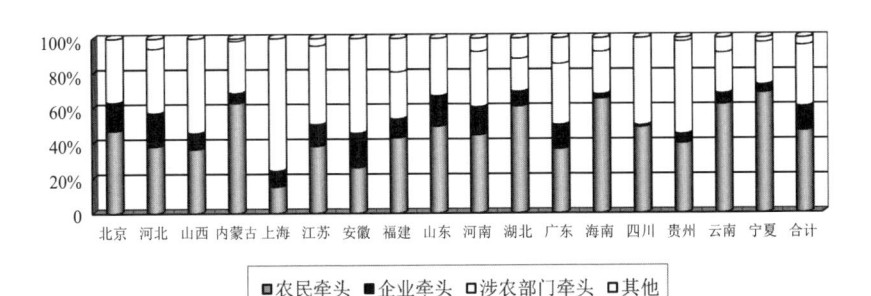

图3.8 我国农民合作经济组织按牵头人分类情况

注：合计一栏得出的各种比例是以图中所提及的17个省份数据为基础算得的，反映的是在上述17个省份的全部农民合作经济组织中，农民、企业和涉农部门牵头的合作经济组织分别所占的比例，并非全国的情况。
资料来源：同图3.7，第93页。

---

① 杜吟棠主编：《合作社：农业中的现代企业制度》，江西人民出版社2002年版，第6页。

图 3.8 反映了改革开放以来我国农民合作经济组织按创办牵头人分类的情况，大体上可以分为农民牵头、企业牵头、涉农部门牵头和其他四类。如图所示，农民牵头的合作经济组织在大部分省份都占到了三成以上，北京（47.19%）、山东（49.60%）、四川（49.05%）、河南（44.68%）等省份有近半数的合作经济组织是由农民牵头创办的，而内蒙（62.91%）、湖北（61%）、海南（65.23%）、云南（61.96%）、宁夏（68.53%）等省份的比重更高，只有上海（15.15%）、安徽（26.01%）两省（直辖市）该比例相对较低。总体而言，由农民牵头的合作经济组织明显多于由企业和涉农部门牵头创办的合作组织。尽管新时期的农民合作组织本身还存在着规模小、实力弱、产权不够清晰、内部运行机制不健全等各种各样的问题[①]，但在其成长、发展过程中农民所表现出来的"自觉"意识却是此前的几次大规模"农民合作"所不曾具备的。

五、结论：农民自觉与内生合作

近百年来"农民合作"的产生、发展与演变，是考察和审视中国现代化进程的又一条主线。民间慈善机构、社会精英、政府部门、产业集团乃至农民自身等，在不同的历史时期都扮演过"农民合作"推动者的角色，这种变化本身也成为中国经济发展变迁的见证。一个世纪以来的农民合作像是一场以提升农民组织化程度、农业生产现代化水平为终极目标的大规模试验，而与现代化进程的密切联系决定了中国的农民合作与西方经典的合作社理论和实践必然有所不同。

---

① 韩俊主编：《中国农民专业合作社调查》，上海远东出版社 2007 年版，第 192 页。

1. "农民合作"的非经济使命

近现代以来的农民合作被赋予了太多经济之外的使命和含义,这是我国百年农民合作历程的一个重要特征。综观中西方早期的合作理论,提到合作社效率的文献少之又少,对这一问题的回避,实际上反映出很长一段时间内中外合作社理论界的某种心态:注重合作社的道德取向,而忽视合作社的经济取向。[①] 在我国近现代许多理论家和实践者的眼里,"农民合作"并不单纯是一种可以增进农民经济收益的组织方式,而且更是一种改造社会的手段。

早年担任华洋义赈会合作指导员的于树德认为,合作社的价值不只在于弱者自助,它还可以训练人类团体生活的能力,为将来的社会改造提供基础,许多乡村建设者的主张和观点与之有相似之处;孙中山希望构建兼具政治与经济职能的地方自治机构,借助合作事业的推动来发展经济和防止不同社会阶层之间的矛盾激化;南京国民政府需要农民合作来稳固基层的统治秩序;新中国成立初期的农业合作化运动是工业化加速和赶超战略的有机组成部分,"农民合作"成为增强政府动员社会资源能力的一个有效手段。这些因素决定了长期以来的农民合作从来都不完全是农民的个人行为,因为"合作"从一开始就不以农民的经济收益作为唯一指向和目标。

"农民合作"的非经济使命导致很多时候农民无法在"合作"中获得足够的正向激励,而农民合作的非自觉性也因此在最初的几次合作浪潮中没有发生根本的改变。

2. 农民自觉与内生合作

在新中国成立以前以及新中国成立初期,作为小生产者的农民一

---

① 朱永:《中国早期的合作经济思想(1918—1937)》,北京大学博士研究生学位论文,第42页。

直没有成为农民合作的主导者,他们在外力的引导和推动下走向"合作","合作"的程度与发展方向多半由外部因素而非农民自身决定。这是一种外生性的"合作"。而近些年来的农民合作则有所不同,随着我国社会主义市场经济体制的不断完善,拥有自主经营和决策权的农民为了获得更有利的市场竞争地位,和以往相比,他们有更强烈的合作的需求和意愿,"合作"日益成为农民的一种自觉行为,而不是外力强加的结果。外生性的农民合作开始逐步向内生性的合作转变。

近一个世纪的农民合作历程为我们提供了一些重要的启示。首先,提高农民的民主、自助、合作、市场、竞争意识,是让"合作"成为农民自觉行为的关键要素。在 20 世纪 20 年代,农民合作的组织者就发出了"合作社与民众教育,应相辅而行"[①]的感叹,这对当下仍然适用。合作理念的培育是推进农民合作的基础。其次,农民合作的成长不仅需要农民自身的努力,还需要良好的外部环境。包括政府在内的外界力量可以提供必要的扶持、帮助和引导,但不能把过多的干预和其他意愿强加给农民,这是农民合作健康发展的保证。第三,必须尊重农民的自主选择权,从长远来看,这是维系农民合作的关键。当下的农民合作呈现出更为多元化的色彩,农民的权利——包括决策权、所有权、平等地缔结合约的权利都比以往受到了更充分的尊重,这是农民合作蓬勃发展的重要原因之一。"合作"必须内生于农民,是农民自发、自觉、自愿的行为,只有如此才能为合作的每一个参与者提供足够的动力,才能成为真正"可持续"的合作。

---

① 董时进:《农村合作》,农学院农业经济系发行,北平京华印书局印刷,1931 年 4 月,第 169 页。

第四章
从合作化运动到新型农民合作：契约—产权视角的分析

一、问题的提出：新中国农民合作组织的长期演进及其解释

农民合作经济组织是农民提高生产的组织化和集约化程度、提升农业生产的规模效应和边际收益、联合抵御系统性农业风险的重要载体。新中国农业合作化运动在20世纪50年代初期开始启动，到1956年中国农村基本实现初级农业合作化，农业生产合作社数量达到1008000个，入社农户10668万户，占全国农户总数的90%。[①] 初级农业合作化的迅猛推进大大超过了政府的预期，促使其由谨慎和渐进式的态度转向采取更为大胆和激进的措施。1955年底，高级农业合作社仅有500个，1956年底达到540000个，1957年冬季这个数目猛增到753000个，加入高级社的农户已经达到全国农户的87.8%，而初级社的农户比例仅有8.5%。[②] 1958年的"大跃进"政策更是加速了农业集体化的进程，仅1958年8月末到11月，就有74万个农业生产合作社被合并为26000个人民公社，囊括了12000万户农户，占全国农户总量的99%以上。[③] 然而，1959—1961年中国遭遇严重农业危机，1959年粮

---

① 《人民日报》1956年4月30日。
② 史敬棠等编：《中国农业合作化运动史料》下册，第990—991页。
③ 据1958年9月30日中央农村工作部《人民公社化运动简报》第四期《全国基本实现了农村人民公社化》一文公布的资料，人民公社化运动从1958年7月开始发展，8月份普遍规划试办，9月份进入高潮，截至9月29日，全国建起人民公社23384个，加入农户

食产量猛降15%，农业总产值猛降14%，1960年粮食产量再降10%，农业产值再降12%，致使中国出现历史上罕见的非常人口锐减。①

从20世纪50年代初到70年代末的近三十年间，新中国农业合作化运动所取得的伟大成就与所遭遇的空前困境，对于今日中国农村体制变迁与微观经营模式演进仍有巨大的参考意义，而从全球农业合作化运动的视角来看，中国合作化运动的独特历程也是一笔值得珍视的历史遗产。对1952—1961年间中国农业合作化运动出现的变化进行解释的文献在国内外已经大量出现，其中有代表性的理论假说有政府政策失误和公社管理不良假说、激励不足假说和退出权假说。②

1978年中共十一届三中全会开启了中国的改革开放进程，农村经营体制也开始发生根本性的变革，与人们通常的印象相反，这场变革是渐进性的，持续了很长时间之后才最终从中央政策和法律上确立了农村联产承包责任制的合法性。③农民家庭责任制的推行并没有否

（接上页）112174651户，占总农户的90.4%，每社平均4797户，中央对外宣布全国基本实现农村人民公社化。1958年12月10日中共八届六中全会在《关于人民公社若干问题的决议》中宣布，"政社合一"的人民公社体制在农村全面建立。参见国家农业委员会办公厅编：《农业集体化重要文件汇编》（下册），中共中央党校出版社1981年版，第84—87、110—126页。

① 中国农业年鉴编辑委员会编：《中国农业年鉴（1989）》，中国农业出版社1989年版。
② Justin Yifu Lin, "Collectivization and China's Agricultural Crisis in 1959-1961", *Journal of Political Economy*, 98, No. 6(1990), pp.1228-1252; Justin Yifu Lin, "Exit Rights, Exit Costs, and Shirking in Agricultural Cooperatives: A Reply", *Journal of Comparative Economics*, June 1993, 17(2), pp.504-520.
③ 农村联产承包责任制即包产到户的尝试与推行实际上经历了较长的过程，1956年就有浙江温州永嘉、四川江津等很多地区开始试验包产到户，但一直未获得中央的肯定。1978年底的十一届三中全会尽管提出发展农业生产的一系列主张，但仍明确规定"不许包产到户"（见《关于加快农业发展若干问题的决定》）。在20世纪70年代末期和80年代初期，安徽、广东、内蒙古、河南等地的地方政府和农民都冒着巨大的政治压力尝试包产到户，中央虽有激烈的争议，但最终采取了宽容和鼓励的态度。1980年5月30日邓小平明确指出："农村政策放宽后，一些适宜包产到户的地方搞了包产到户，效果很好"，对包产到户给予了明确的支持（参见《邓小平文选》第二卷，人民出版社1994年版，第315—316页；罗平汉：《农村人民公社史》，福建人民出版社2006年版，第377—393页）。直到1982年，《全国农村工作会议纪要》（即第一个"一号文件"）才正式肯定了家庭联产承包制度的合法性（参见杜润生：《杜润生自述：中国农村体制变革重大决策纪实》，人民出版社2005年版，第84、135页）。到1983年末，中国有94.4%的农户采取了家庭责任制（中国农业年鉴编辑委员会编：《中国农业年鉴》，农业出版社1984年版）。

定农民合作的合法性，在中国官方的文件中，一直称农村经营体制为"统分结合的双层经营体制"。改革开放以来的30年间，农民合作组织以迥异于合作化运动时期的全新形态得以渐进发展，出现了农民自办型合作组织、社区型合作组织、供销合作社主导型合作组织、政府主导型合作组织、公司领办型合作组织等多种合作社多元并举的局面。[①]2007年7月1日颁布实施的《农民专业合作社法》是农民合作组织发展历史上一个里程碑，标志着农民合作组织的发展真正进入了法制化和规范化的轨道。

  本章试图提出一个可以对农民合作社长达60年的长期演进进行经济学解释的理论假说，即"契约—产权假说"。这个假说，既可以解释1952—1958年间农业合作化早期农业绩效迅速提升的历史事实，也可以解释1959—1961年间农业部门出现的危机以及在1962年直到改革开放前农业劳动生产率的持续徘徊；同时这个理论假说也可以用于描述改革开放之后兴起的新型农民合作组织的演进特征和结构特征。本文第二部分用"契约—产权假说"解释农业合作化运动的绩效，试图对"激励不足假说"和"退出权假说"进行理论上的拓展与深化；第三部分从契约—产权视角探讨新型农民合作组织的制度特征和发展趋势，并以契约理论为基本研究范式，对公司领办型合作社的兴起与制度特征进行经济学解释；第四部分对新中国农民合作组织长期演进的经验教训进行了总结并提出"制度补贴"的概念，强调政府在扶持农民合作社发展中的重要作用和行为合宜性。

---

  ① 苑鹏：《中国农村市场化进程中的农民合作组织研究》，《中国社会科学》2001年第6期。

二、"契约—产权假说"与农业合作化绩效：争议和经验（1949—1978）[①]

从20世纪40年代甚至更早的抗日战争时期开始，解放区农村就开始大范围开展农业生产合作和劳动互助，并取得了初步的进展和合作化经验。从新中国成立到1956年全面实现农业合作化，农业绩效基本呈现出渐进增长的态势，但1958年之后农业产出的急剧下降和随之而来的非正常人口锐减，迫使政府不得不调整人民公社的生产管理体制、收入分配核算体制并取消公共食堂。从图4.1可以看出，总要素生产率指数和农业产出（以1952年为100）在1952—1958年间是明显上升的，1959—1962年这两个指标剧烈下降并达到谷底；1963—1978年农业产出虽有增长但波动性明显，在1979年之后才出现快速增长；而总要素生产率指数这个指标在1963—1978年一直在很低的水平上徘徊，一直到1984年人民公社制度解体，总要素生产率指数才恢复到1952年的水平。对于这个历史时期农民合作组织绩效的骤变，最有影响的解释是林毅夫提出的退出权假说。林毅夫认为，农业生产中的有效监督成本过于高昂，这就使得农业集体组织的成功不可避免地要依靠集体成员建立的自律协议，但是只有当集体组织成员在其他成员不履行协议就有权退出集体组织时，自我实施的协议才会维持。在

[①] 为了研究的方便，我们把新中国60年的农民合作组织发展历程分为两个阶段来描述，第一个阶段是1949—1978年的农业合作化运动和人民公社化时期，第二个阶段是1979—2009年改革开放后新型农民合作组织兴起时期。实际上，直到1983年1月2日，中共中央印发了《当前农村经济政策的若干问题》，才明确提出完善农村生产责任制和改革人民公社体制，实行政社分设，这是人民公社正式解体的标志性文件。1983年10月12日，中共中央、国务院发出《关于实行政社分开建立乡政府的通知》，1984年1月1日中共中央《关于1984年农村工作的通知》，提出完善统一经营和分散经营相结合的体制，到1985年6月5日，《人民日报》发表文章《全国农村建乡工作全部完成》，全国共建9.2万个乡镇政府，标志着人民公社体制在我国的彻底结束。可以说，到1985年左右，以家庭承包经营为基础、统分结合的双层经营体制在全国农村得以全面确立。参见黄道霞等主编：《建国以来农业合作化史料汇编》，中共党史出版社1992年版，第996—1002、1094、1101—1107页。

合作化运动的开始阶段，退出权一般是受到充分尊重的，相应的，自我实施的协议在绝大多数集体里得以维持，整个农业绩效得以改进。成员行使退出权导致部分集体组织解体，恰好扮演了集体化运动的安全阀的角色。但是农民合作化运动后期农民退出权被剥夺，导致集体化从自愿的运动变成强迫运动，安全阀的丧失使得合作化运动后期出现了农业绩效的大规模下降和农业危机。

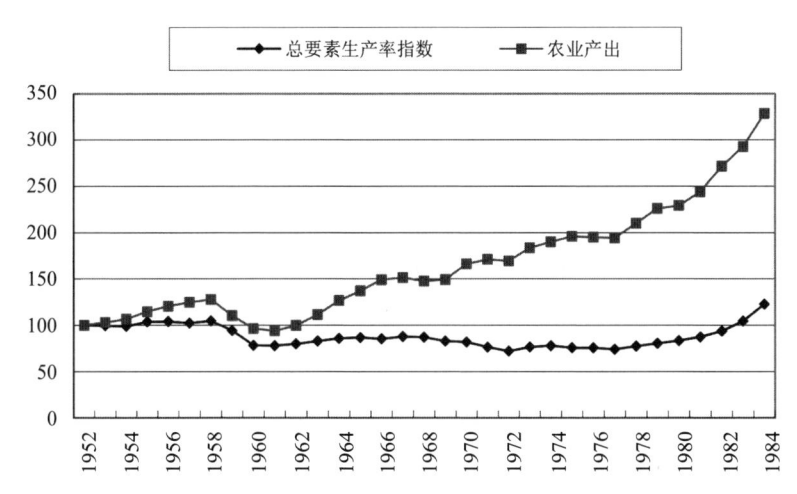

图 4.1 中国总要素生产率指数和农业产出趋势图（1952—1984，1952=100）
数据来源：Wen, Guanzhong James, "Total Factor Productivity Change in China's Farming Sector: 1952-1989", *Economic Development and Cultural Change*, October 1993, Vol. 42, No.1, pp.1-41, Justin Yifu Lin, "Collectivization and China's Agricultural Crisis in 1959-1961", *Journal of Political Economy*, 98, No. 6(1990), pp.1228-1252.

尽管林毅夫的退出权假说受到很多学者在理论和实证方面的质疑[1]，

---

[1] 林毅夫的退出权假说 1990 年在美国芝加哥大学出版的《政治经济学杂志》发表之后，在国内外学术界引起很多争议，《比较经济学杂志》在 1993 年 6 月出版的第 17 卷中刊登了一组包含 6 篇文章的专题讨论，董晓媛和 Gregory K. Dow 对其理论的内部逻辑一致性提出了质疑，而邝启圣则对其实证资料的可信度以及对实证资料的解释提出了质疑。参见 Xiaoyuan Dong & Gregory K. Dow, "Does Free Exit Reduce Shirking in Production Teams?" *Journal of Comparative Economics*, June 1993, 17(2), pp.472-484; James Kaising Kung, "Transaction Costs and Peasants' Choice of Institutions: Did the Right to Exit Really Solve Free Rider Problem in Chinese Collective Agriculture?" *Journal of Comparative Economics*, June 1993, 17(2), pp.485-503。

但是退出权本身确实是理解农业合作化绩效及后期农业危机的重要视角；同时，正是退出权假说中可能存在的理论和实证困难，为拓展和深化这个假说提供了基础。本文提出的"契约—产权假说"并不是对"退出权假说"的简单否定，退出权对农业合作社的有效激励结构诚然是非常重要的，但是退出权的有效实施需要严格的制度条件。对于一个有效运作的集体组织，退出权和内部激励都是要件之一，但是成员之间平等自主的契约关系和受到严格保护的财产权利比退出权和内部激励更重要，更带有根本性。

本章提出的"契约—产权假说"的第一个命题是：从产权视角来说，退出权行使的前提是合作社成员受到完整保障的财产权利，在成员的合法产权得不到有效保障的情况下，法律文本意义上的退出权不可能得到有效行使。尽管在中央颁布的正式文件中都明确表明农民加入合作社应该遵循自愿的原则并享有自由退出权，但是在执行层面上并没有按照合作社有关法律与章程行使完全的退出权。在农民的完整产权得不到保障的条件下，即使农民都知道法律中规定了退出权，也难于行使，因为行使退出权的代价极高。[1] 由于 1958 年之后农业集体化的急速推进，导致农民的产权完整性受到损害，产权缺失使得退出权的行使变得没有意义，因为一旦行使退出权，农民将很难带走自己

---

[1] 在 1951 年《中共中央关于农业生产互助合作的决议（草案）》中，对当时各地在农民互助合作运动中存在的违反农民自愿和互利的原则而进行强迫命令的做法提出了批评，当时在全国一些地区出现了"强迫编组"、"全面编组"、"搞大变工队"和盲目追求互助合作"高级形式"的倾向（见国家农业委员会办公厅编：《农业集体化重要文件汇编》（上册），第 37—44 页）。解放初期在全国某些地区出现的急于向社会主义过渡的急躁情绪，导致一些地区在互助合作中急于求大求快，同时对不加入合作社的单干农户进行限制与歧视。在东北的辽西、辽东、吉林和松江地区，1950 年干部采取各种办法限制和排斥单干，松江省对单干户提出"三不贷"和"一不卖"，即不贷款、不贷粮、不贷农具，供销社不卖给单干户任何东西，有些地方甚至提出"单干户没有公民权"。参见《东北日报》，1950 年 5 月 19 日；罗平汉：《农业合作化运动史》，福建人民出版社 2004 年版，第 30—42 页。这些现象在合作化运动初期仅是局部的现象，随着合作化运动的快速推进而变得普遍化了，到 1958 年在短短几个月之内实现人民公社化，使得自愿的渐进的合作化完全走向行政化与意识形态化。

的土地和其他生产要素,也很难将集体在土地上的投入及其收益扣除以实现对集体的补偿。① 这些都构成退出权执行的高昂成本。更为严重的是,一旦农民意识到加入合作社之后退出权难以保障且退出的成本极高,他们就可能以快速扩大当期消费而不是增加积累作为预防性手段,避免在加入合作社之后产权缺失带来的损失,这导致农业积累和投资的降低和农业生产资料的人为破坏。在合作化运动的早期,合作社社员的产权完整性在一定程度上尚可得到保障,因此农业绩效在最初的几年呈上升趋势;但是在合作化后期社员的财产权利越来越难以保障,农民行使退出权的成本越来越高,农民在合作社中的激励不足导致农业产出和农业劳动生产率急剧下降。

"契约—产权假说"的第二个命题是,退出权行使的另一个制度前提是契约缔结过程中缔约双方平等自主的缔约关系,当缔约关系不平等自主的时候,表面上的退出权是不可能被行使的,一方行使退出权对另一个缔约方难以形成可信威胁。在合作化运动的前期,平均农户规模在10—20户的初级农业互助组织基本上是农户之间在自愿的基础上达成的平等契约关系(尽管局部区域在合作化早期即暴露出行政化强迫的苗头),因此在合作化运动最初的5—7年中,农业生产绩效和粮食产量保持了较高的增长速度。正是由于早期合作社中成员之间较为平等自主的契约关系,使得合作社的规模可以保持在较合理的水平,从而保证了合作社内部信息对称的可能性较大、合作社监督和惩罚等管理成本较低、合作社内部核算和激励制度能够有效实施。而1958年"大跃进"之后,农户之间基本平等的有效契约

---

① Kung(1993)指出,在农户退出合作社的时候,其带出合作社的生产资料与补偿是不确定的,其数量大部分取决于干部的主观判断,干部完全可以通过某种计算方法使得退出的成本变得极其高昂,从而惩罚那些退出合作社的农户。在不存在要素市场的情况下,农民从合作社退出后需要付出的退出成本完全由干部单方面决定,或者对退出农民采取歧视性措施从而很容易将个体农民拖垮。另参见 Vivienne Shue, *Peasant China in Transition*, Berkeley: University of California Press, 1980。本文注释11也说明了这一点。

关系被自上而下的强制性制度变迁中国家与农民之间的缔约关系所取代,这种缔约关系的核心是国家通过地方执政者强制推行国家意志,农民失去了自由缔约的可能性。同时,在农民与国家缔结的契约关系中,国家及其地方执政者在某些情况下甚至可以任意剥夺农民的财产所有权。① 在国家与农户之间出现不平等缔约关系之后,农民加入合作社和退出合作社都受到中央政府和地方执政者的严格控制,而不是农户出于成本收益计算而做出的自主行为;在1955年左右中央决定紧缩合作社的时期,不仅农户退出合作社的权利难以保障,甚至农户加入合作社的权利也难以保障,导致很多愿意保持合作互助的农户被迫退出了合作社。② 所以尽管我们在统计资料中可以观察到退社农户的规模有时达到很高的数量,但这些实证数据绝不能被简单地理解为农户自由地实施了退出权,而要在数据背后考察农户退出的真正根源。

"契约—产权假说"对1952—1958年间农业集体化过程中的农业绩效递增进行了内部逻辑一致的解释,但是我们并不否认这个时期的农业产出和劳动生产率提升还包含着其他重要的政策因素,这些因素包括:成功的土地改革带来的土地制度大规模变迁、国家在农业上的投入尤其是农业科研方面的投资大量增加、农田水利设施建设和农田可灌溉面积的增加、长期战争的结束和国内统一市场的形成等。同时,尽管农业合作化运动后期农业绩效出现了下滑,但是对农业合作化运

---

① "一平二调"在合作化运动的后期非常普遍,"一平二调"就是无偿平调农民的劳动力和各种财产。例如湖北沔阳县海通公社,在"一平二调"和"共产风"中乱调劳动力349个,土地8082亩、房屋1512栋,资金53万元,粮食53万斤,农具35040件,耕牛84头,木料84万斤,砖瓦147万块,家具24906件。参见国家农业委员会办公厅编:《农业集体化重要文件汇编》(下册),第275、620、690页。

② 1955年中央发起了整顿农业合作化工作,贯彻"停、缩、发"三字方针,各地出现很多强迫农民退社和转组的现象,浙江很多地方甚至强行将合作社全部解散,在1955年4—5月间,用行政方式解散了14623个合作社,转退农户有335918户,另外在13260个农业生产合作社中有125103个社员退社。罗平汉:《农业合作化运动史》,第177—181页。

动整体的作用，应该有一个更客观更全面的判断。从更长的历史视角观察，农业合作化运动应该被视为中国赶超型工业化战略的有机组成部分，正是由于农业合作化和人民公社化所构造的高度计划化的微观经营机制，使得粮食统购统销制度、工农业价格剪刀差机制才能够有效实施，从而才能为赶超型工业化战略提供必要的大规模农业剩余。[①]所以，农业合作化这一制度变迁不仅是建设农业社会主义的需要，而且是国家实现快速经济发展与赶超、实现超常速度城市化与工业化的必要条件。在整个合作化运动和人民公社化运动期间，灌溉水利设施的进步、现代耕作技术和农业机械化及其他农业技术的大面积推广、社队企业的大规模发展[②]、赤脚医生制度和农村合作医疗体系的创建等成就，都与合作化运动有密切的关联，同时这些农业和农村领域的新要素，为改革开放之后农业绩效的快速提升和农村经济的全面发展提供了某些制度与物质前提。

三、从契约—产权视角看新型农民合作社的兴起及制度特征（1979—2009）

1978年之后30年间，由于土地制度和农村经营制度发生了根本的变化，再加上21世纪初期中国加入世界贸易组织后的农业开放和农

[①] 粮食统购统销体系在1953年开始确立，并一直持续到1985年左右才被正式取消，这一制度保证了工业部门和城市对粮食和其他农产品的需求。通过工农业产品的价格剪刀差，农业部门向工业部门贡献了大量农业剩余，使得大规模工业化所需要的原始积累部分地得到满足。同时，农业合作化之后形成的农村信用合作体系，也使得农民的储蓄通过金融渠道进入城市，推动了城市化和工业化的步伐，但同时也导致农村资金的净流出和"系统性负投资现象"。参见王曙光：《农村金融与新农村建设》，华夏出版社2006年版，第57—61页。

[②] 社队企业为改革开放后我国乡镇企业崛起提供了物质与制度基础。早在1958年，中央就开始鼓励办社队企业，各地农村生产队和人民公社都举办了很多，1977年社队企业总产值比1976年增长43.7%，1978年又增长25%，全国在社队企业就业农民达到2800万人，占农村总劳力的9.5%。在后来的20多年中，乡镇企业迅猛发展。参见杜润生：《杜润生自述：中国农村体制变革重大决策纪实》，第97—98页。

业转型所引发的市场竞争格局的改变,导致新型农民合作组织的发展模式与制度结构也随之发生了深刻变迁。从契约—产权视角来看,新型农民合作组织与20世纪50—70年代的农民合作组织有了很大的差异。第一,从发起人结构和产权结构而言,政府主导或准政府部门兴办、公司领办型合作社与农村能人和种养殖大户发起的合作社同时得到发展,民间农业产业资本在合作社中的作用越来越凸现出来。第二,从契约视角来看,新型农民合作社重新回到合作社成员之间较为对等的契约关系中来,这为真正行使退出权提供了制度基础和保障。新型农民合作社成员之间存在明显的异质性,但是这并不能成为影响对等契约关系的因素。相反,异质性再强的合作社,也必须尊重成员的完全退出权(当然可以为退出权设置某些成本或对成员准入设置一定的门槛以保持成员的稳定性)。第三,从成员之间的所有权关系来看,新型农民合作社是成员之间的要素合作,但是要素的所有权关系不变,特别是当土地作为一种要素进入合作社时,土地的所有权仍旧属于合作社成员所有。因此,新型的合作社并没有改变农民家庭承包经营制度等基本农村产权制度,而只是改变了其生产方式与要素组合形式,包括土地在内的所有要素仍旧有非常明晰的产权归属。第四,与农业产业转型相匹配的是,新型农民合作组织涉及的产业和服务领域逐步多元化,能够为农业产业化提供全方位的服务,同时为适应农业产业化和集约化的趋势,新型合作社在自主品牌建设和专业化方面也有了迅速的发展。① 第五,新型农民合作组织逐步趋向一种"全要素合

---

① 有相当数量的农民专业合作组织通过成员共同投资,兴建了一大批从事农产品加工的经济实体。越来越多的专业合作组织品牌意识不断增强,有的注册了自主产品商标,有的建立了无公害产品、绿色食品、有机食品生产基地并获得了相关认证,有的将成员产品组织起来出口国际市场。根据农业部统计,截至2008年,全国各类农民专业合作组织已自主拥有注册商标26600多个,取得无公害、绿色和有机等"三品"认证3267个。参见农业部农村经营管理司专业合作处:《农民专业合作组织发展回顾》,2008年10月13日,农业部官方网站(www.agri.gov.cn)。

作"的发展模式[1],劳动力、技术、信息、土地、资金、企业家才能等要素均进入合作社,出现了生产合作、供销合作、消费合作、技术合作、土地合作、信用合作互相交融、多元综合的合作趋势。总之,近几年来,农民合作组织呈现出迅猛发展的局势,据农业部统计,全国现有农民专业合作组织15万多个,农民专业合作组织成员数为3878万,其中,农民成员3486万户,农民成员占全国农户总数13.8%,比2002年提高了11个百分点。[2]

在1978年后农民合作组织发展的过程中,有三个值得重视的现象。第一个现象是新型农民合作组织的合作形式已经趋向一种全要素合作。新型农民合作组织的全要素合作,即是使农民实现各种要素的共享与互助的合作,这些要素包括劳动力、土地、资金、技术、管理、信息等各个方面。农民进行全要素合作意义重大。第一,只有实现全要素合作,才能实现各种农业生产要素的合理有效配置;第二,只有通过全要素合作,农民才能实现农业生产各个环节的有效配合;第三,只有通过全要素合作,农民才能实现更高程度的规模经济和范围经济;第四,只有通过全要素合作,才能使农民合作社成为真正具有市场竞争力的特殊企业,单一的合作会极大地限制农民合作社的竞争力。因此,我们可以说,全要素合作是农民合作社可持续发展的必要条件。

第二个现象是在目前存在的约15万家合作社中,真正由农户自发创建的合作社比例非常低。笔者2007—2008年对北京、山东、安徽、浙江、四川等地的合作社进行田野调查发现,在很多合法登记的合作社中,表面看起来是由农民发起登记的合作社,实际上背后起核心主导作用的往往是涉农企业、供销社、农业技术推广人员或者政府相关

---

[1] 王曙光:《农民合作社的全要素合作、政府支持与可持续发展》,《农村经济》2008年第11期。
[2] 农业部农村经营管理司专业合作处:《农民专业合作组织发展回顾》,2008年10月13日,农业部官方网站(www.agri.gov.cn)。

部门，纯粹由农民创建的合作社极为罕见。如何解释这一现象？原因之一是，在农村地区企业家人力资本是普遍缺失的，纯粹由农民组建的合作社难以内生出自己的企业家（经理人），这使得合作社经常因为难以应对激烈的市场竞争而解散。在欧洲19世纪中期合作社萌芽发展的时期，农民自发组建合作社，从而在合作社中培养农民的企业家精神，这在市场竞争还不太激烈的时代，是可以做到的。但是当市场竞争非常激烈的时候，市场很难允许合作社花费长时期的成本培育农民的企业家精神，事实往往是这样的：当纯粹由农民举办的合作社还没有培育出自己的合格的企业家人力资本时，残酷的市场竞争已经将合作社淘汰出局。原因之二是，在改革开放之后很长时期里，国家对合作社的培育与扶持缺乏明确的政策法律框架，同时，农业产业资本在20世纪80年代之后迅速崛起，比合作社抢先占领了农业市场，形成竞争中的占优地位，这导致农业产业资本对合作社形成了某种挤出效应。而政府所一贯倡导的"公司加农户"的农业产业化模式，更是扶持助长了农业产业资本的力量而削弱了合作社的力量。农业产业资本对小农的挤压，使得小农自发组建合作社的可能性降低。在合作社自身禀赋和外部市场环境都变得非常不利的情况下，政府的扶持就显得极为重要。

新型合作社中的第三个引人注目的现象是公司领办型合作社占据明显重要的比重。这个现象也可以用契约理论进行解释。从契约视角来看，公司领办型合作社实际上是兼业小农与农业产业资本之间缔结的一个不完全合约。公司领办型合作社的成立，实际上为兼业小农和农业产业资本双方均带来福利的"帕累托改进"：作为交易的一方，农业产业资本获得政府的政策租金，而攫取政策租金是很多涉农产业资本愿意组建合作社的基本动因之一；农业产业资本还获得纵向一体化的好处，农业产业资本与农民之间本来是上下游的产业关系，按照市场原则进行交易，但一旦形成合作社之后，农业产业资本和农民之间的交易内部化了，从而可以更好地克服信息不对称和市场的不确定性，对农业产业资本增强在市场上的竞争力有积极意义。同时，作为交易的另一方，兼业小农也获得了自己的福利的帕累托改进，兼业小农获得了规模收益、降低了企业家的搜寻成本与培育成本、降低了信息成本和市场不确定性成本，还获得了大量与集约化经营相关的经营收益，规避了经营风险。

公司领办型合作社实际上是农业产业资本与兼业小农之间博弈的结果。他们之间形成一个共生的利益共同体，即奥尔森所说的相容性的共同体而不是排他性的共同体。尽管在公司领办型合作社中不可避免地会发生公司对农民利益的侵占问题，但是从总体上来说，这两个利益主体是相容性的，而根据奥尔森的集体行动理论[1]，相容性的集团有可能实现集体的共同利益。值得指出的是，之所以公司领办型合作社能够实现双方的共同利益，能够有效避免产业资本对农民利益的侵占，在很大程度上仍旧要归因于对等契约关系和完整产权关系所决定的成员的完整退出权。农民所享有的完整退出权，对农业产业资本造成一种可信威胁，如果产业资本在定价和剩余分配等方面损害了农民的利益，使其福利出现净损失，则农民可以用脚投票，行使退出权，而转向市场交易。在这里，市场和合作社是农民相机抉择的一种交易形式，如果市场合适，农民就会选择市场；如果合作社合适，农民就会选择合作社，市场和合作社的边界由农民的边际收益而定。在这里，威廉姆森和张五常等人对企业与市场的关系的结论完全可以移植到市场 1 与合作社的关系中来。[2]

---

[1] Mancur Olson, *The Logic of Collective Action: Public Goods and the Theory of Groups*, Harvard University Press, Cambridge: Massachusetts, 1980, pp.5-35.

[2] Steven N.S.Cheung, "The Contractual Nature of the Firm", *Journal of Law and Economics*, 26(1983), pp.1-21; Oliver E.Williamson, *Markets and Hierarchies: Analysis and Antitrust Implication*, New York: The Free Press, 1975.

四、结论：农民合作社历史演进的经验教训：契约—产权关系与政府扶持

本章试图以"契约—产权视角"对新中国60年间农民合作组织的历史演进给出系统的内部逻辑一致的经济学解释。在1949—1978年的合作化和人民公社化时期，合作社绩效经历了一个先起后落的过程，退出权假说、政策失误假说、内部激励不足假说都提出了各自的解释，而本文提出的"契约—产权假说"的核心是，退出权行使的制度前提是合约缔结过程中缔约双方自主平等的缔约关系和社员受到完整保障的财产权利，当缔约关系不平等不自主和社员产权缺失的时候，表面上的退出权是不可能被行使的，退出权变成一个不可信威胁。

本章基于对改革开放以来农民合作组织的约束条件和禀赋特征的分析，强调政府在扶持农民合作社发展中的重要作用。在改革开放启动到2007年《农民专业合作社法》正式实施之间的近30年，农民合作组织的发展缺乏法律保障和规范性，农业产业资本在市场竞争中的占优地位又对农民合作组织形成了明显的挤出效应，因此农民合作组织的发展面临着较为严格的约束条件。随着农业产业转型和农业市场的开放，农民合作社面临的困境将越来越明显。在这种情况下，由于外部约束条件和自身禀赋的缺失，农民合作组织要想实现可持续发展是非常困难的，政府必须对农民合作社进行扶持，政府应运用各种政策和法律手段，降低农民加入和运营合作社的成本，提升农民加入和运营合作社的收益，从而增强其自生能力，使合作社获得较为宽松的政策空间和市场空间；其中尤为重要的是降低农民合作社的准入成本（在合作社注册中予以免费并降低合作社准入门槛和简化注册手续）、降低农民合作社的企业家搜寻成本和培育成本（对合作社骨干成员进行系统培训以提升其企业家才能）、降低农民合作社的信息成本和市

场准入成本（政府帮助农民合作社提供市场信息和建立信息网络，扶持农民合作社产品进入超市等市场网络）以及降低农民合作社的运营成本（严格按照法律规定进行税收减免和财政补贴），使农民合作社在市场竞争中增强其比较优势。现在，农民合作组织面临着新的发展机遇，农民合作组织的崛起也意味着农村微观经营组织结构正在发生着"第二次飞跃"[①]，即由分散的小农模式转向集约化、规模化、产业化的合作社生产模式。但是，历史教训告诉我们，合作社必须在充分尊重农民的意愿、充分尊重农民的首创精神、充分尊重并严格保护农民的平等契约权利、充分尊重并完整保障农民的财产权利和退出权的情况下，才能获得健康的发展。

[①] 1990年邓小平提出"两个飞跃"的思想，他指出，中国社会主义农业的改革和发展会有两个飞跃。第一个飞跃，是废除人民公社，实行家庭联产承包为主的责任制。第二个飞跃，是适应科学种田和生产社会化的需要，发展适度规模经营，发展集体经济。参见《邓小平文选》第三卷，人民出版社1993年版，第355页。

第五章
当代中国的"理想国"试验：人民公社的制度安排及其历史遗产

正如科尔奈所说："在所有落后的国家里，不管有没有建立社会主义体制，都有一种所谓'后来者'的急迫和压抑心态，深切地感到严重落后于那些更为发达和富裕的国家。"① 这种急迫的心态使得后发国家可能会选择一些非常规的发展模式，这一点是我们在考察人民公社化运动时首先应该给以关注的。从这个角度出发，我们就可以理解，人民公社化运动并不是一场突如其来的运动，不是毛泽东心血来潮、为鼓舞农民一步跨入共产主义而发动的一场运动。人民公社化运动实际上是二十世纪初叶以来中国农民合作试验的一个合乎逻辑的发展，同时，人民公社也是新中国赶超战略、工业化和现代化的国家目标得以实现的一个制度基础。

1949 年之前，共产党进行了大量农民合作的实验，取得了丰富的经验。1943 年 11 月，毛泽东在陕甘宁边区劳动英雄大会上，发表了题为《组织起来》的演讲，这篇演讲实际上可以视为对未来中国农民合作和人民公社的一个遥远的设想和展望："在农民群众方面，几千年来都是个体经济，一家一户就是一个生产单位，这种分散的个体生产，就是封建统治的经济基础，而使农民自己陷于永远的穷苦。克服这种状况的惟一办法，就是逐渐地集体化；而达到集体化的惟一道路，依

---

① 雅诺什·科尔奈：《社会主义体制：共产主义政治经济学》，张安译，中央编译出版社 2008 年版，第 153 页。

据列宁所说，就是经过合作社。"① 在新中国成立前后，东北和华北等地区较早开始大规模的农民合作试点，到了 50 年代末期，各地的合作社试验都有了相当的规模。当然这个过程是充满波折、争议和挑战的。农民的小农意识根深蒂固，要短期之内改变是很难的。50 年代末期的"大跃进"运动，以暴风骤雨般的气势，将合作化运动推向一个高潮。在这个巅峰时期，毛泽东认为，一些合作社有条件进入一个更为高级的合作形态，有一次他到天津、河北去考察，听说有些村的合作社叫"公社"，这使得他大为兴奋。后来毛泽东就写了一个"人民公社好"的题词，于是这个崭新的名字就传遍了大江南北。人民公社化运动到 50 年代末期达到顶峰，到 80 年代中期才彻底退出历史舞台。

在这长达 30 年的过程中，人民公社对中国的政治、经济和社会发展造成了深刻的影响，对农村的影响尤其巨大。在这漫长的时间里，人民公社的制度安排到底经历了哪些变迁？这些变迁对中国的经济和社会发展到底造成哪些影响？我们应该继承人民公社哪些历史遗产，又有哪些历史教训值得汲取？本章的核心内容是探讨构建在土地公有基础之上的人民公社的制度设计、制度调整以及这种特殊的农业经营与组织模式所产生的绩效，并对其进行评价和反思，以求对以上提出的这些问题作出解答。

一、从高级社到人民公社："大跃进"与迅猛的人民公社化

人民公社化运动在"大跃进"的背景下开始并迅速完成。据统计，到 1958 年底，全国（除西藏和个别地区以外）共成立人民公社 23630 个，有 1.28 亿户农民——几乎占全国农户总数的 99%，合计 5.6 亿

---

① 《毛泽东选集》第三卷，人民出版社 1991 年版，第 931 页。

农民，全部加入了人民公社。① 从《关于在农村建立人民公社问题的决议》发出，到几乎全部农民都加入人民公社，所用的时间不过几个月，速度之快，远远超出了农业合作化运动。

1."大跃进"中的合作社发展

1956年党在八大前后提出的"既反保守又反冒进，在综合平衡中稳步前进"的经济建设方针在实践中并没有得到持续的贯彻。1957年11月，《人民日报》的一篇社论中说，1956年《农业发展纲要草案》的公布给全国的农业生产带来了一个高潮，但"有些人害了右倾保守的毛病，像蜗牛一样爬行得很慢，他们不了解在农业合作化以后，我们就有条件也有必要在生产战线上来一个大的跃进"②。这篇文章得到了毛泽东的肯定，他认为社论写得"主题明确，气度从容，分析正确，任务清楚。以'跃进'一词代替'冒进'一词从此篇起"③。此后，毛泽东在中央召开的多次会议上提出了对"反冒进"的批评。

1958年5月召开的中共中央八届二次会议，通过了"鼓足干劲、力争上游、多快好省地建设社会主义"的总路线。会议认为我国社会主义建设的发展完全能够达到一个极高的速度，并提出"要大大地提高我国的劳动生产率，使我国工业在15年或者更短的时间内，在钢铁和其他主要工业产品的产量方面赶上和超过英国"④。会议还在批判反冒进的基础上，号召人们"破除迷信、解放思想"。这不仅使1956年以来一度开展的"反冒进"和经济调整工作告一段落，也为"大跃进"拉开了序幕。

---

① 数据引自中国农业年鉴编辑委员会编：《中国农业年鉴（1980）》，第4页。
② 《发动全民，讨论四十条纲要，掀起农业生产新高潮》，《人民日报》1957年11月13日第1版。
③ 《建国以来毛泽东文稿》第七册，中央文献出版社1992年版，第254页。
④ 刘少奇：《中国共产党中央委员会向第八届全国代表大会第二次会议的工作报告》，载中共中央文献研究室编：《建国以来重要文献选编》（第十一册），中央文献出版社1997年版，第305页。

这次会议以后,"大跃进"运动在全国范围内开展起来,主要表现是片面追求工农业生产和建设的高速度,继续修改和提高生产计划指标。农业方面提出了"以粮为纲"的口号,工业方面提出了"以钢为纲"的口号,不久之后,为了实现全年钢产量1070万吨的目标开始了全国范围内的"大炼钢铁"运动。不仅如此,文化、教育、卫生等各个行业、各个领域都出现了以高指标、高速度为特征的"跃进"。①

关于合作社的规模,早在农业合作化运动尚未完成时,毛泽东就指出,"小社人少地少资金少,不能进行大规模的经营,不能使用机器。这种小社仍然束缚生产力的发展,不能停留太久,应当逐步合并。有些地方可以一乡为一个社,少数地方可以几乡为一个社"②。这种认识对此后的合作社发展产生了很大影响,在农业合作化运动后期,一些地方就出现了并社升级、合作化速度加快的现象。③

合作社规模的改变还与当时大规模的农田水利建设有关。1957年9月,中共中央、国务院联合发布《关于今冬明春大规模地开展兴修农田水利和积肥运动的决定》,由此带来了1957年的农田水利建设热潮。1958年3月,成都会议又通过了《中共中央关于把小型的农业合作社适当地并为大社的意见》。《意见》指出,"我国农业正在迅速地实现农田水利化,并将在几年内逐步实现耕作机械化,在这种情况下,农业生产合作社如果规模过小,在生产的组织和发展方面势将发生许多不便。为了适应农业生产和文化革命的需要,在有条件的地方,把小型的农业合作社有计划地适当地合并为大型的合作社是必要的"。尽管《意见》中也强调"农业合作社的合并必须有准备有计划地进行。需要合并而不合并是不适当的,不需要合并而合并,或者合并得过早过大,也是不适当的",并提出了小社合并为大社必须具备的四个条

---

① 参见武力主编:《中华人民共和国经济史》(增订版·上卷),中国时代经济出版社2010年版,第332—341页。
② 《中国农村的社会主义高潮》(中),人民出版社1956年版,第611页。
③ 杜润生主编:《当代中国的农业合作制》(上),第390页。

件。① 但很快还是出现了一个全国范围内的并社高潮。例如，在 1958 年 5 月的并社运动中，辽宁全省 9600 个社合并为 1461 个大社，平均每社 2000 户左右，其中万户以上的社 9 个，最大的社 18000 户；河南 1958 年麦收前后，将原有的 4 万多个合作社合并成 3 万多个，在并社前全省就已经有 495 个千户以上的大社；安徽省在 1957 年春千户以上的大社有 1008 个，最大的社达到了 8600 户，1958 年又普遍地开展了小社并大社的运动。② 这推动了人民公社化运动的发展。

2. 迅速完成的人民公社化

1958 年 8 月 29 日，中共中央发出了《关于在农村建立人民公社问题的决议》。《决议》指出，"在目前形势下，建立农林牧副渔全面发展、工农商学兵互相结合的人民公社，是指导农民加速社会主义建设，提前建成社会主义并逐步过渡到共产主义所必须采取的基本方针"③。全国农村由此掀起大办人民公社的高潮。几乎在《决议》发布的同时，就已经有省份宣布实现了人民公社化。④ 同年的 10 月 1 日，《人民日报》宣布全国农村基本实现人民公社化。⑤ 表5.1 是根据1958 年《人民日报》的相关报道整理出的部分省市实现人民公社化的时间和一些基本情况。从中可以看出，不少省份都是在《决议》发出半个月到一个月的时间里就实现了人民公社化。而公社规模十分庞大，每个公社包括农户少则 2000 户，多则七八千户甚至上万户。单纯从实现速度已经可以看出，人民公社这种跃进式的发展并不完全是农民个体选择的结果。

---

① 国家农业委员会办公厅编：《农业集体化重要文件汇编》（下册），第 15 页。
② 杜润生主编：《当代中国的农业合作制》（上），第 511 页。
③ 国家农业委员会办公厅编：《农业集体化重要文件汇编》（下册），第 69 页。
④ 截至1958 年 8 月底，河南全省农村在原有 38473 个农业社、平均每社 260 户的基础上，建成大型的综合性的人民公社 1378 个，平均每社 7200 多户。加入人民公社的农户占全省农户总数的 99.98%。参见《人民日报》1958 年 9 月 2 日第 1 版。
⑤ 《人民日报》1958 年 10 月 1 日第 5 版。

表 5.1　1958 年部分省市农村人民公社化实现时间及基本状况①

省份	实现时间[1]	入社农户占总农户比重	全省人民公社数量[2]（单位：个）	平均每社户数	备注
河南	8月底	99.98%	1378（38473）	7200 余户	
黑龙江	9月13日	97.4%	718（9779）	3千户左右	
广西	9月18日*	—	913	2千—5千户	一般是一乡一社，较大的公社有一万余户
宁夏	10月20日	95.91%	157	1970 户	全省乡社合一
青海农业区（含11个县市）	9月10日	100%	94	2454 户	公社规模是原来农业社的24倍，最大的公社达到13401户
山西	9月上旬	—	890个（2万余个）	2千—1万户	山区公社一般是2千户左右，半山半川区多数在4千户上下，平川大部分是1万户左右
北京郊区	9月11日	—	56（1680）	8千户	最大的公社有2万余户，最小的1300余户
河北	9月12日	99.95%	951（42183）	—	
辽宁	9月末	—	428	7628 户	一县一社的大公社有5个
湖南	9月底	—	—	—	
内蒙古	11月2日*	—	—	—	
上海郊区	国庆前夕	—	—	—	
山东	9月20日	—	1556（5.1万余个）	—	
陕西	9月20日	—	1673（3.1万余个）	—	
安徽	11月初*	99.4%	—	—	
浙江	9月	97%	—	—	
贵州	9月底	—	—	—	

1 此处笔者填写的是《人民日报》报道的该省份实现人民公社化的时间，如相关报道中无具体时间，则填写的是《人民日报》新闻报道当日的时间，这种情况以 * 注明。一般情况下，两个时间相差不会很多，以黑龙江省为例，1958年9月13日全省实现了人民公社化，《人民日报》对其进行报道的时间是9月18日。
2 括号中的数字为该省份原有的农业生产合作社的数量。

① 《人民日报》1958年9月2日第1版，9月12日第1版，9月14日第2版，9月17日第7版，9月13日第6版，9月23日第6版，10月2日第1版，10月24日第7版，10月13日第3版，11月10日第6版，11月12日第6版，12月2日第1、3版，12月20日第6版。

表 5.2　全国农村人民公社发展情况（1958—1979）

年份	农村人民公社数（个）	入社人口（万人）	年份	农村人民公社数（个）	入社人口（万人）
1958	23630	56017	1969	53722	
1959	25450	55443	1970	51478	69984
1960	24317		1971	52674	71611
1961	57855		1972	53823	73181
1962	74771		1973	54423	74798
1963	80956	56833	1974	54620	76389
1964	79559	57572	1975	52615	77712
1965	74755	59122	1976	52665	78745
1966	70278	60648	1977	52923	79688
1967	70050		1978	52781	80320
1968	59812		1979	53348	80739

资料来源：中国农业年鉴编辑委员会编：《中国农业年鉴（1980）》，第 5 页。

二、以土地集中为标志的农民合作：人民公社的制度安排

"人民公社将是建成社会主义和逐步向共产主义过渡的最好的组织形式，它将发展成为未来共产主义社会的基层单位。"[①] 新中国是带着这样的理想开始人民公社化运动的。土地的集中公有是人民公社的一个重要标志，这带来了农业生产的规模化经营与农民的高度组织化。将农民有效地组织起来为农业现代化水平的提高创造了条件。但是，人民公社体制下剩余、收益分配机制中的不合理因素也使农业生产效率的改进面临困难。

---

① 《关于在农村建立人民公社问题的决议》，载国家农业委员会办公厅编：《农业集体化重要文件汇编》（下册），第 72 页。

1. 人民公社与高级社之比较：规模、退出权和产权

高级农业生产合作社在以下几个方面与人民公社存在着明显的区别：

首先，就规模而言，高级社远远小于人民公社。1956年，我国的高级农业生产合作社平均每社的参加农户数为246.4户，而一个人民公社的农户数至少是这一规模的10倍左右。在人民公社化完成的初期，绝大部分人民公社的规模都在2000户左右，一乡一社、甚至一县一社的案例并不罕见。

其次，高级农业生产合作社的社员原则上是有退出权的。社员退社的时候，甚至"可以带走他入社的土地或者同等数量和质量的土地，可以抽回他所交纳的股份基金和他的投资"[①]。而1962年9月通过、此后一直作为纲领性文件的《农村人民公社工作条例修正草案》中，通篇没有关于社员退出权的规定，正因为如此，这一时期才被学者认定为"强制性集体化时期"，"在1962年至1978年的16年时间里，证据表明，既不允许任何一个农民从生产队自由撤出，也没有一个生产队因为社员撤出而垮台"[②]。

再次，关于土地以及主要生产资料所有权的归属。在高级农业生产合作社中，土地及主要生产资料已经划归合作社集体所有，土地报酬被取消，但"社员私有的生活资料和零星的树木、家禽、家畜、小农具、经营家庭副业所需要的工具，仍属社员私有，都不入社"[③]。在人民公社中，土地及主要生产资料仍归集体所有，但人民公社关于土地的规定则更为严格，"生产队范围内的土地，都归生产队所有。生产队

---

① 《高级农业生产合作社示范章程》第十一条，载黄道霞等编：《建国以来农业合作化史料汇编》，第352页。
② 林毅夫：《制度、技术与中国农业发展》，上海三联书店2010年版，第14—19页。
③ 《高级农业生产合作社示范章程》，载史敬棠等编：《中国农业合作化运动史料》下册，第203—220页。

所有的土地，包括社员的自留地、自留山、宅基地等，一律不准出租和买卖。①生产队所有的土地，不经过县级以上人民委员会的审查和批准，任何单位和个人都不得占用"②。农民不再拥有任何"私有土地"，因而在集体收益的分配中也不可能获取土地报酬，在后文中关于人民公社分配机制的讨论中即可看出这一点。土地的集中公有是人民公社的一个重要标志。

2. 土地集中下的农业经营：土地规模经营与自留地

人民公社时期土地所有权的取消意味着作为微观经济主体的农民的自主选择权的丧失。在整个人民公社期间，除了有限的自留地外，农民在大多数情况下并不能自主决定种植什么、种植多少以及农业剩余的分配。土地的收归集体使农业生产与经营成为高度集中的计划经济体制的一个组成部分。统购统销政策与人民公社化运动之间存在着密切的联系，"建立农产品购销制度只是农村经济传统体制形成的第一步，人民公社化才是这套与宏观政策环境相配套的农村经济体制完全形成的标志"③。从农业合作化到统购统销体制的形成，再到人民公社化的完全实现，这一连串有着内在逻辑的制度变迁，其实是新中国赶超战略和工业化进程的一系列必要准备。虽然农村所推行的这些经济制度存在着微观经济主体激励不足、农业生产缺乏效率等诸多方面各种各样的问题，但确实保证了工业化进程所必需的以粮食为主的大量农业剩余的及时供应④，从而基本实现了统购统销政策推行的初衷，为新

---

① 社员可以耕种由集体分配的自留地、开垦零星荒地，但并无所有权。只有由集体分配的自留果树和竹木归社员所有。参见国家农业委员会办公厅编：《农业集体化重要文件汇编》（下册），第642页。

② 《农村人民公社工作条例（修正草案）》，载国家农业委员会办公厅编：《农业集体化重要文件汇编》（下册），第634页。

③ 林毅夫、蔡昉、李周：《中国的奇迹：发展战略与经济改革》，上海三联书店、上海人民出版社1994年版，第43页。

④ 以及农村社会的基本稳定。

中国的工业化奠定了物质基础。

自留地问题一直是人民公社制度演进过程中的一个核心问题。说到底，自留地问题，涉及到农民拥有多少自由的问题，即有多少自由可以决定自己种什么，怎么种，以及有多少自由可以决定收益和剩余的分配。自农业合作化运动起，从中央到地方就一直不乏关于自留地的讨论与实践。1956年召开的中共八大上，陈云在发言中就曾指出，"许多副业生产，应该由社员分散经营。不加区别地一切归（农业生产合作）社经营的现象必须改变。……在每个社员平均占地比较多的地方，只要无碍于合作社的主要农产品的生产，应该考虑让社员多有一些自留地"[①]。

在人民公社化初期，自留地一度被取消。虽然1958年中央《关于在农村建立人民公社问题的决议》中只是要求"一般说，自留地可能在并社中变为集体经营"[②]，但地方上的落实却更为激进。如《嵖岈山卫星人民公社试行简章（草案）》中规定，"在已经基本上实现了生产资料公有化的基础上，社员转入公社，应该交出全部自留地"[③]。而嵖岈山的做法又为许多地方所效仿。[④]自留地的收归公有使农民的生产积极性受到了很大影响。为此，1959年5、6月间，中共中央先后发布了《关于农业的五条紧急指示》、《关于分配私人自留地以利发展猪鸡鹅鸭问题的指示》、《关于社员私养家禽、家畜、自留地等四个问题的指示》等文件，多次提到要恢复自留地制度，指出自留地数量应按原来高级社章程规定，以不超过也不少于每人占有土地的5%为原则，自留地的生产经营和所得产品，都由社员自己决定和支配。同时，自留地长期归社员自由使用，不征公粮，不派统购任务，只是不准出卖、

---

① 《陈云文选》第三卷，人民出版社1995年版，第8页。
② 国家农业委员会办公厅：《农业集体化重要文件汇编》（下册），第71页。
③ 国家农业委员会办公厅：《农业集体化重要文件汇编》（下册），第95页。
④ 辛逸：《农村人民公社分配制度研究》，中共党史出版社2005年版，第171页。

出租和转让。①

1960年11月,《关于农村人民公社当前政策问题的紧急指示信》要求"凡是已经把自留地全部收回的,应该拨出适当的土地分给社员,做为自留地。今后不得将社员的自留地收归公有,也不得随意调换社员的自留地"②。1962年通过的《农村人民公社工作条例(修正草案)》则对自留地给出了更为宽松的规定,归社员家庭使用、长期不变的自留地可以占生产队耕地面积的5%—7%,除此而外,生产队还可以根据自身情况,经社员讨论后拨给社员适当数量的饲料地,以及在统一规划下,允许社员开垦零星荒地。社员的自留地、饲料地和开荒地合计可占生产队耕地面积的5%—10%,最多不超过15%。③时断时续的"自留地"成为农村集体经济组织下的"边缘地带",为促进人民公社时期家庭副业的发展和农民生活的改善提供了条件。

3. 人民公社体制下剩余、收益的分配机制
（1）国家与农民之间的分配

关注人民公社体制下的分配机制首先应该从外部算起,即考察农业剩余在国家与农民之间的分配,因为这一体制本身肩负着为工业化提供保障的任务。据统计,从1953年到1978年,国家通过统购统销获取的牌市价差额为2800亿元,约占同期农业国民收入(16523亿元)的17%④,而人民公社是统购统销政策推行的组织基础,它减少了政策的执行成本。

从1958年到1978年,在农村征购的粮食一般占粮食总产量的20%以上,最多的年份可达39.7%(1959),但大部分年份未超过

---

① 国家农业委员会办公厅编:《农业集体化重要文件汇编》(下册),第203—204、222—224页。
② 国家农业委员会办公厅编:《农业集体化重要文件汇编》(下册),第381页。
③ 国家农业委员会办公厅编:《农业集体化重要文件汇编》(下册),第642页。
④ 武力:《1949—1978年中国"剪刀差"差额辨证》,《中国经济史研究》2001年第4期。

30%。如果剔除返销农村的粮食，则净征购量占总产量的比重一般在20%以下（1958、1959、1960三个年份超过了20%），从20世纪70年代中后期开始低于15%，这一比重似乎并不很高。但棉花、食用植物油等农副产品的征购情况与粮食有较大不同，如表5.4所示，20年中的绝大部分年份，棉花的征购量占总产量的比重都在90%以上，食用植物油的征购量占总产量的比重在50%以上（少数年份在80%左右）。这意味着人民公社在保障了农民基本的生活需要之后，以"倒定额提取"的方式拿走了其他的农业剩余。①

从国家税收与农村人民公社基本核算单位纯收入的对比情况来看，20世纪50年代末到80年代初，国家从农村人民公社提取的税收规模基本上没有太大的改变，一直维持在30多亿元左右，但随着人民公社基本核算单位纯收入规模的不断增长（特别是70年代以后纯收入规模迅速攀升），国家税收占人民公社基本核算单位纯收入的比重经历了一个不断下降的过程，从最初的13%左右下降到不足5%。

表5.3 1958—1978年粮食征购量占总产量比重（按生产年度算）

单位：原粮万吨

年份	总产量	征购量	征购量占产量 %	返销农村数量	净征购量	净征购量占产量 %
1958	20000	5876	29.4	1703	4173	20.9
1959	17000	6741	39.7	1984	4757	28.0
1960	14350	5105	35.6	2015	3090	21.5
1961	14750	4047	27.4	1466	2581	17.5
1962	16000	3815	23.8	1243	2572	16.1
1963	17000	4397	25.9	1505	2892	17.0
1964	19250	4743	24.6	1558	3185	16.5
1965	19450	4869	25.0	1509	3360	17.3

① 参见武力：《试论1949年以来农业剩余及其分配制度的变化》，《福建师范大学学报》2004年第3期。

续表

年份	总产量	征购量	征购量占产量%	返销农村数量	净征购量	净征购量占产量%
1966	21400	5158	24.1	1334	3824	17.9
1967	21780	4936	22.7	1162	3774	17.3
1968	20905	4870	23.3	1083	3787	18.1
1969	21095	4668	22.1	1285	3383	16.0
1970	23995	5444	22.7	1242	4202	17.5
1971	25015	5302	21.2	1320	3982	15.9
1972	24050	4830	20.1	1438	3392	14.1
1973	26495	5612	21.2	1511	4101	15.5
1974	27525	5807	21.1	1409	4398	16.0
1975	28450	6086	21.4	1691	4395	15.4
1976	28630	5825	20.3	1753	4072	14.2
1977	28275	5662	20.0	1906	3756	13.3
1978	30475	6007	19.7	1903	4104	13.5

资料来源：国家统计局：《建国三十年国民经济统计提要（1949—1978）》，第229页。

表5.4 棉花、食用植物油收购量及其占总产量比重

单位：万吨

年份	棉花			食用植物油		
	总产量	收购量	收购量占总产量%	总产量	收购量	收购量占总产量%
1958	196.9	179.8	91.3	196.3	124.1	63.2
1959	170.9	147.3	86.2	175.8	144.8	82.3
1960	106.3	96.2	90.5	91.4	77.6	84.9
1961	80.0	65.1	81.4	75.8	59.7	78.7
1962	75.0	66.1	88.1	79.0	48.4	61.3
1963	120.0	107.0	89.2	102.9	64.0	62.2
1964	166.3	152.1	91.5	139.5	94.4	67.7
1965	209.8	202.1	96.3	159.3	105.7	66.4
1966	233.7	218.9	93.7	166.6	105.7	63.4

续表

年份	棉花			食用植物油		
	总产量	收购量	收购量占总产量%	总产量	收购量	收购量占总产量%
1967	235.4	213.3	90.6	165.7	94.4	57.0
1968	235.4	213.3	90.6	153.9	89.6	58.2
1969	207.9	185.9	89.4	146.1	82.7	56.6
1970	227.7	204.2	89.7	161.7	89.5	55.4
1971	210.5	189.9	90.2	171.3	96.9	56.5
1972	195.8	178.9	91.4	171.3	90.2	52.6
1973	256.2	237.9	92.9	184.1	94.7	51.4
1974	246.1	229.3	93.2	188.4	98.1	52.1
1975	238.1	221.0	92.8	188.0	99.9	53.1
1976	205.5	191.7	93.3	163.0	82.8	50.8
1977	204.9	192.7	94.0	165.9	87.6	52.8
1978	216.7	204.3	94.3	206.5	115.4	55.9

资料来源：中华人民共和国农业部计划司编：《中国农村经济统计大全（1949—1978）》，第412—415页。

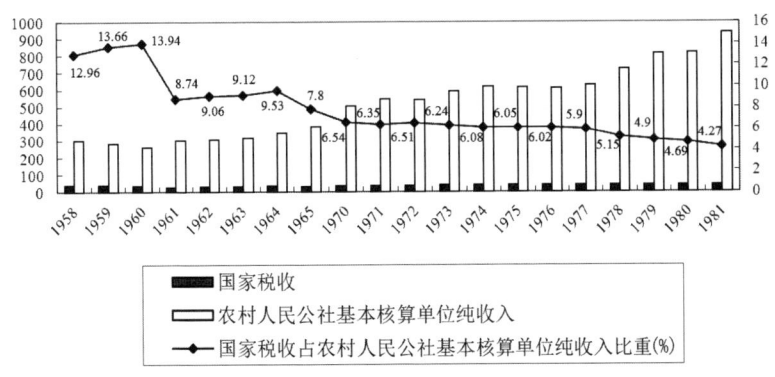

图5.1 历年国家税收与农村人民公社基本核算单位纯收入对比（单位：亿元）

注：1966—1969年数据缺失，图中不包含上述年份信息。

资料来源：《中国统计年鉴（1983）》，中国统计出版社1983年版，第209页。

(2) 人民公社内部的分配

1958年，中央在《关于在农村建立人民公社问题的决议》中提出了人民公社内部收益分配的基本原则，"人民公社虽然所有制仍然是集体所有的，分配制度无论工资制或者按劳动日计酬，也还都是'按劳取酬'，并不是'各取所需'"①。但这一原则性的规定在人民公社化的初期并没有得到很好的贯彻。这一点从很多地方的实践中体现出来。

1958年8月，河南《七里营人民公社章程草案》中提出，"公社的分配原则是在保证满足公社全体人员生活基本需要的基础上实行按劳分配的定级工资制"。但"随着生产的高度发展和人民群众共产主义觉悟的提高，逐步扩大共产主义因素，在条件具备时即实行完全各尽所能各取所需的分配制度"②。几乎同时出台的嵖岈山卫星人民公社的章程中也规定，"公社在收入稳定、资金充足、社员能够自觉地巩固劳动纪律的情况下，实现工资制"。而"在粮食生产高度发展、全体社员一致同意的条件下，实行粮食供给制。全体社员，不论家中劳动力多少，都可以按照国家规定的粮食供应标准，按家庭人口得到免费的粮食供应"③。事实上，1958年随着人民公社化运动的迅速展开，各地相继掀起了大办公共食堂的热潮。在被视为通向共产主义桥梁的人民公社中，免费供给的公共食堂成为体现共产主义精神和提高农民思想觉悟的一个手段。1958年8月，河南省建立公共食堂31万余个，参加的群众占全省总人口的71%；辽宁省办起农村公共食堂18000余个；青海省农业区24万多个农户，全部参加了公共食堂。④到1958年底，

---

① 国家农业委员会办公厅编：《农业集体化重要文件汇编》(下册)，第72页。
② 《七里营人民公社章程草案》，载黄道霞等主编：《建国以来农业合作化史料汇编》，第485页。
③ 《嵖岈山卫星人民公社试行简章(草稿)》，载黄道霞等主编：《建国以来农业合作化史料汇编》，第491页。
④ 《人民日报》1958年8月18日第2版。

全国的公共食堂达340万多个，在食堂吃饭的人口占全国农村总人口的90%。①但事实上很快，在经历了短暂的喜悦和狂热之后，农民就更愿意选择退出而不是维系公共食堂，1960年前后中央一些领导人的农村实地调研都反映了这一点。②

免费供给的还不单单是粮食。当时人民公社的供给制大体可以分为三类：一种是粮食供给制，社员口粮全部划拨公共食堂，由公共食堂免费提供社员的饭食，而社员需要出钱负担自己的菜金和副食品费用。第二种是伙食供给制，即除了粮食之外，副食品也由公社统一供给。第三种是基本生活供给制，如七里营人民公社的供给范围包括伙食、衣服、住房等七项内容，简称七包，甚至还有八包、十包或者十几包的。河北徐水、河南修武等地都在全县范围内实行了包括伙食、服装、日用品、医疗等方方面面在内的供给制。③因此才有学者将这一时期人民公社的分配定义为"按需分配"。④这种分配方式一度造成了严重的浪费，而更重要的是，我国当时的经济发展水平和积累程度根本不足以长期支撑这种高度平均的供给模式，它必然会发生改变。

人民公社化运动初期暴露出来的一些问题很快引起了中央领导的重视。1959年2月底3月初召开的郑州会议上，毛泽东在讲话中提到，"公社在1958年秋季成立之后，刮起了一阵'共产风'。主要内容有三条：一是贫富拉平。二是积累太多，义务劳动太多。三是'共'各种'产'……即是说，在某种范围内，实际上造成了一部分无偿占

---

① 罗平汉：《农村人民公社史》，第77页。
② 武力、郑有贵主编：《解决"三农"问题之路》，中国经济出版社2004年版，第443—446页。
③ 罗平汉：《农村人民公社史》，第69页。
④ 辛逸：《"按需分配"的幻灭：大公社的分配制度》，《山东师范大学学报（人文社会科学版）》2006年第2期。

有别人劳动成果的情况"①。此后的一个时期内，政府为调整人民公社体制下的分配机制付出了努力，这表现在两个方面，一是调整农业剩余在国家和农民之间的分配比例，二是对公社内部的收入分配作出了新的明确的规定。

在同年4月中共中央政治局上海会议纪要《关于人民公社的十八个问题》中提到，上海会议已经确定了全国的公粮总数和分配给各省的绝对数，此后，除发生重大灾情和农民主动要求多卖，国家不再加征农业税和增加统购任务。②另外，会议认为，人民公社的生产费用不宜超过19%—24%，管理费用不宜超过2%，公积金不要超过8%—18%，公益金不超过2%，分给社员的部分应占到50%—60%。并认为应当将评工记分和评定工资级别的方法结合起来进行分配。③5月，中共中央发出《关于人民公社夏收分配的指示》，要求各地在夏收分配中适当调整工资部分和供给部分所占的比例，必须力求做到工资部分占60%—70%，供给部分占30%—40%。④

这些政策的转变引导着人民公社分配机制的调整方向。1960年5月中央发出《关于农村人民公社分配工作的指示》，再次强调了工资与供给部分的比例关系问题，并要求各地人民公社必须保证做到：90%以上的社员增加收入；分配给社员的粮食和现金全部落实兑现，不打欠条。⑤同年11月，中共中央又通过了《关于农村人民公社当前政策问题的紧急指示信》，信中明确提出，人民公社必须坚持各尽所能、按劳分配的原则，"在分配给社员个人消费的部分中，应该控制供给部分，提高工资部分"，供给部分和工资部分要三七开。同时，要

---

① 《毛泽东文集》第八卷，人民出版社1999年版，第12页。
② 1960年，我国在农村地区粮食净征购量占总产量的比重比1959年下降了近7个百分点，参见表5.3
③ 国家农业委员会办公厅编：《农业集体化重要文件汇编》（下册），第194页。
④ 国家农业委员会办公厅编：《农业集体化重要文件汇编》（下册），第221页。
⑤ 国家农业委员会办公厅编：《农业集体化重要文件汇编》（下册），第332页。

少扣多分，总收入的 65% 要分配给社员消费。①

1961 年 3 月《农村人民公社工作条例（草案）》出台，此后不久推出试行的《农村人民公社工作条例（修正草案）》中又明确提出，"在生产队办不办食堂，完全由社员讨论决定。凡是要办食堂的，都办社员的合伙食堂，实行自愿参加、自由结合、自己管理、自负开销和自由退出的原则。这些食堂，都要单独核算，同生产队的财务分开"。"社员的口粮，不论办不办食堂，都应该分配到户，由社员自己支配。"②

到了 1962 年，中央全会正式通过的《农村人民公社工作条例（修正草案）》则进一步压缩了公共积累的比例，要求生产队扣留的公积金和公益金合计不能超过可分配总收入的 5%—8%③，并指出，"生产队必须认真执行按劳分配、多劳多得，避免社员和社员之间在分配上的平均主义"，"生产队对于社员的劳动，应该按照劳动的质量和数量付给合理的报酬，避免社员和社员之间在计算劳动报酬上的平均主义"④。

单纯从这些中央政策的变化上就可以看出，人民公社内部分配机制的调整大体表现出两个特征：第一，供给部分的下降和工资部分的提高，在此过程中，按劳分配原则被日益强调；第二，公共积累逐步减少，而分配给社员个人的收益逐步增加。追求平均主义是 20 世纪 50 年代末 60 年代初期阶段人民公社在内部分配机制上的一个重要特征，而这种带有空想色彩的平均恰恰是此后的政策中所力求避免的。

（3）集体组织下的分配与监督问题

工资制和供给制构成了人民公社分配机制的核心内容。在早期颇具代表性的嵖岈山卫星人民公社的章程中规定："实行工资制和粮

---

① 国家农业委员会办公厅编：《农业集体化重要文件汇编》（下册），第 382 页。
② 国家农业委员会办公厅编：《农业集体化重要文件汇编》（下册），第 484 页。
③ 这和上海会议相比，低出了 10 余个百分点。
④ 国家农业委员会办公厅编：《农业集体化重要文件汇编》（下册），第 639—640 页。

食供给制的基础是全体社员'各尽所能'。"[①] 但几乎所有的人民公社都面临着相同的问题，即如何才能确保社员的"各尽所能"。尽管按劳分配原则被不断强调，但在整个人民公社期间，这一原则所发挥的激励作用是有限的。一方面，在人民公社组织内，对社员收入的现金分配只占很小的一个部分，以口粮为主的实物分配份额占绝大部分[②]，而口粮的标准相对固定，这意味着刨除口粮之后还能够"按劳分配"的收益并不多。另一方面，鉴于农业劳动的复杂性，客观公正地评定每一个社员所应得的工分并不容易，不仅如此，工分制还必须面对国家征派购任务、口粮制、集体提留、各种政治运动等刚性制度和因素的挤压。[③]

"按劳分配"的贯彻本身受到了多方面因素的影响。从国家和农民的关系来看，农民没有生产经营的自主决定权，除了有限的自留地，绝大部分的农业生产活动必须服从于政府的指令性计划和征派购任务；从人民公社内部来看，集体组织下的分配方式不能确保农民的劳动所得与其付出成正比。在全体社员共同占有财产共同进行生产经营的条件下，农户的个体行为与其行为结果之间的相关度较低。[④]

三、人民公社时期的制度调整

在人民公社时期，政府根据当时的农村经济状况，对农业生产管理体制和经营组织形式进行了艰辛的探索和调整。这种调整主要体现在两个方面：基本核算单位的改变和建立农业生产责任制的尝试。

[①] 《嵖岈山卫星人民公社试行简章（草稿）》，载黄道霞等主编：《建国以来农业合作化史料汇编》，第491页。

[②] 梅德平：《60年代调整后农村人民公社个人收入分配制度》，《西南师范大学学报（人文社会科学版）》2005年第1期。

[③] 辛逸：《农村人民公社分配制度研究》，第167页。

[④] 武力：《过犹不及的艰难选择——论1949～1998年中国农业现代化过程中的制度选择》，《中国经济史研究》2000年第2期。

1. 集体经济规模的变动和基本核算单位的调整

从互助组到初级社,再到高级社,最后到人民公社,随着土地和主要生产资料的逐步公有,新中国成立初期农村集体经济规模不断扩大,与此同时,核算单位层级也在不断上移。在人民公社化的初期,各地多以公社为基本核算单位,一切生产资料归公社所有,计划、劳动、物资、资金和社员生活都由公社统一管理。由于公社的规模普遍较大,问题随之而来。很多人"误认为人民公社一成立,各生产队的生产资料、人力、产品,就都可以由公社领导机关直接支配。他们误认社会主义为共产主义,误认按劳分配为按需分配,误认集体所有制为全民所有制"。其结果,便是"公社在1958年秋季成立之后,刮起了一阵'共产风'"[①]。"共产风"、平均主义这些经营管理上的问题引发了干部和群众的不满。"从一九五八年秋收以后全国性的粮食、油料、猪肉、蔬菜'不足'的风潮,就是这种反抗的一个集中表现",生产队、生产小队几乎普遍地"瞒产私分,甚至深藏密窖,站岗放哨,以保卫他们的产品"[②]。1959年2月27日至3月5日召开的郑州会议提出了指导人民公社建设和整顿的具体方针:"统一领导,队为基础;分级管理,权力下放;三级核算,各计盈亏;收入计划,由社决定;适当积累,合理调剂;物资劳动,等价交换;按劳分配,承认差别。"[③] 这是人民公社体制的第一次调整。

农村集体经济由公社核算改为生产队[④]核算以后,公社财产大多下放归生产队所有,由生产小队管理使用;农副业生产由生产队统一计划,统一指挥;收益分配,除上交国家税金和公社积累外,由生

---

① 中共中央文献研究室编:《建国以来重要文献选编》(第十二册),中央文献出版社1996年版,第126、130页。
② 《毛泽东文集》第五卷,人民出版社1999年版,第11页。
③ 《建国以来毛泽东文稿》第八册,中央文献出版社1993年版,第916页。
④ 郑州会议确立的"队为基础"一般仍指的是生产大队。

产队统一核算。需要说明的是，当时领导干部中对从公社下移核算单位的认识并不统一。河南、湖南两省主张以生产大队（管理区）为基本核算单位，湖北、广东两省主张以生产队即原高级社为基本核算单位，毛泽东赞同湖北、广东的意见，认为这样做更容易受到基层干部和群众的拥护。①于是，该年4月中共中央政治局上海会议纪要做了一个折中："各地人民公社在实行三级管理、三级核算的时候，一般是以相当于原来高级农业生产合作社的单位作为基本核算单位。""以生产队作为基本核算单位，生产队下面的生产小队就是包产单位。为了提高这一级组织的积极性和责任心，作为包产单位的生产小队也应当有部分的所有制和一定的管理权限。在少数地区，是以生产大队（或者管理区）作为基本核算单位，下面的生产队是包产单位。这种作为包产单位的生产队，同样也应当有部分的所有制和一定的管理权限。"②

在第二次郑州会议明确了人民公社基本核算单位由公社下移到生产队（或生产大队）之后，1959年3月17日，毛泽东在致各省、市、区党委第一书记的信中进一步提出研究生产小队（生产小组或作业组）的部分所有制问题。③1960年11月3日，中共中央在《关于农村人民公社当前政策问题的紧急指示信》又强调了以下几点：（1）三级所有，队为基础，是现阶段人民公社的根本制度；（2）坚决反对和彻底纠正一平二调的错误；（3）加强生产队的基本所有制；（4）坚持生产小队的小部分所有制；（5）允许社员经营少量的自留地和小规模的家庭副业。④11月28日，毛泽东在代中央起草的一个批示中强调，队的产业

---

① 参见1959年3月15日毛泽东致各省、市、区党委第一书记的信，载《建国以来毛泽东文稿》第八册，第111—112页。
② 中共中央文献研究室编：《建国以来重要文献选编》（第十二册），第164页。
③ 《建国以来毛泽东文稿》第八册，第122—123页。
④ 中共中央文献研究室编：《建国以来重要文献选编》第十三册，中央文献出版社1996年版，第661—662页。

永远归队所有或使用，不许一平二调。①

1961年，毛泽东在浙江、湖南、广东的农村调查中发现此前中央发出的《紧急指示信》，只解决了自上而下的"调"的问题，没有解决各生产队之间的、社员之间的平均主义问题。于是3月13日，毛泽东在给刘少奇、周恩来、陈云、邓小平、彭真并"三北"会议各同志的信中要求对这"两个极端重要的大问题"开展认真的调查研究，以便做到心中有数，指导工作。②随后他在"三南"会议上发表讲话，反复阐明要搞清两个平均主义问题就要深入调查研究的道理。3月29日，中央下发《农村人民公社工作条例（草案）》(简称《六十条（草案）》)。此前3月22日在广州会议上中央下发了一个通知，决定作为基本核算单位的管理区和生产队，以后一律改名为"生产大队"；生产小队，以后一律改名为"生产队"。

《六十条（草案）》重申了郑州会议的精神，规定：公社在经济上，是各生产大队的联合组织；生产大队是基本核算单位；生产队是直接组织生产和生活的单位。9月16日，毛泽东写信给政治局常委及有关同志，指出："农业方面的严重平均主义的问题，至今还没有完全解决"，即"生产权在小队，分配权在大队"。并提出："'三级所有，队为基础。'即基本核算单位是队而不是大队。"③10月7日，中共中央发出《关于农村基本核算单位问题给各中央局，各省、市、区党委的指示》，要求各级党委就农村基本核算单位究竟以生产大队为好还是以生产队为好的问题认真调查研究，并指出，就大多数来说，以生产队为基本核算单位，是比较好的。它最大的好处，是可以改变生产的基本单位是生产队、而统一分配的单位却是生产大队的不合理状态，

---

① 《建国以来毛泽东文稿》第九册，中央文献出版社1993年版，第364、365页。
② 《建国以来毛泽东文稿》第九册，第440—441页。
③ 《建国以来毛泽东文稿》第九册，第565—566页。

解决农村经济中长期以来存在的这种生产和分配不相适应的矛盾。① 经过各地调查和试点，以及次年年初七千人大会的讨论，1962年2月13日正式发出《中共中央关于改变农村人民公社基本核算单位问题的指示》，指出，以生产队为基本核算单位，更适合于当前我国农村的生产力水平，更适合于当前农民的觉悟程度，也更适合于基层干部的管理才能，是调动广大农民集体生产积极性的一项重大措施。《指示》还指出，实行以生产队为基础的三级集体所有制将不是一项临时性的措施，而是在一个长时期内（例如至少30年）需要稳定施行的根本制度。② 据此，中央对《农村人民公社工作条例（修正草案）》再次作了修改，并于9月27日由八届十中全会正式通过。此后到1978年12月中共十一届三中全会重新制定了《农村人民公社工作条例（试行草案）》之前，这个修正草案一直是对农村人民公社和整个农村工作起指导作用的文件。

2. 土地集体所有条件下农业生产责任制的探索

1962年2月13日下发的《中共中央关于改变农村人民公社基本核算单位问题的指示》认为，以生产队为基本核算单位，有很多好处：（1）能够比较彻底地克服生产队之间的平均主义；（2）生产队的生产自主权有了很好的保障；（3）更适合当前农民的觉悟程度；（4）更有利于改善集体经济的经营管理。③ 该项指示同时指出："生产队和生产队之间的平均主义比较彻底地克服之后，进一步解决社员和社员之间的平均主义问题，就更加突出了。"④

---

① 中共中央文献研究室编：《建国以来重要文献选编》（第十四册），中央文献出版社1997年版，第738页。
② 中共中央文献研究室编：《建国以来重要文献选编》（第十五册），第176、180页。
③ 《建国以来毛泽东文稿》第十册，中央文献出版社1996年版，第49页。
④ 中共中央文献研究室编：《建国以来重要文献选编》（第十五册），第184页。

（1）人民公社时期的农业生产责任制

与人民公社基本核算单位下调同步进行的是农业生产责任制的建立与健全。在 1958 年底和 1959 年上半年的整顿期间，人民公社基本核算单位逐步下移到生产大队（生产队），平调的财物做了算账退赔，分配上减少了供给制的比例，劳动管理方面明确了人民公社也要建立责任制，也要包产。在这个时期，"三定一奖"（"三定"指定产、定劳力、定投资）或"三包一奖"（"三包"指包产、包工、包成本）的责任制形式得到普遍认同，类似的责任制形式在各地不断涌现。庐山会议后，这种调整和尝试一度中断。从 1960 年下半年开始，在各地积极采取措施救灾渡荒的同时，"三包一奖"之类的农业生产责任制陆续恢复。1960 年 11 月 3 日发出的《中共中央关于农村人民公社当前政策问题的紧急指示信》强调："三包必须落实，奖罚必须兑现。包产指标必须留有余地，一定要让包产小队有产可超。"[①] 1961 年 6 月 15 日公布的《农村人民公社工作条例（修正草案）》规定："生产队是直接组织生产和组织集体福利事业的单位。""生产大队对生产队必须认真实行包产、包工、包成本和超产奖励的三包一奖制。可以一年一包，有条件的地方也可以两年、三年一包。包产指标一定要经过社员充分讨论，一定要落实，一定真正留有余地，使生产队经过努力有产可超。超产的大部或者全部，应该奖给生产队。""生产队为了便于组织生产，可以划分固定的或者临时的作业小组，划分地段，实行小段的、季节的或者常年的包工，建立严格的生产责任制。畜牧业、林业、渔业和其他副业生产，耕畜、农具和其他公共财物的管理，也都要实行责任制。有的责任到组，有的责任到人。"[②] 既然"责任制的单位较生产队有所减小，可以是'组'和'个人'，一些地方在贯彻执行'六十条'时，走向了不同

---

① 国家农业委员会办公厅编：《农业集体化重要文件汇编》（下册），第 380 页。
② 中共中央文献研究室编：《建国以来重要文献选编》（第十四册），第 385、393、399 页。

形式的或者变相的'包产到户'"①。这个修正草案还规定:"在生产队办不办食堂,完全由社员讨论决定";"社员的口粮,不论办不办食堂,都应该分配到户,由社员自己支配"②。这就等于事实上宣布取消了农村公共食堂和分配上的供给制,对消减社员间的平均主义具有重要意义。

从1962年起,人民公社的基本核算单位进一步由生产大队下放到生产队(小队),与此同时"包产到户"再次受到批判。人民公社取消供给制以后,劳动工分成为收入分配的主要标准。"文化大革命"结束后,定额管理和各种类型的农业生产责任制陆续恢复并有新的发展,直到20世纪80年代初被土地家庭承包经营所取代。

(2)包产到户的曲折命运

在1956年和1957年对高级社整顿期间,初级社时期的农业生产责任制形式得到恢复并有所发展,其中最具创新意义的就是在不少地区开始试行包工包产到户到人的责任制。③1959年初,在对人民公社体制进行调整的过程中,包工包产到户再次萌发,但试验只持续了三四个月。随后的三年困难时期,各地在贯彻执行农村《六十条》和整风整社的过程中,"大跃进"以前的"三包一奖"之类的农业生产责任制陆续恢复,包工包产到户的形式也再次出现,尽管名号④和形式不同、做法不一,但或明或暗地遍布各个省、区、市。"有的地方是有领导地自上而下地执行'包产到户';有的地方在实行田间管理责任制中,把下种以后、收割以前的占全年农活50%以上的田间农活包工到户,叫做'田间管理包到户'或'田间管理责任制';还有的干脆

---

① 贾艳敏:《农业生产责任制的演变》,江苏大学出版社2009年版,第131页。
② 中共中央文献研究室编:《建国以来重要文献选编》(第十四册),第401页。
③ 如安徽芜湖、四川江津、湖北麻城、广东顺德、广西环江等区县。江苏、浙江两省的农村工作部门要求各地大力推行包工到组、到户、到人的包工形式,建立健全生产责任制。参见贾艳敏:《农业生产责任制的演变》,第50—53页;叶扬兵:《中国农业合作化运动研究》,知识产权出版社2006年版,第582页。
④ 如安徽的"责任田"、湖南的"借冬闲田"、甘肃的"口粮田"以及陕西一些地方不断扩大的"自留地"等。

就实行'包产到户'或'部分产量包到户'。"[①]一些地方甚至"分田到户"进行单干。[②] 这个时期的包工包产到户试行的面广，影响大。"当时全国搞各种形式包产到户的，安徽全省达80%，甘肃临夏地区达74%，浙江新昌县、四川江北县达70%，广西龙胜县达42.3%，福建连城县达42%，贵州全省达40%，广东、湖南、河北和东北三省也都出现了这种形式。据估计，当时全国实行包产到户的约占20%。但是，由于认识上的不一致，它长期得不到肯定。而且在这两年时间里围绕它发生了一场争论，中共八届十中全会上，把它作为'单干风'进行了批判。"[③]1962年下半年的北戴河会议和中共八届十中全会以后，包产到户被视为"资本主义"、"修正主义"的代名词，成为政治上的禁区。此后一直到"文化大革命"结束，包产到户似乎消声匿迹了。20世纪70年代末，安徽、四川等地遭遇严重干旱，包产到户再度出现，它们同时也成为农村改革的催化剂。

四、人民公社的制度绩效

如果农民之间的合作完全是个人行为，那么我们在评价"合作"的绩效时首先应该关注"合作"为农民个体所带来的直接经济收益和影响。新中国成立初期的农业合作化运动并不是以农民当下的经济收益作为唯一目标，在工业化战略下被快速推进的"农民合作"已经不是单纯的个体行为，而是国家行为。因此，我们对此后的农民"合作"绩效进行评判时还需要宏观层面的考量。尽管人民公社时期土地的集

---

① 贾艳敏：《农业生产责任制的演变》，第128页。参见《毛泽东同志对〈各地贯彻执行六十条的情况和问题〉的批示》，载国家农业委员会办公厅编：《农业集体化重要文件汇编》（下册），第495页。
② 有记载的事例见于广西、湖南、贵州、甘肃、陕西等省区的一些地区。
③ 薄一波：《若干重大决策与事件的回顾》（下），第757页。

体所有在一定程度上影响了农民个体生产积极性的发挥，但这种组织方式对农业的规模经营和农业现代化意义重大，同时为农村公共产品和服务的提供带来了正的外部效应。

1. 人民公社时期的农业集体经营与农业现代化

（1）集体经济下的耕地变化与粮食产量

根据统计数据，新中国成立后的最初 30 年，我国的耕地面积经历了一个非常明显的由增到减的变化过程。从 1949 年开始，直到农业的社会主义改造完成，耕地面积一直处于上升的状态，而这其中又可以分为两个阶段，土改时期增速最快，这种增速与土地改革所激发出的农户扩大耕地面积的普遍热情不无关系。[①] 到农业合作化时期增速有所放缓，如图 5.2 所示，1953—1957 年间曲线并不像建国前 3 年那么陡峭，但耕地面积仍在逐年递增。而人民公社时期，耕地面积则处于减少状态中，在 60 年代中期稍有反复，但不改变整体上下降的趋势。

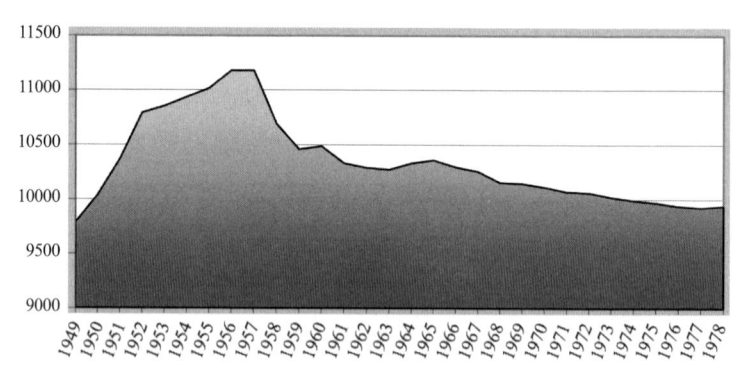

图 5.2 1949—1978 年我国耕地面积的变化（单位：万公顷）
资料来源：《建国三十年国民经济统计提要（1949—1978）》，第 48 页。

---

① 宋敏等：《中国土地制度的经济学分析》，中国农业出版社 2008 年版，第 75 页。

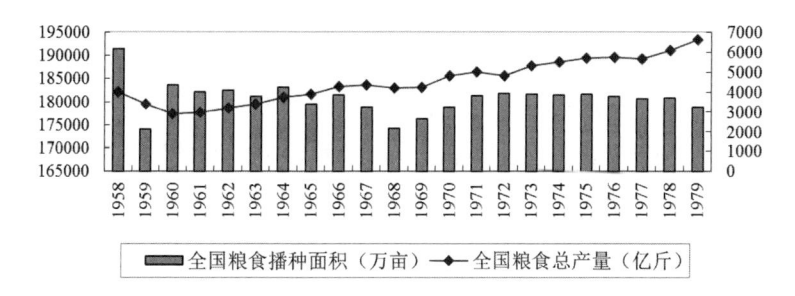

图5.3　1958—1978年全国粮食播种面积及粮食总产量变化情况
资料来源：中国农业年鉴编辑委员会编：《中国农业年鉴（1980）》，第34页。

与此形成对照，在新中国成立后的最初30年中，1956年是全国粮食播种面积最高的一年，高达204509万亩，1957年减少为200450万亩，在此基础上，1958年又减少了9千万亩（如图5.3）。而1959年的全国粮食播种面积和1956年相比，减少了30475万亩。此后的20年间，粮食播种面积处于不断的调整当中，但始终没有恢复到20世纪50年代中后期的水平。尽管如此，全国粮食总产量除了在1960年前后明显下降之外，一直呈上升趋势，1979年全国粮食总产量（6642.3亿斤）是1949年粮食总产量（2263.6亿斤）的2.93倍。粮食产量的不断上升[①]得益于这一时期农业技术的改进和农田水利设施的改善。值得注意的是，粮食产量的这种提高是在耕地面积和粮食播种面积下降的基础上实现的，这越发需要我们去思考这种土地经营模式的"机会成本"。

（2）"以粮为纲"以及农作物种植结构的调整

改革开放前的30年里，在主要的农作物中，粮食产量年增长率的波动幅度最小，棉花、油料次之，而甘蔗、甜菜、黄红麻等经济作物

---

① 提高的不只是总产量，粮食及主要经济作物的平均产量也都有不同程度的增加，如按播种面积计算，粮食、棉花、油料（花生、油菜籽、芝麻三种合计）、黄红麻的每公顷产量在1958年分别为1567公斤、354公斤、795公斤、2252公斤，到了1978年它们分别上升为2527公斤、445公斤、912公斤、2641公斤。（《建国三十年来国民经济统计提要（1949—1978）》，第66—67页）

产量年增速的波动幅度则很大——有的年份增长迅猛，有些年份则大幅减少。在整个人民公社期间，粮食产量在 1959、1960、1968、1972 和 1977 五个年份中出现了负增长，而棉花、油料、甘蔗、甜菜、黄红麻等经济作物产量出现负增长的年份则更多。粮食产量的稳定及增长与人民公社时期对粮食生产的一贯强调有关。

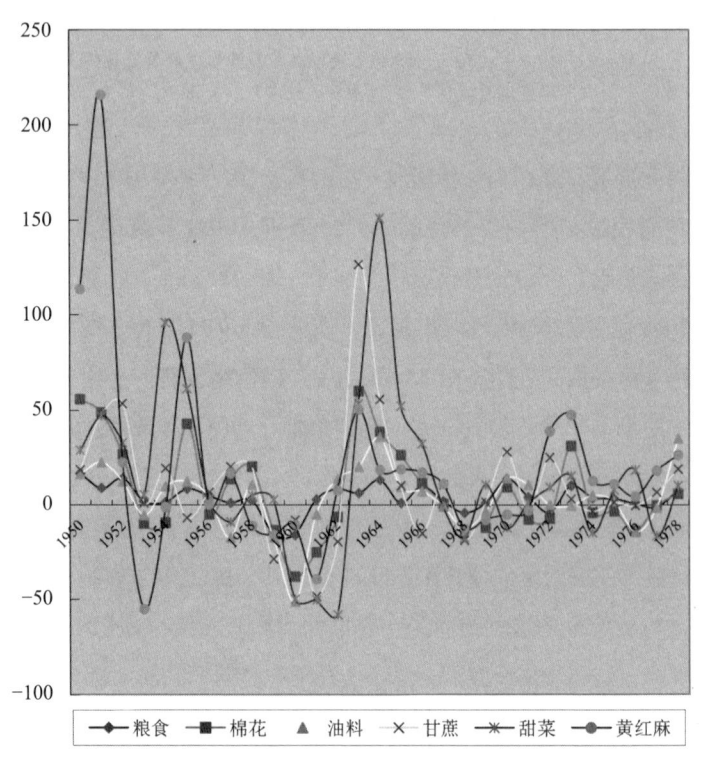

图 5.4　1950—1978 年主要农产品产量增长速度（比上年增长 %）
资料来源：《建国三十年国民经济统计提要（1949—1978）》，第 63 页。

而人民公社时期对于农作物种植结构的政策也经历了一个调整的过程，由人民公社化初期的"以粮为纲"发展到后来的因地制宜。1961 年 3 月提出的《农村人民公社工作条例（草案）》明确要求"生产队在发展农业生产中，除了专门种植经济作物的以外，都应该以粮为纲,积极发展棉花、油料和其他经济作物的生产"[①]。而次年9月通过的《农村人民公社工作条例修正草案》则明显修正了这一提法,《修正草案》中要求"一般的生产队应该以发展粮食生产为主,同时根据当地的条件,积极发展棉花、油料和其他经济作物生产;并且充分利用自然资源和农作物的副产品,发展畜牧业、林业、渔业和其他副业生产。在经济作物集中产区的生产队,应该以种植经济作物为主。在渔业区,应该专营渔业,或者以经营渔业为主。在畜牧区,应该专营牧业,或者以经营畜牧业为主"。认为"生产队应该根据实际情况、当地的生产习惯和轮作制度,根据国家的计划要求和本队生产生活的需要,对于粮食作物和经济作物,对于粮食作物的品种,统筹兼顾,全面安排,制订本队的生产计划"[②]。这种政策上的细微调整还是给农业生产带来了影响。在整个人民公社期间,棉花、油料的播种面积相对平稳,并无太大变化。而黄红麻、甘蔗、甜菜等经济作物的播种面积则在60年代中期开始经历了较为明显的上升。主要经济作物的产量在1960年前后均有下降,而后虽有波动,但基本上一直在增加。

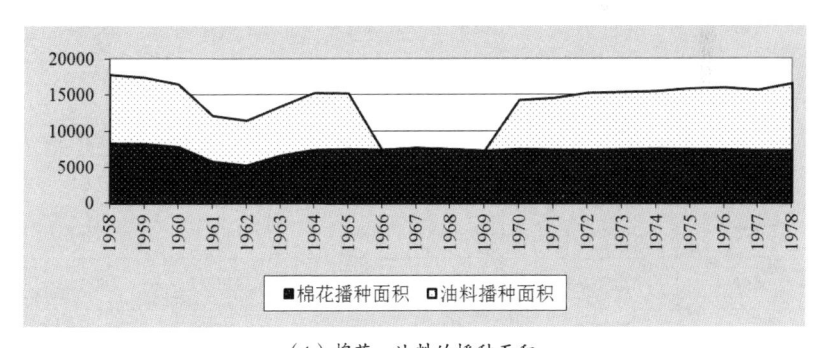

(1)棉花、油料的播种面积

[①] 国家农业委员会办公厅编:《农业集体化重要文件汇编》(下册),第461页。
[②] 国家农业委员会办公厅编:《农业集体化重要文件汇编》(下册),第635—636页。

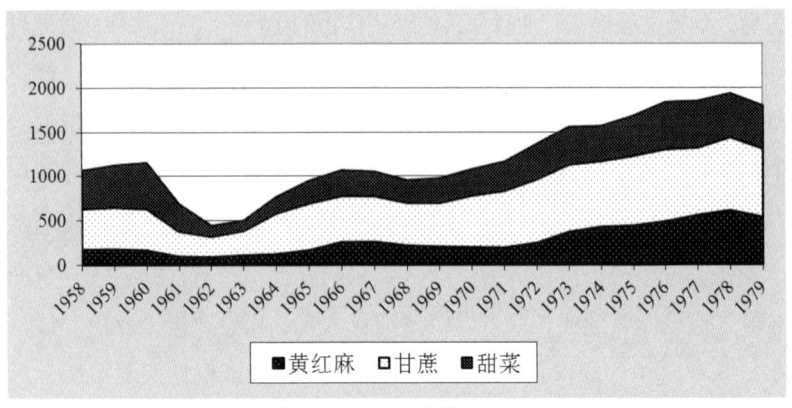

(2)黄红麻、甘蔗、甜菜的播种面积

图 5.5 1958—1978 全国主要经济作物播种面积（单位：万亩）
注：1966—1969 年的油料种植面积缺失，故图中曲线不连续。
资料来源：中国农业年鉴编辑委员会编：《中国农业年鉴（1980）》，农业出版社 1981 年版，第 35 页。

表 5.5 1958—1979 年全国主要经济作物总产量（单位：万担）

年份	棉花	油料合计	黄红麻	甘蔗	甜菜
1958	3937.5	9539.0	534.9	25105.3	6155.0
1959	3417.6	8208.0	452.0	17958.6	6336.4
1960	2125.8	3881.0	403.9	16516.7	3193.0
1961	1600.0	3627.0	245.3	8536.2	1593.4
1962	1500.0	4006.6	264.3	6886.7	677.5
1963	2400.0	4916.8	396.7	15602.9	1038.8
1964	3325.4	6736.9	469.8	24321.5	2608.0
1965	4195.5	7250.7	558.4	26782.9	3968.7
1966	4673.5	—	698.6	22816.4	5253.9
1967	4707.9	—	795.5	25280.6	5202.2
1968	4708.6	—	791.0	20681.9	4309.4
1969	4158.6	—	687.6	20993.7	4772.6

续表

年份	棉花	油料合计	黄红麻	甘蔗	甜菜
1970	4554.0	7543.6	682.7	26914.0	4205.5
1971	4209.5	8226.0	607	26277.4	4250.2
1972	3916.3	8235.3	757	32832.6	4644.7
1973	5123.5	8372.7	1115.9	33929.1	5356.9
1974	4921.5	8828.4	1259.6	32864.8	4577.0
1975	4761.6	9041.5	1398.7	33333.7	4952.7
1976	4110.9	8015.6	1461.4	33261.4	5864.4
1977	4097.5	8034.8	1722.4	35504.7	4912.4
1978	4334.0	10435.8	2175.5	42232.8	5404.6
1979	4414.7	12870.7	2178.9	43015.0	6211.6

资料来源：中国农业年鉴编辑委员会编：《中国农业年鉴（1980）》，第36页。

（3）农业规模经营与农业现代化

土地的收归公有为规模化的生产经营和技术推广创造了条件，而与此同时，农民在人民公社中被有效地组织起来，投入到农业的基础设施的建设当中。我国农业的现代化水平在人民公社期间发生了非常大的变化。如下图所示，1958年，我国的机耕面积仅有351.9万公顷，占耕地面积的3.3%，而1978年机耕面积跃升至4067万公顷，占耕地面积比重为40.9%，20年间上升了近40个百分点；同期，灌溉面积占耕地面积的比重由30.7%上升为45.2%（在60年代初期该指标一度回落，但70年代后稳步回升）。而变化更大的是机电灌溉面积占灌溉面积的比重，1952年这一比重为1.6%，1957年为4.4%，1978升至55.4%。1952年，我国全国共有98个农村小型水电站，农村用电量为0.5亿度，1957年农业合作化运动结束时有544个农村小型水电站，农村用电量为1.4亿度，1958年为3360个、2.4亿度，到1978年发展至82387个和253.1亿度。农业基础设施特别是农田水利建设的改善取得了很大的成绩，这一时期的建设在改革开放以后仍然发挥了重要作用。

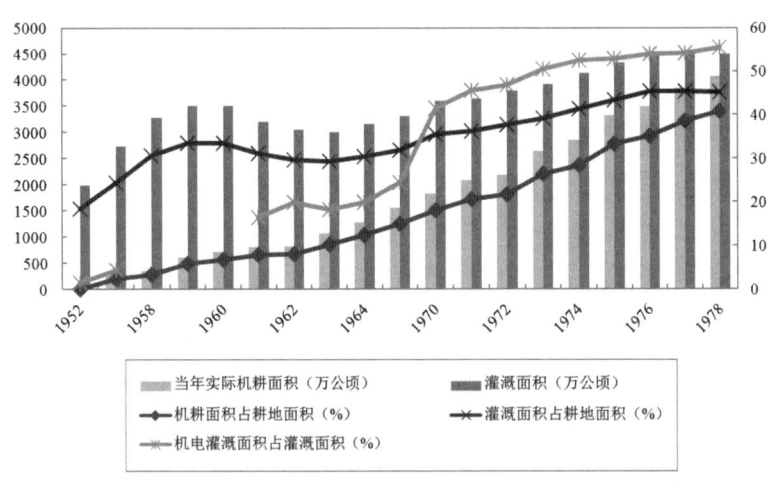

(1) 农地机耕面积、灌溉面积和机电灌溉面积的变化

注：（1）各个指标 1953—1956 年以及 1966—1969 年的数据缺失，图中不包含上述年份的信息；（2）机电灌溉面积占灌溉面积比重 1958—1960 年数据缺失，故图中该曲线不连续。

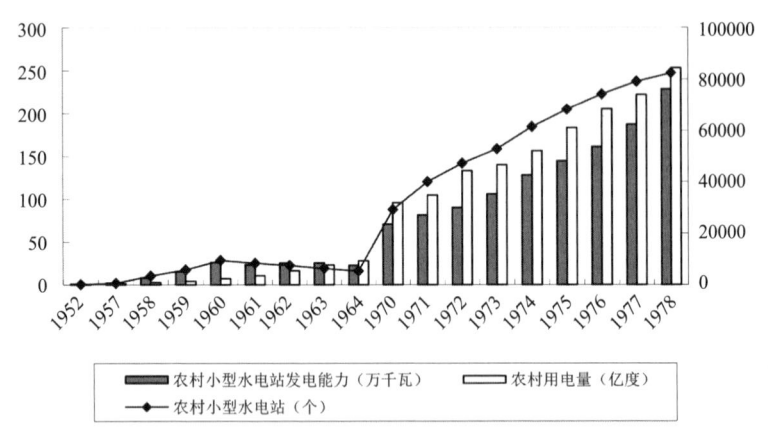

(2) 农村小型水电站及农村用电量的变化

图 5.6　1952—1978 年我国农业现代化水平的变化

注：各个指标 1953—1956 年以及 1966—1969 年的数据缺失，图中不包含上述年份的信息。
资料来源：《建国三十年国民经济统计提要（1949—1978）》，第 72—73 页。

2. 人民公社时期的集体公共积累与公共品供给

从农业合作化运动开始,公共积累一直是农业生产合作社收益分配中的一个重要构成部分,人民公社时期也是如此。从 1958 年到 1981 年的二十余年间,农民所面对的集体提留负担一直保持在一个相对稳定的水平,其中绝大部分年份集体提留占农民净所得的比重都高于 15%,有的年份甚至超过 20%,远高于农业各税。

表 5.6 人民公社时期关于公积金、公益金、劳动积累工的规定

	生产队	生产大队	公社
《农村人民公社工作条例修正草案》*	1. 生产队扣留的公积金的数量,要根据每一个年度的需要和可能,由社员大会认真讨论决定,一般地应该控制在可分配的总收入的 3% 到 5% 以内 2. 生产队扣留的公益金,不能超过可分配的总收入的 2% 到 3% 3. 对于每一个有劳动能力的社员,经过生产队社员大会通过,可以规定他每年做一定数目的生产性的基本建设工,作为集体经济的劳动积累。这种基本建设工,一般地应该控制在每个社员全年基本劳动日数的 3% 左右	公社和生产大队,一般不从生产队提取公积金和公益金	

资料来源:《农村人民公社工作条例修正草案》,载国家农业委员会办公厅编:《农业集体化重要文件汇编》(下册),第 639—640 页。

* 1962 年 9 月 27 日由中共第十届中央委员会第十次全体会议通过。此前,于 1961 年 3 月起草的《农村人民公社工作条例(草案)》中的相关规定与《农村人民公社工作条例修正草案》存在差异,这主要表现在:其一,在《草案》中,是以生产大队作为基本核算单位的,明确规定"生产大队扣留的公积金和公益金,合计起来,一般控制在大队可分配收入的 5% 左右","对于每一个有劳动能力的社员,经过生产大队社员代表大会或者社员大会通过,可以规定他每年做一定数目的生产性的基本建设工,作为集体经济的劳动积累";其二,《草案》中规定人民公社有权从生产大队提取公积金作为公共积累,只是提取的比例要经过县人民委员会的批准。但在《修正草案》中公社的这一权利被取消。从这种内容上的明显差异也可以看出中央政策所发生的变化。(参见《农村人民公社工作条例(草案)》,载国家农业委员会办公厅编:《农业集体化重要文件汇编》(下册),第 455—470 页)

人民公社集体公共积累提高的直接结果是农村公共品的"普惠式"

提供。人民公社时期，公积金和公益金是集体提留的最重要的组成部分。公积金、公益金的提取数量和用途都要由社员共同讨论决定，一般来说，"生产队兴办基本建设和扩大再生产的投资"从公积金内开支，而公益金"主要作为社会保险和集体福利事业的费用"[①]。它们或是用于公共积累，或是用于公共服务，人民公社时期的农村教育普及、合作医疗、社会保障、基础设施建设、水利兴修等诸多工作的开展都得益于收益中的这部分集体提留。这些资金发挥了为农村居民提供公共产品的作用。

不论是城市，还是乡村，在公共品提供、基础设施建设等方面都需要政府有所作为。而在需要大量积累和投入的工业化初期，人民公社的组织运作方式及其集体提留资金在一定程度上缓解了国家财政无力顾及农村公共产品与公共服务提供的问题。这一时期中国在农村卫生服务提供以及相关社会保障方面所取得的成就不容忽视。[②] 这是新中国成立后"农民合作"带来的额外收益。

表5.7 农村合作医疗和赤脚医生发展情况

	单位	1970年	1975年	1978年
一、已实行合作医疗的大队	万个	49.8	57.1	56.3
占全国生产大队比重	%	76.6	84.6	82.0

[①] 国家农业委员会办公厅编：《农业集体化重要文件汇编》（下册），第640页。

[②] 关于这一点不止国内的学者给予肯定。如被誉为"休克疗法"之父的萨克斯就曾从几个方面肯定了集体经济时期中国在反贫困过程中取得的一些成就：第一，通过大规模的医疗卫生运动减少或者消除了几种传染病（包括疟疾、钩虫、血吸虫病、霍乱、天花以及瘟疫等）的传播；第二，通过培训大量的赤脚医生以为农村地区居民提供必要的医疗服务；第三，基础设施（道路、电力、饮用水以及公共厕所）得到明显改善，从而提高农村居民身体健康环境的安全性；第四，农作物产量极大提高，引进了一些高产的农作物品种；等等（杰弗里·萨克斯：《贫困的终结》，邹光译，上海人民出版社2007年版，第135—136页）。再如让·德雷兹、阿玛蒂亚·森著《饥饿与公共行为》（社会科学文献出版社，2006）第11章中的讨论。尽管这些研究者对中国这一时期所采取的其他政策和发展模式并不完全认同。

续表

	单位	1970年	1975年	1978年
二、赤脚医生	万人	121.8	155.9	166.6
每个生产大队平均	人	1.9	2.3	2.4
女赤脚医生	万人		50.2	58.2
占赤脚医生总数比重	%		32.2	35.0
经过复训的赤脚医生	万人		86.6	96.9
占赤脚医生总数比重	%		55.5	58.2
三、生产队卫生员	万人	356.1	328.2	311.1
四、农村接生员	万人		61.5	74.3

附：1968—1978年全国卫生部门到农村参加巡回医疗人次数累计122.6万人次。其中：1972年2.7万人次，1973年3.8万人次，1974年6.1万人次，1975年11.3万人次，1976年11.2万人次，1977年9.5万人次，1978年4.4万人次。
资料来源：《建国三十年国民经济统计提要（1949—1978）》，第362页。

以医疗卫生情况为例，1978年我国实行合作医疗的生产大队占大队总数的82%。[①] 各省（自治区、直辖市）情况稍有不同，有些省（自治区、直辖市）合作医疗开展很好，如上海所有的生产大队都实行了合作医疗，北京99.5%的生产大队实行了合作医疗，陕西、青海、新疆、湖北、湖南、江苏、天津等该比重都在90%以上，贵州省最低也达到了65.1%。1958—1978年的20年间，我国农村地区拥有的医院数量由1958年的46031个（1957年为2523个）增加至1978年的58873个[②]；而在此期间，即使不包括赤脚医生等不脱产的卫生人员在内，农村地区拥有的专业卫生技术人员占全国专业卫生技术人员总数的比重仍达53%—70%左右。[③] 与此同时，中国在初等和中等教育方面也取得了显著的成绩，大幅度地提高了民众的受教育程度，降低了

[①] 西藏自治区除外，1978年西藏自治区有1016个公社实行合作医疗，占公社总数的49%，其余地区系全民免费医疗。
[②] 同期城市医院数量由1958年的2549个增至1978年的5548个。
[③] 20年间，该比重没有低于过53%。参见《建国三十年国民经济统计提要（1949—1978）》，第358、363页。

文盲率。卫生、教育领域的改进所推动的人力资本积累,为后来中国经济的持续快速增长提供了强劲的动力。① 而在改革开放以后,农村的公共产品和服务提供状况却不容乐观,农民需要为医疗卫生、教育、基础设施建设等负担大量的费用,这是造成20世纪90年代农民负担沉重的重要原因之一。

3. 二元体制下的农业和农村发展

人民公社时期的工农业发展是农业合作化运动期间工农业发展状态的延续,两者处于一种非均衡的状态当中,绝大部分年份工业总产值的增速都远远高于农业总产值增速。区别只在于重工业、轻工业和农业三者占工农业总产值的比重维持在一个相对稳定的状态中,而不像农业合作化运动期间那样发生了巨大的变化。如果以1949年为基数,到1978年,工业总产值增长了近40倍,而农业总产值增长了仅两倍多。这是我们所采取的投资策略的一个必然结果,新中国前30年,用于工农业的投资相差十分悬殊,工农业投资额占基建投资总额的比重有时相差50余个百分点。我们以工农业失衡为代价推动了工业体系的快速建立,这也构成了新中国工业化的主要特征。农业部门为工业化提供了大量的农业剩余,成为中国工业化的最关键的推动力。从这个角度来说,人民公社确实完成了它的历史使命,即实现迅速的经济赶超和国家工业化。

---

① 参见李玲、李明强:《人力资本、经济奇迹与中国模式》,载朱佳木主编:《当代中国与它的发展道路》,当代中国出版社2010年版,第379—389页。

上篇　经济过渡和计划经济的探索

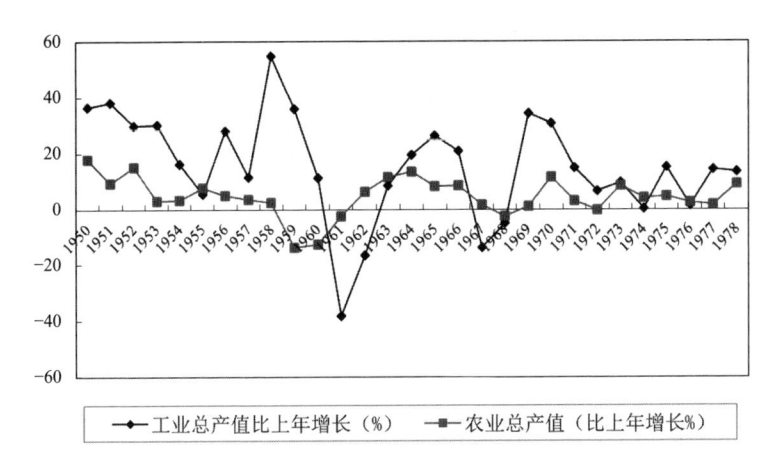

图 5.7　1950—1978 年工业总产值和农业总产值增速对比
资料来源：《建国三十年国民经济统计提要（1949—1978）》，第 25 页。

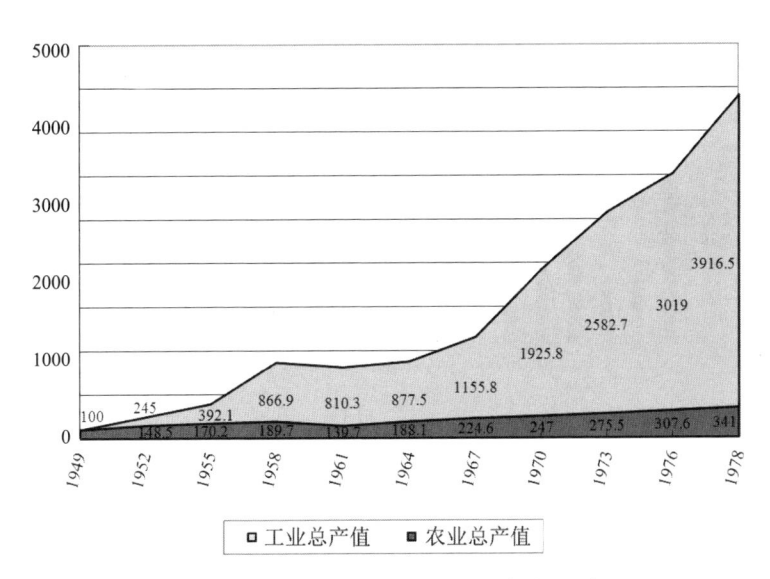

图 5.8　工农业总产值指数（以 1949 年为 100）
资料来源：《建国三十年国民经济统计提要（1949—1978）》，第 26 页。

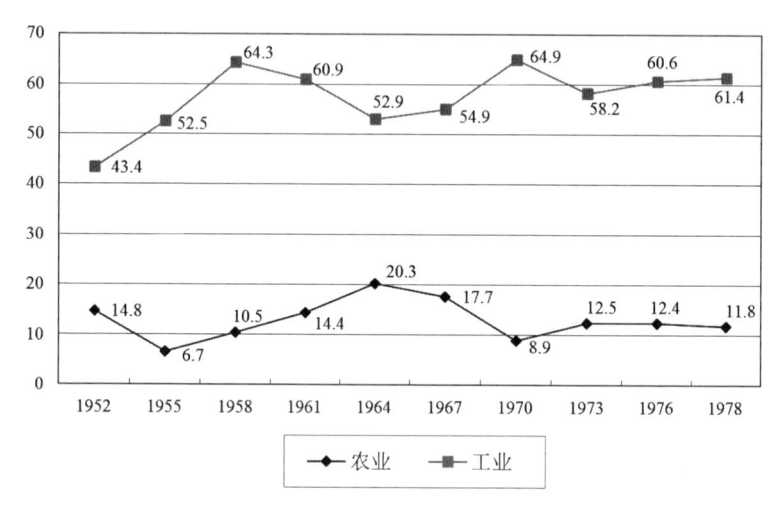

图 5.9　工农业投资额占基建投资总额比重（%）对比

资料来源：《建国三十年国民经济统计提要（1949—1978）》，第 32 页。

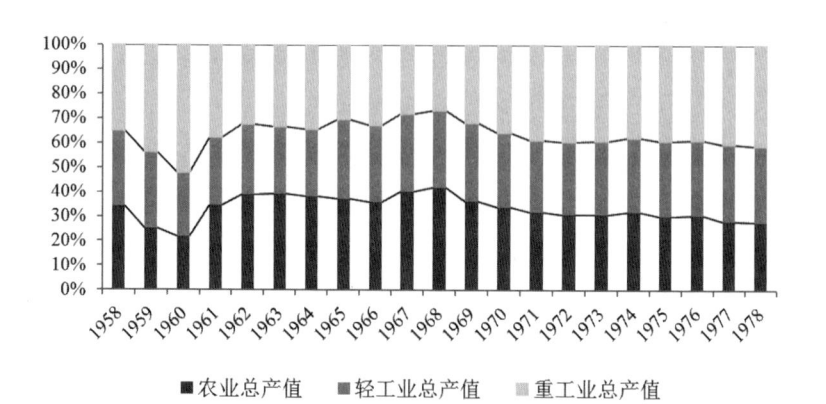

图 5.10　1958-1978 年农业、轻工业、重工业总产值占工农业总产值比重（按当年价格计算）

资料来源：《建国三十年国民经济统计提要（1949—1978）》，第 23 页。

五、结论：人民公社的历史遗产

人民公社是中国工业化和赶超战略的产物。新中国从 1949 年致力于国家的工业化和现代化，到现在基本完成了工业化，这么迅猛的工业化在全世界没有先例。在这个进程当中，农民的组织化、农村的合作化，包括人民公社，都做出了极其重大的历史贡献，也付出了极大的代价。

1. 人民公社的历史教训

人民公社为什么会在 20 世纪 80 年代慢慢退出历史舞台？我们要深刻反思人民公社制度安排中一些消极因素（即使这些因素是赶超战略和快速的工业化所必需的），深入探讨导致人民公社瓦解的内在制度根源。我们大概可以提出如下假说，来说明人民公社的内部制度不足：

一个是"激励不足假说"，即人民公社内部没有适当的激励机制，收益分配机制有问题，导致农民不愿意投入劳动，而是采取偷懒的搭便车的方法。实际上，后来人民公社体制的一个主要调整就在收益分配机制的调整上，比如自留地的调整。

第二个假说可以称为"生产力水平或经济发展水平约束假说"。人民公社制度是一套比较理想的体制，这套体制其实是很先进的制度，但是却严重脱离了当时农村的经济发展水平，也就是生产关系的发展严重脱离了当时生产力发展的水平，政策制定者过于理想化了，对于小农经济的顽固性和农民小农意识的顽固性没有充分的估计。这就导致人民公社体制与当时的农村生产力水平、农业技术水平、农民组织化水平不相匹配。

第三个假说可以称之为"监督缺陷假说"。人民公社是一个几万人左右的庞大的合作社，农业生产的监督问题一直是一个棘手的问题。

有些人说在人民公社当中农民的幸福指数很高,因为存在着监督困难,很难监督农民的行为。监督有缺陷,信息不足,对农民的约束机制就不行,最后导致合作社失效,因为搭便车的太多了。

第四个假说是可以称为"退出权假说"。在人民公社中农民退出的权利被剥夺,这对一个俱乐部或者合作社来说是致命的。没有了退出权,合作社成员就必然理性地选择搭便车,合作社就丧失了提高效率的动力,因为缺乏成员"退出"的威胁。

第五个假说可以称之为"规模边界假说"。合作社的管理成本、监督成本、信息对称的程度、内部治理的效率,与合作社的规模密切相关。如果合作社规模比较合适,则其信息比较充分,管理成本能够得到控制,这个合作社就是有效的;相反,如果突破了规模的边界,合作社的规模太大,则这个合作社一定会面临崩溃的危险,因为会存在大量的信息不对称,会出现大量的监督问题和激励问题。一个人民公社少则两三万人,多则五六万人,监督成本、组织成本之高不可想象,信息不对称很严重,组织生产、调配资源的复杂性极高,这就不得不动用强大的政治力量和意识形态来支配资源、监督劳动、动员农民的积极性,但这些东西是不能持久的。

第六个假说可以称之为"契约假说"。一个农民加入一个合作社,其前提是出于自愿,他根据他自己的资源禀赋情况,来计算他的成本收益,最后决定是否加入合作社。在这种自愿的情况下,他和合作社之间就有一个基于平等和自由选择的契约。在合作社运动的早期阶段,也就是在初级社和高级社阶段,农民加入合作社基本上是基于自愿的,政治上强制性的因素比较少(但也不能说绝对没有);而到了人民公社化阶段,在很短的时间就跳跃到人民公社,几乎在几个月之间全国农民都加入了人民公社,这背后的动力是什么?很显然,政治压力和意识形态压力是非常非常重要的因素。要经过合作者之间长时间的相互博弈、相互妥协、信息沟通,还要设计完好的机制,才能持续维系一个合作社的效率，但是，人民公社基本上不是一个渐进的自发的过程，而是一个非常激进的过程，这个激进的过程破坏了农民与合作社之间的平等契约关系。

第七个假说可以称之为"产权缺失假说"。在人民公社体制下，农民的土地所有权、收益权和处置权，包括其他财产权，基本上都是缺失的，这就扭曲了激励，这个方面我们在上一讲已经有充分的讨论。

以上我们提出了七个假说，用这些假说来阐释人民公社体制为什么最终在中国大地上消失。只有深刻理解了人民公社体制消失的制度根源，我们才能理解家庭联产承包责任制改革的必然性。

2. 人民公社的历史遗产

但是在反思人民公社的制度不足的同时，我们也要看到人民公社所带来的正面的积极的历史遗产。人民公社30年的时间，为中国工业化提供了大量的农业剩余，也为1978年之后的改革开放提供了大量的人力资本。[①] 对于这一历史事实，也要给以相当的尊重。在人民公社时期，农村公共品的供给达到了历史高度，在这一时期，农村教育普及、农村合作医疗、农村社会保障、农业基础设施建设、农田水利的兴修等，都得益于人民公社体制。以农村合作医疗为例，在20世纪70年代，联合国卫生署提出，中国农村的赤脚医生制度与合作医疗是全世界农村卫生工作的样板。毛主席说，把医疗卫生的重点放到农村去。这一时期，农村的健康水平乃至全国的健康水平提高很快。农村消除了大规模的传染病和流行病，儿童的死亡率达到全世界最低，这些都是得益于中国农村实行的农村合作医疗制度。这个体制优势，在改革开放之后反而丧失了，导致中国在农村教育、农村医疗、农村社会保

---

① 李玲：《人力资本、经济奇迹与中国模式》，载潘维主编：《中国模式：解读人民共和国的60年》，中央编译出版社2009年版，第201页。

障、农田水利和基础设施建设方面,出现大面积的倒退,到现在还是在补课。

邓小平在 1978 年之后讲到"两个飞跃"的问题,他说中国农村在改革开放之后,必须经过"两个飞跃",一个飞跃是由人民公社到农村联产承包责任制的飞跃,这个飞跃解决的是激励问题,分配制度改变导致农民生产积极性提高;第二个飞跃,是由一家一户的小农经济向规模化经营的现代化农业飞跃。① 人民公社试图实现农村规模经营,但其制度设计大大超越了当时农村的生产力水平,超越了当时老百姓的认知水平,因此,人民公社必然存在内在的深刻的问题,这些问题导致人民公社体制本身必须进行调整。

从 20 世纪 60 年代发生严重饥荒到 1978 年,人民公社体制在不断调整,这个调整是一个连续的过程,不要认为人民公社一夜之间突然就发展到农村联产承包责任制了。农村人民公社过渡到农村联产承包责任制是一个自然的过程。在人民公社的实践过程中,就埋下了很多变革的种子,比如说自留地的变化、社队企业的发展、激励制度和分配制度的变化、包产到户的实践等,为改革开放之后的农业变革奠定了基础。

因此,这两个时期,1978 年之后的时期和 1978 年之前的时期,有其内在的关联,不是断裂的。人民公社为改革开放的启动留下了大量的历史遗产,比如社队企业的发展,为乡镇企业发展奠定了基础。人民公社时期培养出来的人力资本,支撑了中国的工业化,支撑了中国的现代化,也支撑了 1978 年以来的改革开放。不应该割裂地看待两个时期,特别是不要把前 30 年说得一塌糊涂,这不符合实际情况,也不是一种科学的态度。

改革开放以来,我们改正了人民公社时期的一些错误做法,农民的产权得到更多的尊重和保护,农民自由选择的权利得到更多的尊重。

---

① 参见《邓小平文选》第三卷,第 355 页。

随着经济社会发展，这些方面都有了深刻的变化，这是时代的进步，也是时代发展的必然。人民公社已经完成了它的历史使命，这场理想主义的大规模的国家试验，没有任何先例可循，新中国一边创造、试验、探索，一边修正、调整、反思，这是一个长达几十年的动态的过程，充满了理想主义和现实主义之间的张力，伴随着国家与农民、城市与乡村、工业与农业、计划与市场之间的复杂的矛盾与冲突。回望人民公社的历程，实际上很多体制因素都是我们今天在农业经营体制变革和农村发展方面需要进一步汲取和借鉴的，这就需要我们对人民公社这一历史遗产有一种客观的扬弃的态度，把"扬"和"弃"结合起来，而不能简单化地一概否定。

第六章
"弹性的社会主义":计划经济的历史探索、运作特征与未来展望

一、引言:过渡经济学中的计划与市场

1978 年的中共十一届三中全会开启了中国改革开放的进程,自此中国开始了在高度集中的计划经济体制内逐步引入市场因素的尝试。而发生于 20 世纪 80 年代末 90 年代初的苏联解体和东欧巨变则使更多的社会主义国家纷纷走上了市场经济的道路。于是,以众多社会主义国家经济体制的变革为主要研究对象的过渡经济学(或称之为转型经济学,transition economics)引起了越来越多的学者的关注。从计划经济到市场经济转变过程中所表现出来的制度变迁特征以及各种改革路径所带来的经济绩效成为人们讨论的重点。

然而,值得提出的是,这种讨论并不是过渡经济学所应该包括的全部内容。早在 20 世纪 20 年代,被列宁誉为"学识卓越的马克思主义经济学家"[①]的布哈林就曾经写过一部《过渡时期经济学》[②],只是那时的理论家和实践者们所关注的"过渡"和今天的过渡经济学研究的主题刚好相反,如何由市场经济或准市场经济向社会主义计划经济转变是当时人们力图解决的命题。而第一次"过渡"产生的结果——计划经济体制在苏联以及后来许多社会主义国家的确立——正是我们今

[①] 《列宁选集》(第三卷),人民出版社 1995 年版,第 531 页。
[②] 尼古拉·布哈林:《过渡时期经济学:第一部分转化过程的一般理论》,余大章、郑异凡译,生活·读书·新知三联书店 1981 年版。

天所探讨的"过渡"的前提条件。只有当我们对发生在社会主义国家内的两次"过渡"都有了清晰和深刻的认识之后，我们才能更好地理解计划与市场之间的关系。

新中国在其60年的发展历程中也经历了两次经济体制的变革。一次是20世纪50年代通过统购统销、社会主义改造等一系列政策的推行，我们逐步形成和确立了社会主义计划经济体制，另一次就是1978年以来的由社会主义计划经济向社会主义市场经济体制的转变。在两次变革的过程中，新中国领导人对计划与市场的关系作出了艰苦的探索和尝试。本章特别对毛泽东、刘少奇、陈云、李富春在新中国建立初期关于计划与市场关系的观点进行了系统梳理。从计划经济的诞生与调整的宏大视角来看，这四位领导人对我国社会主义计划经济的形成起到较大的作用，产生了较大的影响，因此最富于代表性。在系统梳理的基础上，本章对社会主义经济计划所需要的理想前提条件进行了探讨，对"弹性的社会主义模型"的基本特征进行了系统的刻画，并对计划经济的未来进行了展望。

二、毛泽东在社会主义过渡时期对计划经济与市场经济关系的理解

1. 实行轻重平衡、工农平衡、国防工业与非国防工业平衡、沿海与内地平衡的国民经济平衡发展战略

（1）毛泽东认识到在社会主义经济运转中，既要集中，又要发挥地方积极性，同时又要处理好沿海与内地的关系，不要限制沿海地区的发展，要依靠沿海发展轻工业。1956年3月2日，毛泽东听取地方工业部汇报。地方工业部的汇报，引发了毛泽东进一步思考如何发挥地方积极性的问题。他说：苏联有一个时期很集中，也有好处。但缺点是使地方积极性减少了。我们现在要注意这个问题。地方政权那么

多，不要使他们感到无事可做。关于沿海地区工业，毛泽东指出：要采取积极合理发展的方针。有的可以内迁，不能内迁的应该积极合理利用，不要加以限制。有的同志，好像战争就要来的样子，准备着架势等待战争，因此要限制沿海地区的发展。这样不妥。轻工业百分之七十在沿海，不积极利用还靠什么来提高生产？(560301-2-540)

（2）在社会主义计划经济的执行过程中，毛泽东认识到计划不可能不加区别地涵盖一切部门和产品，对于重要产品要有计划，而对于另外一些产品应该采取较为灵活的政策，同时还要视情况发展私人性质的企业，要汲取苏联的教训，不要急于国有化。1956年12月7日，毛泽东在中南海颐年堂邀集全国工商联和民主建国会成员座谈。座谈中陈云说：计划要分批。重要产品要有计划，日用产品要自由主义。毛泽东说：现在我国的自由市场，基本性质仍是资本主义的，虽然没有资本家。它与国家市场成双成对。……因为社会有需要，就发展起来。要使它成为地上，合法化，可以雇工。……我怀疑俄国新经济政策结束得早了，只搞了两年退却就转为进攻，到现在社会物资还不充足。……可以搞国营，也可以搞私营。可以消灭了资本主义，又搞资本主义。现在国营、合营企业不能满足社会需要，如果有原料，国家投资又有困难，社会有需要，私人可以开厂。定息时间要相当长，急于国有化，不利于生产。(561207-3-47)

（3）社会主义计划经济是一种"有计划、按比例"发展的经济形态，其中特别注重各个产业之间的比例关系，要使各个产业得到协调和均衡的发展，既有计划重点，又要实现协调和均衡。所以在建国初期，毛泽东特别强调吸取苏联教训，呼吁大家注意轻重工业、农业与工业、国防工业与非国防工业的比例关系。1957年1月18日，毛泽东主持省市自治区党委书记会议时说：苏联付出的代价相当大，人民束紧裤带。他们是有了重工业，丧失了人民。我们是不是可以又有重工业，又得了人民？这个问题没有解决，要靠以后找出一条道路来。……保证必要的民生。无非是使轻工业发展起来，这是增加积累的道路。重工业、轻工业投资的比例问题，要重新研究。……适当地（不是太多地）增加轻工业方面的投资、农业方面的投资，从长远来看（五年、十年），既可以搞积累，又满足了人民的需要，反而对于重工业的发展有利。这样一来，就跟苏联走的那条路有点区别，不完全抄它那条路。……国防工业的投资和非国防工业的投资的比例，要重新考虑。国防工业是消费性的，你建立那么多，民用工业没有搞起来，将来真正打起仗来就不能打了。（570118-3-65～66）毛泽东这段话，注意到轻工业和重工业的比例关系，强调要关注民生，不要忽视轻工业；还注意到工业和农业的比例关系，农业的发展有利于积累和工业发展；还注意到国防工业和非国防工业的关系，注重民用工业的发展，不要畸形地发展消费性的国防工业。这些思想，都是辩证的思想，不走极端，在社会主义计划经济的运行中，这些富于辩证法的思想使中国比苏联少走很多弯路。

2. 科学谨慎编制经济发展计划，做到经济计划与自由主义的统一

要加强计划，并科学编制计划。1952年12月22日，毛泽东审阅中共中央关于编制一九五三年计划及长期计划纲要若干问题的指示稿，指示指出编制计划中应注意的几个问题，其中有：（二）必须以发展重工业为大规模建设的重点；（三）编制计划时，必须充分发挥现有企业的潜在力量，反对保守主义；（四）我们的计划必须正确地反映客观经济发展的法则；（五）编制计划时必须吸收群众特别是部门的先进人物参加讨论；（六）编制计划的工作必须首长负责，亲自动手，掌握国家的建设方针，采取科学的工作态度（521222-1-642）。这里面反映出社会主义计划编制的几个重要指导思想：一是既要反对保守主义，又要实事求是，有科学精神，不违背经济法则；二是要在社会主义经济

计划的编制过程中发挥群众力量，使群众参与进来，这是一个很重要的思想，是参与式的现代协商民主在社会主义计划经济中的一次具体实践。毛泽东强调在编制计划的过程中要谨慎，要有长远眼光，不要不切实际。1956年9月13日，毛泽东在中南海怀仁堂主持召开中共七届七中全会第三次会议。毛泽东在会上讲话说：关于"二五"计划的建议，搞了两个稿子，从前那个比较长，今天这个是十六条，简明扼要，采取谨慎的态度。这样长远的计划，许多事情要做到，支票不可开得太多，采取谨慎的态度比较好，年度计划再去按照情况发展。（560913-2-623）

3. 强调经济计划的渐进性、试验性和试错性，进行经济计划的动态调整

强调社会主义经济计划的试验性和试错性。1957年1月18日，毛泽东主持省市自治区党委书记会议。陈云作关于财政经济问题的报告，毛泽东多次插话。他说：各部门之间的比例究竟怎样平衡才恰当？重工业各个部门之间的比例，轻工业各个部门之间的比例怎样平衡才恰当？这个比例再搞五六年是不是能搞得出来？……有些东西现在不能定的，哪样东西多，哪样东西少？煤、电、油应该搞多少？轻工业究竟搞哪些东西？农业搞多大的规模，投多少资？这要过一个时期才能看得出来。现在脑筋里想的是主观安排，有很多东西可以断定是不合实际的。但是，不合实际为什么要安排？你不安排不行。现在只好开工厂，究竟开得恰当不恰当，那要将来才能知道。（570118-3-65）这段话很经典，里面就包含着计划的动态调整思想，以期使计划逐步合于经济发展的实际规律。每一步的计划都是试验性质的，计划是不断试错又不断纠正的学习过程，而不是一次性的固定僵硬的制定过程。

4. 探索中央集权和地方分权之间的辩证关系，调动地方积极性

（1）新中国成立之初面临的最大问题是国家经过长期战乱之后的四分五裂的涣散局面以及政令和经济运行不统一带来的混乱和无效率。中央要集权才能迅速处理国家大事，这是当时从旧社会过来的人的普遍愿望，也是对以前涣散的中国的批判与诀别态度之表现，同时还要处理好中央集权和地方分权之间的平衡。1949 年 12 月 2 日，在中央人民政府委员会第四次会议上，毛泽东说：中国是一个大国……应该统一的必须统一，决不许可各自为政，但是统一和因地制宜必须互相结合。在人民的政权下，产生像过去那样的封建割据的历史条件已经消灭了，中央和地方的适当的分工将有利而无害。（491202-1-55）1953 年 8 月 12 日，毛泽东出席全国财经工作会议时说："要统一集中，但分级管理也是很必要的。"（530812-2-149）1954 年 6 月 11 日，毛泽东在中南海勤政殿主持召开宪法起草委员会第七次会议，会上何香凝说，"中央要集权，才能迅速及时处理国家大事"。毛泽东说，我们是中央集权，不是地方分权。一切法律都要中央来制定，地方不能制定法律。中央可以改变地方的决定，下级要服从上级，地方要服从中央。……就是要集中权力，要能灵活使用。（540611-2-248）1956 年 3 月 1 日，毛泽东听取国务院汇报。在汇报到划分中央和地方企业隶属关系时，毛泽东说：是不是中央部门想多管一点？要注意发挥地方的积极性，中央企业和地方企业划分的主要根据是供销范围。（560301-2-539）从毛泽东以上论述可以看出，在社会主义计划经济的运转过程中注重中央集权与地方分权的平衡，既发挥中央集权集中办大事、统一政令、统一市场的作用，又发挥地方的积极性，使地方在执行计划的过程中有一定的灵活性和独立性，这是毛泽东一以贯之的思想，在《论十大关系》中也贯串了这一思想。

1956 年 4 月 28 日，毛泽东在中共中央政治局扩大会议上说：过

分的集中是不利的，不利于调动一切力量来达到建设强大国家的目的。请同志们想一想我们党的历史，现在适当地来解决这个分权、集权的问题。关于社会主义整个经济体制的问题，他说：关于企业的独立自主，列宁所说的独立自主，应搞到什么程度，请大家注意研究。我这里随便这么讲，表述不是很准确，叫做要有点"独立王国"，就是要有半独立性，或者是几分之几的独立性。这个问题很值得研究。关于全国平衡问题，他说：有一个同志讲，地方要有独立性，同时还要有全国的平衡，我看这句话很好。有一些事情地方是不享有独立性的，只有国家的统一性。另一些事情地方是享有独立性的，但也还需要有全国的平衡，没有全国的平衡，就会搞得天下大乱。没有全国的平衡，没有调剂，全国的工业化就搞不起来。（560428-2-571）这里面既讲到地方的独立性问题，又讲到企业的独立性问题，就是强调在社会主义计划经济的实施过程中，企业和地方不是完全被动地、僵硬地、没有任何自主性地执行中央的计划，而是要拥有一定的弹性，拥有自己的部分的"独立王国"，把国家的统一性与地方和企业的独立性结合起来。

（2）毛泽东强调要化解中央各部委的条条和地方的块块的矛盾，屡次讲到制度激励问题。1956年2月14日，毛泽东听取主管重工业的国务院第三办公室汇报。开始时，毛泽东说了一段话：我去年出去了几趟，跟地方同志谈话。他们流露不满，总觉得中央束缚了他们，地方同中央有些矛盾，若干事情不放手让他们管。他们是块块，你们是条条，你们无数条条往下达，而且规格不一，也不通知他们。他们的若干要求，你们也不批准，约束了他们。讲到本位主义问题，毛泽东说：批评本位主义的文章要写，但光批评，光从思想上解决问题不行，还要研究解决制度问题。人是生活在制度之中，同样是那些人，实行这种制度，人们就不积极，实行另外一种制度，人们就积极起来了。解决生产关系问题，要解决生产的诸种关系，也就是各种制度问题，不单是要解决一个所有制问题。农业生产合作社实行包工包酬制度，据说二流子也积

极起来了,也没有思想问题了。人是服制度不服人的。(560214-2-528)
"条条"和"块块"的矛盾,只有依靠制度激励去解决,使各地方既能顺应整个国家的大战略和统一规划,又能有动力发挥各自的积极性,这样地方和地方之间就是一种竞争性的关系,不是坐等中央的计划。

三、刘少奇在新中国建立前后对计划和市场关系方面的观点

1. 消除旧中国无组织、无纪律、无政府状况,构建有组织、有计划的国民经济

新中国成立之前,在刘少奇的设想中,新民主主义的题中应有之义即实现有组织、有计划的经济,消灭以往旧中国的无组织、无政府状态,避免资本主义经济中固有的经济恐慌。他认为:"既然新民主主义经济不同于普通的资本主义经济,既然在新民主主义经济中今天就已存在着社会主义的因素,在将来还要逐步地转变为社会主义的经济,那么,新民主主义的国民经济就应该是有组织、有计划的经济。而要实行全东北及全国范围内的国民经济的组织与计划,哪怕是最初步的组织与计划,国家就必须适当地建立一切经济部门的管理、监督和统计机关,并使这些机关分布于全东北及全国各地,又在一个统一的领导和计划之下进行工作。由于国家的一切经济命脉,如大工业、大运输业、大商业及银行信贷机关与对外贸易等,均已操在国家手中,并有共产党所代表的无产阶级对于国家的领导,那么,在今天就已经有可能、而且完全有必要对于整个国民经济的生产与分配实行某种程度的组织性与计划性,以便避免资本主义经济中所固有的无政府状态和经济恐慌。"[①]

---

① 中共中央文献研究室、中华全国供销合作总社编:《刘少奇论合作社经济》,中国财政经济出版社1987年版。这是刘少奇在修改一份文件时写的部分手稿,约写于1948年11、12月间。

2. 做好集中统一与因地制宜和适度分散之间的权衡

在社会主义过渡基本完成之后，随着统一工作和计划工作的逐步深入，又出现了过于呆板、过于集中的弊端，如何做好统一、集中与分散、因地制宜之间的权衡，是新中国经济计划中必须面对的重大问题。1957年左右，在第一个五年计划完成之后，刘少奇即意识到计划工作必须在统一计划、增强集中性与因地制宜、适度分散之间找一个平衡。他说："解放以来，我们一直在做统一工作，这个工作做得很有成绩，而且相当彻底，缺点就是太厉害了一点，太死了一点。……如果所有的物价都由中央规定，地方不能因地制宜，就会出现很多不合理的现象……。我们一方面应该保证国家各方面的统一，从六亿人口出发，搞统一计划；另一方面要改正那些不合理的、过分集中的毛病，让地方能因地制宜。""如果统一集中有点过分，就分散一点；如果权力下放过多，出了毛病，就再收一下，没有什么了不起的。我们现在中央与地方和企业的关系与旧中国不同，我们是社会主义制度下面的上下级关系，相互间没有对抗性的矛盾。只要权力分得适当，既有统一，又有因地制宜，我们的经济就会有较快的发展。"[①]

3. 认识到自由市场有利有弊，对其要实行差别化的政策，但是慎用行政手段和强制性的手段，同时要把计划性和多样性、灵活性结合起来，适当增加地方、企业和个人的自由度

自由市场和计划经济是一对矛盾，在计划经济中如何认识自由市场，如何利用其好处，而限制其坏处，是新中国计划者面临的棘手问题。刘少奇认为："由市场引起一些问题，也是人民内部的问题。自由

---

① 中共中央文献研究室编：《刘少奇论新中国经济建设》，中央文献出版社1993年10月第1版。这是刘少奇1957年11月14日在第一届全国人民代表大会常务委员会第八十四次会议上讲话的节录。

市场也有两方面的作用，有有利于国计民生的作用，也有有害于国计民生的作用。因此，我们对自由市场的政策也是利用、限制、改造。对自由市场要有适当的限制。限制的办法，我想有这样几种：一个是经济的办法，就是国营商业与自由市场竞争。……一个是税收的办法，经济办法限制有困难，就可以加税。再一个是行政的办法，就是有些用经济办法、税收办法限制也困难，就采用行政办法。但要把行政的办法当作最后手段，最好不用。"

同时，刘少奇认为新中国要把计划性和多样性、灵活性结合起来，适当增加地方、企业和个人的自由度。"自由市场对于我们社会主义经济制度来说，提出了这么一个问题：社会主义经济的特点是有计划性，是计划经济，但是实际社会经济活动，包括各行各业、各个方面，有几千种、几万种、几十万种，国家计划不可能计划那么几千、几万、几十万种，只能计划那么多少类，结果就把社会经济生活搞得简单了，呆板了。这在苏联已经有经验教训，计划经济是实行了，但把多样性、灵活性搞掉了，经济生活搞得简单、呆板。因此，如何使我们的社会主义经济同时具有这样几个特点：既有计划性，又有多样性，又有灵活性，这就要利用自由市场。一方面自由市场可以补充当前我们社会主义经济的不足，另一方面它可以帮助我们在经济上搞多样性和灵活性。""为了使社会主义经济既有计划性，又有多样性和灵活性，就必须增加地方与企业的自治权力，以及在一定的限度内允许个人的经济活动。一家农户可以搞副业，可以喂鸡、喂猪，甚至允许有个人的经济发展计划。一个合作社有合作社的计划和权力，一个乡有乡的计划和权力，一个企业有企业的计划和权力。地方有这个权力经营什么，不经营什么，价格要增加，还是要减少，增加税收，还是减少税收，要使地方、企业、合作社有适当的自治权。……增加地方和企业的自治权，增加个人经济活动的自由，这也是个体制问题。地方、企业以及个人必须有一定范围的经济活动的自由，没有这个自由，社会主义经济就不可能有多样性和灵活性。"①

刘少奇认为，苏联模式的主要缺陷是计划太死，没有灵活性。他说："研究社会主义经济，还要特别注意一个问题，就是使社会主义的经济，既要有计划性，又要有多样性和灵活性。苏联在这方面的教训是很值得我们注意的，他们只有社会主义经济的计划性，只讲究计划经济，搞得呆板，没有多样性、灵活性。""我们要接受苏联的经验。苏联的社会，一去就可以感到经济生活中明显地缺乏多样性、灵活性。希望同志们好好地研究这个问题：要社会主义经济既有计划性，又有灵活性、多样性，丰富多彩。"②

4. 强调正确处理中央和地方的关系，既反对分散主义，又要照顾地方利益和诉求

地方和中央永远处于博弈之中，这种博弈，如同市场经济中的供求双方和企业合约双方的博弈一样，实际上是资源配置的一种方式，是一种在计划经济下不断试错以达到比较均衡的资源配置的途径。因此，对于地方的博弈行为，中央一方面会严格禁止，以防地方的独立性对中央计划和集中管理的破坏；另一方面，中央也不得不照顾地方的诉求和利益，以期调动地方的积极性；同时，我们也应该看到，中央对地方的妥协和让步，一方面当然意在让地方享有一定的自主性，但是更重要的意义在于，通过地方的博弈和中央的妥协，双方实际上达成一个交易的均衡，这是在社会主义计划经济的运行过程中所形成的一种平衡机制、纠偏机制和试错机制。这与市场中的博弈行为的原则和效果是一样的。

---

① 中共中央文献研究室、中华全国供销合作总社编：《刘少奇论合作社经济》。这是1957年4月27日刘少奇在中共上海市委召开的党员干部大会上的讲话。
② 中共中央文献研究室编：《刘少奇论新中国经济建设》。此文出自刘少奇1957年5月7日的《关于高级党校学员整风问题的谈话》。

所以，刘少奇一方面极力反对地方的分散主义和本位主义，另一方面也注重给予地方更多的自主决策权。在谈到分散主义时，他说："在我们党内，有些干部严重地沾染了本位主义、个人主义等非无产阶级思想，斤斤计较眼前的、局部的利益，缺乏远大的政治眼光。这是分散主义产生和滋长的更重要的原因。……分散主义的一切做法，完全不符合总路线的多快好省的要求，也完全不符合毛泽东同志所提出的发挥地方积极性和创造性的精神。分散主义，表面上似乎是为了某一地方、某一部门、某一单位的利益，但是，实际上损害了党和国家的全局利益和长远利益，归根到底，也就是损害了这个地方、这个部门、这个单位的根本利益。"

刘少奇强调要贯彻执行民主集中制，正确处理中央和地方的关系："在加强集中统一的同时，也需要在国家的统一计划以内，从生产任务的安排、基本建设投资的使用、某些物资的分配、劳动力的调度等方面，给各地方、各部门一定的机动余地和调剂权力，以便它们能够解决本地方、本部门的特殊问题，更好地完成国家统一计划所规定的任务。拿基本建设来说，根据过去的经验，国家应该把投资总额的百分之十至十五，交地方具体安排自己所需要的建设项目。地方的这些项目，都必须包括在统一的国家计划以内。"

刘少奇已经深刻地认识到，社会主义计划经济的施行，不仅是制定一个中央的计划那么简单。一个建立在集中决策、集中计划和集权操作基础上的中央计划经济，如果没有地方的支持，是不可能实现的。地方是中央计划实施的基础；同时，地方掌握着大量的信息，而大量的信息和数据是制定计划的基础；地方还掌握着实际的资源，如果没有地方的积极性和创造性，中央计划就会成为一个死的东西。所以，刘少奇认为，社会主义计划经济应该把地方计划与国家计划相结合，实行分级管理。他说："地方计划是国家计划的必不可少的组成部分。制定地方计划是实行分级管理的一个重要方面。在中央的集中领导和国家的统一计划下,各地方可以、而且应该合理地利用本地方的各种资源,充分地发挥各方面的力量,千方百计,全面地完成和超额完成国家计划规定的任务。出色地完成任务的地方,国家应该给以奖励。国务院的有关部门,应该拟订合理的奖励办法。应该了解,实行分级管理的根本要求,是各级地方和各级管理机关在自己的职权范围内,把所属的企业单位和事业单位认真地管理好。为了实现这个要求,所有地方,所有管理机关,都必须遵守党和国家统一规定的政策和制度。"①

关于加强中央的集中统一和发挥地方积极性的问题,刘少奇说:"一方面,我们要加强中央的集中统一,另一方面,我们不是减少而是要更加发挥地方的积极性,要使这两个方面统一起来。就是说,国家计划和地方计划,必须统一起来,必须是互相促进的,而不是互相促退的。国家计划和地方计划,如果统一得不好,是会互相促退的。有些地方计划就冲击国家计划,对国家计划起促退的作用;有的时候国家计划统得过死,对地方计划也起促退的作用。必须把地方计划和部门计划纳入国家计划之中,成为统一的国家计划,决不允许在国家计划以外,还有独立的地方计划和部门计划,更不允许把地方计划和部门计划置于国家计划之上。……大家必须一心一德,必须如实地报告数字,必须通力合作。只有这样,才能制定出一个切实可行的、大家一致遵守的统一的国家计划,也才能制定出在国家计划之内的切实可行的地方计划和部门计划。地方计划纳入国家计划以后,中央可以照顾地方。……当然,国家在分配产品的时候,在处理上缴利润的时候,对于地方的利益、地方的需要,都应该适当照顾。"②

---

① 中共中央文献编辑委员会编:《刘少奇选集》(下卷),人民出版社1985年版。此文是刘少奇1962年1月27日在扩大的中央工作会议上的讲话。
② 中共中央文献编辑委员会编:《刘少奇选集》(下卷)。此文是刘少奇1962年1月27日在扩大的中央工作会议上的讲话。

在这里，刘少奇特别提到"如实报告数字"的问题，也就是地方必须向中央提交准确完备的数据，以利于中央制定科学的计划。这实际上是社会主义计划经济的基础。但是由于地方和中央永远处于这样的博弈之中，由于地方毕竟是一个独立的利益主体，要想让地方无条件地全盘接受中央计划是不可能的，而从社会主义计划经济执行的效果来看，地方的博弈和对中央计划的一定程度的"有条件背离"非但无害，而且对计划的修订和完善还有益处。因此，尽管刘少奇一直严格强调"必须把地方计划和部门计划纳入国家计划之中，成为统一的国家计划，决不允许在国家计划以外，还有独立的地方计划和部门计划，更不允许把地方计划和部门计划置于国家计划之上"，但是在现实当中，这种禁令是难以奏效的；但是这种"不奏效"，恰恰可以视为计划经济自我调节和纠错的一种机制。

5. 在制定社会主义计划中强调充分协商、民主集中制、尊重等价交换原则

社会主义计划到底应该如何形成？是领导者根据自己的判断拍脑袋形成，还是应该由老百姓进行充分的讨论来形成？一个经济计划的制定，需要大量的数据和信息，这些信息分散在各个经济主体之中，各个地区之中，各个部分之中，要获得这些海量的信息，需要一个极其强大的统计组织，需要极其强大的协调能力和执行能力，需要动员几乎所有的人参与到信息的提供中。所以一个科学的计划的形成，是十分困难的。刘少奇认为，计划的诞生过程中要走群众路线，也就是要力争通过民主的方式获取更多的信息。他说："因为我们这几年提出的过高的工农业生产计划指标和基本建设指标，进行一些不适当的'大办'，要在全国建立许多完整的经济体系，在农村中违反按劳分配、等价交换的原则，刮'共产风'，以及城市人口增加过多等等，都是缺少根据或者是没有根据的，都没有进行充分的调查研究，没有

同工人和农民群众、基层干部和技术专家进行充分的协商,没有在党的组织、国家组织和群众组织中严格地按照民主集中制办事,就草率地加以决定,全面推广,而且过急地要求限期完成,这就违反了党的实事求是和群众路线的传统作风,违反了党的生活、国家生活和群众组织生活中的民主集中制的原则。这是我们这几年在某些工作中犯了严重错误的根本原因。"①

四、陈云在社会主义计划经济确立初期的"计划—市场"观

成立之初的新中国迫于西方国家的军事威胁和经济封锁,不得不在政治上选择了"一边倒"的外交策略。而不论是政治还是经济上与苏联的密切联系,都决定了我们的工业化道路不可避免地带有苏联模式的印迹。1953年,中共中央提出了党在过渡时期的总路线②,同时,为了缓解粮食供求缺口日益增大的紧张局势和保障工业化建设的需要,农产品统购统销制度也在这一年开始实施。③ 在此后的几年当中,随着社会主义改造的迅速完成,计划经济体制在我国得以初步确立。尽管

---

① 中共中央文献编辑委员会编:《刘少奇选集》(下卷)。此文是刘少奇1962年1月27日在扩大的中央会议上的讲话。

② 1953年8月,毛泽东在审阅中央财经会议结论时指出,"从中华人民共和国成立,到社会主义改造基本完成,这是一个过渡时期。党在这个过渡时期的总路线和总任务,是要在一个相当长的时期内,基本上实现国家工业化和对农业、手工业、资本主义工商业的社会主义改造。"这标志着党在过渡时期总路线的形成。参见《建国以来毛泽东文稿》第四册,第301页。

③ 1953年10月,陈云在全国粮食会议上发表了题为《实行粮食统购统销》的讲话,其中对当时全国粮食问题的严重性、为解决这一难题可能使用的其他几种方案及其局限性以及实行征购的时间、数量和办法都作出了详细的分析。10月16日,中共中央作出了《关于实行粮食的计划收购与计划供应的决议》。11月,中央批准了中财委关于在全国实行计划收购油料的决定,政务院颁布《关于实行粮食的计划收购和计划供应的命令》。1954年9月,政务院颁布《关于实行棉花计划收购的命令》,农产品的统购统销制度逐步形成。

这一体制在整合资源、集中力量推进工业化建设的过程中表现出了巨大的优势，但是，国家对于社会经济方方面面过于严格的控制也带来了一些弊端和问题。在这样的背景下，陈云开始了对计划经济的反思，对一些问题提出了新的看法，这主要体现在以下几个方面：

1. 注意国家与农民之间的关系，在统购统销制度中适度地赋予农民更多的自主经营权

统购统销制度的实行和农业合作化运动的不断推进所引发的一个最直接的后果是在农业经济中对微观主体自主权的限制，当这种限制超过一定程度时，必然会产生消极的影响。苏联由于"在农业集体化运动过程中过分突出了行政命令、强制与暴力的作用"，不仅极大地挫伤了农民的积极性，还导致了农业生产的下降。[①] 早在中共八大召开之前，毛泽东就指出，"鉴于苏联在这个问题上犯了严重错误，我们必须更多地注意处理好国家同农民的关系"[②]。

尽管陈云是统购统销政策的倡导者，但他却很早就意识到了高度集中的决策方式可能带来的问题。20 世纪 50 年代中后期，基于对农村的实地调查，陈云指出，应当因地制宜地安排农作物的生产，尊重地方长期形成的耕作习惯[③]，而不是一味推行政府制定的、有时可能并不适合当地实际情况和农民意愿的指令性计划。同时，也不能只重视粮棉而忽视其他作物的重要性，除"粮食、棉花及其他主要经济作物由国家掌握外，其他都可由农民自由经营"[④]。陈云甚至一再强调要确保农民拥有一定比例的自留地。[⑤] 而所有这些举措的实质都在于赋予农民更多的自主经营权，从而在集体内部实现对农民的有效激励。在陈云

[①] 陆南泉：《苏联经济体制改革史论》，人民出版社 2007 年版，第 63—64 页。
[②] 《毛泽东著作选读》（下册），人民出版社 1986 年版，第 728 页。
[③] 《陈云文选》第三卷，第 180—183 页。
[④] 《陈云文集》第三卷，中央文献出版社 2005 年版，第 101、103 页。
[⑤] 《陈云文集》第三卷，第 359—360 页；《陈云文选》第三卷，第 184—186 页。

看来,"农产品的收购松一点比紧一点好",如果"卡得过死",种类越统越多,东西只能越收越少,只有"搞得活一些",才能更好地推动农业生产的发展。①

2.国家市场和自由市场相结合,在计划经济体制下不能忽视市场调节机制的作用

不论是在城市还是乡村,陈云都觉察到了单纯依靠行政计划而不考虑任何市场因素的做法给经济运行带来的问题。因此,他提出,"市场管理办法应该放宽。现在从大城市到小集镇大部分都管得太死,放宽后,害处不大,好处很多"②。按照陈云的设想,既"要有国家市场,也要有在国家市场领导下的自由市场。如果没有这种自由市场,市场就会变死"③,必须"改变工商企业之间的购销关系",对于关乎国计民生和规格简单的产品,可以实行统购包销以稳定市场,而对于"品种繁多的日用百货",则应逐步停止加工订货、统购包销的方式,改为由"商业部门按照质量好坏和市场需要情况,对工厂产品进行选购",执行有利于生产的价格政策,优质优价,以此督促工厂能像自销时那样关注产品质量和消费者需要,热心于降低生产成本,并减少生产的盲目性。④

而在农村,则应在一定范围内开放自由市场。⑤ 允许农民在完成了一些重要物资的国家统购任务之后,向市场自由出售剩余产品及其他的一些小土产,这不仅刺激了农业生产多种经营的发展,增加了农民收入,还活跃了城乡之间的物资交流,弥补了社会主义商业的不足。⑥

---

① 《陈云文选》第三卷,第155页。
② 《陈云文选》第二卷,第335页。
③ 《陈云文集》第三卷,第99页。
④ 《陈云文选》第二卷,第322—324页;第三卷,第6—9页。
⑤ 参见武力:《社会主义改造完成后引入市场机制的先生——陈云与1956年农村自由市场的开放》,《当代中国史研究》2007年第5期。
⑥ 《陈云文选》第三卷,第22—26页;《陈云文集》第三卷,第109—110页。

因为陈云发现，由于垄断造成"国营商业做生意是'独此一家'，很有点'独霸'的味道"[1]，"市场管理办法限制了私商的采购和贩运。这些办法使农产品、农业副产品实际上成为由当地供销合作社或国营商业独家采购，而没有另外采购单位的竞争"[2]。如果不适当开放市场，那么在商业领域就极有可能因为缺乏多元的竞争主体而在无意中伤害农民的利益，比如致使农民由于农副产品收价过低而受损。

这些主张的提出标志着陈云已经充分认识到了市场机制对于微观经济主体行为的约束和激励作用，并力图使之成为以行政命令为主要手段的计划经济的有益补充，从而探索不同于苏联的一种新的经济发展模式。正如他自己所说的，"既要实行计划经济，管好市场，反对投机倒把，又不要把市场搞死。不走这条路，我们又找不到其他更好的路。我看要试一下子，摸索一个时期，也许可能从中找出一条好的出路来"[3]。

3. 对计划经济体制下微观经济主体组织形式进行初步反思，主张不要一味追求"大"与"统"，而要容许在部分领域的"小"和"散"

从1953年过渡时期总路线提出到1956年，新中国只用了短短三年的时间就基本上完成了对农业、手工业和资本主义工商业的社会主义改造。到1956年底，在全国范围内，加入高级社的农户就已经占到农户入社总数的90%以上，全国手工业合作社（组）成员占全部手工业从业人员的91.7%，全国私营工业户数的99%、私营商业户数的82.2%，也分别被纳入了公私合营或合作社。[4] 改造速度之快甚至超出了决策者最初的预期，但一些问题也随之产生。这种高度集中的组织

---

[1]《陈云文选》第三卷，第30页。
[2]《陈云文选》第三卷，第5页。
[3]《陈云文选》第二卷，第335页。
[4] 武力主编：《中华人民共和国经济简史》，中国社会科学出版社2008年版，第70、73、76页。

形式是否能够真正调动每一个参与者的生产积极性并推动经济的发展，成为一些领导人开始重新思考的问题。陈云就明确指出，"工业、手工业、农业副产品和商业的很大一部分必须分散生产、分散经营"，要"纠正从片面观点出发的盲目的集中生产、集中经营的现象"①。盲目的集中，特别是手工业、商业的过度集中，不仅不利于满足人民生活的需要，还可能使合作组织的成员丧失改进生产和服务的动力。

陈云甚至提出，"我们要勇敢地大胆地来设想一番，最低限度是大多数不应该搞大的。手工业绝大多数（百分之七十至百分之八十）不应该搞大社，不要统一计算盈亏；地方工业一般也不要搞大的，就是重工业也不一定都要搞大的。资本主义国家大小都有，我们一搞都是大的，这是错误的。在公私合营中，采取'先联后并，联而不并'的方针是对的。在手工业中，不仅服务性行业不能集中，就是制造性行业绝大多数也不能集中，已合并了的要退出来，已统一计算盈亏的要分出来。中国手工业应该多搞合作小组，自负盈亏，发挥其积极性，以适应市场千变万化的需要。即使个别制造性行业可以集中生产，统一计算盈亏，但是百分之七十至百分之八十的手工业社应该分散经营，各负盈亏。这样便能做到小巧玲珑，适应市场的需要"②。就比如上海弄堂里的白糖莲心粥、北京的馄饨担、城市里遍布胡同弄堂的杂货铺、四处游走的剃头担子，都该"长期保留单独经营的方式"③。陈云在20个世纪50年代末60年代初还不止一次地谈到一些农副产品可以归农业合作社个人经营的问题。"发展养猪、养鸡、养鸭，国家、集体、个人三种形式可以同时并行"，"农户分散喂养可能是最可靠而收效最快的办法"；养猪问题可执行"公私并举，私养为主"的方针；"母猪也应该下放给农民私养"④等。对这

---

① 《陈云文选》第三卷，第6页。
② 《陈云文集》第三卷，第100—101页。
③ 《陈云文选》第二卷，第294—295、298页。
④ 《陈云文选》第三卷，第13、126、171—177页；《陈云文集》第三卷，第352—356页。

些看似琐碎问题关注的背后，是陈云对集体组织在一些方面存在的弊端的深刻反思。

4. 克服以往过于集中的弊端，注重调动地方的积极性，开始对高度集权的计划管理方式进行改革的尝试

1957年，陈云为国务院起草了《关于改进工业管理体制的规定》、《关于改进商业管理体制的规定》、《关于改进财政管理体制的规定》三个文件。这三个文件的主要内容可以概括为两点。其一，适当扩大企业主管人员对企业内部的管理权限；在计划管理方面减少指令性的指标，对企业的利润，由国家和企业实行全额分成。其二，适当扩大地方在工业、商业、财政管理方面的权限。除了将一些原本由中央直接管理的企业下放给地方领导外，增加了地方政府在物资分配、商品定价、财政收入支配、人事管理等许多方面的权利。① 三个文件总的指导思想只有一个——克服此前经济运行权力过度集中的弊病，通过一定程度的"放权"调动地方政府和企业的积极性。

陈云一再强调，"集中不能过分，必须考虑到我国人多、地大、各地情况不一样这个事实"②。20世纪50年代中后期，对中央集权的管理模式进行反思的并不止陈云一个人，比如时任国家计委主任的李富春就曾指出，"许多次要的、种类繁多而情况又不易掌握，因而无法一一纳入国家计划的指标，则由地方或者各基层单位自行安排，国家只从大的方面加以筹划，并从价格政策、供销关系上加以调节"③。从苏联发展模式中汲取的经验和教训以及我们自身在建设社会主义过程中遇到的问题，都是促使陈云等老一辈领导人不断反思和探索的催化剂，而

---

① 《陈云文选》第三卷，第88—104页。
② 《陈云文选》第三卷，第31页。
③ 中共中央文献研究室编：《建国以来重要文献选编》（第九册），中央文献出版社1994年版，第312页。

这也正是他们对传统的社会主义计划经济体制进行改革的最初尝试。

要考察陈云在计划经济确立初期的市场观，单纯关注他对于市场的论述是不够的。这是因为，陈云对微观经济主体组织形式及自主权的反思、对高度集权的管理模式的改革都与其要求在计划经济体制下引入市场调节机制的主张具有逻辑上的内在一致性。只有把它们放在一起综合地看，我们才能全面地理解陈云在这一时期关于计划和市场的思考。中共八大时，陈云提出了著名的"三个主体、三个补充"的思想："我们的社会主义经济的情况将是这样：在工商业经营方面，国家经营和集体经营是工商业的主体，但是附有一定数量的个体经营。这种个体经营是国家经营和集体经营的补充。至于生产计划方面，全国工农业产品的主要部分是按照计划生产的，但是同时有一部分产品是按照市场变化而在国家计划许可范围内自由生产的。计划生产是工农业生产的主体，按照市场变化而在国家计划许可范围内的自由生产是计划生产的补充。因此，我国的市场，绝不会是资本主义的自由市场，而是社会主义的统一市场。在社会主义的统一市场里，国家市场是它的主体，但是附有一定范围内国家领导的自由市场。这种自由市场，是在国家领导之下，作为国家市场的补充，因此它是社会主义统一市场的组成部分。"①

无疑，陈云是主张实行计划经济的，由他制定并推行的统购统销制度本身不仅是我国计划经济最早的尝试之一，也是我国计划经济体制不可分割的组成部分。然而陈云也意识到："事无大小，统统计划不行。……应该是大的方面计划，小的方面自由。"② 这样才能使计划经济焕发出新的活力。如果说"三个主体、三个补充"是对陈云在这一时期关于计划和市场的思想的最好概括的话，那么"大计划、小自由"或许就是陈云在计划经济确立初期"市场观"的最好写照。

---

① 《陈云文选》第三卷，第 13 页。
② 《陈云文集》第三卷，第 103 页。

五、李富春对社会主义计划经济和市场关系的观点

1. 社会主义经济发展初期国民经济的困难和统计工作的薄弱，决定了社会主义经济计划的渐进性和多样性

作为新中国早期计划经济委员会的主要负责人，李富春对社会主义计划经济的形成与发展有特殊的贡献，因此他对社会主义经济计划的很多观点极有代表性，也比较深刻。计划经济与社会主义是相互促进、互为条件的。计划经济是一种经济运行手段，其运行的基础是社会主义经济是否强大。然而社会主义的迅猛发展，又需要以计划经济作为推动力，如果没有强大的经济计划，社会主义是难以得到迅猛发展的。1956年9月24日在中国共产党第八次全国代表大会上，李富春作了长篇发言，这些发言可以集中代表李富春以及相当一批早期经济计划者们的观点。他说："我国是一个经济落后而发展又很不平衡的农业国，工业既不发达，重工业基础又很薄弱，而农业的丰歉对国民经济的发展影响又很大；在社会主义改造高潮到来以前，个体经济和资本主义经济在国民经济中还占相当大的比重；地质资源情况还不清楚，统计工作的基础薄弱，编制计划的根据还不充分；我们对大规模的经济建设特别是工业建设还缺乏经验，对全国规模的计划工作更是缺乏知识和经验。所有这些，就是我们计划工作中的困难。几年来的实践证明：没有社会主义经济的迅速发展，计划经济是不可能建立起来的；社会主义性质的经济愈强大，我们的计划性就愈增强。但是，我国计划经济的建立过程，不仅取决于作为国民经济主体的社会主义经济的发展，而且在很大程度上取决于对农业、手工业和资本主义工商业的社会主义改造的逐步发展。对各种非社会主义经济逐步实行社会主义改造的过程，同时也就是把它们逐步纳入计划轨道的过程。"

他认识到社会主义计划在初期由于经济数据的问题，在计划方法

上不能不采取多样化的方法，即把间接计划和直接计划相结合，把明确规定的"显性计划"与不明确规定的"弹性计划"相结合："在我国国民经济计划中，除社会主义企业的计划外，对其他经济成分的计划，还不能不带有相当大的估算性质。因此，在计划方法上，有的采取直接计划，有的采取间接计划；在计划的范围上，有些生产、建设和事业的主要指标在国家计划中做了具体规定，有些则不做具体规定；在计划工作的分工上，各级计划机关除负责综合平衡外，着重注意直接计划，而在间接计划方面（如农业、手工业和私人工商业），则采取由国务院各办公室、各部和各省（市）、自治区分工管理的办法来进行工作。这种全面计划和分别对待相结合、统一综合和分工管理相结合的方法，基本上符合于我国的实际情况。"

2. 社会主义经济计划的前提和基础是认识客观规律、深入进行调查研究、做好综合平衡

李富春说："通过系统地了解和研究中国经济情况的办法，来进一步认识和掌握经济发展的客观规律。要做好计划工作，必须深入实际，深入群众，切实做好调查研究工作，摸清中国经济情况和它的发展趋势，摸清各地区各方面经济上的特点，掌握编制计划的确切根据。在这方面，国家计划委员会……对各地的不同特点、特殊要求和地区经济的发展情况，也缺乏深入的了解，加上在编制计划和解决国民经济中的某些重要问题时走群众路线不够，因而就不能不犯主观主义和官僚主义的错误。"他还提出"把长期计划和年度计划分为两个机构来管理"的思想。① 他说，"为了把计划做好，长期计划工作和年度计划

---

① 两个机构是指国家计划委员会和国家经济委员会。为了使国家计划委员会能够集中力量搞好中长期计划，1956年5月12日全国人民代表大会常务委员会第四十次会议通过《关于调整国务院所属组织机构的决议》，决定设立国家经济委员会，承担年度计划工作。通过两年的实践，中长期计划和年度计划分别由两个机构承担矛盾很多。1958年9月19日，中共中央决定，年度计划工作移交国家计划委员会，国家经济委员会主要任务是管理工业生产。

工作必须密切结合，互相补充。长期计划要稳妥可靠，并且要为年度计划规划出比较恰当的发展方向和轮廓，在逐年平衡的基础上规定分年的指标。在规定分年指标的时候，应该考虑到未来年度中可能出现的新情况和新问题，并且保留一定的后备力量，便于年度计划的安排。年度计划则应该更加深入具体地根据当年的实际情况。考虑到每个年度和上下年度间的互相衔接，挖掘各方面的潜力，对长期计划的分年指标进行适当的调整，保证逐年实现和超额完成长期计划所规定的任务"。尽管这个把长期计划和年度计划分为两个机构管理的设想后来放弃了，但是这种长期计划与短期计划平衡协调的思想仍然是非常重要的。

社会主义计划必须做好综合平衡、全面安排的工作，要考虑到国民经济几乎所有的方面。这就需要对整个社会主义经济的运行状况、结构状况、未来趋势有非常深刻、长远和全面的洞察。李富春说："不仅要对国民经济中互相关联的各个方面进行综合平衡、全面安排，也就是说，不仅在工业和农业，生产和流通，生产建设和交通运输，经济和财政，积累和消费，劳动和工资，成本和物价，生产和分配，物资供应和物资储备，经济和文教，经济文教建设和国防行政，中央和地方以及各民族、各地区等各有关方面之间，都要进行综合平衡和全面安排；而且在国民经济中每一个方面和每一个地区的本身，也都需要进行综合平衡和全面安排。……这确实是一件千头万绪、错综复杂的细致工作，稍不注意，就容易顾此失彼，犯片面性的错误。"

3. 社会主义计划的制定必须重点和全面相结合、体现社会主义经济有计划按比例发展的规律、采取统一领导分工协作方法，实现动态的平衡

第一是重点和全面相结合。"忽视重点或削弱重点的平均主义思想，只顾重点不顾其它的孤立主义思想和过分强调一个方面、一个地

区的局部思想，都是同党的方针政策相违背的，对国民经济有计划的发展都是有害的。"第二是必须注意正确掌握国民经济有计划按比例发展的规律。"比例关系是有其一定的规律的，而且是必须根据我国的具体情况来规定的。当然，确定比例并不是呆板的公式，在不同的经济情况下必然有不同的比例。只有根据实际的需要和可能，进行反复的平衡计算，才能比较恰当地规定出国民经济各方面的比例关系，而且要在实践中加以修正补充。"第三，必须从积极的、发展的观点出发来制定计划。"在经济生活中，平衡是相对的。克服了旧的不平衡，又会出现新的不平衡，实际生活正是在平衡和不平衡的矛盾中发展的。我们的责任，就是要从发展的观点出发，采取积极的措施，不断地发现和克服新的薄弱环节，克服新的不平衡，使整个国民经济一步一步地高速度地协调发展。"第四，在计划制定过程中必须采取统一领导，分工协作的办法。"中央计划机构负责全国的、全面的综合平衡，各地区和各部门的计划机构同样必须认真地加强自己的综合平衡工作，加强全局观点，改善综合平衡的方法，使地区的、部门的综合平衡同国家的、全面的综合平衡有机地结合起来。"

4. 在社会主义经济计划中要把计划的统一性与因地制宜的灵活性结合起来，实行分级管理，调动地方的积极性和创造性

在谈到当时计划经济的弊端时，李富春说："我们的缺点是，还不善于把国家计划的统一性同因时因地因事制宜的灵活性结合起来，也没有及时地根据情况的变化来改进计划体制。……这种管得过多过死的毛病是必须克服的。必须使计划中由国家掌握的，具有重大国民经济意义的各项主要指标能够增强其对经济活动的指导作用；使地方和部门掌握的各项指标能够具有较大的灵活性，以便更好地发挥各部门、各地方和各基层企业的积极性，保证计划的提前和超额完成。"

李富春主张在计划体制上实行分级管理，以调动地方和基层单位的积极性："分级管理的原则是既要照顾到集中统一，又要照顾到因地制宜。凡需要全国统一平衡的各项重要指标，由国家计划委员会、国家经济委员会综合平衡，并报国务院批准后列入国家计划，由国务院统一下达；地方性的、局部性的、属于地区平衡或者各部门自行平衡的各项指标，则由各省（市）、自治区或各部门因事、因地制宜地自行平衡和安排，同时应报国务院备案，以便经过综合，纳入国家计划；其他许多次要的、种类繁多而情况又不易掌握，因而无法一一纳入国家计划的指标，则由地方或者各基层单位自行安排，国家只从大的方面加以筹划，并从价格政策、供销关系上加以调节。凡纳入国家计划中的各项指标，可以分为三种，即指令性的指标、可以调整的指标和参考性的指标。各部门和各地区如要修改指令性的指标，必须经国务院批准；可以调整的指标，则可以在国务院规定的一定范围、一定幅度内自行调整。"[①] 这里面就十分明确地提出了"指令性计划"和"可以调整的指标和参考性的指标"，也就是后来所谓"指导性"的计划的区别。计划不可能大一统，不可能事无巨细一切都管，而是要区分不同的情况，这是第一代领导者已经清晰认识到的一个计划经济的基本规律。

5. 计划要分轻重缓急，把高速度与按比例结合起来，要留有余地，要考虑经济可行性，计划编制要采取从上而下和从下而上相结合的方法

第一个五年计划的完成使第一代领导人获得了大量关于经济计划的经验和教训，其中一个重要的经验教训即是要客观看待高速度，

---

① 中共中央文献研究室编：《建国以来重要文献选编》（第九册）。这是李富春 1956 年 9 月 24 日在中国共产党第八次全国代表大会上的发言。

要把高速度与客观的经济规律结合起来,而不要一味强调高速度。李富春在中共八大上说:"三年来的实践使我们认识到,高速度和有计划按比例是辩证的统一,是一个客观的经济规律。要使计划符合这个规律,必须既注意高速度,又注意按比例。如果把比例关系看作一成不变,不正确地看待平衡和不平衡的辩证关系,而实行消极平衡,致使发展速度过低,是不对的。但是,各个方面、各个战线如果都齐头并进,都要大发展,以至抓不住重点,这就要违背这个规律。……应该看到,积极性不同计划性相结合,就要相互抵消力量,就要产生自发性、盲目性,或形成半计划性、半盲目性的状态。当然,我们强调计划性,并不是又回到统得过多过死的老路。要使计划符合高速度、按比例相统一的规律,还必须全面安排,综合平衡。把各方面都安排妥当,要算细帐,要把措施落实,使计划指标符合当前实际需要的比例关系,符合国民经济各部门必然的内在联系。"

他认为计划要有一定的弹性:"计划指标必须留有余地,藏一手,缩小缺口。这样,我们才能争取主动,才能真正动员大家的积极性和革命干劲。要争取主动,必须有重点地全面安排,留有余地。过去我们的缺点就是什么都满打满算,不但不留余地,而且层层加码,搞得太多太紧太散,结果陷于被动。所谓缩小缺口,第一要全面安排,综合平衡;第二要根据条件可能,基本上过得去;第三要有积极可靠的缩小缺口的措施。""编制计划,要从上而下和从下而上相结合,而且要各'口'全面结合,采取大家搞计划、全党搞计划的办法。"[①]

[①] 中共中央文献研究室编:《建国以来重要文献选编》(第十三册)。这是李富春1960年11月18日在第九次全国计划会议上报告的部分内容。

六、"弹性的社会主义计划经济"的伟大试验：前提要素、运行特征与"试错—自我调节"机制

1. 社会主义经济计划需具备的理想前提条件

以上我们系统梳理了以毛泽东为代表的新中国第一代中共领导人对社会主义计划经济的认识和探索，基于这些梳理，我们可以对"弹性的社会主义计划经济"进行一些理论上的概括和抽象。

社会主义经济计划不可能凭空产生，也不可能无条件运转。计划经济所需的理想前提条件至少包括以下几项：

第一是社会主义经济的发展壮大。其中社会主义经济过渡的成功进行是必要条件。通过这一过渡，彻底改造了国民经济的微观基础，使各基层经济单位（包括农村）成为国家控制之下的经济体。在此基础上才能实行经济的计划化。抽象来说，微观经济主体的国有化改造是计划实施的必要条件。更一般地说，计划经济实施的首要前提是微观经济主体能够在宏观经济计划者的指导之下进行运作，而不论微观经济主体的所有权性质如何。

第二是必须拥有强大的统计机关，可以最大限度获取比较及时、充分、全面、准确的数据和信息。没有庞大的信息和数据，制定和调整计划是不可能的。信息必须及时，而不能滞后；信息必须充分，而不能不完备；信息必须全面，而不能是局部地区或产业的信息；信息必须准确，而不能是经过人为修订和篡改的错误信息和扭曲的信息。

第三是要具备强大的处理信息、处理大数据的能力，并具备利用大数据进行决策、进行规划的能力。地方和中央计划制定机关要具备极强的经济分析能力，才能对如此庞大和纷繁的数据体系进行准确的分析和加工，并在此基础上进行未来的经济计划和决策。

第四是经济计划者必须对经济发展规律有客观的、宏观性的、长

远性的、前瞻性的深刻把握。经济计划不是静态的统计工作,经济计划者需要有前瞻性和预见性,才能制定好的未来计划,这个计划才能与经济的发展相契合。这就需要计划者是一个深谙经济发展规律的、目光开阔而远大的经济学家和科学家。

第五是各地方政府、各行业和各企业的行动一致性。更抽象地说,是各个利益主体的行动一致性,各利益主体需要有共同的效用函数和偏好顺序,有共同的利益诉求和选择。如此,才有执行计划的主动性和积极性。

以上列举的理想前提条件也许只是最重要的几种,但并不是全部前提条件。如此看来,社会主义计划经济所需要的条件无疑是非常苛刻的,如同资本主义自由经济所需要的条件一样苛刻。一个理想的资本主义市场经济,要想达到一般均衡的完美状态,必须具备完全理性、完美信息(信息是对称且完备的)、完全竞争(有无数多的厂商,每个厂商都是价格接受者)等苛刻的条件,才能实现经济的阿罗—德布鲁均衡。但是这些条件,在现实的经济中是不可能存在的,有限理性、信息不完美、不完全竞争等问题,使得经济往往偏离一般均衡,而出现经济的不均衡。同样的,社会主义计划经济也是一个极其完美的经济模型,在现实经济中,这五个条件要完美具备是极其困难的。但是正如资本主义经济在非阿罗—德布鲁均衡的世界中同样能够自我调节和实现动态均衡一样,社会主义计划经济也能够产生一种自我调节和动态均衡机制,来克服因理想前提条件的不具备而引发的各种问题,这就是我们下文要分析的社会主义经济计划运行过程中的"试错—自我调节"机制。

2. 社会主义计划经济的运行特征:弹性的社会主义计划经济

从毛泽东、刘少奇、陈云、李富春等第一代领导者关于社会主义计划经济的论述可以看出,经过一段时间的摸索与试验,当时的决策者和计划制定者已经对计划经济运行的规律有了比较深刻的认识。这些认识，如果剥去其意识形态的成分，则在很多方面都体现出对于计划经济的深刻洞察，其总体认知水平从今天经济学的角度来看都是令人惊叹的。从总体来看，这些认识对社会主义计划经济的刻画是一种弹性的社会主义模型，而不是一种僵化刻板的社会主义模型。正是这种弹性的社会主义模型，为社会主义自身的调整、演化和发展提供了理论空间。社会主义计划经济自身的变革是如何发生的？如果不是从弹性的社会主义模型来考察，是找不到这个问题的正确答案的。概括起来，这个弹性的社会主义模型的主要特征如下：

第一，这种弹性的社会主义计划经济既要集中计划和统一，以期消除经济运行的无组织和无政府状态，又要体现一定的分散性和灵活性，使计划不是一个僵死的东西，而是一个弹性的体系。

第二，这种弹性的社会主义计划经济是中央计划的统一性和因地制宜的结合，是集权和分权相结合，在强调中央权威的前提下，也尊重地方的一定意义上的自主性和独立性。在中国这样一个大国实行计划经济，必须调动地方的积极性和主动性，而不是单纯强调集中统一。从某种意义上来说，正是地方的博弈行为使社会主义计划能够有效率地实施，且能够完成自我调整。

第三，这种弹性的社会主义计划经济强调"大计划"和"小自由"的结合。允许自由市场在一定程度上、一定区域内、一定产业中存在。既要有大一统，又要有对一些细小的部分留有一定的余地，使微观的细胞能够充满活力，在非关键领域实施灵活的价格政策和资源配置政策。

第四，这种弹性的社会主义计划经济是明确规定的指令性计划和不明确规定的隐含的指导性计划的结合。这个思想早就存在于第一代领导者，现在这种思想则成为我国制定经济计划的主导性的原则。

第五，这种弹性的社会主义计划经济要求国民经济的有计划、按比例、协调发展，其中包括轻重工业协调发展、工农协调发展、沿海内地协调发展，这是一种需要高度平衡的艺术。

第六，这种弹性的社会主义计划经济强调经济计划的渐进性、阶段性，不要一步到位，不要急于求成。这也就意味着在经济发展的不同阶段，应根据经济发展的总量与结构状况、根据要素和资源的供给状况、根据国内外市场的状况、根据社会结构的状况以及未来发展方向，实施不同性质和不同内容的经济计划，而不要盲目地推动看似完美然而却不现实的计划。

第七，这种弹性的社会主义计划经济强调把经济计划与价值规律相结合，提倡尊重价值规律。这种计划体制其实是试图把计划和市场平衡起来，不破坏市场规律，尤其是价值规律。弹性社会主义模型中对市场规律的包容性解释，实际上为解决"计划—市场"的矛盾统一提供了理论上的可能性和现实中的可操作性。计划经济并没有否认和抛弃市场规律，因此在后来的社会主义改革中，把市场因素纳入国民经济发展之中，就是一种在理论上能够自洽而且在实践中能够操作的自然而然的选择。从这个角度来解释中国改革之后的成就，很多疑问就可以迎刃而解。

3. 社会主义计划经济运行过程中的"试错—自我调节"机制

社会主义计划经济的周期性变化和资本主义经济的周期性变化有其内在的共同性，都是计划性与人类欲望之间不能协调的产物，前者是宏观的有计划与微观主体基于个体私欲的自利行为相矛盾的产物，而后者是宏观的无计划和微观主体基于个体私欲的有计划生产行为相矛盾的产物。因此，不论在社会主义计划经济中，还是在资本主义经济中，人类似乎始终无法避免周期性的经济波动的痛苦。减缓这种痛苦的方法，在社会主义国家，是在极端混乱之后加强计划性和国家的集中统一，在极端集中统一、缺乏自由度和效率之后反过来强调分散性、灵活性和弹性的社会主义；在资本主义国家，则是在极端自由主义的混乱局面之后加强国家的宏观干预，强调国家干预主义，而在国家干预过度、经济缺乏活力之后则又开始实施经济自由主义。于是，在社会主义国家，会出现"一放就活、一活就乱、一乱就收、一收就死"的收放治乱循环，而在资本主义国家则出现国家干预主义和经济自由主义的周期性消长。表相有异，内质并无差别。

社会主义计划经济的自我调节机制是一种试错式的自我纠错机制。计划总是要根据人类对客观规律的认识程度和现实经济社会的发展程度来不断调整，计划中的经济发展节奏（速度）、经济和产业结构，如果与现实的需要不相吻合，就可以加以调整，这是一种动态的调整，不是一步到位的刻板计划。中央计划者和地方执政者以及企业之间，是一种长期多次博弈的关系。在这个长期博弈过程中，中央计划者提供了博弈规则和初始战略，地方执政者和企业则通过各种方式与中央计划者博弈，尽可能在执行计划的过程中使自己的利益得到最大化，具体来说就是使自己的利润留成最大化、招收职工的权力最大化、占有资源的规模最大化、决策权最大化、个人升迁最大化。因此，在地方执政者之间、在企业之间，并不是不存在竞争关系，而恰恰相反，它们之间在以上的各个方面都存在着激烈的竞争，这些竞争如同资本主义经济中企业之间和消费者之间的竞争一样，都会释放一种信号（如同价格信号一样），使经济计划者了解各种资源的稀缺程度（包括各种生产要素、物质资源、人力资源、官员的职位资源），从而为下一步制定计划和调整计划提供参考。其内在机制实际上跟资本主义经济下超脱的万能的"拍卖者"机制在原理上是完全一致的。

4. 社会主义计划经济的未来

我们系统地分析和梳理我国社会主义计划经济形成的历史及其思想的发展演变史，目的在于批判性地继承计划经济的遗产，而不是简单地抛弃。要抛弃其中的不合理的成分，而吸收其合理性的精华。

我们要充分认识计划经济在新中国经济发展过程中的作用，并给以正确的评价。认为计划经济缺乏效率的说法是十分可笑的，不值一驳。新中国在30年左右的时间内从一个一穷二白的国家而成为一个工业基础雄厚、基本建立起完备的现代工业体系的国家，跨越了西方发达国家两三百年的发展道路，仅就这一点而言，那些认为计划经济没有效率的观点是站不住脚的。从世界上实施计划经济的国家的历史经验也可以看出，落后国家的赶超一定强调国家的作用，从而在经济体制上一定天然地、必然地带有计划化的特征，而不论其国家政治制度如何。但是在国家赶超使命基本完成、经济发展超越一定阶段、工业体系基本构建完善的条件下，计划经济会以另外一种形式进行自我扬弃。

所以，对于计划经济，我们必须持一种历史的观点。计划经济是人类试图认识自身规律并掌握自身命运的一种尝试。这种愿望根深蒂固，亘古如斯，不会断绝，过去有，将来也必定会有。社会主义计划经济既不是人类最早的尝试，也一定不是最后的尝试。在这种意义上说，计划经济不是过去时，而是未来时。

因而，我们万不要仅仅从最近几十年的短暂人类历史来考虑问题。如果把思维和得失权衡仅仅局限于最近几十年，我们会认为计划经济是一个过去的概念，是一个应该被抛弃的概念，是一个应该被放进历史垃圾堆的概念。当然，从理论上来说，哈耶克与兰格的历史性的争论是有永恒的意义的，但是孰胜孰负的问题不能在短暂的时空中去进行武断的衡量和判断。实际上，如果从更长远的人类时空来看，计划经济的尝试也许是刚刚开始。可以预见，当人类获取信息和处理信息的技术与能力进一步发达、人类对经济发展的规律有了更为深刻的认知与洞察、各经济主体的利益追求更可以用无差异曲线来刻画并不再利用政治强制来统一、计划者的计划决策和动态调整能够以一种成本更低的机制和途径来表达、经济计划和经济决策不再有意识形态来干扰的时候，计划经济也许就会以另外一种面貌重新出现在人类生活之中。

中 篇

工业化与制度创新

第七章
集权与分权：工业化初期的中央与地方关系

一、引言

1994年的分税制改革是新中国财政史上具有标志性意义的重要事件，由此而引发的关于财政分权及其影响的讨论迄今为止仍然是财政领域研究中备受关注的话题。这一研究的深入似乎容易使人产生一个错觉，即新中国的财政分权只是分税制改革以后，或者至少应当是1978年改革开放以后的事情。对于改革开放以前中央政府的财政行为以及中央与地方政府之间的财政关系，研究者并没有给以同样的关注热情。

本章尝试以政府财政收入以及与其相关的财政管理体制的变化为切入点，对改革开放前就存在于中央与地方政府之间的财政分权化过程以及这一时期财政分权的特点进行分析和评述。有了对改革前财政集权与分权的透彻了解，我们才能形成对新中国成立以来中央与地方关系乃至中国独特的经济发展轨迹的全景式认识。协调不同层级政府之间的关系是大国发展过程中必须解决的问题。如何更有效地实现财政资源的汲取及财政资源在各级政府之间的合理分配是新中国政府始终关注的问题。

二、统一财经：财政集权的起点

1949年，成立之初的新中国面临着非常复杂和严峻的经济形势，经历了长期战争创伤的经济千疮百孔，工业基础十分薄弱，经济体系内多种经济成分并存。而新生政权尚缺乏强大的左右经济的能力，中央政府在巨额的财政刚性支出面前捉襟见肘，这时要实现全国的财政收支概算都是"一个严重的斗争任务"[①]。通货膨胀、物资匮乏、金融波动、财政赤字、钞票发行过多等诸多问题的存在，不断地挑战着政府与市场承受能力的极限。

中央财政经济委员会先后采取了收缩银根、调运粮棉、抛售物资、回收货币等举措以稳定市场局面，但所有这些都不是釜底抽薪式的解决方法。1949年11月在中财委召开的会议上，陈云强调"物价问题的根本原因在于财政收支不平衡"[②]，进而于12月明确提出了"财政经济要统一管理"的主张，认为如果不作基本统一，则由此而来的金融、物价风潮可能会引发更大的困难。[③] 而同一时期，中央政府所面临的财政收入与支出脱节的问题日益严重。

迫于财政与市场的双重压力，中央政府开始着手逐步统一财经工作。1950年3月，政务院作出了《关于统一国家财政经济工作的决定》，决意在全国范围内统一编制、清查物资、厉行节约，明确规定粮食、税收等重要的财政收入来源全部归中央人民政府财政部统一调度使用。[④] 也就是说，统一财经的最主要目标是统一财政收支，而其中的重中之重"又是统一收入，保证中央财政的需要"[⑤]。很快政务院又发布了《关于统一管理1950年度财政收支的决定》，根据这一《决定》，不仅财力上移，连同财政管理权限也一并集中在中央政府手中。[⑥] 统一

[①] 参见1949年12月薄一波《关于1950年度全国财政收支概算草案编成的报告》，载财政部办公厅编：《中华人民共和国财政史料·第二辑·国家预算决算（1950—1981）》，中国财政经济出版社1983年版，第3页。

[②] 《陈云年谱》（中卷），第9页。

[③] 《陈云文选》第二卷，第48—50页。

[④] 财政部综合计划司编：《中华人民共和国财政史料·第一辑·财政管理体制（1950—1980）》，中国财政经济出版社1982年版，第31—36页。

[⑤] 薄一波：《若干重大决策与事件的回顾》（上），第59页。

[⑥] 中国社会科学院、中央档案馆编：《中华人民共和国经济档案资料选编·1949—1952·财政卷》，经济管理出版社1995年版，第234—239页。

财经工作的完成为新中国经济史翻开了新的一页,既稳定了当时的金融和物价,也使财政收支迅速走向平衡,1951年国家财政不仅没有收不抵支,还略有盈余。① 高度集中的统收统支的财政管理体制由此确立,从而在根本上扭转了原来分区管理方式下中央政府所面临的财政困境。

统一财经的意义还不仅仅在于市场的稳定和财政赤字的消灭,新中国政府在财政汲取方面所做出的巨大努力是为了更长远的经济建设而准备的。经过了国民经济恢复时期,1953年过渡时期总路线提出,第一个五年计划启动,新中国的工业化进程拉开帷幕。这是一个"强制工业化"的过程,所谓"强制",是因为当时的工业化并不是经济体系内部自发运行而是政府强力推动的结果,这对中央政府调动、支配资金的能力提出了更高的要求。工业化目标带来的强劲动力,促使中央政府通过各种举措,在短期内迅速提升了自己的财政汲取能力,使新中国突破了工业化伊始原本无法解决的资金瓶颈。

三、集权下的分权:在频繁博弈中实现动态平衡

统一财经完成之后,新中国财政收入的整体规模发生了巨大的变化。1950年我国财政收入占国民收入的比重仅为15.3%,次年上升至26.8%。在经济发展水平并无质的改变的前提下,这一比重的迅速变化当然是国家意志的体现和政策推动的结果。从1952年开始,财政收入占国民收入的比重稳步上升,在改革开放前的绝大部分年份中,财政收入占国民收入的比重都超过了30%。不仅如此,从1951年到1978年,半数以上年份的财政收入增速都远高于国民收入增速,尤其是新中国成立初期,1951年、1952年、1954年、1958年、1959年、1960年等各年财政收入的增速比国民收入增速快出10个百分点(甚

---

① 数据参见国家统计局:《建国三十年国民经济统计提要(1949—1978)》,第267页。

至 20 个百分点）以上。[1]

然而，随之而来的问题是财政资源如何在中央与地方政府之间进行分配。从统计数据来看，通过统一财经实现的中央政府的强财政汲取并没有持续很久。只是在第一个五年计划期间，中央政府财政收入占全国的比重居高不下，最高的年份（1953）达到81.4%，最低也达73.3%（1957），换言之，这五年间全国3/4左右的财政收入都集中掌握在中央政府手中。但是，在1958年以后，中央政府财政收入占全国的比重却呈现出迅猛下降的趋势。1959年仅为20.5%，在此后的20年间，该比重再未达到一五计划时期的水平。有少数年份中央政府财政收入占全国比重出现小幅上升，如1962年该指标升至29.7%，1965年又增至35.2%，1971年以后该比重一直在20%以下，1978年为14.7%（参见图7.1）。与之同步的是财政管理体制的变化，依据新中国在不同时段内出台的政策，地方政府掌握的财政收入经历了一个不断攀升的过程，这意味着国家财力由最初的高度集中开始日趋分散。

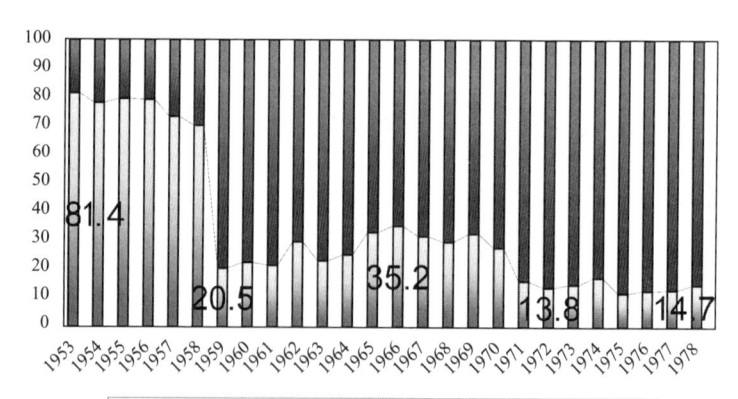

图 7.1　中央及地方财政收入占全国的比重变化

资料来源：国家统计局：《建国三十年国民经济统计提要（1949—1978）》，第 281 页。

---

[1] 数据参见《建国三十年国民经济统计提要（1949—1978）》，第 268 页。

按项目构成来看，1978年以前我国国家财政收入最主要的来源有两个：一个是"企业收入"，从1952年到1978年，企业收入占国家财政收入的比重平均达52.2%；另一个是"各项税收"，同期各项税收占国家财政收入比重平均达45.6%，两项合计占国家财政收入的比重达97.8%。抛开这两者，其他收入所占的比重几乎可以忽略不计。[1] 因此，本章以下的讨论将以"企业收入"和"各项税收"的归属与分配为基础，考察财政资源在中央和地方之间的分配，并以此来探讨改革开放前存在于我国中央与地方政府之间的独特的财政分权化过程。

1. "企业收入"的归属与分配

来自于国有企业的收入无疑是计划经济时代我国政府最主要的财政收入来源之一，第一个五年计划时期中央政府之所以具有强大的财政汲取能力与其掌握着大量国有企业的管理权密切相关。而改革开放前，我国经济先后经历了两次直属中央的国有企业管理权的大规模下放，分别发生在20世纪的50年代末和60年代末70年代初。尽管这种权利下放并不是单纯出于财政方面的考量，但是企业管理权下放的一个直接后果却是实现了财政资源在中央和地方政府之间的重新分配，扩大了地方政府财政收入的来源。

新中国快速建立的高度集中的计划经济体制加速了工业化的启动，但也很快就表现出了自身难以克服的种种弊端。早在1956年中共八大前后，第一代决策者就开始了对计划经济运行机制的集体反思，而其中的一个重要内容是对中央与地方关系的认识和调整。毛泽东在《论十大关系》中明确提出，"应当在巩固中央统一领导的前提下，扩大一点地方的权利，给地方更多的独立性……我们不能像苏联那样，把什

---

[1] 数据引自国家统计局：《建国三十年国民经济统计提要（1949—1978）》，第280页。

么都集中到中央，把地方卡得死死的，一点机动权也没有"①。随后一年多的时间里，中央召开了多次会议讨论如何改进管理体制，并成立了专门的工作小组对此加以统筹领导。② 新中国成立后的第一次经济管理体制的改革由此拉开序幕。

在陈云1957年底为国务院起草、后经一届人大常委会批准的《关于改进工业管理体制的规定》中不仅提出要将中央直接管理的企业逐步下放，还明确提出"下放给地方政府管理的企业，全部利润的20%归地方所得，80%归中央所得"③。1958年4月，中共中央和国务院发布《关于工业企业下放的几项规定》，6月初中共中央又作出《关于企业、事业单位和技术力量下放的规定》，后者明确了企事业单位的具体办法，同时要求"下放企业、事业单位和技术力量的交接工作，应该一律于6月15日以前完成"。

在"大跃进"的整体氛围之下，这次权利的下放多少也带有"跃进"的色彩。从1957年底开始到1958年6月15日止，冶金、第一机械、化学工业、煤炭等9个工业部门陆续下放了8000多个单位。中央各工业部所属企业事业单位80%以上交给了地方管理。④ 中央各部所属企业和事业单位，从1957年的9300个减少到1958年的1200个，下放了88%。中央直属企业的工业产值占整个工业总产值的比重，由1957年的39.7%下降到1958年的13.8%。⑤ 正因为如此，中央财政收入占全国的比重才在1959年发生了跳跃式的变化，由原来的70%以上锐减到20%左右。

---

① 《毛泽东文集》第七卷，人民出版社1999年版，第23—49页。
② 薄一波：《若干重大决策与事件的回顾》（下），第548—560页。
③ 《陈云文选》第三卷，第90页。
④ 《新华半月刊》1958年第13号，转引自董辅礽主编：《中华人民共和国经济史》（上卷），经济科学出版社1999年版，第329—330页。
⑤ 中国社会科学院工业经济研究所情报资料室：《中国工业经济法规汇编（1949—1981）》，转引自董辅礽主编：《中华人民共和国经济史》（上卷），第329—330页。

这种剧烈的调整并没有带来决策者希望的结果。相反，在"大跃进"、人民公社化运动等一系列因素的影响下，国民经济在50年代末60年代初出现了严重困难的局面。1961年，中共中央提出了"调整、巩固、充实、提高"的八字方针。随着《关于调整管理体制的若干暂行规定》、《关于当前工业问题的指示》等文件的出台，中央与地方的管理权限被重新调整，开始了财政的再度集权。在收入方面，收回了一部分重点企业、事业单位的收入，作为中央的固定收入。[1] 此外，中央在预算管理、企业财务、基本建设财务等方面都加强了对地方的控制，严格限制企业利润留成资金的用途。[2] 到1965年，中央直属企事业单位，包括中央各部在"大跃进"期间和以后新建的企业，增加到10533个（1958年为1200个）。中央各部直属企业的工业总产值占全国工业总产值的42.2%，其中属生产资料的部分占55.1%。[3]

然而，和新中国的第一次财政集权一样，1961年开始的财政集权也没有持续很久。1966年，毛泽东再次提出要改变中央统得过死的状况。1969年2月，全国计划座谈会印发《中央各部关于企业管理体制下放的初步设想》，决定再次下放中央对企业的管理权限。1970年3月5日，国务院拟定《关于国务院工业交通各部直属企业下放地方管理的通知（草案）》，要求国务院各部把直属企事业单位的绝大部分下放给地方管理；少数由中央部和地方双重领导，以地方为主；极少数大型或骨干企业，由中央部和地方双重领导，以中央部为主。中央同样对下放工作提出了具体的时间要求——必须在年内（1970）完成。于是，又一次快速的、大规模的企业管理权下放开始了，其力度并不逊于1958年，下放后的中央直属企事业单位由10533个减少到1674

---

[1] 财政部综合计划司编：《中华人民共和国财政史料·第一辑·财政管理体制（1950—1980）》，第13页。
[2] 《中央批转财政部党组〈关于改进财政体制加强财政管理的报告〉》，载财政部综合计划司编：《中华人民共和国财政史料·第一辑·财政管理体制（1950—1980）》，第128—137页。
[3] 武力主编：《中华人民共和国经济史》（增订版·上卷），第402页。

个，在工业总产值中的比重由42.2%降至6%。① 这次仓促的权利下放，是在"文化大革命"对经济造成严重冲击的条件下进行的，但这次分权并没有像1958年的分权那样引发严重的后果，原因在于中央在分权的同时，保持了对地方政府财政行为的适当控制②，从1971年起，我国开始推行"财政收支包干"的管理模式。

此后直至1978年改革开放，我国再未出现中央大规模收回企业管理权的情况。每一次企业管理权限的重新划分都会影响到中央政府和地方政府财政收入的变化，从"企业收入"的角度来看，改革开放前中央与地方之间表现出了一定的财政分权的趋势，因为在国有企业下放的过程中地方政府的机动财力还是获得了不同程度的提升。

2. "各项税收"③ 及其管理权限在中央与地方之间的分割

在国有企业隶属关系变更的同时，财政收入的另一项重要来源——税收在中央与地方之间的划分也在频繁的变动中。1979年以前，我国国家财政收入中的"各项税收"主要包括四大类——工商税收、关税、盐税和农业税，而其中工商税收和农业税占到了"各项税收"收入的九成以上，关税和盐税两项合计占"各项税收"的比重不足一成④，因此，考察工商税收和农业税在中央政府与地方政府之间如何分配，就大致可以判断出"各项税收"收入在中央和地方之间的划分。

表7.1是根据1950—1979年间政务院、财政部、国务院颁发的各种有关财政收支规定的文件整理而得的，从中可以看出改革开放前我

---

① 参见董辅礽主编：《中华人民共和国经济史》（上卷），第505页。
② 胡书东：《经济发展中的中央与地方关系——中国财政制度变迁研究》，上海三联书店、上海人民出版社2001年版，第82页。
③ 需要说明的是，在这里我们并不关注税制本身的变化，而只关注税收收入在中央与地方政府之间的分配。
④ 数据参见国家统计局：《建国三十年国民经济统计提要（1949—1978）》，第280页。

国的财政管理体制以及地方政府财政收入来源的变迁过程。新中国成立伊始,通过统一财经,几乎所有的重要税收——工商税收、关税、盐税、农业税,都集中在中央手中,但这一局面很快发生变化。1951年,地方政府就可以以比例截留的方式和中央政府一起分享"工商业税",而农业税、关税和盐税仍属于中央政府独享的收入。两年以后,第一个五年计划启动,在"一五计划"期间,农业税和工商营业税、工商所得税一并成为中央和地方共享的收入,以固定比例分成的形式在中央和地方之间分配,关税、盐税和烟酒专卖收入作为中央政府的固定收入。1958年,除了印花税、利息所得税、屠宰税、牲畜交易税、城市房地产税、文化娱乐税、车船使用牌照税等原本划归地方的税种之外,商品流通税、货物税、工商业营业税、工商业所得税、农业税和公债收入全部作为中央和地方政府之间的调剂分成收入。而从1959年到1978年的二十年间,由于我国在大部分年份中执行了总额分成、收支包干的管理方式,所以几乎除了关税以外的所有各项税收都被划归地方管理。也就是说,在1978年以前,唯一一个一直被中央政府掌握的税种是关税。对于除了关税以外的其他税收,地方政府的控制和影响能力不断增强。财政管理体制也由最初的"统收统支"发展到后来的"划分收支、分级管理",以及再后来的收支包干、总额分成等。

表7.1　1950—1979年我国财政管理体制及地方政府财力权限的变化 [①]

年份	财政管理体制	地方政府的财政收入（侧重于税收收入的分配）	备注
1950	统收统支	各地所收之国家公粮及其折征之代金或其他实物、关税、盐税、货物税、工商业税,均归中央人民政府所有。税款一律解缴中央金库。各项财政支,除地方附加外,全部纳入统一的国家预算。[1]	

[①] 该表根据财政部综合计划司前引书第1—28页资料及各个不同时期中央发出的文件、规定整理而得,具体文献出处见后文脚注。

维新中国

续表

年份	财政管理体制	地方政府的财政收入（侧重于税收收入的分配）	备注
1951—1953	划分收支，分级管理	地方财政税收收入包括：屠宰税、契税、房地产税、特种消费行为税、使用牌照税以及大行政区以下经管的国营企业收入。中央和地方的比例解留收入包括：货物税、工商业税、印花税、交易税、存款利息所得税、烟酒专卖利润收入等，解留比例另定。农业税、关税、盐税为中央财政收入。[2]	中央每年核定一次地方财政收支，地方财政不抵支部分由比例解留收入抵补。
1954—1957	划分收支，分级管理	财政收入实行分类分成。国家财政收入分为固定收入、固定比例分成收入和调剂收入三类。地方的固定收入包括：印花税、利息所得税、屠宰税、牲畜交易税、城市房地产税、文化娱乐税、车船使用牌照税、契税；中央同地方的固定比例分成收入包括：农业税和工商营业税、工商所得税；中央的调剂收入包括：商品流通税和货物税；关税、盐税、烟酒专卖收入为中央的固定收入。[3]	中央每年核定地方预算。地方的固定收入及固定比例分成收入仍不足以抵补地方支出，则由中央划给调剂收入弥补。分成比例一年一定。
1958	以收定支，五年不变	财政收入实行分类分成。地方财政收入共包括三种：（1）固定收入，含原有地方企事业收入、其他收入以及七种地方税收（印花税、利息所得税、屠宰税、牲畜交易税、城市房地产税、文化娱乐税、车船使用牌照税）；（2）企业分成收入；（3）调剂分成收入，包括商品流通税、货物税、工商业营业税、工商业所得税、农业税和公债收入。[4]	左栏提及收入划给地方的比例，根据各个地区平衡财政收支的需要，分别计算确定。
1959—1970	收支挂钩、总额分成	除了少数仍由中央直接管理的企业收入和不便于按地区划分的收入（如铁道、海关等收入）外，所有其他各种收入，包括各项税收（工商统一税、工商业所得税、农业税、盐税、利息所得税、屠宰税、牲畜交易税、城市房地产税、文化娱乐税、车船使用牌照税）和一切企业收入，全部划给所在省管理，作为中央和地方的总额分成收入[5]。不再划分地方固定收入、企业分成收入和调剂分成收入。地方上解中央的收入，除了少数用于中央开支以外，主要用于补助经济落后地区、少数民族地区和收入少、建设多的地区的资金不足。地方负责组织的总收入和地方财政的总支出挂钩，以省为单位，按收支总额计算一个分成比例。[6]	中央每年核定一次地方的财政收支指标，分成比例和补助数额，即"一年一定"。

续表

年份	财政管理体制	地方政府的财政收入（侧重于税收收入的分配）	备注
1971—1973	财政收支包干	"定收定支，收支包干，保证上缴，结余留用，一年一定"，简称财政收支包干。国家财政收入和支出，除中央部门直接管理的企业收入、关税收入和中央部门直接管理的基本建设、文教行政、国防战备、对外援助和国家物资储备等支出外，其余均划归地方财政。地方收入大于支出，则按绝对数包干上缴中央财政；支出大于收入，则由中央财政按差额包干给予补助。[7]	上缴和补助数额确定之后，一般不作调整。地方收入超收或支出结余，都归地方支配使用，如有短收或超支，地方自求平衡。
1974—1975	收入按固定比例留成，超收另定分成比例，支出按指标包干	地方负责组织的财政收入，按固定比例给地方留成（各省留成比例不同，平均为2.3%；青海、宁夏两省最高，财政收入固定留成比例为10%；内蒙古、贵州次之，留成比例为6%；上海最低，留成比例为1.1%；大部分省份的留成比例都在2%左右）；[8] 地方财政收入的超收部分，分成比例另定，但留给地方的一般不超30%；地方财政年终结余，留归地方财政使用；地方财政支出，按中央核定的指标包干。	地方财政收支不挂钩，支出包干，收入留成比例固定三年不变。
1976—1979	收支挂钩，总额分成，增收分成	"定收定支，收支挂钩，总额分成，一年一变"，与1959—1970年间的"总额分成、一年一变"的体制类似。在保留地方按固定比例留成的既得利益的基础上，扩大地方财政收支范围。超收部分不按总额分成比例分割，而是按照30%和70%两个比例分成，视各地总额分成比例不同而定。1978年起又在陕西、浙江、湖南、北京等省份试行"增收分成、收支挂钩"，以使地方财政支出同地方负责组织的收入挂钩，取消了按固定数额留给地方的机动财力，但地方财政收入比上年的增长部分按确定的增收分成比例进行分成。[9]	中央与地方的总额分成比例一年一变。

1　1950年3月《政务院关于统一管理1950年度财政收支的决定》，载财政部综合计划司编：《中华人民共和国财政史料·第一辑·财政管理体制（1950—1980）》，第37—38页。
2　1952年，农业税一度改为中央与大行政区、省（市）的比例解留收入，交易税划为省（市）收入，1953年改回。参见1951年3月《政务院关于1951年度财政收支系统划分的决定》、1951年8月《财政部关于编造1952年度预算的指示》以及1952年11月《政务院关于1953年度各级预算草案编制办法的通知》，载财政部综合计划司前引书，第47、57、65页。
3　1953年11月《政务院关于编造1954年预算草案的指示》，载财政部综合计划司前引书，第68—69页。
4　1957年12月《财政部关于1958年对地方财政划分收入的几项规定的通知》，载财政部综合计划司前引书，第108—109页。

5 20世纪60年代初中央一度收回部分重点企事业单位的管理权,并加强财政集权,但总体上并没有改变"收支挂钩、总额分成、一年一定"的管理方式。只是在税收管理方面,要求地方政府凡涉及工商统一税税目的增减和税率调整、盐税税额调整、开征地区性税收、地方各税税目税率变动、工商统一税减免等事宜必须上报中央局批准。另:1965—1966年曾短暂地执行过"总额分成加小部分固定收入"的管理方式,但从1967年开始又恢复完全的总额分成办法。参见财政部综合计划司前引书,第135、158页。
6 1958年9月《国务院关于进一步改进财政管理体制和改进银行信贷管理体制的几项规定》、1964年1月《国务院关于1964年预算管理制度的几项规定》,载财政部综合计划司前引书,第120、155页。
7 1971年3月《财政部关于实行财政收支包干的通知》、1972年3月《财政部关于改进财政收支包干办法的通知》,载财政部综合计划司前引书,第167—171页。
8 1973年11月《财政部关于改进财政管理体制的意见》,载财政部综合计划司前引书,第180—181页。
9 1976年3月《财政部关于财政管理体制问题的通知》、1978年2月《财政部关于试行"增收分成、收支挂钩"财政体制的通知》,载财政部综合计划司前引书,第187、190页。

3. 集权与分权:中央与地方之间的频繁博弈

不论是从"企业收入"和"各项税收"这两项最主要的财政收入来源的归属与分配,还是从与财政收入相关的财政管理体制的变迁,都可以看出1978年以前,即传统的计划经济体制时期我国的财政管理尽管集权与分权交替出现,但总体上还是呈现出财政分权的趋势。在新中国成立的最初三十年间,中央政府并不乏"放权让利"的努力和尝试,或者出于主动,或者出于被动。"集权",并不足以全面概括计划经济时期的中央政府行为。从第一个五年计划完成开始,"集权下的分权"倾向就渐露端倪并日趋明显。耐人寻味的是,中央政府的每一次"集权"(新中国成立之初的统一财经和1961年前后企业管理权、部分税收管理权限的回收)都是在国民经济面临严峻挑战时的不得已的行为,而"分权"往往是最高决策者主动提出并推进的。

1956年毛泽东在《论十大关系》中强调,对于中国而言,"有中央和地方两个积极性,比只有一个积极性好得多。……我们要提倡同地方商量办事的作风"①。有的学者认为,这说明毛泽东已经看到了中

---

① 《毛泽东文集》第七卷,第23—49页。

央与地方分权的必要性,虽然"商量办事"与制度化分权还有一定距离[①],然而毛泽东确实在分权的制度化方面做出了很多努力。1956年,在《论十大关系》发表前后,针对本位主义的问题,毛泽东同样强调过,"光从思想上解决不行,还要解决制度问题。人是生活在制度中的,同样是那些人,施行这种制度,人们就不积极,敲锣打鼓,积极性也提不起来;施行另外一种制度,人们就积极起来了","思想问题常常是在一定情况和制度下产生的,制度搞对头了,思想问题也容易解决"[②]。1957年改进工业、商业、财政管理体制的举措的出台不能不说是制度层面的尝试。

可惜每一次调整都并未取得令人满意的结果,问题的关键或许在于改革开放前的财政分权,终究是在计划经济体制的框架内进行调整。不论是集权,还是分权,其初衷都在于强化计划经济本身。即便是在分权的情况下,中央政府减少对经济的直接干预也并不意味着国家干预的减少,如第一个五年计划之后的几年当中,中央政府的财政汲取能力有所下降,但财政收入占国民收入的比重却不降反升[③],这从另一个侧面说明了"地方政府的自主权一旦扩大,它们会更广泛、更深入地干预自己辖区的经济,以获取更大的属于自己支配的财力"[④]。通过下放企业管理权来增加地方财权的方式,其实只是实现了企业控制权在中央与地方之间的转换,而并没有实现对微观经济主体的有效激励,也不可能导向微观经济主体之间的真正竞争。这种财政分权不会从根本上触动资源配置的"计划"方式,因而只能是解决过度集权弊端的权宜之计。

总体而言,1978年以前的财政分权主要表现出三个特点:其一,

[①] 苏力:《当代中国的中央与地方分权——重读毛泽东〈论十大关系〉第五节》,《中国社会科学》2004年第2期。
[②] 薄一波:《若干重大决策与事件的回顾》(下),第550页。
[③] 数据参见《建国三十年国民经济统计提要(1949—1978)》,第268页。
[④] 王绍光:《分权的底限》,中国计划出版社1997年版,第35页。

分权的总体方向很明确,即不断扩大地方政府的财源,并推进地方政府的收支挂钩①,以尽可能调动地方政府的积极性。其二,虽然分权化的方向始终不变,但制度的设计却一直处于频繁的变动之中,分权规则与方式充满了变数。根据文件,中央政府与地方政府对财政资源的分割规则有时一年一变,有时三年一变,有时五年一变,以实行"一年一变"的年份居多。中央政府与地方政府两者之间处于一种极不稳定的博弈关系当中。第三,中央与各省的分成比例并不完全一致,换言之,不仅中央与地方之间的分配方式不稳定,还缺乏一个统一的适用于全国各地的分配规则。这虽然有利于中央政府在经济发展水平不一的各个地区之间进行平衡和调剂,却也增加了人为因素和谈判成本,使地方政府的财政收益部分地取决于它和中央政府的讨价还价能力。

"集权下的分权",是新中国独特发展路径的有机组成部分,也是第一代决策者对发展道路探索的结果。我们所特有的这种分权方式的利与弊都值得关注。好处在于,尽管缺乏稳定性,但中央政府与地方政府之间恰恰是在经常调整的分权规则中不断博弈,并将自己的信息、需求及时传递给对方,从而实现了对管理模式和计划的不断修正,使计划经济达到动态的平衡。这使新中国在第一个五年计划完成之后,就部分地退出了苏联的集权模式,消解了高度集中的大一统计划经济体制所可能带来的一些消极后果,使中国推行了一种和苏联相比更具弹性的计划经济体制,也就是我们在第六章所谈到的"弹性的社会主义计划经济"。这一时期新中国在分权方面所进行的尝试被有的学者称为毛泽东时代的"创造性破坏",认为这直接扭转了中国变成苏联式计划经济的可能,使中国的经济体制在改革前就与苏联式的中央计划经济结构存在巨大差异。②

---

① 根据表 7.1 可见,第一个五年计划以后直至 70 年代末,大部分年份都执行的是地方财政收支挂钩的机制,1974—1975 年是个例外,随后很快又恢复了收支挂钩。
② 甘阳:《中国道路:三十年与六十年》,《读书》2007 年第 6 期。

而弊端在于，首先，多变的、不断调整的财政管理体制在协调地方和中央政府利益的同时，也为地方政府的短期行为带来强劲动力，因为参与者缺乏对规则的长远预期。其次，由于缺乏统一、持久的游戏规则，各个地方政府最终所能获取的财政资源与他们自身和中央政府的谈判、博弈能力密切相关，受到这一因素的影响，中央政府在分配财政资源的时候很可能会有失公平。最后，在推动经济快速发展的过程中，为数众多的地方政府各有各的目标函数和利益需求，它们不可能时时与中央政府保持完全一致，在缺乏制度约束和保障的情况下，这种"集体行动的逻辑"会产生一些消极的后果，比如地方政府高涨的投资热情所带来的盲目建设、重复建设，这使中国经济陷入了一个治乱循环、冷热循环的怪圈。这种后遗症甚至一直持续到改革开放以后，虽然后来的发生机理已与改革开放前不尽相同。对改革开放前不同层级政府之间集权与分权关系的考察，为我们更深入地认识中国经济发展的路径演进以及问题和症结提供了另一个视角和线索。

四、结论：在集权和分权的动态调整中实现计划经济的自我纠错

在社会主义计划经济的运行过程中，集权和分权问题一直是一对矛盾。实际上，在所有国土广大、地方之间差异巨大的大国，其国家治理中都存在着这一内在困境，不论这个国家是采取联邦制还是单一制政体。在社会主义计划经济探索的初期，由于过分集权而产生的僵化和低效还不突出，集权在快速动员资源和迅猛工业化中的优越性充分显示出来。但是随着计划经济体制的进一步深化，大国所表现出来的复杂性对高度统一的计划性就表现出高度的不适应，中央计划者由于缺乏地方知识而使得计划经济的推进面临巨大的抵触成本和实践中的偏差，于是不得不进行分权，以充分尊重地方的差异性，并调动地

方的积极性。除此而外,最高决策者的"分权"偏好也是一个重要影响因素,在传统的计划经济运行机制下,中央政府同样存在着财政分权的内在冲动,决策者尝试在集权与分权的不断试错中寻求中央与地方利益的均衡点。在集权和分权的博弈过程中,地方政府之间对资源的竞争一方面包含着很多人为的因素,但是在分权框架下地方政府与中央政府之间的个人化的博弈,在实际上形成了一个准市场化的机制,从而向中央计划者传达了大量有关资源配置的信息,促使经济计划和要素价格不断调整。因此,对地方政府之间以及地方政府和中央之间的这种竞争性的博弈过程,从更为长远的计划经济体制的变迁来看,未始不可以视为一种计划体制下的富于弹性的自我调节和自我纠错机制。

第八章
工业化视角下农村税费制度与农民负担的历史解读

一、新中国成立以来农民税费负担情况的演变

我国农民的税费负担主要由两个部分构成：首先是各种农业税（包括农业税、农业特产税、耕地占用税等）；其次就是"费"，包括各种用途的集体提留、集资、摊派等。为了了解新中国成立以来农民税费负担[①]的演变情况，笔者根据历年的农业各税、集体提留和农民所得总额[②]等数据绘制了图8.1。图8.1中包括三条曲线，最下面的一条曲线代表历年的农业各税与农民所得之比，中间的曲线代表历年的集体提留[③]与农民所得之比，最上面的一条曲线代表历年的税费负担[④]与农民所得之比，即第三条曲线由前两条曲线加总而得。要特别说明的是，由于无法找到1950—1957年这一时期内农村经济收益分配的相关

---

① 需要指出的是，由于各地在经济发展水平和经济结构上的差异，不同地区的农民税费负担并不一样。除了中央允许征收的提留统筹费之外，一些基层地方政府还会有其他的收费、摊派和集资项目，各地情况不同，而这部分"提留"往往是随机和缺乏统一的统计数据的。本文采用的集体提留数据主要是官方公布的历年农村经济收益分配表中的提留统筹费，口径的统一便于前后的对比。因此，图8.1中的曲线应该说反映了绝大部分（但并非全部）的农民税费负担。
② 本文图表中的农民所得是指扣除了税收和提留之后的净所得。
③ 集体提留是人民公社时期农民税费负担的一个重要组成部分，而在人民公社体制取消后，"集体提留"——准确地讲，应改称为乡村提留统筹，即从1985年开始，图8.1中的第二条曲线表示的是乡村提留统筹与农民所得之比。为了写作上的便利，这里以及附录的表格中统称为集体提留。
④ 即农业税收与集体提留之和。

数据，因此，图 8.1 中 1957 年以前的情况只有税费负担与农民所得之比一条曲线，这一曲线是依据财政部编撰的《中国农民负担史》提供的资料推算得到的。① 为了进一步考察税费负担/农民所得这一指标的变动趋势，笔者以图 8.1 的数据为基础计算出了该指标的环比增长率，如图 8.2。图 8.2 可以更清楚地展示，该指标究竟在哪些时点出现了较大幅度的变化以及它在某一个时段内的变化趋势与特征。

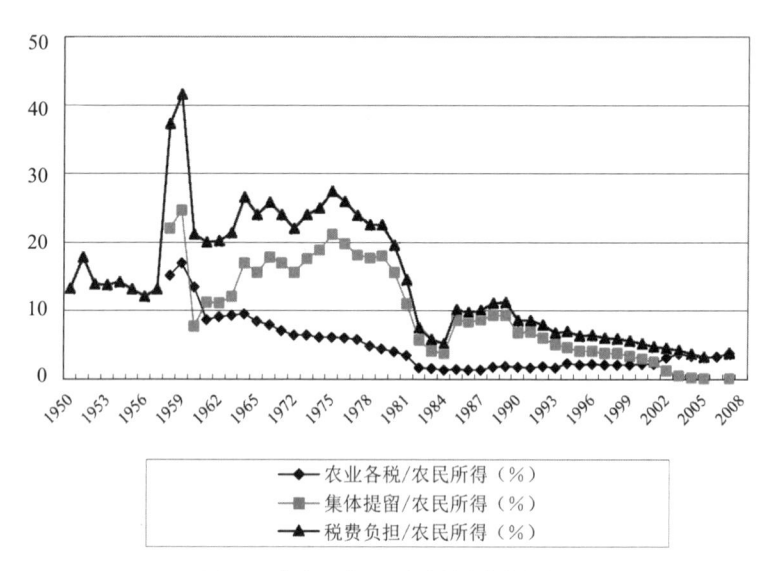

图 8.1 新中国成立以来农村税费负担概况

说明：1. 数据来源：（1）农业各税数据来自历年《中国财政年鉴》。（2）1958—1981 年各年度的集体提留、农民所得数据来自《中国统计年鉴（1983）》（中国统计出版社，1983），第 209 页；1983 年及 1983 年以后各年度的集体提留、农民所得数据来自历年《中国农业年鉴》。1982 年集体提留和农民所得数据为作者根据《中国农业年鉴（1984）》（农业出版社，1984）提供的 1983 年相关数据及其与 1982 年相比增减比率计算而得。

2. "集体提留"在新中国成立以来不同的发展时期包含的内容稍有不同：（1）在人民公社时期，"集体提留"主要指公积金、公益金和管理费；（2）废除人民公社体制后，"集体提留"一般由以下两个部分构成：①村提留（含公积金、公益金、管理费及其他提留），②乡镇统筹费（一般包括乡村两级办学、计划生育、优抚、民兵训练、乡村道路

---

① 参见财政部编撰：《中国农民负担史》（第四卷），中国财政经济出版社 1994 年版，第 119、181 页。

修建等各项内容），此外，"集体提留"还可能包含少量的其他提留统筹费；（3）从2003年开始，"集体提留"主要由农业税附加（其中主要包括村组干部报酬、五保户供养及办公经费等项）和"一事一议筹资"两部分组成。由于没有找到2006年、2008年的"集体提留"数据，因此，图中集体提留／农民所得、税费负担／农民所得两条曲线中相应时点的内容缺失。

3.因笔者未能找到1966—1969年间除农业各税外的其他数据，故图中曲线不包含这几年的情况。

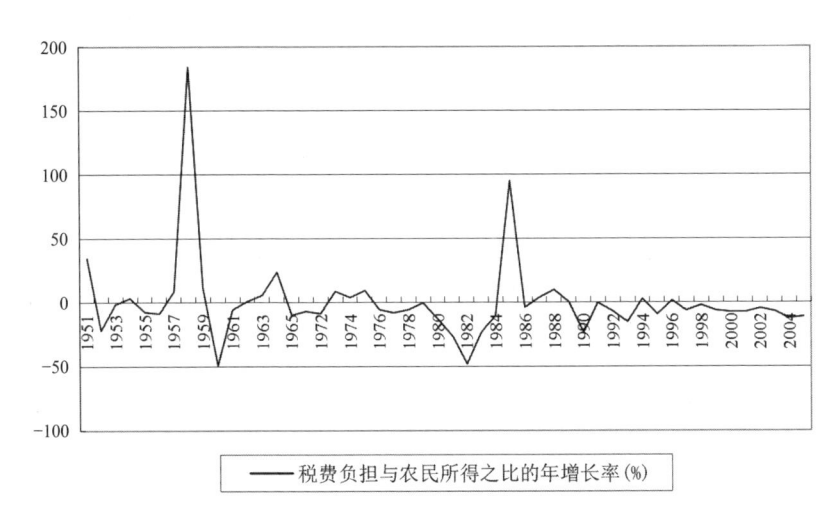

图8.2 新中国成立以来税费负担与农民所得之比的年增长率变化趋势

根据图8.1和图8.2，1949年以来农民税费负担的变化可以粗略地被划分为几个时段：1957年以前是农民税费负担相对稳定的一个时期，税费负担与农民所得之比大致维持在10%—20%之间。这种情况在1958年出现了较大的改变，图中的曲线清晰地反映出1958年成为建国后农民税费负担的第一个拐点，税费负担／农民所得在这一年突然上升至37.29%，以此为基础，1959年仍有所提升，而在1960年出现大幅度回落，和1959年相比，1960年降幅高达49.09%。此后，农民的税费负担又进入了一个相对稳定的阶段，尽管稳定，但整体上明显高于1957年以前的水平，税费负担与农民所得之比基本维持在20%—30%。1980年可以视为建国后农民税费负担变化的第二个拐点，虽然和1979年相比，1980年的农民税费负担降幅并不大，但这是自1958年以来税费负担与农民所得之比第一次低于20%，在随后的几年当中，农民的税费负担一直呈下降趋势，直到1984年。第三个值得关注的时点是1985年，这一年的农民税费负担有一个较大幅度的上升，从1985年到1989年，是改革开放以后农民税费负担相对较重的一段时间，税费负担／农民所得大概在10%左右。而从1990年开始，农民的税费负担又呈现出不断下降的趋势。自2000起，各种提留统筹费的下降则表现得更为明显。在下文中，笔者将结合新中国的经济发展历程特别是工业化的进程对农民税费负担的这一变化趋势作出解释。

二、工业化启动与农业剩余提取：集体组织下农民税费负担的"隐性化"

新中国在经历了短暂的经济恢复之后，很快就提出了过渡时期总路线。1953年，党和政府决定"要在一个相当长的时期内，基本上实现国家工业化和对农业、手工业、资本主义工商业的社会主义改造"①。工业化目标的确立与迅速推进，直接影响和决定了我国在随后几十年当中的经济运行方式和发展轨迹，因此，它是我们研究新中国农民税费负担变化的逻辑起点。

1. 重工倾向的工业化战略的启动与农业剩余提取

按照一般的规律，在工业化过程中，产业结构大多会由劳动密集型向资本密集型进而向技术密集型演变②，也就是说，通常可能会从纺织、食品等非耐用消费品行业起步，逐步向更高的层次发展。然而，

---

① 《建国以来毛泽东文稿》第四册，第301页。
② 杨公朴主编：《产业经济学》，复旦大学出版社2005年版，第305页。

新中国的工业化进程却从一开始就表现出了明显的重工业倾向。1953年，新中国的"一五"计划启动，第一个五年建设计划的基本任务就是"首先集中主要力量发展重工业，建立国家工业化和国防现代化的基础"①。新中国为什么会选择这样的工业化道路不是本文探讨的重点，毕竟，在讨论工业发展模式时，没有任何根据可以证明，所有的国家必须遵循既定的模式去发展。②而当时这一发展战略的选择也不是单纯的经济行为，它是政治、外交、国际环境、历史传统等多种因素共同作用的结果。

与轻工业不同，重工业是资本密集型产业，它不仅建设周期长，还需要大量的资金投入。即使对于发达国家，在经济开始现代工业发展的早期，资本积累都是经济增长的重要源泉。③对于一个像中国这样在经济发展水平极低的情况下开始工业化，又选择了重工业作为优先发展对象的国家而言，资金的重要性显而易见，可这恰恰是新中国最稀缺的资源之一。从就业和产值结构来看，成立之初的新中国是一个典型的农业国，1952年，我国第一产业就业人员占总经济活动人口的比例高达83.5%，第一、二、三次产业在国内生产总值中所占比重分别为50.5%，20.9%和28.6%，而其中工业产值仅占国内生产总值的17.6%。④到1953年，我国的城乡人均储蓄只有2.1元，国家的财政总收入222.9亿元，用于经济建设的资金尚不足100亿元⑤，国家有限的财力与即将开始的经济建设所需要的巨额资金之间存在着巨大的缺口。与此同时，西方国家政治与经济上的孤立和封锁，又决定了新中国只

---

① 中共中央文献研究室编：《建国以来重要文献选编》（第四册），第353页。
② 吉利斯、波金斯等：《发展经济学》（第四版），彭刚等译，中国人民大学出版社1998年版，第59页。
③ 速水佑次郎：《发展经济学——从贫困到富裕》，李周译，社会科学文献出版社2003年版，第152页。
④ 资料来源：国家统计局网站公布年度统计数据（www.stats.gov.cn）。
⑤ 武力主编：《中华人民共和国经济简史》，第67页。

能在半封闭的状态下发展内向型经济，这意味着中国必须依靠自身迅速而大规模的资本积累来启动工业化进程，农业剩余几乎是我们获取这种积累的唯一途径。

在每一个国家完成工业化的过程中，农业所发挥的作用都不容忽视。农业与工业之间在食粮、原料、劳动力、市场、资金等诸多方面存在着密切的相互依存关系，尽管这种依存关系的表现形式会随着经济的演进而发生改变。[①] 不论是农业在国民经济中的基础性地位、农业与工业化进程的必然联系，还是具有重工倾向的工业化战略对资本积累的要求，都会导致一个结果——只有大量地提取农业剩余才可能支撑新中国的工业化进程。这是农民税费负担在20世纪50年代中后期发生转折性变化的根本原因。

2. 集体组织下农民税费负担的"隐性化"

问题在于，为什么新中国的工业化进程从1953年开始启动，而农民税费负担在1958年才发生了幅度较大的改变？从图8.1、图8.2中可以看出，新中国成立后，农民税费负担的第一次大幅上升是在1958年，经过了1960年的调整[②]之后，进入了一个长达二十年左右的稳定期。从1960年到1979年，税费负担与农民所得之比最低时为20.04%（1961），最高时为27.43%（1975），总体上变动幅度并不大，除1964年以外，所有年份该指标变动幅度都在10%以下。

1950—1957年这八年时间可以被视为一个过渡时期。1949—1952年，新中国完成了国民经济的初步恢复；此后，伴随着"一五"计划的实施和社会主义改造的顺利完成，1953—1957年成为新中国

---

① Pei-Kang Chang, *Agriculture and Industrialization*, pp 23-65.
② 由于出现了三年困难时期，不仅农业税收在1960年有所下调，集体提留总额下降的幅度更大（由1959年的48.1亿元减少为16.2亿元），因此，1960年的税费负担/农民所得由1959年的41.66%减少至21.21%。

为了推进具有重工倾向的工业化战略而进行全方位的"制度准备"的一个时期。要在一个很低的起点上快速启动工业化,政府就必须"作出适当的制度安排,人为压低重工业发展的成本"[1],确保紧缺的物资、资源能够配置到政府所要优先发展的产业中去。于是,新中国逐步确立了高度集中的计划经济体制,计划几乎成为配置资源的唯一方式。与此相配套的,是新中国微观经济主体组织形式的改变。它们都必须与工业化目标的要求相适应。合作化运动结束之后,1958年8月,中央发出了《关于在农村建立人民公社问题的决议》,全国农村由此掀起大办人民公社的高潮,到1958年底,全国(除西藏和个别地区以外)有1.2亿多户都加入了人民公社,占全国农户总数的99%。[2]

正如中央在《关于在农村建立人民公社问题的决议》中所指出的,"现阶段我们的任务是建设社会主义。建立人民公社首先是为了加快社会主义建设的速度"[3]。人民公社体制的最终确立为工业化战略的推进提供了制度保障,集体——而非单个农户的组织形式,使国家可以通过行政力量完全控制农民的生产经营活动以及农业剩余的提取与使用。根据统计数据,单纯就农业税而言,1958年的农民负担和此前相比并没有太大改变,农业各税/农民所得为15.19%。但随着人民公社这种集体组织形式的出现和迅速普及,集体提留却有了大幅增长,这使得税费负担总和明显提升。1958年农业各税32.59亿元,而集体提留有47.4亿元,税费总和与农民所得之比增至37.29%。不论是公积金、公益金,还是集体提留中包含的少量管理费,作为公共基金,它们的提取都以集体组织的存在和有效运转为必要前提,全国农村的人民公社化恰恰为集体提留的大幅度上升提供了组织载体和保障。所以,农民

---

[1] 林毅夫、蔡昉、李周:《中国的奇迹:发展战略与经济改革》,第19页。
[2] 上海财经大学课题组:《中国经济发展史(1949—2005)》(上),上海财经大学出版社2007年版,第45页。
[3] 中共中央文献研究室编:《建国以来重要文献选编》(第十一册),第450页。

税费负担在1958年——而不是开始工业化建设的1953年——发生了明显的变化。

人民公社体制的形成是推行具有重工倾向的工业化战略的必然结果，这一制度安排保证了工业化建设所需要的高积累。而从1958年直到改革开放二十年间集体提留的居高不下——进而表现为农民税费负担的大幅度增加——是由当时推行的发展战略以及农村的人民公社化决定的。只是，这种沉重的负担在集体组织形式下被"隐性化"了。一方面，人民公社在保障了农民基本的生活需要之后，以"倒定额提取"的方式拿走了其他的农业剩余①，而对农民收入、负担的讨论原本应当以农民对"剩余"的支配权为前提。另一方面，就集体提留的用途②而言，它们或是用于公共积累，或是用于公共服务，即这部分资金发挥着提供公共品的作用，比如普及教育、合作医疗、建设基础设施、兴修水利等，这在一定程度上提高了农民的福利。因此，尽管在图8.1中，1958—1979年这一时段是新中国成立以后税费负担/农民所得最高的一个时期，但由于集体组织和分配方式的关系，农民税费负担沉重的问题并没有像改革开放以后那样凸显出来。

三、工业化进程中的"反哺"与制度补偿

农业本身是被包含在工业化过程之中的，是这一过程的内在的不可或缺的一部分。③这意味着，农业的进步与不断发展是工业化进程的

---

① 参见武力：《试论1949年以来农业剩余及其分配制度的变化》，《福建师范大学学报》2004年第3期。

② 1962年公布的《农村人民公社工作条例修正草案》中规定，"生产队兴办基本建设和扩大再生产的投资，应该从公积金内开支"，而由生产队从可分配总收入中扣留的公益金则"作为社会保险和集体福利事业的费用"。参见中共中央文献研究室编：《建国以来重要文献选编》（第十五册），第633—634页。

③ Pei-Kang Chang, *Agriculture and Industrialization*, p.199.

题中应有之义。在新中国成立后的前 30 年里，农业剩余的大规模提取有力地保障了工业化建设的推进，而农民为此做出了巨大的贡献和牺牲。因此，当工业化进展到一定阶段以后，必须对农民进行制度性的补偿，以推动工农业的均衡发展，使工农业在工业化进程中真正形成良性的互动。

1. 改革开放以来农民税费负担的变化趋势及农村的税费改革

1978 年的十一届三中全会拉开了改革开放的序幕。很快，家庭联产承包责任制的推行极大地调动了农民的生产积极性，我国的农业生产在随后的几年当中焕发出前所未有的生机和活力。而农民的税费负担也随着经济体制的改革发生了变化。1979 年的税费负担/农民所得（22.56%）与 1978 年持平，1980 年开始有了小幅下降（19.65%）。从图 8.2 中可以看出，在 1980 年到 1984 年的五年当中，税费负担/农民所得这一指标一直是负增长，即农民的税费负担呈不断下降趋势，并且，没有一年的下降比率低于 10%，最高时比上年减少 48.25%。这五年是农民税费负担相对较低的一个时期。

就像我们可以将 1953 年到 1957 年视为一个"过渡时期"一样，1979 年到 1984 年同样可以被视作一个"过渡时期"。改革开放标志着中国在通过高积累、低消费的方式初步建立了工业体系之后，开始逐步调整自身的发展战略，从重工业主导走向轻重工业的协同发展。在这一时期，由新旧经济体制的更替所释放出的生产力是难以估量的，这可以从农民收入的迅速增长中得到印证。1979 年，全国农民所得为 655.56 亿元，而到 1984 年，全国农民所得增至 2512.2 亿元。虽然在这几年中，农业各税、集体提留的绝对数值都没有太多下降，甚至农业税收总额还有上升，但在农民收入大幅提高的条件下，农民的税费负担还是明显减轻了。1984 年，农业各税/农民所得为 1.37%，集体提留/农民所得为 3.83%，两者合计仅为 5.21%（参见本章附录）。

然而，这种较低的税费负担水平并没有维持很久。随着"过渡时期"的结束，又发生了较大的变化。1983 年 1 月，中央"一号文件"中提出要改革人民公社体制，实行政社分设。10 月，中共中央和国务院发出《关于实行政社分开建立乡政府的通知》，要求在农村建立乡政府以及乡一级财政。[①] 由于中央对乡镇一级政府的财政支持有限，向农民征收税费成为乡镇政府弥补财政缺口的一个重要途径。人民公社时期的"集体提留"因而由后来的"乡村提留统筹"所取代。

1984 年，各地乡级财政开始逐步建立。为避免农民负担的上升，1985 年，中央政府下发《关于制止向农民乱派款、乱收费的通知》，但其中也明确提出，"乡和村兴办教育、修建公路、实施计划生育、优待烈军属、供养五保户等事业的费用，原则上应当以税收或其他法定的收费办法来解决。在这一制度建立之前……实行收取公共事业统筹费的办法"[②]。在这样的背景下，1985 年，全国的乡村提留统筹费有了一个大幅度的提升，从 1984 年的 96.1 亿元增长为 243.8 亿元，乡村提留统筹/农民所得为 8.66%，税费负担/农民所得由 1984 年的 5.21% 上升为 10.15%，年涨幅 94.82%。1985 年也因此成为新中国成立以来农民税费负担变化的第三个值得关注的时点。

和人民公社时期的公积金、公益金一样，从政府的有关规定中就可以看出，乡村提留统筹的用途仍然是为农村居民提供公共产品和公共服务。提供这些公共产品所需要的费用，在城市由政府负担，但在

---

① 中共中央文献研究室、国务院发展研究中心合编：《新时期农业和农村工作重要文献选编》，中央文献出版社 1992 年版，第 170、220—222 页。在 1985 年《中国农业年鉴》的农村经济收益分配表中第一次将"社员所得"一栏改为了"农民所得总额"，这种称谓的变化也反映了制度的变迁。

② 中共中央文献研究室、国务院发展研究中心合编：《新时期农业和农村工作重要文献选编》，第 355 页。

中篇　工业化与制度创新

农村需要民办公助。城乡之间的这种差别,是长期以来新中国为调动一切资源以确保具有重工业倾向的工业化战略的推进而逐步形成的。家庭联产承包责任制的推广在将土地的使用权和独立的生产经营权一并交给农民的同时,也再一次改变了农村微观经济主体的组织形式,个体农户取代了集体组织,成为基本的生产经营核算单位,进而也成为各种税赋的直接承担者。这种制度上的变迁尽管在短期内刺激了农业生产的发展,却不能同样迅速地从根本上改变我国的工业化程度和生产力发展水平。也就是说,我们依然面临着特定发展阶段所带来的各种问题,比如工业化初期形成的城乡二元结构以及公共财政体系难以在更大范围内形成对农村的有效覆盖等,而正是这些因素造成了"集体提留"在改革开放后的延续。集体组织解散了,农民对原本由集体提供的公共品的需求并没有因此而减少,如果政府财政不能支付相关费用,就不可能避免各种乡村提留统筹的不断上升。1985年到1989年的几年中,由于农业生产增速的放缓、农民收入的相对下降、乡镇政府的行政扩张等多种因素的影响,农民的税费负担上升到了改革开放以后的最高水平。

当谈及农村的税费制度改革时,人们大多会想到2000年以后我国政府出台的一系列举措。而事实上,早在20世纪90年代初期,一些地方政府就开始了税费改革的探索和尝试。1993年,河北正定县进行了"公粮制"改革;1994年,安徽太和县进行了"定量征实,统分统管"的改革;到1995年,全国有50多个市县进行了各种税费改革的尝试;1999年5月,国务院批准安徽省怀远、来安、濉溪和望江为税费改革试点县。[①]2000年,中央决定在安徽全省进行农村税费改革试点;2002年试点省被扩大到20个;2003年税费改革在全国范围内进

---

① 马国贤等:《后农业税时代的"三农"问题及涉农税收研究》,上海财经大学出版社2007年版,第95页。

行；此后，农业税的减征力度和免征范围被不断扩大，直到2006年全面取消。

从图8.2中可以看出，自1990年起，税费负担/农民所得这一指标的年增长率几乎一直是负的，并且降幅不小（其中1990年比上年下降23.28%），即农民的税费负担尽管绝对数额在上升，但其占农民所得的比重在不断下降。1994年和1996年分别在上年下降幅度较大的基础上有小幅回升，但并不改变整体下降的趋势。到2000年，税费负担/农民所得终于再次回落到1984年的水平（5.2%左右）。2000年以后，农民税费负担——特别是"费"的减少更为明显（参见图8.1及附录）。这种变化的趋势恰好与我国农村税费制度改革的实践完全吻合。

2. 工业化进程中的农村税费制度演进

为了对工业化进程中的农村税费制度演进有更全面的认识，我们不妨考察一下其他国家在这一进程中曾经采用的农村税费制度。本文将以日本为例，首先用夹角余弦法计算出中日两国产业结构的相似程度，即首先对我国在不同时期的产业结构究竟和日本历史上的哪些时点的发展水平比较接近作出判断，然后再大致考察一下日本在这些时点上的农村税费政策倾向。这样的比较可以带给我们一些启示。选择日本——而不是西方发达的工业化国家（比如英、美、法等国）作为参照系的原因，除了笔者可以得到日本的相关数据之外，还有一个重要因素，那就是日本和中国在开始工业化时有一点是相似的，在一定意义上讲，中日都属于"后发国家"——即都是在已经有一些国家开始甚至是完成工业化的前提下以农业国的"身份"启动了自己的工业化进程。这一前提背后的含义是它们获取原始资本积累的方式和途径与那些先走上工业化道路的国家注定是有差异的。

表 8.1　中日两国劳动力在三大产业间分布及国内生产总值构成情况概览

国家、年份	劳动力在三大产业间分布			国家、年份	国内生产总值构成		
	第一产业	第二产业	第三产业		第一产业	第二产业	第三产业
中国 1952	83.5	7.4	9.1	中国 1952	50.5	20.9	28.6
日本 1872	85	5	10	中国 1957	40.3	29.7	30.1
中国 1978	70.5	17.3	12.2	日本 1895	42.7	18.2	39.1
日本 1897	72	13	15	中国 1978	28.2	47.9	23.9
中国 1990	60.1	21.6	18.3	中国 1990	27.1	41.3	31.6
日本 1912	62	18	20	日本 1925	28.1	30.0	41.9
中国 2000	50.0	22.5	27.5	中国 2000	15.1	45.9	39.0
日本 1930	52	19	29	中国 2006	11.3	48.7	40.0
中国 2006	42.6	25.2	32.2	日本 1963—1967 年	9.7	40.8	49.5
日本 1936	45	24	31				

资料来源：中国数据引自 2008 年和 2002 年的《中国统计年鉴》，日本数据转引自杨治：《产业经济学导论》，中国人民大学出版社 1985 年版，第 41、45 页。

根据夹角余弦法判别产业结构相似程度的计算公式①，得出的结果如下：

$$r_{AB} = \frac{\sum_{i}^{m} u_{Ai} u_{Bi}}{\left[\left(\sum_{i}^{m} u_{Ai}^2 \right) \left(\sum_{i}^{m} u_{Bi}^2 \right) \right]^{1/2}}$$

表 8.1-1　中日两国三次产业就业结构相似程度

年代	r_{AB}
中国 1952 年、日本 1872 年	0.9995
中国 1978 年、日本 1897 年	0.9975
中国 1990 年、日本 1912 年	0.9980
中国 2000 年、日本 1930 年	0.9978
中国 2006 年、日本 1936 年	0.9988

---

① u_{Ai} 和 u_{Bi} 分别代表产业 i 在产业结构系统 A 和产业结构系统 B 中的比例，γ_{AB} 的值越接近 1，表示 A、B 两种产业结构越相似。

表 8.1-2　中日两国产值结构相似程度

年代	r_{AB}
中国 1952 年、日本 1895 年	0.9763
中国 1990 年、日本 1925 年	0.9663
中国 2006 年、日本 1963—1967 年	0.9814

从得到的数据看，根据中日两国三次产业就业结构计算出的结果更为理想，所以，我们以此作为判断标准。也就是说，从三次产业就业结构的角度看，中国在 1952 年、1978 年、1990 年、2000 年和 2006 年的水平分别与日本在 1872 年、1897 年、1912 年、1930 年和 1936 年的发展水平十分接近。如果我们回顾日本的经济发展历程，就会发现，日本在其中某些时点所表现出的农村税制特征与中国不无相似之处。

1952 年的中国即将启动工业化进程，为确保这一战略的实施，我国从 1953 年开始通过各种方式大规模提取农业剩余。而 1872 年的日本正处于明治维新初期，是一个典型的农业国，为了"富国强兵"、"殖产兴业"等国策的推行，1873 年日本颁布了地税改革法令，从此，地税成为中央财政收入的稳定的并且是最重要的来源，同时也成为农民的沉重负担。据统计，1878—1882 年日本每年农业负担的直接税占国家全部直接税收的 91%。不仅如此，农业税相对于农业收入的比率也很大，1888—1892 年农业直接租税负担占农业纯收入的比率高达 15%，而非农业部门的该比率仅为 2%。这足以看出工业化初期，来自农业的税收收入的重要性。而财政产业补贴在农业与非农业之间的分配也反映了工业化早期农业部门作出的牺牲和贡献，1891 年以前日本国家财政支付的产业补贴金额全部用于非农产业，1901 年财政产业补贴在农业和非农业之间的分配比例为 2% 和 98%，对农业的财政支持在 1930 年以后才有了大幅度的提升。①

直到 19 世纪末 20 世纪初，日本的中央财政都无力顾及地方，诸如教育、卫生、社会事业等许多公共品的提供及行政开支都需要由基层政府自行筹措。农村的基层政府——即町村政府一般只有通过大量向农民征收人头税附加税和地租附加税来解决。由于地租附加的征收比例全国有统一规定，人头税及其附加则可由地方政府自行确定，致使农村地区的人头税及其附加税率很高，一般规模都在地租附加税的 4—5 倍左右②，是町村财政最主要的收入来源。根据表 8.1-1，我国在 20 世纪 70 年代到 90 年代的工业化水平与 19 世纪末 20 世纪初的日本接近，而我国在这段时期的绝大部分年份中，乡村的各种提留统筹都远远高出了农业税，从数额上看，大致相当于农业税的 3—5 倍（参见图 8.1 及附录），是乡村政府财政收入不可或缺的组成部分。

进入 20 世纪以后，农民负担沉重问题引起了日本政府的关注。1918 年，日本国会通过《市町村义务教育费国库负担法》，以中央和地方财政共同分担农村公共品提供义务的方式减轻农民的税收负担，自此开始逐步为农民减负。我国在 1990 年的发展水平大致相当于日本的 1912 年，也正是从 1990 年起，我国的一些地方政府开始了改革农村税费制度的尝试。20 世纪 30 年代以后，日本进行了几次税制改革，直到 1950 年人头税及其附加税最终取消，逐步摆脱了对农民、对土地课税的传统体制，建立了城乡一体的现代税制。与此相伴随的是中央财政对市町村财政的支持力度不断加大。③而我国恰好是在与日本 20 世纪 30 年代发展程度类似的 2000 年开始了较大范围内的农村税费制

---

① 数据引自速水佑次郎、神门善久：《农业经济论》，沈金虎等译，中国农业出版社 2003 年版，第 142 页。
② 《日本农村税收制度改革历程与启示》，载王朝才、傅志华著：《"三农"问题：财税政策与国际经验借鉴》，经济科学出版社 2004 年版，第 269—270 页。
③ 《日本农村税收制度改革历程与启示》，载王朝才、傅志华著：《"三农"问题：财税政策与国际经验借鉴》，第 272 页。

度改革，直到 2006 年取消农业税，同时，政府还出台了大量政策对各种乡村提留统筹进行规范，并加大了中央财政对农村的支持力度，扩大公共财政覆盖农村的范围，通过加强农村基础设施建设、构建多种形式的农村医疗、养老等社会保障体制等方式改善农村公共品的提供现状，把国家基础设施建设和社会事业发展的重点转向农村。

与中国不同，日本在进行工业化的过程中依靠对外侵略扩张获取了大量资源和积累。尽管如此，日本仍然经历了一个从大量提取农业剩余到逐步为农民减负的过程。为了尽快走上工业化道路，落后的农业国在工业化早期大都会采取大量地、强制性地提取农业剩余的手段来积累资金，以农民利益在短期内的损失为代价。但越到工业化进程的后期，随着经济发展水平的不断提高，一个社会就越有可能和能力为农民减负增收，对其此前的福利损失给予补偿，直至消除城乡之间的差异。对中日两国在工业化发展水平类似阶段的农村税费政策倾向的比较，也说明了税费制度本身是对经济发展水平的一种反映，它的变迁与更替需要坚实的经济基础。

农民税费负担的变化与社会经济制度的变革之间有着不容忽视的联系。前文中曾将 1958 年、1980 年、1985 年、1990 年、2000 年等作为新中国成立以来农民税费负担发生明显变化的几个特别时点给予关注，进一步考察就会发现，在这几个时点上，都有比较重要的制度变迁，这更提示我们制度的重要性以及制度对农民税费负担产生的深刻影响。对农民的帮扶不能只靠一时的政策，而必须运用系统性的制度性的手段和渠道，给农村和农业以全面的支持，构建各种可持续的、带有长期战略性的扶持方式和制度框架。换言之，如果我们曾经由于一定的制度安排增加了农民的税费负担，那么我们必须给农民以"制度补偿"。

四、结论

农业和所有其他的部门一样都是一个社会国民经济中不可分割的一部分,"整体经济的起飞和发展,或者整体经济的工业化,必须表现为各个有机组成部分的相随起飞和发展,即工业化必须包括工业的现代化和农业的现代化"[①]。在工业化进程中,工、农业应当是共同发展的,否则农业的落后必然成为工业化的障碍。因此,我们今天讨论农民的税费负担问题,其意义并不只在于为农民增收减负这么简单,从长远的历史视角来看,它关系到农业的持续发展以及工业化目标的最终实现。

限于篇幅,本章讨论的农民税费负担只涉及了各种直接征收的农业税和集体提留,而并未涉及农民由于农副产品的统购统销、工农业产品价格的"剪刀差"等原因承担的隐性税负。如果将这些因素考虑进去,农民的税费负担显然要高于本章图表中所给出的比例。这更说明了一点,即必须给农民以制度补偿。除了不断改革、规范农村税费制度之外,还必须推动农村经济增长长效机制的建立,以回报农民在工业化初期所做出的贡献和弥补其承受的损失。只有如此,工业化进程才可持续。

只是应当说明的是,改革农村税费制度的目标并不是取消所有向农民征收的税赋,而是逐步消除由于工业化初期的城乡二元结构造成的城乡居民所面对的负担和福利的差异。应该让所有的人平等地承担一定的义务,同时,也平等地享有一定的权利,共同分享经济发展和工业化进程带来的成果,不论他们生活在乡村,还是城市。

[①] 张培刚:《农业与工业化——农业国工业化问题再论》(中下合卷),华中科技大学出版社2002年版,第91页。

附录：

新中国成立以来农村税费情况一览表

年份	农业各税（亿元）	集体提留（亿元）	农民所得（亿元）	农业各税/农民所得（%）	集体提留/农民所得（%）	税费负担/农民所得（%）	税费负担与农民所得之比的增长率（%，比上年）
1950	19.10	—	—	—	—	13.30	
1951	23.35	—	—	—	—	17.86	34.29
1952	27.35	—	—	—	—	13.94	−21.95
1953	27.51	—	—	—	—	13.75	−1.36
1954	33.13	—	—	—	—	14.20	3.27
1955	30.72	—	—	—	—	13.18	−7.18
1956	29.65	—	—	—	—	12.06	−8.50
1957	29.67	—	—	—	—	13.12	8.79
1958	32.59	47.4	214.5	15.19	22.10	37.29	184.22
1959	33.01	48.1	194.7	16.95	24.70	41.66	11.72
1960	28.04	16.2	208.6	13.44	7.77	21.21	−49.09
1961	21.66	28.0	247.8	8.74	11.30	20.04	−5.52
1962	22.83	27.6	248.6	9.18	11.10	20.29	1.25
1963	24.00	30.9	256.1	9.37	12.07	21.44	5.67
1964	25.89	45.7	269.3	9.61	16.97	26.58	23.97
1965	25.78	47.49	304.60	8.46	15.59	24.05	−9.52
1966	29.55	—	—	—	—	—	—
1967	28.95	—	—	—	—	—	—
1968	30.02	—	—	—	—	—	—
1969	29.56	—	—	—	—	—	—
1970	31.98	71.16	399.03	8.01	17.83	25.85	—
1971	30.86	73.92	435.57	7.08	16.97	24.06	−6.92

续表

年份	农业各税（亿元）	集体提留（亿元）	农民所得（亿元）	农业各税/农民所得（%）	集体提留/农民所得（%）	税费负担/农民所得（%）	税费负担与农民所得之比的增长率（%，比上年）
1972	28.37	68.21	437.67	6.48	15.58	22.07	−8.27
1973	30.52	83.19	473.40	6.45	17.57	24.02	8.84
1974	30.06	91.83	487.44	6.17	18.84	25.01	4.12
1975	29.45	101.08	475.91	6.19	21.24	27.43	9.68
1976	29.14	95.10	478.99	6.08	19.85	25.94	−5.43
1977	29.33	90.86	501.84	5.84	18.11	23.95	−7.67
1978	28.40	103.00	582.36	4.88	17.69	22.56	−5.80
1979	29.51	118.41	655.56	4.50	18.06	22.56	0
1980	27.67	105.15	675.92	4.09	15.56	19.65	−12.90
1981	28.35	89.12	805.16	3.52	11.07	14.59	−25.75
1982	29.38	97.32	1679.15	1.75	5.80	7.55	−48.25
1983	32.96	83.6	2004.9	1.64	4.17	5.81	−23.05
1984	34.84	96.1	2512.2	1.37	3.83	5.21	−10.33
1985	42.05	243.8	2816.5	1.49	8.66	10.15	94.82
1986	44.52	265.0	3174.9	1.40	8.35	9.75	−3.94
1987	50.81	310.5	3562.0	1.43	8.72	10.14	4
1988	73.69	386.4	4121.3	1.79	9.38	11.16	10.06
1989	84.94	419.43	4499.64	1.89	9.32	11.21	0.45
1990	87.86	333.27	4899.30	1.79	6.80	8.60	−23.28
1991	90.65	363.81	5296.41	1.71	6.87	8.58	−0.23
1992	119.17	373.09	6140.74	1.94	6.08	8.02	−6.53
1993	125.74	379.90	7447.45	1.69	5.10	6.79	−15.34
1994	231.49	461.28	9901.72	2.34	4.66	7.00	3.09
1995	278.09	547.55	12999.70	2.13	4.21	6.35	−9.29
1996	369.46	679.71	16237.03	2.28	4.19	6.46	1.73
1997	397.48	702.96	18159.56	2.19	3.87	6.06	−6.19
1998	398.80	729.73	18933.05	2.11	3.85	5.96	−1.65

续表

年份	农业各税（亿元）	集体提留（亿元）	农民所得（亿元）	农业各税/农民所得（%）	集体提留/农民所得（%）	税费负担/农民所得（%）	税费负担与农民所得之比的增长率（%，比上年）
1999	423.50	669.53	19486.09	2.17	3.44	5.61	-5.87
2000	465.31	620.36	20896.61	2.23	2.97	5.20	-7.31
2001	481.70	551.66	21492.27	2.24	2.57	4.81	-7.5
2002	717.85	292.78	22005.55	3.26	1.33	4.59	-4.57
2003	871.77	126.86	23369.10	3.73	0.54	4.27	-6.97
2004	902.19	75.79	26146.30	3.45	0.29	3.74	-12.41
2005	936.40	32.81	29018.49	3.23	0.11	3.34	-10.70
2006	1084.0		32205.37	3.37			
2007	1439.1	37.74	37879.72	3.80	0.099	3.899	

资数据来源：（1）农业各税数据来自历年《中国财政年鉴》。（2）1958—1981年各年度的集体提留、农民所得数据来自《中国统计年鉴（1983）》（中国统计出版社，1983），第209页；1983年及1983年以后各年度的集体提留、农民所得数据来自历年《中国农业年鉴》。1982年集体提留和农民所得数据为作者根据《中国农业年鉴（1984）》（农业出版社，1984）提供的1983年相关数据及其与1982年相比增减比率计算而得。

第九章
新中国的工业化、政府投资行为与产业结构演进

一、引言

不论是认同还是否定，政府在中国经济发展中发挥的重要作用一直都备受研究者的关注。而政府投资，是学术界讨论最多的话题之一。已有的关于政府投资的研究成果，较多地集中在两个领域：第一个是关于政府投资绩效和影响的考察，根据研究重点的不同，这方面的文献又可以分为几类，讨论的问题各有侧重，有的偏重于从整体上探讨政府投资产生的影响[1]，有的偏重于分析某一领域或行业的政府投资效果[2]，有的以地方政府投资行为及其影响作为探讨核心[3]，还有的则关注

---

[1] 如张宇的《转型期政府投资的多效应分析》（人民出版社，2008），秦学志、张康、孙晓琳的《产业关联视角下的政府投资拉动效应研究》（《数量经济技术经济研究》2010年第9期），尹庆双、奉莹的《金融危机背景下我国政府投资的就业效应分析》（《经济学动态》2010年第1期），秦学志、张康的《基于产业结构和居民消费视角的政府投资效应研究》（《数量经济技术经济研究》2011年第12期）等。

[2] 如穆月英、郭卫东的《政府投资对农业的影响分析》（中国农业出版社，2012），段小华的《科技公共投入支持新兴产业发展的有效性研究》（中国社会科学出版社，2012），柴盈、曾云敏的《管理制度对我国农田水利政府投资效率的影响》（《农业经济问题》2012年第2期），李芝兰的《我国农业增长中的政府投资影响》（《财经科学》2006年第3期），严成樑的《政府研发投资与长期经济增长》（《经济科学》2009年第2期）。

[3] 如张雷宝的《地方政府公共投资效率研究》（中国财政经济出版社，2005），徐梅的《地方公共投资研究》（经济科学出版社，2013），张卫国、任燕燕、侯永建的《地方政府投资行为对经济长期增长的影响》（《中国工业经济》2010年第8期），张卫国、任燕燕、花小安的《地方政府投资行为、地区性行政垄断与经济增长》（《经济研究》2011年第8期），欧阳昌朋的《地方政府投资行为的宏观分析》（《当代财经》2006年第1期）。

政府投资与民间投资之间的关系。[①]另一领域的研究成果则和现实联系紧密，研究者多以政府投资项目的管理为探讨重点，讨论涉及政府投资项目管理的现状、制度、改革、问题等诸多层面。[②]

而和与现实密切相关的实证分析相比，从较长的时段内对新中国的政府投资进行历史解读和分析的文献相对要少一些。[③]本章尝试进行的工作是对新中国成立以来政府投资规模和方向的变迁，特别是政府投资的产业构成特点进行梳理和阐释。选择这样一个命题的原因在于，新中国的政府投资与产业结构的调整之间有着密切的联系，新中国最初的政府投资的直接目标和指向就是产业结构的升级，只是随着产业结构的变化政府投资发生了改变。本章的讨论将由以下几个部分构成：在引言之后，将首先系统地梳理新中国成立以来全社会固定资产投资资金来源中政府投资所占比重的变化，长时段内的数据对比可以让我们对政府投资相对规模的变化趋势有一个直观的认识。随后，将分改革开放前后两个时期进一步讨论政府投资的方向，探讨政府投资的产业构成及其在不同时期内所表现出来的特点。本章最后尝试对新中国成立六十余年来政府投资产业构成的特征及其在中国产业结构调整和

[①] 如钞小静、任保平的《经济转型、民间投资成长与政府投资转向》(《经济科学》2008年第2期)、黄亭亭、杨伟的《衰退时期的财政政策效应：政府投资转向与民间投资成长》(《金融研究》2010年第3期)、贾明琪、李贺男的《金融危机下我国政府投资对民间投资的挤出效应》(《经济管理》2009年第4期)等。

[②] 如后小仙的《政府投资项目利益相关者共同治理模式研究》(经济科学出版社，2011)、严玲、邓娇娇的《公共项目代建人激励》(科学出版社，2012)、邓曦、刘幸的《政府投资工程代建制模式下的委托代理分析》(《武汉理工大学学报》2007年第4期)、严玲、赵黎明的《政府投资项目双层多级委托代理链的分析》(《财经问题研究》2005年第12期)等。限于篇幅，文中不一一列举。

[③] 这方面有代表性的文献如董志凯的《政府与市场在中国大陆投资中的作用变迁(1949—2009)》(《中国经济史研究》2010年第4期)、邱华炳、苏宁华的《经济发展演进中的政府投资范围界定与调整》(《投资研究》2001年第2期)，其他则多体现在一些综合性的研究成果中，如曾培炎主编的《中国投资50年》(中国计划出版社，1999)、刘湘的《新时期我国政府投资研究》(东北财经大学出版社，2011)、吴亚平等的《中国投资30年》(经济管理出版社，2009)、汪同三主编的《中国投资体制发展道路》(经济管理出版社，2013)等。

工业化进程中的意义进行总结。

二、政府投资在固定资产投资中的比重

本章的讨论从新中国的固定资产投资开始。如图9.1所示，在1978年改革开放以前，我国国有经济固定资产投资的资金来源主要有5个：国家投资、国内贷款、利用外资、自筹及其他。总体而言，在这一时期国家投资是最主要的资金来源，其中"一五"时期所占比重最高，每一年都在80%以上，1956年高达93.3%，此后国家投资在全部资金来源中的比重在波动反复中逐步下降，但这种下降丝毫不影响国家投资所具有的主导地位。在改革开放以前，国家投资占国有经济固定资产投资全部资金比重最低的年份是1977年，为57.9%，其余年份均在60%以上。和国家投资所占比重的变化趋势相反，其他几种资金来源所占的比重经历了一个不断上升的过程，尽管上升的幅度有限：1963年以前，国内贷款占国有经济固定资产投资全部资金的比重为零，直到1978年，国内贷款所占比重仅在1966年超过2%；从第一个五年计划开始到1976年，国有经济的固定资产投资不依赖任何外资，1977年这一情况发生了微小的变化，外资在国有经济固定资产投资全部资金来源中的比重达到2.4%；除了国家投资之外，自筹及其他资金是国有经济固定资产投资资金来源中最重要的构成部分，在整个计划经济时期，自筹及其他资金所占的比重总体呈增加趋势，1971年以前基本上低于30%[①]，在20世纪70年代大体徘徊在30%—40%。

[①] 1953—1971年间，半数年份该比重不足20%，1961年极为特别，高至39.9%，其余年份在20%—30%之间。

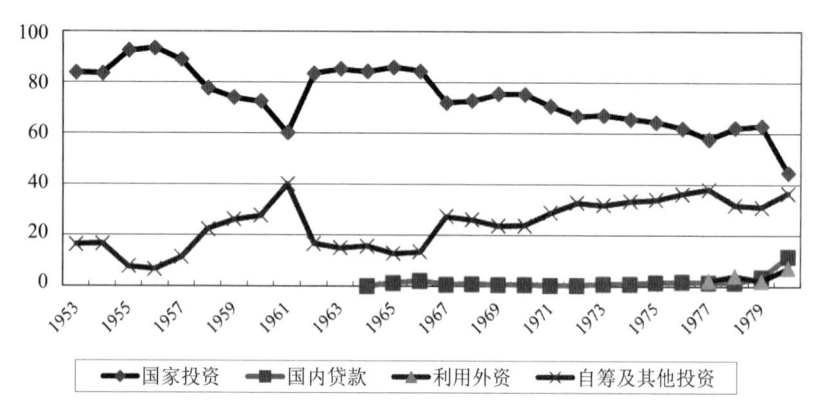

图 9.1 1953—1980 年国有经济固定资产投资的资金来源比重（%）①
资料来源：国家统计局固定资产投资统计司编：《中国固定资产投资统计年鉴（1950—1995）》，中国统计出版社 1997 年版，第 23 页。

1978 年以后，我国全社会固定资产投资的资金来源同样有五个：国家预算内资金、国内贷款、利用外资、自筹和其他资金。这一时期，全社会固定资产投资资金来源的一个最显著的变化趋势是国家预算内资金所占比重的明显下降和自筹及其他资金所占比重的日益上升。1981 年国家预算内资金在全社会固定资产投资中所占的比重是 28.1%，1988 年这一比重第一次降到了 10% 以下，20 世纪 90 年代中期，国家预算内资金占全社会固定资产投资的比重降到了新中国成立以来的最低水平，1997 年仅有 2.8%，新旧世纪之交稍有回升，后来基本上呈下降趋势，2012 年中国国家预算内资金在全社会固定资产投资资金来

---

① 本文对于计划经济时期政府投资变化及影响的分析将以对国有经济固定资产投资中政府投资部分所表现出的特征的讨论为基础，因为关于计划经济时期的固定资产投资，国家统计局所公布的官方统计数据中最为详尽的只有国有经济的相关数据。以国有经济的固定资产投资——而不是后来统计口径中的全社会固定资产投资作为讨论重点，并不影响我们对这一时期政府投资在全社会投资中的作用的基本判断，因为在单一公有制和高度集中的计划经济体制下，国有经济是社会投资规模和方向的绝对主导者。在改革开放启动两年后的 1980 年，国有经济占全社会固定资产投资的比重仍在 80% 以上，同年集体经济、个体经济占全社会固定资产投资的比重分别为 5% 和 13.1%（根据《中国固定资产投资统计数典（1950—2000）》，中国统计出版社 2002 年版，第 15 页数据计算得出）。也就是说，在个体经济还没有大量增长时，国有经济的固定资产投资大体上可以反映出全社会固定资产投资的状况。

源中的比重为 4.6%。国家预算内资金比重的迅速下降主要与两个因素有关,一个是改革开放以后经济运行中的政府直接投资和干预,和计划经济时期相比显著减少;另一个是随着多种经济形式的发展,吸纳政府投资最多的国有经济在国民经济中所占的比重开始下降。同一时期,自筹和其他资金在全社会固定资产投资中所占的比重由 1981 年的 55.4% 上升到 2012 年的 81.7%。来自外资和国内贷款的比重变化相对较小:从 1981 年到 2011 年三十年间,国内贷款占全社会固定资产投资比重多在 20% 以下;利用外资比重多在 10% 以下,绝大部分年份利用外资所占比重不足 5%。

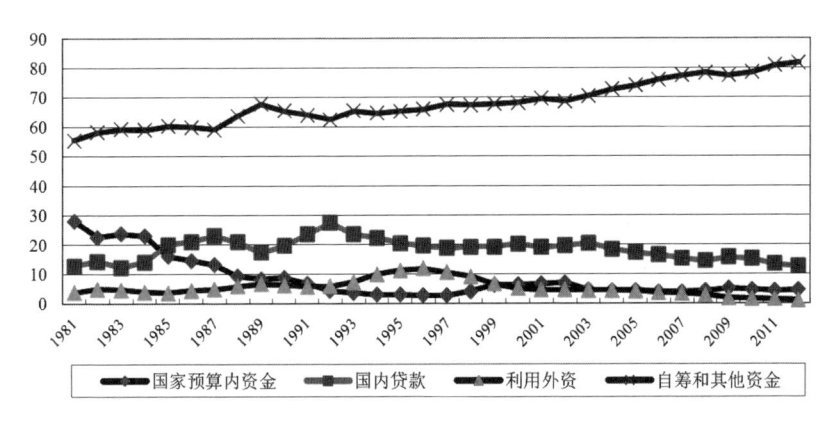

图 9.2　1981—2012 年全社会固定资产投资资金来源（%）

资料来源:1981—2010 年数据来自《中国统计年鉴(2011)》(中国统计出版社,2011)第 147 页;2011 年数据根据《中国统计年鉴(2012)》(中国统计出版社,2012)第 161 页数据计算得出;2012 年数据根据《中国统计年鉴(2013)》(中国统计出版社,2013)第 153 页数据计算得出。

因此,回顾新中国成立以来的历史,在全社会固定资产投资的资金来源中变化最大的是来自于政府的投资,1953 年,国家投资占国有经济固定资产投资资金比重高达 83.7%,到 2012 年,国家预算内资金占全社会固定资产投资的比重已经不足 5 个百分点。"自筹和其他资金"日益成为全社会固定资产投资中最主要的资金来源。相比之下,来自于国内贷款和外资的资金比重变化的幅度要小得多。新中国"政府主导"型的投资和发展模式在改革开放以后发生了迅速而巨幅的变化,下文将尝试对新中国政府投资的方向、变化及其在产业结构调整中的作用进行简要的分析和探讨。

三、直接的干预与介入:计划经济时期的政府投资

1.重工业优先的工业化路线

1949年以后高度集中的计划经济体制下的大规模经济建设,并非单纯由社会主义和意识形态所决定,作为一个工业化后发国家,中国摆脱落后面貌的心态十分急迫。1951年2月,中共中央政治局扩大会议决定自1953年起实施第一个五年计划,并要求政务院着手进行编制计划的各项准备工作。1952年下半年,第一个五年计划的编制工作开始紧锣密鼓地进行。从着手编制新中国的第一个长期经济建设计划开始,优先发展重工业的指导思想就清晰地表现出来。

经过了国民经济的恢复和近一年的酝酿,1953年9月,过渡时期总路线正式出台。同年,第一个五年建设计划启动。在1953年底毛泽东参与修改和编写的《关于党在过渡时期总路线的学习和宣传提纲》中,明确提出了"社会主义工业化"的概念,这一旨在向全党和全国人民解释和宣传中央新提出的总路线的文件强调,"发展国家的重工业,以建立国家工业化和国防现代化的基础"是实现"社会主义工业化的中心环节"[①]。新中国选择了一条重工业优先的工业化路线,造成这一局面的原因很多,而其中最根本的是中国的重工业基础过于薄弱,这一事实所可能造成的不利影响被连年的战乱和外敌的入侵不断放大。

---

① 中共中央文献研究室编:《建国以来重要文献选编》(第四册),第606页。

2. 政府投资推动下的工业生产能力提升

（1）从模仿和学习中开始的工业化

在新中国成立后的第二天，中国政府收到了苏联政府承认中华人民共和国并愿意建立外交关系的照会。1949年底，毛泽东访问苏联，作为这次出访的一个重要成果，《中苏友好同盟互助条约》于1950年2月14日签订。尽管现在看来，这一条约的签订并不意味着中苏两国之间在所有问题的认识和利益的协调上都达成了一致，双方在一些事情上仍存在明显分歧，但这一事件本身却释放出一个重要的信号，新中国选择了政治上"一边倒"的外交策略，与以苏联为首的社会主义阵营结成联盟。

苏联经济的运行方式是新中国学习的第一个样板。即使不以在统计口径和指数计算上受到质疑的苏联官方数据为依据，按照格申克龙的估计，苏联机器、钢铁、煤炭、石油、电力五个处于核心地位的工业部门在1928—1937年近十年间的年平均增长率达到了17.8%[①]，这种高速增长是在政府的强力推动下实现的。要使中国在几乎毫无积累的前提下启动工业化，并在相当短的时期内完成工业体系的初步构建，政府同样必须具有强大的调动和配置资源的能力。

第一个五年计划的制订与实施在苏联的直接帮助和参与下进行。1953年5月15日，中苏两国在莫斯科签订了《关于苏维埃社会主义共和国联盟政府援助中华人民共和国中央人民政府发展中国国民经济的协定》，规定苏联将在1959年前帮助中国新建和改进141个建设项目，加上1954年10月12日由于《关于苏联政府帮助中华人民共和国政府新建15项工业企业和扩大原有协定的141项企业设备的供应范围的议定书》的签订而增加的15个项目，合计"156项"。这156个项目主要集中在煤炭部（27个）、电力部（26个）、重工部（27个：其

---

① 亚历山大·格申克龙：《经济落后的历史透视》，张凤林译，第295页。

中黑色冶金 7 个、有色冶金 13 个、化学工业 7 个)、一机部（29 个）、二机部（42 个）五个部门，此外，石油部有 2 个，轻工部有 3 个。①这些项目的设计和实施，直接推动了新中国产业结构的快速调整。

（2）政府投资对第二产业的高度倾斜

重工业是资本密集型产业，需要大量的资金投入。统一财经工作的完成，使政府特别是中央政府掌握了巨大的财政资源，这使巨额的建设投资成为可能。1952 年 1 月，政务院财政经济委员会公布了《基本建设工作暂行办法》，其中明确规定了基本建设计划的编制过程，从这时起，固定资产建设项目的决策权被集中在中央政府手中。尽管在整个计划经济时期，中国的政府投资体制不乏放权与集权的调整，但这种改变调整的只是权利在中央与地方不同层级政府之间的分配，而政府在全社会固定资产投资中的主体地位并没有变化。

改革开放以前的固定资产投资，如果按管理渠道分，只包括基本建设和更新改造两个组成部分。1953 年到 1980 年间，基本建设投资是国家固定资产投资的绝对主体，20 世纪 50 年代基本建设投资占固定资产投资的比重在 90% 以上，60 年代多在 80% 以上，70 年代基本上在 75% 左右或再稍高一些。②在基本建设以及更新改造投资中政府投资所占的比重差异很大：就更新改造投资的资金来源而言，1966 年以前的更新改造投资半数以上来自国家财政拨款③，从 1967 开始来自国家财政拨款的资金占更新改造投资资金来源的比重下降到了 20% 左右④。但基本建设投资资金来源的构成则明显不同，从 1953 年到 1978

---

① 中华人民共和国国家经济贸易委员会编：《中国工业五十年·1953—1957》（下卷），中国经济出版社 2000 年版，第 1329 页。
② 《中国固定资产投资统计年鉴（1950—1995）》，中国统计出版社 1997 年版，第 20 页。
③ 1958—1961 年数据缺失，其他年份中 1953 年国家财政拨款占更新改造投资的比重最高，为 100%，1957 年最低，为 32.6%，但其余年份都高于 50%。参见《中国固定资产投资统计年鉴（1950—1995）》，第 241 页。
④ 1967 年为 21.8%，此后没有一年超过 20%，从 1985 年开始这一比重低于 5%，数据出处同上一脚注。

年，期间的每一年国家投资在基本建设投资资金来源中的比重都在70%以上[1]，1961年为73.7%，是其中唯一低于75%的一年，其余年份中有5年[2]该比重在90%以上，15年该比重在80%—90%，还有5年在75%—80%[3]。因此，基本建设投资的规模和结构是政府意志具体而明确的反映。

需要进一步梳理的是大规模的基本建设投入资金的分配方向。整体上看，在整个计划经济时期，对于第一产业的基本建设投资都是最低的，除了1963—1965年期间短暂达到7.6%，其余时期均在4%以下。以工业为主的第二产业则是基本建设投资的重点，1980年以前的五个五年计划中，对第二产业的基本建设投资占全部投资的比重最高时达到61.7%，最低的"一五"时期也达到了46.2%，基本上一直保持在50%以上。对第三产业的投资除了在"一五"时期达到51.1%之外，其余时段均在40%左右。[4]在对工业的投资中，对于轻工业的基本建设投资虽然整体上略高于农业，但一直未超出7%；对重工业的投资占全部基本建设投资的比重在"一五"时期为36.2%，这是改革开放前几个五年计划中这一比重最低的一个时期，其余时期均在45%以上。

表9.1 1953—1980年各个计划时期国民经济各行业基本建设投资比重（%）

行业	1953—1957年	1958—1962年	1963—1965年	1966—1970年	1971—1975年	1976—1980年
全国总计	100	100	100	100	100	100
农林牧渔业	2.7	3.4	7.6	3.7	4.0	3.9

---

[1] 《中国固定资产投资统计年鉴（1950—1995）》，第91页。
[2] 其中包括第一个五年计划的后3年，即1955年、1956年、1957年。
[3] 这5年主要集中在1959—1961年以及改革开放前的最后两年，即1977年和1978年。
[4] 《中国固定资产投资统计年鉴（1950—1995）》，第103页。

续表

行业	1953—1957年	1958—1962年	1963—1965年	1966—1970年	1971—1975年	1976—1980年
采掘业	42.5	60.4	49.8	55.5	55.4	52.6
制造业						
电力、煤气及水的生产和供应业						
建筑业	3.7	1.4	2.1	1.8	1.6	1.9
地质勘查业、水利管理业	6.8	9.0	10.4	7.4	6.4	7.8
交通运输、仓储及邮电通信业	15.3	13.5	12.7	15.4	18.0	12.9
批发和零售贸易、餐饮业	3.6	2.0	2.5	2.2	2.9	3.7
房地产业	2.5	2.3	2.9	1.8	1.9	4.1
社会服务业						
卫生、体育和社会福利业	7.6	3.9	5.7	2.8	3.3	5.6
教育、文化艺术及广播电影电视业						
科学研究和综合技术服务业						
金融、保险业	15.3	4.2	6.2	9.5	6.5	7.6
国家机关、政党机关和社会团体						
其他行业						

资料来源：《中国固定资产投资统计年鉴（1950—1995）》，第110—111页。

具体到国民经济的各个行业，计划经济时期基本建设投资的一半以上被用在了由采掘业，制造业，电力、煤气及水的生产和供应业构成的工业建设当中。在工业内部，冶金工业、机械工业、电力工业、煤炭工业是得到政府投入最多的四个工业部门。从1953年第一个五年计划启动到1970年第三个五年计划结束，冶金工业一直是获得基本建设投资最多的工业部门，在第二个五年计划期间甚至一度接近25%，在冶金工业中，钢铁工业的投资规模又远高于有色金属工业。[①]

巨额的政府直接投资带来了一些重点发展行业生产能力在短期内

---

① 《中国固定资产投资统计年鉴（1950—1995）》，第128页。

的迅速改变，变化速度前所未有。和新中国成立以前以及新中国成立初期相比，能源、冶金、机械、运输等各个部门的生产能力有了根本性的提升。旧中国工业生产所表现出来的轻型化结构非常明显，1933年在中国的工业资本中，制造生活资料的资本所占比重为92%，1946年该比重下降至88%，其中纺织业占35%、食品业占15%。① 也就是说，在工业部门内部，轻工业始终占据绝对优势，重工业的发展极其缓慢。以钢的生产为例，根据1934年由实业部编纂的《中国经济年鉴》，由于"开采之重要钢铁及冶炼钢铁事业多操诸日人掌握"以及中国的冶炼钢铁厂多陷于停顿，中国的钢铁"每年出产只四万余吨，合土法所炼之生铁，亦仅十七万吨上下"，而中国"每年需用钢铁数量，约在八十万吨至九十万吨之间，每年金钱外溢在五千万海关两以上"②。这和1949年之后很快实现的钢铁产量不可同日而语。此前，由于钢铁工业的滞后，以钢铁及相关产品为重要原料来源之一的机器工业亦不甚发达，"资本缺乏、技术不精、钢铁不足"，机械"稍形复杂者即不能自制"，只能通过机械的进口解决，"其入口之数，每年恒达三四千万海关两"③。

再如电的生产，根据1932年10月的统计，中国的电气事业——民营电厂占91%，公营电厂占5%，外资电厂占4%；但就投资额而言，外资占总额的64.8%，民营者占总额的26.1%，公营者仅占9.1%；发电量外资占51.1%，民营占35%，公营占13.9%。外资者厂数虽少，而其资本雄厚，电量巨大，非民营国营者所能及。④ 新中国的政府干预

---

① 吴承明：《中国工业资本的估计和分析》，载中国人民大学国民经济史教研室编：《中国近代国民经济史参考资料（二）》，中国人民大学出版社1962年版，第230页。
② 实业部中国经济年鉴编纂委员会编辑：《中国经济年鉴·民国21—22年》（下册），商务印书馆1934年版，第331页。
③ 实业部中国经济年鉴编纂委员会编辑：《中国经济年鉴·民国21—22年》（下册），第630页。
④ 实业部中国经济年鉴编纂委员会编辑：《中国经济年鉴·民国21—22年》（下册），第692页。

迅速扭转了工业领域生产停滞和并不独立的状况，一些部门（如煤炭开采、炼铁、炼钢、冶金设备及矿山设备等重型机械制造、铁路修建等）甚至在第一、第二个五年计划期间就已经达到了改革开放以前所能达到的最高生产水平。

3. 产业结构"突变"与增长方式的自我强化

在大规模工业化建设启动初期基本建设投资所占的高比重，以及基本建设投资资金中来自政府的高比重，所反映的其实都是政府投资在这种大规模建设中所发挥的基础性作用。随着政府投资一并启动的是政府对国有企业生产的全方位干预。1950年6月，中央重工业部计划司在《国营工业经济计划工作的组织与方法》中已经明确提出了工业经济计划需要包括七个部分，国营工业的经济计划要包括产品、劳动、材料供应、成本、产品分配、基本建设、财务等方方面面。① 凭借着政府投资这一重要的手段和工具，新中国的国营企业从原料供应、要素价格、生产过程、财务制度等方方面面都受到了政府的严格限制。

这些配套的举措确保了政府意志的完全贯彻。1957年第一个五年计划完成，中国的第二产业产值（包括工业和建筑业）占国内生产总值的比重由1952年的20.9%上升至1958年的37%，其中工业产值占国内生产总值的比重由1952年的17.6%上升至1958年的31.7%，建筑业产值占国内生产总值的比重由1952年的3.2%上升至1958年的5.3%（第一产业占国内生产总值的比重由1952年的50.5%下降为1958年的34.1%，第三产业比重未发生明显变化，1952年为28.6%，1958年为28.9%）。② 2011年第二产业产值占国内生产总值比重为

---

① 中国社会科学院、中央档案馆编：《中华人民共和国经济档案资料选编·1949—1952·综合卷》，中国城市经济社会出版社1990年版，第802—804页。

② 《中国统计年鉴（2002）》，国家统计局网站（http://www.stats.gov.cn/yearbook2001/indexC.htm）。

46.6%，其中工业产值占国内生产总值的比重为39.9%，建筑业产值比重为6.8%。[1] 也就是说，第一个五年计划期间第二产业产值占国内生产总值比重的增幅甚至超出了此后五十余年的增长幅度。在1952年到1957年，重工业产值增长了210.7%，轻工业产值增长了83.3%，两者的平均年增长速度分别达到了25.4%和12.9%。重工业在全部工业中的比重由1952年的37.3%上升到1957年的45%，而同期轻工业的比重由62.7%下降到55%。[2] 在这个意义上讲，我们可以将第一个五年计划时期视为新中国产业结构调整的一个"突变期"，政府的强力干预带来了产业结构的跳跃式调整。

工业生产的飞速发展是以政府财政不计成本的大量投入为前提的。以政府基本建设投资为主要内容的财政支出具有鲜明的产业指向。政府用于农业以及轻工业的投资远远小于重工业，这种倾向在整个计划经济时期不断得到强化。而对工业尤其是重工业部门的支持很快就为政府财政带来丰厚的回报。从投资效果来看，根据当时的一机部的调查，"一五"时期的大中型项目，建成后平均三年半就可以收回投资。而1952—1978年我国工业投资的平均投资回收期限为12年，如果将折旧费计算在内，回收期还更短。[3] 工业产值的增长远非农业产值所能望其项背，国民收入的快速增长主要由工业部门支撑。

而和用于工业的支出占财政总支出的比重相比，工业部门提供的财政收入在政府财政收入总额中所占的比重要高得多，工业产值的迅速增长为国家财政收入提供了新的可靠的来源保证。由此，在政府投资与产业结构之间形成了一个自我循环增强的机制：政府的投资促成了工业的起步和发展，也为政府财政自身的运转创造了新的财源，而

---

[1] 《中国统计年鉴（2012）》，国家统计局网站（http://www.stats.gov.cn/tjsj/ndsj/2012/indexch.htm）。

[2] 中国社会科学院、中央档案馆编：《中华人民共和国经济档案资料选编·1953—1957·工业卷》，中国物价出版社1998年版，前言。

[3] 刘国光主编：《中国十个五年计划报告》，人民出版社2006年版，第105页。

财政支出的（重）工业化倾向又依靠工业所提供的收入不断得以维系。这种不断自我循环增强机制的一个最直接的后果是在很短的时间里，推动了中国产业结构的大幅度转变，初步建立了相对完整的工业体系，如果依靠经济的自然演进这一过程很难迅速实现。在复杂的国际背景中启动工业化进程的中国，采取了一种最直接的干预方式，由政府控制几乎全部生产领域投资的力度、方向和规模。问题在于政府的强行干预减弱了产业之间原本可能具有的联系，体制的僵化与结构的失衡随之而来。

四、从直接主导转向间接调控的政府行为

改革开放前，有两个时段内国家投资在国有经济固定资产投资的资金来源比重中最高：一个是第一个五年计划时期，达 88.9%；另一个是 1963—1965 年，达 85.1%。有意思的是，在这两个时段之后都出现了投资体制中关于放权的尝试。政府对固定资产投资的直接投入加速了一些行业的资本积累过程，但如何真正调动企业的生产积极性、激发和保持经济运行的活力和效率是计划经济一直面临的困境和问题。

1. 投资主体和投资方式的转变

改革开放后，政府投资的变化首先体现在投资方式与投资主体的双重转变上。

1979 年 8 月，国务院批转由国家计委、国家建委和财政部共同提出的《关于基本建设投资试行贷款办法的报告》以及《基本建设贷款试行条例》，这标志着"拨改贷"试点工作的开始。按照《报告》的要求，政府开始在部分地方（北京、上海、广东三个省市）、部分行业（轻工、纺织、旅游等）中选择部分项目的投资进行由政府拨款改

为银行贷款的尝试,"拨改贷"的目标很明确,要"在国家统一计划的前提下,扩大企业的经济自主权,把投资效果的好坏同企业和职工的经济利益直接联系起来"[①]。试点工作的推进非常快。1984年12月,国家计委、财政部和中国人民建设银行联合颁布了《关于国家预算内基本建设投资全部由拨款改为贷款的暂行规定》,明确提出"为了有偿使用国家财政资金,提高经济效益,决定从1985年起,凡是由国家预算安排的基本建设投资全部由财政拨款改为银行贷款"。实行"拨改贷"以后,原来的"国家预算直接安排的投资"渠道相应取消。[②]

尽管对"拨改贷"实施效果的评价褒贬不一,但这一举措的推出,毕竟意味着银行以及得到贷款的企业从这时起需要以经济规则,而不单纯是政府指令来规范自身的行为。1985年是一个特殊时点,从前文的图表中可以看出,和1984年相比,1985年全社会固定资产投资资金来源中的"国家预算内资金"和"国内贷款"两个构成要素所占的比重同时发生了较大的改变,前者所占比重下降了7个百分点,由23%降至16%,后者所占比重则上升了6个百分点,由14.1%升至20.1%。如果只考察国有经济固定资产投资资金来源中的这两项构成要素,那么变化则更为显著,国家投资所占的比重由1984年的35.3%下降到了1985年的24%,国内贷款所占比重由1984年的15.4%上升至1985年的23%。[③]

投资主体的变化则表现在两个方面:一是对原有投资主体的调整和改变,二是新的投资主体的培育。20世纪80年代中后期,对国有企业的改革拉开帷幕。1984年通过的《中共中央关于经济体制改革的决定》中强调,增强企业的活力,特别是增强全民所有制的大、中型

---

① 中国人民建设银行总行编:《中华人民共和国财政史料·第六辑·基本建设财务拨款与信用(1950—1985)》,中国财政经济出版社1987年版,第370—373页。
② 中国人民建设银行总行编:《中华人民共和国财政史料·第六辑·基本建设财务拨款与信用(1950—1985)》,第389页。
③ 《中国固定资产投资统计数典(1950—2000)》,第26页。

企业的活力，是以城市为重点的整个经济体制改革的中心环节。为了增强国有企业活力，中央相继推出一系列措施，在权、责、利方面赋予国有企业以更多的经营自主权。

1988年7月，国务院发布《关于印发投资管理体制近期改革方案的通知》。《通知》中所提及的《国家计划委员会关于投资管理体制的近期改革方案》，不论从宏观层面还是微观层面，都对固定资产投资资金的使用方式提出了新的要求。从微观层面，《方案》提出"扩大企业的投资决策权"，企业有权自主地筹措资金和物资、有权自主地选定投资方式和建设方案、有权自主地支配应得的投资收益。从宏观层面，《方案》一方面提出在中央一级成立能源、交通、原材料、机电轻纺、农业、林业6个国家专业投资公司，用经济而不是行政的办法对相关行业的投资进行管理；另一方面要求简政放权，国家专业投资公司建立以后，国家计委不再直接管理项目投资。①

随着社会主义市场经济体制改革目标的确立，国有企业改革的步伐在20世纪90年代中后期不断加快。这使得国有企业逐步成长为新的投资主体，它们已经不再是计划经济时期完全贯彻政府意志而无自主生产决策权力的经济组织。20世纪90年代，国家投资在国有经济固定资产投资资金来源中的比重整体上已经不足10个百分点，出资比重的大幅度下降本身也说明了政府在固定资产投资中所扮演的角色的转变。同一时期，新的投资主体也慢慢成长起来，集体、个体、私营、外资及其他经济发挥着日益重要的作用。1981年，国有经济在全社会固定资产投资中所占的比重为69.5%，1993年该比重为60.6%，2000年为50.1%，2002年降为43.4%。② 投资体制的改革随着全国范

---

① 国务院体改委办公厅编：《十一届三中全会以来经济体制改革重要文件汇编》（中），改革出版社1990年版，第207—211页。

② 《中国固定资产投资统计数典（1950—2000）》，第24页。2002年数据引自《中国统计年鉴（2003）》第190页。

围内经济体制改革的推进而不断深入。2004年7月,国务院颁布《关于投资体制改革的决定》,这是一个内容涉及投资体制改革方方面面的"决定"。《决定》不仅强调要落实企业的投资自主权,还对政府投资的范围作出界定,从这时起,政府的投资开始越来越多地向公共基础设施建设和具有公益性的领域倾斜。

2. 政府投资在三次产业间的重新布局

（1）国有经济固定资产投资重点的转移

国有经济一直是得到政府投资最多的经济主体,因此和其他经济成分相比,国有经济固定资产投资的产业构成可以更好地反映政府投资的产业倾向。[①] 在改革开放前后两个时期,国有经济固定资产投资的三次产业分布发生了非常明显的变化。如前文所述,改革开放以前第二产业是政府投资的绝对重点,但第二产业所占有的绝对优势在改革开放十余年后就被第三产业所取代。从1990年到2000年的十年间,国有经济用于第二产业的固定资产投资占其固定资产投资总额的比重下降了近30个百分点（由1990年的59.1%降至2000年的29.2%）,同期国有经济用于第三产业的固定资产投资占其固定资产投资总额的比重上升了近30个百分点（由1990年的39.7%升至2000年的69%）[②] 新世纪以后,这一趋势更为明显,2002年国有经济的固定资产投资中,第二、三产业所占的比重分别为26.2%和71.2%。[③]

[①] 根据改革开放以后的数据,城镇集体所有制单位固定资产投资资金来源中也有一部分来自国家预算内资金,但这一部分所占比重很小,1981—1995年间城镇集体所有制单位固定资产投资全部资金占国家预算内资金的比重合计为1.06%（根据《中国固定资产投资统计年鉴（1950—1995）》第373页数据计算而得）,所以这里关于政府投资对产业结构影响的讨论以国有经济的变化和特征为主。这样做的另一个好处是由于都以国有经济作为讨论对象,改革之前与之后的情况具有直接的可比性。

[②] 1990年数据引自《中国固定资产投资统计年鉴（1950—1995）》,第46页；2000年数据引自《中国统计年鉴（2001）》,第157页。

[③] 《中国统计年鉴（2003）》,第185页。

这说明，从 20 世纪 90 年代起，国有经济的固定资产投资重点快速由第二产业向第三产业转移。1980 年中国第二、三产业产值在国内生产总值中所占的比重分别为 48.2% 和 21.6%，20 年后，2001 年中国的第三产业产值占 GDP 的比重第一次超过了 40%，达到 40.5%，和第二产业所占比重（45.2%）相差无几。[①] 这一比重的变化当然不能全部归功于国有经济，但在 2000 年以前，全社会固定资产投资中的一半以上由国有经济完成（参见下文图表），因此国有经济自身的作用及其发挥的带动作用都不应低估。只是和改革开放前不同的是，国有经济的固定资产投资不再以政府的直接投入作为主要的资金来源。

矫正过度强调重工业的发展模式、调整失衡的经济结构是改革开放以来中国经济发展的主线之一。就国有经济而言，在 20 世纪的最后二十年，工业内部的投资结构调整也较大。为了推动长期以来未受到足够重视的轻工业的发展，改革之初，政府就提出了要在原材料和能源供应、银行贷款、挖革改、基本建设、利用外汇和引进技术、交通运输六个方面优先保证轻工业发展的方针，在 20 世纪 70 年代末 80 年代初的几年当中，这一方针和指导思想在历年的政府工作报告、国民经济计划中被多次提及和强调。政策支持的表现之一是政府投资开始向轻工业倾斜。改革开放后的最初十余年间，国有经济用于轻工业的投资占其总投资的比重几乎一直保持在 10% 以上，而对重工业投资所占的比重则稍高于 40%，两者之间的差距已经大为缩小，计划经济时期两者差距最大时曾高达 47.6 个百分点。[②] 这一转变带来了轻工业的快速发展，从 20 世纪 80 年代初开始，轻工业在整个工业内部的产值比重有所上升，在此后的十余年间轻工业产值略低于重工业产值，但就产值所占比重而言基本上与重工业平分秋色。在重工业内部，也表

---

① 《新中国六十年统计资料汇编》，中国统计出版社 2010 年版，第 10 页表 1-7。
② 数据参见《中国固定资产投资统计年鉴（1950—1995）》，第 47、103 页。

现出了采掘工业所占比重下降、原材料工业所占比重上升的趋势。[①]

表9.2 1981—2002年国有经济分行业固定资产投资比重(%)

行业	1981—1985年	1986—1990年	1991—1995年	1996—2000年	2002年
全国总计	100.0	100.0	100.0	100.0	100.0
农林牧渔业	2.2	1.2	0.9	1.6	12.43
采掘业	16.2	13.5	9.4	6.6	2.16
制造业	31.8	32.4	24.5	12.9	8.35
电力、煤气及水的生产和供应业	7.5	11.3	11.0	13.0	13.76
建筑业	1.7	0.9	1.4	1.4	0.93
地质勘查业、水利管理业	2.1	1.3	1.5	3.0	5.44
交通运输、仓储及邮电通信业	12.4	11.2	18.2	28.1	24.65
批发和零售贸易、餐饮业	4.6	2.6	2.8	1.1	0.66
房地产业	3.5	9.5	14.4	10.0	9.11
社会服务业	1.4	3.8	4.5	7.7	10.46
卫生、体育和社会福利业	1.4	1.3	1.0	1.2	1.34
教育、文化艺术及广播电影电视业	4.7	3.0	3.9	4.2	4.21
科学研究和综合技术服务业	1.4	1.0	0.7	0.6	0.82
金融、保险业	0.6	0.6	0.9	0.8	0.22
国家机关、政党机关和社会团体	5.3	2.6	4.0	6.0	4.66
其他行业	3.2	2.8	1.8	1.3	0.81

资料来源：1981—1995年数据来自《中国固定资产投资统计年鉴(1950—1995)》第42—45页；1996—2000年数据来自《中国固定资产投资统计数典(1950—2000)》第48—54页；2002年数据根据《中国固定资产投资统计年鉴(2003)》(中国统计出版社,2003)第39—41页国有经济分行业计划投资规模计算得出。

[①] 《中国固定资产投资统计年鉴(1950—1995)》，第130页。

具体到各个行业，九五计划期间（1996—2000）和改革之初的六五计划期间（1981—1985）相比，国有经济用于采掘业、制造业的固定资产投资占国有经济固定资产投资总额的比重都出现了大幅下降，前者下降了近10个百分点（由16.2%到6.6%），而后者下降了近20个百分点（由31.8%到12.9%），在工业部门内部，国有经济的固定资产投资唯一保持上升趋势的是"电力、煤气及水的生产和供应业"。在第三产业内，国有经济固定资产投资增长最为明显的是交通运输、仓储及邮电通信业，六五计划期间，国有经济在该行业的固定资产投资占其投资总额的比重仅为12.4%，而到九五计划期间，同一比重为28.1%。2002年，交通运输、仓储及邮电通信业仍然是国有经济固定资产投资最多的行业，并且该行业投资中的81.28%是用于铁路运输业、公路运输业及交通运输辅助业三个领域。[①] 值得注意的是，2002年国有经济固定资产投资仅次于交通运输、仓储及邮电通信业的行业是农林牧渔业，在农林牧渔业的投资占其总投资的比重高达12.43%，这是以前从未达到过的。

（2）2003—2012年间[②]的政府投资倾向

新世纪以来的多数年份中，国家预算内资金在全社会固定资产投资资金来源中的比重都在5%以下。将有限的投资投向何处，可以最直接地反映出政府对一些产业的倾斜和支持。表9.3反映了2003年以后的十年间国家预算内固定资产投资资金的行业分布情况。从数据中可以看出，期间固定资产投资获得国家预算内资金支持最多的行业是以下几个：排在第一位的是交通运输、仓储和邮政业，这一点在国有

---

① 数据出处同表9.2。
② 需要说明的是，选择2003年作为一个新的起点，只是因为国家统计局自2003年定期报表开始使用新的《国民经济行业分类》（GB/T 4754-2002）标准，由于统计口径的调整，行业划分以及数据的公布与此前年份有所不同。

经济改革开放以来的投资变化中已经得到了部分的体现，在表中选取的年份中，国家预算内用于交通运输、仓储和邮政业的投资在政府投资总额中所占的比重2006年一度高达31.24%。排在第二位的是水利、环境和公共设施管理业，该行业得到的政府投资占政府投资总额的比重多在20%以上，2012年达到28.46%。排在第三位的是公共管理和社会组织，第四位的是电力、燃气和水的生产供应业，第五是教育，第六是农林牧渔业。这意味着固定资产投资得到政府资金最多支持的是第三产业，而其中又以交通运输、仓储邮政、水利、环境、公共设施管理等与基础设施、公共服务密切相关的行业为重点。

表9.3 2004—2012年各行业固定资产投资中国家预算内资金所占比重及国家预算内固定资产投资资金的行业分布

行业	国家预算内资金占该行业固定资产投资全部资金来源的比重（%）					国家预算内用于该行业的投资占国家用于固定资产投资的全部预算内资金的比重（%）					该行业固定资产投资在全国固定资产投资中所占的比重（%）		
	2004	2006	2008	2010	2012	2004	2006	2008	2010	2012	2004	2008	2012
农林牧渔业	19.82	21.4	15.25	14.52	9.8	4.47	5.39	4.61	4.45	4.64	1.02	1.41	2.24
采矿业	1.44	0.77	0.94	0.87	0.79	1.1	0.74	0.89	0.66	0.57	3.44	4.39	3.40
制造业	0.61	0.56	0.51	0.6	0.44	3.2	3.45	3.26	3.62	3.04	23.83	29.74	32.70
电力燃气水的生产供应业	4.49	4.61	6.28	6.03	6.49	8.87	8.59	9.22	6.9	5.89	8.94	6.82	4.30
建筑业	8.03	7.01	11.92	16.39	15.98	1.49	1.26	2.02	2.93	3.22	0.84	0.79	0.96
交通运输、仓储和邮政业	12.29	12.75	13.4	12.54	12.95	29.08	31.24	28.73	25.97	20.79	10.71	9.98	7.61
信息传输、计算机服务和软件业	0.98	1.53	2.18	4.06	3.69	0.56	0.61	0.63	0.77	0.53	2.61	13.58	0.68
批发和零售业	5.35	0.32	0.71	0.79	1.03	0.22	0.14	0.3	0.34	0.56	1.84	2.07	2.57
住宿和餐饮业	1.65	0.86	0.62	0.74	0.9	0.26	0.18	0.15	0.18	0.26	0.72	1.13	1.34
金融业	2.97	6.85	3.32	1.67	4.1	0.1	0.18	0.11	0.06	0.21	0.15	0.16	0.24

续表

行业	国家预算内资金占该行业固定资产投资全部资金来源的比重（%）					国家预算内用于该行业的投资占国家用于固定资产投资的全部预算内资金的比重（%）					该行业固定资产投资在全国固定资产投资中所占的比重（%）		
	2004	2006	2008	2010	2012	2004	2006	2008	2010	2012	2004	2008	2012
房地产业	2.3	0.33	0.37	0.93	1.77	1.12	2.18	2.25	5.91	11.06	2.20	28.82	29.62
租赁和商务服务业	0.1	1.52	3.32	5.53	2.86	0.64	0.25	0.57	1.1	0.78	27.78	0.80	1.29
科学研究、技术服务和地质勘查业[1]	17.72	17.45	11	12.34	7.91	1.98	1.79	1.11	1.26	1.09	0.51	0.47	0.65
水利、环境和公共设施管理业	12.75	12.81	15.99	14.23	18.16	21.27	21.24	25.69	24.97	28.46	7.55	7.47	7.43
居民服务和其他服务业	1.19	1.95	3.38	2.91	7.97	0.05	0.08	0.14	0.18	0.74	0.17	0.20	0.44
教育	8.96	10.2	15.07	20.69	24.64	5.51	4.91	4.91	6.05	6.06	2.78	1.52	1.17
卫生、社会保障和社会服务业	11.52	11.69	12.41	19.8	16.16	1.82	1.88	1.84	3.14	2.38	0.71	0.69	0.70
文化、体育和娱乐业	11.05	13.63	13.42	12.01	10.01	2.05	2.6	2.73	2.49	2.39	0.84	0.95	1.13
公共管理和社会组织	21.8	22.19	24.41	23.44	22.86	16.21	13.31	10.82	8.99	7.36	3.36	2.06	1.53

1 2012年的统计口径和表中此前的年份相比稍有不同：2012年该项数据反映的是"科学研究和技术服务业"国家预算资金占全行业全年固定资产投资实际到位资金的比重，而2004年、2006年、2008年、2010年表中该数据反映的是"科学研究、技术服务和地质勘查业"国家预算资金占全行业全年固定资产投资实际到位资金的比重；"居民服务和其他服务业"在2012年的统计年鉴中被改为"居民服务、修理和其他服务业"；"社会保障"在2012年被计入"公共管理、社会保障和社会组织"项下，而此前被统计到"卫生、社会保障和社会服务业"项目中，因此，这几项指标2012年的统计数据与此前年份的统计数据并不具有完全的可比性。

资料来源：2004年、2006年、2008年、2010年、2012年数据分别根据国家统计局编2005年度（第212—215页）、2007年度（第210—213页）、2009年度（第192—195页）、2011年度（第166—169页）、2013年度（第174—177页）《中国统计年鉴》数据整理计算得出。

值得关注的还有两个因素。一个因素是国家预算内资金占某些行业固定资产投资全部资金来源的比重。尽管有些行业的固定资产投资得到的政府资金在政府投资总额中所占的比重并不十分突出,但政府投资在该行业固定资产投资全部资金来源中的比重却相当可观,这同样表明了政府投资在这些行业中不容忽视的重要性。相对典型的是公共管理和社会组织以及农林牧渔业。对于公共管理和社会组织,每年政府投资在该领域固定资产投资全部资金来源中的比重都超过了20%。农林牧渔业最高时也有超过20%的固定资产投资资金来自政府投入。交通运输、仓储和邮政业,科学研究、技术服务和地质勘查业,水利、环境和公共设施管理业,卫生、社会保障和社会服务业,文化、体育和娱乐业等行业的固定资产投资来自于政府投入的部分大都超过10个百分点。

另一个因素是全社会固定资产投资的行业分布与政府投资的行业分布之间的差异,这种差异本身即是政府投资倾向性的反映。比较典型的是制造业。以2012年的数据为例,就全国范围内而言,制造业的固定资产投资仍然占全国固定资产总投资的近1/3,可见它仍是全社会固定资产投资的重点,但不论是国家预算资金占制造业固定资产投资全部资金来源的比重(0.44%),还是国家预算用于制造业的投资占国家用于固定资产投资的全部预算内资金的比重(3.04%),都非常低。国家用于采矿业、制造业的投资在国家全部投资中所占的比重和计划经济时期相比也不可同日而语,政府早已不是这些领域的主导者。而国家预算内资金分配给农林牧渔业,交通运输、仓储和邮政业,水利、环境和公共设施管理业,教育等行业的份额,则大都明显高于这些行业自身固定资产投资在全社会固定资产投资中所占的比重,这反映了政府投资对这些行业的倾斜。

3. 政府投资的转型

投资规模的相对缩小本身就是政府投资转型的重要表现之一。实际上从20世纪的90年代开始,国家预算内资金占全社会固定资产投资资金来源的比重已经很小，1997年的亚洲金融危机和2008年的国际金融危机之后，国家投资在国有经济乃至全社会固定资产投资资金来源中所占的比重都出现了短暂的回升，这与政府执行积极的财政政策有关，但并未改变政府投资整体下降的趋势。与此同时，投资主体开始由单一走向多元化，国有经济在全社会各种经济形式投资中所占的比重不断下降，2000年以来降幅尤为显著，2012年该比重仅为25.7%。考虑到国家投资在国有经济固定资产投资资金来源中所占比重的大幅度降低，政府的投资对产业结构的直接影响已大为下降。

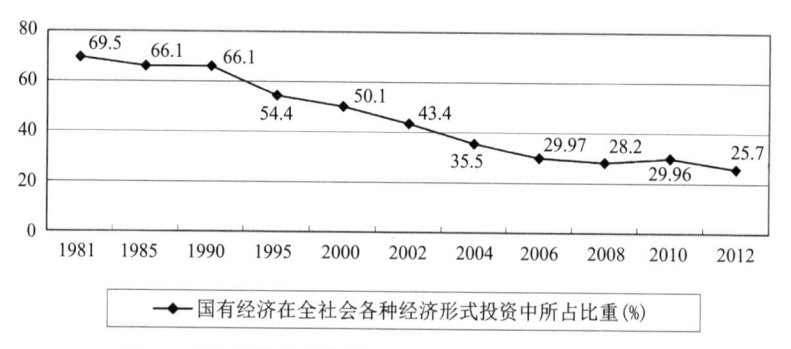

图9.3 国有经济在全社会各种经济形式投资中所占比重（%）

资料来源：2000年以前数据来自《中国固定资产投资统计年鉴（1950—1995）》第22页；2000年以后数据来自历年《中国统计年鉴》。

政府对固定资产投资的干预手段也从依靠行政命令转为倚重经济调节，这种干预方式的调整在改革初期已初见端倪。在1984年《关于国家预算内基本建设投资全部由拨款改为贷款的暂行规定》中，就提出了"拨改贷"要实行差别利率——电子、纺织、轻工、石油化工、原油加工项目年利率4.2%；钢铁、有色、机械、汽车、化工、森工、电力、石油开采、铁道、交通、民航项目年利率3.6%；农业、林业、农垦、水利、畜牧、水产、气象、国防工业、煤炭、建材、邮电、粮食和节能措施项目年利率2.4%。[1] 1989年《国务院关于当前产业政策要点的决定》要求"银行要根据产业发展序列的要求，制定相应的信贷政策"，还要求国家计委会同财政部、银行"进一步完善固定资产投资贷款差别利率的有关规定"[2]。这表明政府开始关注如何通过利率、财税等经济手段来实现调整资金在产业之间分配的目的，引导而不是主导资金的流向，不再像改革开放前那样直接以控制数字的方式决定资金在各个部门的配置以及投资的规模与结构。在1992年确立了社会主义市场经济体制的改革目标之后，市场在资源配置中发挥着日益重要的作用，政府对于建设、生产过程本身的直接干预进一步减少。

同时出现变化的是政府的投资布局，改革开放前吸纳政府投资最多的工业特别是重工业部门早已不再是政府投资的重点。新旧世纪之交，中国经济再次呈现出重工业快速发展的趋势，其产值增长明显超过轻工业，但这与新中国成立初期政府主导下的重工业化有本质的不同，这不再是不计条件的赶超，而是因为在城市化、消费结构升级、交通和基础设施快速发展的背景下，重工业表现出较大的发展空间。[3]这一轮的重工业快速增长与政府的直接投资之间没有必然的因果联系，同一时期政府投资的重点已经开始向第三产业转移。

一方面，政府投资不再是国有企业固定资产投资的主要资金来源，另一方面，国有资本自身涵盖的领域也在不断地调整之中。1978年，全民所有制工业占全部工业总产值的比重为77.6%，集体工业占22.4%，国有占绝对优势；到2011年，规模以上工业国有控股企业实现产值占规模以上工业的26.2%，其中，在煤、电、油、气、水的

---

[1] 中国人民建设银行总行编：《中华人民共和国财政史料·第六辑·基本建设财务拨款与信用（1950—1985）》，第391页。
[2] 中共中央文献研究室编：《十三大以来重要文献选编》（上），中央文献出版社2011年版，第356—365页。
[3] 武力、温瑞：《1949年以来的中国工业化的"轻"、"重"之辨》，《经济研究》2006年第9期，第46页。

生产和交通运输设备制造等关系国计民生的重要领域，所占比重达到40%—95%；在冶金、有色等原材料领域，比重达到25%—40%；但在多数竞争性行业比重在10%以下。[①] 改革开放后，政府促进产业结构调整和升级的方式灵活多样，直接投资已经远不是其中最重要的手段。

五、转变中的政府：产业结构演进中的政府行为

在新中国成立至今六十余年的历史当中，从投资的视角来看，不同时期的政府行为发生了巨大的变化。政府投资的相对规模由最初占全社会固定资产投资的90%以上，下降到了如今的不足5%。投资的方向也明显转变，改革开放以前，政府投资是全社会固定资产投资的绝对主体，为了快速推进工业化，以工业为核心的第二产业成为政府投资的重中之重，构建完整的工业体系的基础性工作由政府投资完成。而改革开放以后，投资主体逐步走向多元化，与之相伴随，政府投资对产业结构的影响也由直接转为间接。国有经济固定资产投资的重点在20世纪90年代由第二产业快速转向了第三产业，新世纪以来这一投资倾向表现得更为突出。在最近十年每年用于固定资产投资的国家预算内资金中，几乎有50%左右的政府投资被交通运输、仓储和邮政业以及水利、环境和公共设施管理业两个行业所吸纳。除此而外，农林牧渔业、教育、公共管理和社会组织等都是获得政府投资较多的领域。这意味着政府投资在更多地向具有基础性和公益性的行业和领域倾斜。改革开放后的政府投资与计划经济时期的另一个显著区别在于，政府投资所进入的行业大都不再是排他性的，即使是在当下政府投资相对集中的领域。

---

① 国家统计局：《改革开放30年我国经济社会发展成就系列报告之一》，《从十六大到十八大经济社会发展成就系列报告之八》。

即便是政府的行为方式发生了显著的变化，还是必须承认，在新中国产业结构升级的进程中，政府投资发挥了不容忽视的重要作用，如果不是依靠直接的政府投资，新中国最初的产业结构变动不可能在短期内完成。通过强有力的政府干预来促进幼稚产业发展不是新中国独有的发展方式，在各国工业化的历史中，这种行为并不少见，方法手段各不相同。西方的工业化也并非斯密所描述的自由市场竞争的结果[1]，人们不能达成一致的只是如何对经济活动中的政府行为进行评价。有的学者将现代经济的持续性发展倾向归因于民族主义[2]，抛开这一结论可能包含的价值判断不论，如果这真的是一个难以抵挡的世界潮流，那么对于一个国家或民族某一历史时期内发展方式选择的审视，就不仅仅是单纯从经济学角度考察这一方式是否有效率的问题，还有这些选择如何左右了这个国家在世界历史进程中的影响与地位的问题。在这个意义上讲，新中国成立以来特别是其成立初期的政府投资可能并不仅仅是经济问题。

---

[1] 傅瑞斯：《令人瞠目的不同世界：西欧与中国近代早期的国家经济》，《南开经济研究》2007年第2期。

[2] 里亚·格林菲尔德：《资本主义精神：民族主义与经济增长》，张京生、刘新义译，上海人民出版社2004年版。

第十章
从社队企业到乡镇企业：新中国的乡村工业化进程

一、新中国乡村工业化的探索和毛泽东关于乡村工业化的思想

本章讨论我国的乡村工业化和城乡一体化问题。工业化是中国近一个世纪以来最重要的国家目标之一，无论是康有为、孙中山，还是毛泽东，都明确地认识到中国人要想实现民族的伟大复兴、要想不被列强欺负，就必须发展民族工业，也就是要把中国建成一个工业国。但是中国要建成一个工业国家，面临着极为不利的约束条件，即中国是一个二元经济结构极其严重的国家，因此要发展现代工业，首先就必须考虑如何消除这个二元经济结构。新中国选择了一条重工业优先发展的经济发展战略，因此所有的资源配置都必须服务于这个战略。但是在重工业优先发展的过程中，如何实现工业和农业的协调发展、如何实现城市和乡村的协调发展，是一个必须解决的大问题。

怎么解决工业和农业的矛盾、城市和乡村的矛盾呢？对于这个问题，毛泽东曾经进行过系列的思考和探索。《红旗》杂志1958年第四期发表了《在毛泽东同志的旗帜下》一文，其中引述了毛泽东的一句话。毛泽东说，我们的方向，应该逐步地有次序地把"工（工业）、农（农业）、商（交换）、学（文化教育）、兵（民兵，即全民武装）"组成为一个大公社，从而构成为我国社会的基本单位。

毛泽东对人民公社的这个设想,当然是一个理想的模型,但是又不是一个完全空想的模型。在这个设想里面,乡村工业的发展,是人民公社经济发展的有机组成部分,这就突破了仅仅在城市发展工业、农村仅仅为城市工业提供原料的传统思想。现在看来,这个思想是极有远见的,以社队企业和乡镇企业为标志的中国独特的工业化道路实源于此。

1958年开始,中共中央正式提出了发展农村工业的政策主张。1958年3月成都会议通过、4月5日中共中央政治局会议批准下发执行的《中共中央关于发展地方工业问题的意见》提出:"县以下办的工业主要应该面向农村,为本县的农业生产服务。为此,在干部中应该提倡,既要学会办社,又要学会办厂。现在县以下工业企业的形式,大体上可分为县营、乡营、合作社(农业社或手工业社)营,县、社或乡、社合营等三种。"这一文件还首次明确提出"社办工业"的生产经营范围,即:"农业社办的小型工业,以自产自用为主,如农具的修理,农家肥料的加工制造,小量的农产品加工等。"

在农村人民公社化运动中,根据毛泽东关于农村人民公社包括工、农、商、学、兵的构想,农村办工业成为人民公社的重要产业政策。1958年12月10日,中共八届六中全会通过的《关于人民公社若干问题的决议》提出:"从现在开始,摆在我国人民面前的任务是:经过人民公社这种社会组织形式,根据党所提出的社会主义建设的总路线,高速度地发展社会生产力,促进国家工业化、公社工业化、农业机械化电气化,逐步地使社会主义的集体所有制过渡到社会主义的全民所有制,从而使我国的社会主义经济全面地实现全民所有制,逐步地把我国建成为一个具有高度发展的现代工业、现代农业和现代科学文化的伟大的社会主义国家。""人民公社必须大办工业。公社工业的发展不但将加快国家工业化的进程,而且将在农村中促进全民所有制的实现,缩小城市和乡村的差别。应当根据各个人民公社的不同条件,逐步把一个适当数量的劳动力从农业方面转移到工业方面，有计划地发展肥料、农药、农具和农业机械、建筑材料、农产品加工和综合利用、制糖、纺织、造纸以及采矿、冶金、电力等轻重工业生产。人民公社的工业生产，必须同农业生产密切结合，首先为发展农业和实现农业机械化、电气化服务，同时为满足社员日常生活需要服务，又要为国家的大工业和社会主义的市场服务。"

以上这两段话，写得相当清晰，把人民公社时期的农村工业化战略的意义和目标谈得很到位，也很深刻。其中的"三化"——国家工业化、公社工业化、农业机械化电气化，环环相扣，互为条件，构成当时人民公社的三大重要战略目标。公社工业化的战略目标是为国家工业化服务，但首先必须服务于农业机械化电气化，这个思想对以后的中国农业的发展意义重大。同时，公社工业化还有助于缩小城乡差别，转移农村剩余劳动力，促进农村的所有制的变化。

1958年后，人民公社所办的工业得到了迅猛的发展。1958年社办工业达260万个，产值达62.5亿元。在国民经济严重困难时期，社队企业的发展有过一些反复，这个阶段，为了恢复农业生产和国民经济，中共中央提出在调整阶段"人民公社一般不办企业"的政策，这个政策一度写入1962年9月中共八届十中全会通过的《农村人民公社工作条例修正草案》，但是过了几年，在国民经济基本恢复之后，人民公社发展社队企业的政策又开始实施。

二、六七十年代乡村工业化的探索与社队企业的蓬勃发展

六七十年代是社队企业发展比较迅猛的时期。在这一时期，社队企业在全国蓬勃发展，有些地区社队企业的规模比较大，奠定了乡村工业化的基础，也为未来乡镇企业的大发展提供了技术条件、管理经验和人才条件。1966年，毛泽东在"五七指示"中提出，"以农为主

（包括林、牧、副、渔），也要兼学军事、政治、文化，在有条件的时候也要由集体办些小工厂"，这就给农村工业的发展留下了很大空间。集体企业发展了，农村集体经济的实力就增强了，这无疑增强了村集体提供公共服务的能力。

20世纪70年代初期，推进农业机械化成为发展农村工业的重要契机。那个时候，毛泽东大力提倡农业的现代化，其中农业机械化是农业现代化的重要组成部分。1970年，全国北方农业会议提出，为了实现农业机械化，要求大办地方农机厂、农具厂以及与农业有关的其他企业，这给各地农村围绕农业机械化发展工业提供了舆论支持。江苏、浙江、广东等省率先行动起来，纷纷创办各种规模的农具、粮油加工、建材、编织、服装等社队工业。笔者之一小时候生活在胶东农村，那个时候叫掖县梁郭人民公社，我们村子里就有很多社队举办的小工业。在笔者的印象里，村里有榨油厂，有草编队，笔者的母亲就在草编队里，那些农村妇女的草编产品都是用来出口的，估计也为国家赚取了一些外汇。后来还办了雨衣加工厂，村里一时非常热闹，很兴旺，这种状况一直持续到80年代中后期。

在整个"文化大革命"期间，社队企业有了长足的发展。1965年至1976年期间，按不变价格计算，全国社办工业产值由5.3亿元增长到123.9亿元，在全国工业产值中的比重由0.4%上升到3.8%。到1976年底，全国社队企业发展到111.5万个，工业总产值243.5亿元，其中社办工业产值比1971年增长216.8%。其中江苏省农村工业发展比较好，1975年社队工业总产值达22.44亿元，比1970年的6.96亿元增长2.22倍，平均每年增长20%以上；同期社队工业在全省工业总产值中所占比重，由3.3%上升到9.3%。[1] 80年代之后，苏南的乡镇企业发展迅猛，实际上它的基础就是六七十年代的社队企业，是那

---

[1] 莫远人主编：《江苏乡镇工业发展史》，南京工学院出版社1987年版，第140页。

时候的老底子起了作用，积累了一些技术、培养了一批人才，也积累了管理经验，因此可以说，乡镇企业是社队企业的合乎逻辑的发展和延伸。

这里需要提到华国锋在社队企业发展中所起到的独特的作用和贡献。1974年12月18日，华国锋看到湖南省社队企业局的两个材料，写信指出："社队企业有如烂漫的山花，到处开放，取得了可喜的成绩。"他要求加强党的领导，依靠群众，全面规划，"社队企业就会由无到有，由少到多，由低级到高级地不断向前发展"①。浙江省永康县人民银行干部周长庚受此鼓舞，1975年9月5日写信给毛泽东，建议改变1962年中央关于公社工作"六十条"中社队"一般不办企业"的规定，积极发展农村工业，为农村剩余劳动力寻找出路。1975年9月27日毛泽东将浙江省周长庚请求中央动员全党和全国各条战线支持社队企业发展的信批给邓小平，邓小平将毛泽东的批示，以中共中央文件形式发至全国县级以上各级党组织，以示对社队企业的支持。1975年9月全国第一次农业学大寨会议，肯定了社队企业的发展使公社、大队两级经济强大起来，有效地帮助了穷队，促进了农业生产，支援了国家建设，加速了农业机械化的步伐，要求各地党委采取积极态度和有力措施，推动社队企业更快发展。这次会议第一次公开发表了毛泽东在1959年第二次郑州会议上赞扬社队企业的一句名言，即"我们伟大的光明灿烂的希望也就在这里"。同年10月11日，《人民日报》发表了调查报告《伟大的光明灿烂的希望》和评论文章，介绍了河南巩县回郭镇公社发展社队企业的事迹，对社队工业予以明确的肯定和积极的支持，指出其发展方向主要是为农业和人民生活服务，有条件时也要为大工业、出口服务，要求各级领导采取积极措施，加以扶植。

---

① 马杰三主编：《当代中国的乡镇企业》，当代中国出版社1991年版，第55页。

此后，社队工业得到了更快的发展。①

应该说，社队企业这种草根工业还是很有生命力的，也有它的优势。社队企业吸收了农村的剩余劳动力，利用了自己就地取材、就地生产、就地销售的优势，对农业机械化、农田水利事业、农村治理等提供了支持。同时，由于社队企业的发展，农村的各种资源得到了较好的利用，尽管当时还不存在全国性的市场，但是在办社队企业的过程中，社队企业的管理者对市场的运行有了一定的感受，管理企业的经验也丰富起来，这种人力资本积累的作用不容小觑。我们可以想象，如果没有这些社队企业的发展，如果没有六七十年代社队企业的管理经验的积累和技术积累，八十年代以来的乡镇企业的异军突起是不可能出现的。据统计，到改革开放前的1978年，社队企业恢复发展到152万个，企业总产值达493亿元，占农村社会总产值的24.3%②，这就为乡镇企业的发展奠定了坚实基础，也为我国的改革开放尤其是农村改革提供了雄厚的物质基础。

三、改革开放以来的乡村工业化与乡镇企业的崛起

改革开放之后，乡村工业化又有了新的形态，这就是80年代以来迅猛崛起的乡镇企业。乡镇企业这个词，现在大家已经不再使用，成为一个历史词汇了。确实，乡镇企业代表着我国乡村工业化的一个特定的历史阶段。改革开放之后的乡镇企业的发展，实际上是人民公社时期社队企业的合乎逻辑的延伸，因此，如果往上追溯，乡镇企业继承了人民公社的社队企业的历史遗产。同时，如果往下展望，则乡镇企业开启了我国中小民营经济发展的先河，后来的民营经济的迅猛发

---

① 郑有贵：《目标与路径：中国共产党"三农"理论与实践60年》，湖南人民出版社2009年版，第110—114页。

② 韩俊：《中国经济改革三十年：农村经济卷》，重庆大学出版社2008年版，第145页。

展,其源头则是乡镇企业。所以,乡镇企业是一个继往开来的中间状态,是一个已经进入历史的词汇。

邓小平曾经说:"农村改革中,我们完全没有预料到的最大的收获,就是乡镇企业发展起来了……异军突起。"[①] 这句话用了"完全没有料到"这六个字,一方面说明我们的改革开放确实不存在一整套事先定好的"顶层设计"和制度安排,而是"摸着石头过河",有着试验和"干中学"的性质;另一方面,当时的领导者也确实没有想到人民公社时期的社队企业在新的改革开放的大潮到来时,会展现出如此旺盛的生命力。1978 年 150 多万家社队企业,近 500 亿的产值,在大江南北已经蓬勃发展,培养了众多的草根企业家,其技术基础、经营基础和管理经验已然相当可观,一旦遇到合适的土壤,一旦提供适宜的宽松的市场环境,其生命力就不可遏制地勃发出来,形成巨大的力量。别忘了,"异军突起"不是"没有来由",而是有巨大的坚实的基础的。这个"完全没有预料到的最大收获"的播种者应该是毛泽东,这个历史事实不能被"故意"忽略了,应该被客观评价。

乡镇企业的发展也是我国增量改革的重要标志之一。中国改革采取增量改革的方式。中国的经济改革具有增量改革的特征。什么是增量改革?就是先不动那些困难的、艰巨的存量的部分,而是先从较为容易的增量的部分入手。整体改革过程不是按照一个理想的模式和预定的时间表来进行的,新的资源配置方式和激励机制不是同时在所有经济领域发挥作用,而是在率先进行改革的部门和改革后新成长的部门首先发挥作用。乡镇企业的发展壮大是增量改革的一个典型案例,乡镇企业在未触动传统经济部门和不对原有资产存量进行再配置的前提下,创造了国民经济中新的市场作用的领域,在资产增量的配置中逐渐引入了越来越多的市场机制,从而大大增加了经济的活力,同时

---

① 《邓小平文选》第三卷,第 238 页。

也倒逼了经济体制的存量部分的变革。

乡镇企业的发展,是我国改革开放得以顺利进行的重要条件之一,也是我国经济体制变革中最有特色的一部分。韩俊在总结三十年农村改革时,曾对乡镇企业作如此评价:乡镇企业萌芽于20世纪50年代,徘徊于20世纪60年代,复苏于20世纪70年代,发展壮大于改革开放之后。改革开放以来,乡镇企业异军突起,蓬勃发展,现已成为农村经济的主体力量、工业经济的半壁河山和国民经济的一大支柱。乡镇企业是我国农民群众的伟大创造,是农村市场经济的开拓者和先行者,乡镇集体企业为农村剩余劳动力开辟了一条就业渠道,壮大了集体经济实力,增加了农民收入,丰富了产品的市场供给,对繁荣城乡经济发挥了巨大的作用。乡镇企业的崛起和迅速发展开创了一条具有中国特色的农村工业化之路。[1] 这个评价非常精当,把乡镇企业的来龙去脉说得很清楚,没有把乡镇企业当成是改革开放之后"突然"迸发出来的伟大创新。

四、乡镇企业发展的几个历史阶段

乡镇企业80年代迅猛发展,90年代开始立法进程。1996年第八届全国人民代表大会常务委员会通过了《乡镇企业法》,其中规定:本法所称乡镇企业,是指农村集体经济组织或者农民投资为主,在乡镇(包括所辖村)举办的承担支援农业义务的各类企业。同时该法强调,乡镇企业是农村经济的重要支柱和国民经济的重要组成部分。乡镇企业的主要任务是,根据市场需要发展商品生产,提供社会服务,增加社会有效供给,吸收农村剩余劳动力,提高农民收入,支援农业,推进农业和农村现代化,促进国民经济和社会事业发展。在所有制方

---

[1] 韩俊:《中国经济改革三十年:农村经济卷》,第144页。

面，该法强调，发展乡镇企业，坚持以农村集体经济为主导，多种经济成分共同发展的原则。这就为乡镇企业中多种所有制共同繁荣提供了合法性基础。随着乡镇企业的发展，其范围逐步扩大，包括乡（镇）办企业、村办企业、联户办企业、户（私营、个体）办企业，以及这些企业之间或者这些企业与国有企业、城镇集体企业、私营企业以及外资企业（包括我国港澳台地区）等多种经济成分联合投资建立的企业。

从1979年到2008年，乡镇企业的发展大致经历了五个阶段[①]：

第一阶段是1979—1983年，为初期发展阶段。党的十一届三中全会以后，中共中央作出了关于加快农村发展若干问题的决议，明确指出"社队企业要有一个大发展"。在这一政策的感召下，广大农民和农村集体经济组织冲破旧观念、旧体制束缚，拓宽生产经营领域，大力发展社队企业。到1983年，乡镇企业的雏形——社队企业，总产值达到1008亿元，职工人数达到3235万人，实现利税总额177亿元，分别比1978年增长104.5%、14.4%和60.95%。

第二阶段是1984—1988年，为高速增长阶段。1984年初，中共中央1号文件指出，在兴办社队企业的同时，鼓励农民个人兴办或联合兴办各类企业。同年3月，中共中央又发出4号文件（批转了农牧渔业部"关于开创社队企业新局面的报告"），社队企业正式改名为乡镇企业。这两个文件的贯彻落实，带来了乡镇企业突飞猛进的发展。到1988年，乡镇企业总产值达到7018亿元，从业人员达到9495万人，实现利税892亿元，分别比1978年增长1323.5%、235.9%和710.9%。这个发展速度，在今天看来简直是不可思议的，从这里也可以看出，农村蕴含着多少经济发展的机会，农村工业化蕴含着多大的生命力。

---

① 韩俊：《中国经济改革三十年：农村经济卷》，第145—146页。

第三阶段是 1989—1991 年，为整顿提高和深化发展阶段。这一阶段国家针对乡镇企业发展中重复建设、浪费严重等问题，提出了"调整、整顿、改造、提高"的发展方针。尽管由于银根紧缩，造成一些企业关停并转，乡镇企业发展速度也有所减缓，但也为乡镇企业苦练内功、优化结构、转变增长方式提供了机会。在这一阶段，乡镇企业通过大力引进国外资金、技术、设备和管理经验，积极开拓国际市场，外向型经济得到了迅速发展。到 1991 年，乡镇企业完成出口交货值 789 亿元，比 1988 年增长了近 2 倍，企业总产值、从业人员和利税总额分别达到 11622 亿元、9614 万人和 1573 亿元，分别是 1978 年的 23.6 倍、3.4 倍和 14.3 倍。

第四阶段是 1992—1996 年，为全面发展阶段。这一阶段邓小平南方重要谈话和党的第十四次全国代表大会的召开，为乡镇企业的改革发展创造了良好的外部环境，把乡镇企业再次引入了快速发展的轨道。1996 年，乡镇企业从业人员达 1.35 亿人，增加值近 1.8 万亿元，实现出口交货值 6008 亿元，利税总额 6253 亿元，其中从业人员和利税总额分别是 1978 年的 4.8 倍和 56.8 倍。

第五阶段是 1997 年以后，为发展转型和产权变革阶段。1997 年《中华人民共和国乡镇企业法》公布实施，国务院又召开了全国乡镇企业工作会议。这一时期，以产权制度改革为核心的乡镇企业改革，使乡镇企业真正成为自主经营、自负盈亏、自我约束、自我发展的企业法人主体和市场竞争主体，为乡镇企业建立产权清晰、权责明确、政企分开、管理科学的现代企业制度打下了坚实的基础。乡镇企业产权制度改革是继家庭承包责任制之后，农村经济体制的又一次重大变革。乡镇企业已突破了单一集体经济、单一投资主体的束缚，开创了多种所有制经济和混合型经济共同发展的新局面，改革为乡镇企业二次创业营造了宽松环境。

可以说，经过几十年的发展，乡镇企业已经成为农村工业化、城镇化和农业现代化的重要一翼。随着乡镇企业的发展，农村小城镇和工业小区迅速崛起，这些小城镇及工业小区不仅成为二、三产业的聚集地和吸纳农村富余劳动力的主要场所，而且成为当地农村政治、经济、文化、信息的中心，正在发挥着对农村经济社会发展的辐射和带动作用。所以，乡镇企业的发展，不仅促进了乡村工业化的发展，而且促进了城镇化的发展，促进了城乡一体化的发展，缩小了城乡差距，在一定意义上实现了毛泽东在50年代末期的设想。为什么我们讲不要把前三十年和后三十年割裂开来，就是这个道理，历史的发展是一脉相承的，是连续的，而不是割裂的。

五、中国乡村工业化的温州模式

温州是一个值得研究的地方，是一个有故事的地方，引起了很多学者的关注和学术界持续的讨论。温州的很多现象带有全国性的意义，所以温州虽然地处东南一隅，但是其名气却很大。我在十几年前研究农村民间金融的时候，对温州有过一些研究和田野调查，所以谈起温州，总觉得兴味十足。谈到中国的乡村工业化，也不能不谈温州，温州是乡村工业化的一个代表，很有特色，温州模式值得深入探讨。

我们先看看温州的自然条件和山川环境。温州地处浙江省东南部，东濒东海，南接福建，西面是丽水地区的云和、青田和缙云等县，北面是台州地区的黄岩、仙居、温岭诸县。温州"控山带海，利兼水陆"，气候温和，雨量丰沛，物产丰富，是浙南的经济、文化、交通中心。1981年9月，原温州地区和温州市合并实行市管县体制，下辖鹿城、龙湾两区和瓯海、永嘉、乐清、洞头、瑞安、平阳、苍南、文成、泰顺九县市。全市面积11783.5平方公里，其中平原和山地分别占17.5%和78.2%，三面环江，一面临海，历史上交通比较闭塞，远离大中型工业城市和全国性市场，区位条件较差。温州的土地资源极为稀缺,而人口密度是全国平均水平的5倍,人均耕地只有半亩左右。[①] 总之,温州是一个自然禀赋较差、土地稀缺、人口稠密的地区,改革之前的自然条件和资源条件并不优越。

更为严重的是,中华人民共和国成立之后,由于温州面对台湾地区,地处前线,在当时时刻准备打仗的战略方针指导下,出于海防的要求,国家在温州的投资极少。据统计,从1949年到1981年,国家对温州固定资产投资总共为6.55亿元,平均每年为0.2亿元,不及同期宁波的四分之一。温州地方财政支出的能力也非常有限,从1958年到1975年,温州市全民所有制单位固定资产投资总额为4.52亿元,每年仅2511万元。[②] 改革开放之前,温州集体经济的力量薄弱,工农业发展非常缓慢,是浙江省内经济较为落后的地区之一。

改革开放后,温州以推行家庭联产承包责任制为新的起点,积极鼓励家庭经济,劳动密集型的家庭工业的兴起带动了整个地区经济的极大发展。温州依托家庭工业而进行的工业化和城市化道路,使得温州经济极大发展,人民生活水平迅速提高,一跃成为浙江省乃至全国的经济发达地区,初步走出了一条通过率先市场化来促进区域经济社会迅速发展的道路。

可以说,温州是在资源短缺、区位不利、国家投资总量极低的硬约束和初始条件下发展起来的。由于这样的制度变迁初始条件,在市场化初期的短缺经济环境下,具有外出谋生传统的温州人较早地捕捉到市场上的获利机会,并借助家庭工业率先走上工业化道路。这种道路,不仅使温州完成了货币资本的原始积累,更培育了一批具有获利信息搜寻能力、富有创新精神的企业家,完成了物质资本和企业家人力资本的双重"原始积累"。

---

① 张仁寿、李红:《温州模式研究》,中国社会科学出版社1990年版,第5页。
② 张仁寿、李红:《温州模式研究》,第11页。

改革开放前温州就有所谓的"地下经济"存在，其规模和活跃程度就已比较可观。改革开放后，由于家庭联产承包责任制的推行，农业劳动生产率提高释放了大量的剩余劳动力，为利用这些劳动力，家庭工业以"地下经济"为基础而发展起来。温州农村的家庭工业起先是以家庭兼业的形式出现的，具体有农户兼业工业、家庭作坊和家庭工场三种基本形式，家庭工业在温州发展极为迅速，不论是从业人员还是生产总值都占到相当的比重。在发展过程中，为了适应当时的体制管制和主流意识形态的约束，家庭工业创造了十分特殊的存在形式，即挂户经营，所谓挂户经营，即将这些家庭工业挂靠在当时的集体企业和国有企业下面。实质上是借用公有企业的合法身份，降低自己的经营成本。

从 20 世纪 80 年代中期到 90 年代中晚期，随着原始资本迅速积累，挂户经营的家庭工业的矛盾也在不断积累，这个矛盾首先是被挂靠者滥用挂靠户信用资源而导致的信用危机，温州的假冒伪劣产品一度泛滥各地。地方政府针对这种情况很快加强了对挂户经营的家庭工业的监督和控制，其次是家庭工业的扩张与农村地区资本市场发育不足而导致的资金需求矛盾。挂户经营的家庭工业形式大部分由股份合作企业形式替代，股份合作主要体现了合资的特性，同时也摆脱了挂户经营的局限，是对挂户经营约束下的家族工业的提升和扩展，但多数股份合作制企业实际上还是家族企业，变化的只是管理模式而已。但是它毕竟超越了家庭经济的形式，为现代企业制度的形成打下了基础。但随着经济环境的变化，股份合作制企业也面临自身的局限性。股份合作制企业适合于劳动密集型产业部门中的企业，而且主要适合于经济规模不大的小型企业。一旦企业进一步发展要求在资本和人力上实现更大程度的扩张，则经济责任的无限性和企业内部分工的有限性会带来严格的制约。

关于温州模式的提法，其实由来已久。面对温州农村经济改革过程中出现的颇具特色的商品经济发展道路，经济学界早在 1984 年底就有人提出"温州模式"这一概念。[①] 1985 年 5 月 12 日《解放日报》发表题为《温州三十三万人从事家庭工业》的文章，文中指出："温州市家庭工业蓬勃崛起，短短几年，已创造出令人瞩目的经济奇迹。如今，'乡镇工业看苏南，家庭工业看浙南'，已为人们所公认。温州农村家庭工业的发展道路，被一些经济学家称为广大农村走富裕之路的又一模式——'温州模式'。"[②]

张仁寿等较早对温州模式的内涵进行了深入的剖析，他们认为，温州模式的基本特点可以概括为四个方面：以家庭经营为基础，以市场为导向，以小城镇为依托，以农村能人为骨干。[③] 也有学者认为"温州模式"是以家庭工业和专业化市场的方式发展非农产业，从而形成"小商品、大市场"的发展格局。所谓小商品，是指温州家庭工业以生产成本低、技术含量少、需求弹性小的商品为主要生产对象；所谓大市场，是指温州家庭工业所生产的小商品，通过散布各地的十万销售大军，被带到远地的商品销售市场网络。虽然这些对温州模式的描述并不错，但还是没有揭示出温州模式的深层特征，概括也不全面。

总的看，温州模式的核心，是温州地区在浓郁的功利主义和实用主义商业文化传统的影响下，在极为不利的要素资源禀赋和制度变迁初始条件下，充分尊重和发挥微观经济主体的创新精神，将经济体系中的制度变迁和经济发展有机融合，使经济制度变迁与经济演进在地

---

① 20 世纪 80 年代初期费孝通先生就对温州经济进行了研究，提出"小商品大市场"的温州模式是我国农村地区建立小城镇的一种有效方式。
② 张仁寿、李红：《温州模式研究》，第 18—19 页。
③ 有关温州模式的早期讨论，可以参见张仁寿：《温州模式研究述评》，《浙江学刊》1986 年第 4 期；张仁寿：《温州农村经济模式理论讨论会主要观点综述》，《浙江学刊》1986 年第 5 期。张仁寿对温州模式四个特点的初步概括，参见张仁寿、李红：《温州模式研究》，第 19—21 页。

方经济和社会发展中成为相互促进的动态变化进程的一种区域经济发展模式,其中经济运行主体的民营化、经济运行模式的市场化和以家庭经营为核心和驱动力的乡村工业化和城镇化是温州模式的本质特征,而基于传统商业文化和地方知识的人格化交易网络的形成是其内在依托。

以家庭经营为核心和驱动力的乡村工业化和城镇化是温州模式有别于以乡镇企业为核心的苏南模式的主要特征之一。在20世纪80年代以前,温州没有国家政策的重点支持,国家投资也不足,集体经济的力量也很薄弱,地方政府的财政非常困难,因而集体经济和国有经济都不发达。改革开放之后,家庭工业在体制的夹缝中异军突起,大量的家庭企业开始以极其简单的组织形式和极其原始的技术条件起步,逐步以低成本的优势和遍布全国的有效的营销网络而占据了较大的市场份额。家庭工业的崛起带动了乡村的城镇化,即学界所谓的小城镇的兴起。当然,以家庭经济为核心的工业化和城镇化随着经济的发展也经历着组织形式的变迁。现在的温州,股份合作制企业和有限责任制公司逐步替代原有的家庭企业,温州家庭经营面临着转型。

基于传统商业文化和地方知识的人格化交易网络的形成是温州模式的内在依托。温州的商业文化传统可谓历史悠久。早在南宋时期,浙江就兴起以永嘉学派和永康学派为代表的功利之学,永嘉学派和永康学派并称"浙学",而浙学即是功利之学的同义语。浙江自南宋以来一直是经济最为发达的地区之一,商品经济的发展居于全国前列。南宋永康学派的代表人物陈亮和永嘉学派的代表人物叶适的学说都主张务实的功利之学,反对理学、道学和心学的空谈性命。他们都肯定"人欲",宣扬功利主义,提出"功利与仁义并存"的新价值观,反对重农抑商和贵义贱利的传统教条,主张发展商业,保护工商业者的利益。[①] 陈亮和叶适的思想对后来的思想家有很大的影响，也深深影响了温州人的文化性格。到 19 世纪末期，"东瓯三先生"——陈虬、宋平子、陈介石等资产阶级改良人物也提出"齐商力、捷商径、固商人、明商法"的思想。在漫长的历史发展过程中，由于温州地处海岸濒海而居，特殊的地理位置和航海传统孕育了瓯族人（温州人）敢于冒险、敢为天下先和善于应变的精神气质。[②] 从民俗学的角度来看，温州以"鸡鸣布"习俗为代表的勤苦耐劳精神、以"弹棉郎"习俗为代表的走南闯北的创业精神、以"种涂田"习俗为代表的敢于创新的精神，都鲜明反映出温州人特有的地方文化基因，正是这种基因，对温州模式的形成产生了不可估量的内在的深刻影响。[③] 在这种共同的功利主义商业文化传统中成长起来的温州人，就具有一种统一的"地方知识"，从而产生了基于共同文化的信任关系，构建起一种人格化的交易网络。在温州，从民间流行的以互助会为代表的融资模式，到以家庭作坊式工业为代表的生产模式，再到遍布全国的"浙江村"里的温州群体，都反映出这种人格化交易网络的巨大能量和显著特征。

六、中国乡村工业化的苏南模式

与以家庭工业为核心的温州模式不同，苏南模式是以乡镇企业为基础发展起来的。维系温州乡村工业化的是血缘和家族关系，而维系苏州乡村工业化的是产业和技术关系，这是一个很大的不同。苏州这个地方，历史文化底蕴很深厚，物产丰富，是鱼米之乡。苏州人心灵

---

① 关于永嘉学派和永康学派的代表人物的经济思想，参见赵靖主编，石世奇副主编：《中国经济思想通史》第三卷第五十三章，北京大学出版社 1997 年版。
② 杨龙志：《温州经济与温州文化的关系及其启示》，《北方经贸》2003 年第 12 期。
③ 叶大兵：《论温州民俗对"温州模式"形成和发展的影响》，《温州师范学院学报》2003 年第 8 期。

手巧，能工巧匠很多，传统手工业发达，我们平时老说"苏作"，就是指苏州的手工艺品，不论刺绣、丝绸、家具、服装、雕刻等，只要是苏州的手工艺术，一定代表着精致、精美、上乘。更不用说苏州的戏曲说唱艺术、园林艺术了，那都是不可多得的国粹。苏州这个地方风气较新，很早就接触现代的东西，工业在1949年之前就有一定的基础。在20世纪20—30年代，苏州的乡村工业已具有相当的规模，是当地民族工业的重要组成部分。1919年常熟县织布手工业场有31家，织布机3000架左右，男女工人约4000人；1932年吴县乡间从事织缎的有数千人；吴江盛泽镇"以丝织业为业者，殆不下万户，男女工作人员殆在五万以上"。苏州是历史上手工业、农副业和工业发达地区之一，是商品经济较发达的地方，这就为乡镇企业的发展奠定了坚实的基础。费孝通先生的《江村经济》所描述的就是苏南这一带的农村经济情况。

从地理位置上看，苏州农村紧靠中国最大的经济中心上海，苏州、无锡、常州等经济发达的中等城市又是中国民族工业的摇篮和发源地之一，城乡商品经济相对比较发达。城市工业的老产品和老设备的利用，简单零配件的加工等，一般都就近选择条件较好的农村来扩散，苏州农村由于接受经济、技术辐射能力较强，往往成为首选地，也成为城市科技人员、能人到农村创业办厂的明智选择。同时，距市场中心较近、水陆交通便捷、运输成本较低、产品选择范围较大等有利条件，也为乡镇企业的发展创造了良好基础。20世纪60年代初，从城镇工业企业中下放了一批职工到当地农村，60年代末开始的在职干部分批下放劳动，知识青年上山下乡，苏州农村吸收了17.8万知识青年，他们利用自己所掌握的工业技术、文化程度较高和熟悉城市工业人际关系的有利条件，积极投身于社队企业。上海等大城市的技术和管理人员，包括退休工程技术人员和技术工人，成了"星期天工程师"，他们为创办乡镇企业引路，传授技术和管理经验，成为乡镇企业的启蒙老师。苏州的乡镇企业就是在本地的手工业基础和外来技术的支持下发展起来的。

苏州农村充分利用了自己与外界人力资本的联系，引进技术和人才。他们通过官方联系、民间协作、寻亲访友、国际交流，形成了能利用的国内外乡亲资源关系网。不少乡镇还专门编制了各城市中当地籍人员花名册，平时经常联系，邀请他们回老家过年，召开新春团圆会，为家乡发展出谋划策。在乡镇企业初创阶段，找到一个好的关系就可能办起一家工厂。在计划经济时期，乡镇企业运行所需的技术、设备、资金、原材料和产品销售等生命线大多数控制在别人手中，没有关系就寸步难行。而在外地工作的苏州乡亲为解决这些问题发挥了重要作用。①

苏州乡镇企业发展的基础也是50年代末期发展起来的社队企业。1958年苏州各地的人民公社逐步办起了不少农机修理、砖瓦、粮食加工、棉纺织以及缝纫等手工业合作社等公社工业企业。1959年根据5个县的统计，共有社办企业540家，工业总产值4435万元，职工人数2.88万人，固定资产324万元。市郊区1958年有社队企业195家。②"文化大革命"期间，城市工业停工停产，市场供需矛盾很大，刺激了计划外生产供给的渠道，这为社队企业兴起和发展创造了有利的市场环境。苏州的社队企业抓住这一历史性机遇，焕发了新的活力，重新开始起步，以不同的形式恢复和创办了一些工业企业。1972年，中共苏州地委提出"围绕农业办工业，办好工业促农业"的要求，苏州的社队企业贯彻"三就地"（就地取材，就地加工，就地销售）方针，积极发展社队企业，开始了社队企业发展的第一个高潮。

---

① 王荣、韩俊、徐建明主编：《苏州农村改革30年》，上海远东出版社2007年版，第107—109页。

② 王荣、韩俊、徐建明主编：《苏州农村改革30年》，第107—109页。

1976年，中共苏州地委倡导和支持发展农村工副业，提出"农副工综合发展"新思路，在全国领先一步部署发展社队企业，实现了社队企业的历史性转折。社队企业发展从"三就地"基础上拓展思路，开展为城市工业协作配套加工，其中有些产品还出口到国外。1976年，苏州地区（包括现属无锡市的无锡、江阴两县）社队工厂达10513个，社队企业总产值达到9.92亿元，相当于新中国建国初期全地区工业总产值的4.6倍，1965—1976年增长了18.4倍，社队企业的总产值占全地区工业总产值的比重从1965年的6.8%提高到35.7%。[1] 改革开放之后，国家开始逐步调整农村经济体制与政策。1979年7月1日，国务院颁发了《关于发展社队企业若干问题的规定（试行草案）》的通知，1979年9月，十一届四中全会通过的《中共中央关于加快农业发展若干问题的决定》又进一步指出："社队企业要有一个大发展。"苏州社队企业在十分有利的发展大环境下，一方面充分利用有利的区位优势，积极发展同城市大工业的横向联合，另一方面主动积极地进行自我调整整顿，改革分配制度和提高管理水平，为社队企业的大发展打好基础。1979年苏州社队企业全面整顿，重点是解决企业管理、产品销售等薄弱环节，如财务管理、购销管理、经营管理等，社队企业的技术和管理又上了一个台阶。

80年代苏州社队企业加大了与大城市工业的横向联合。联合协作生产的形式主要有五种：一是为城市大工业配套生产组织的市、县联合；二是以一个县或公社为单位组织的联合；三是产品的零部件和工艺协作；四是以行业为单位组织联产、联购、联销的公司或总厂；五是生产企业与大专院校、科研单位的技术协作。这样的联合生产，既解决产品重复和部分企业任务不足的困难，又有利于发展生产，提高产品质量，降低成本，增强竞争能力。到80年代中期，苏州社队企业

---

[1] 王荣、韩俊、徐建明主编：《苏州农村改革30年》，第111页。

已形成了门类比较齐全的结构,已初步形成以城市为中心,以农村为基础,以小城镇为纽带的城乡经济、金融、文化、科技网络,为城乡联结、协调发展奠定了基础。

80年代中后期到90年代这个阶段,"社队企业"这个词就不再用了,流行的词汇是"乡镇企业"。苏州乡镇企业与全国的乡镇企业一样,在高速发展的过程中也遇到一些瓶颈,其中主要问题是粗放经营、技术水平不高、重视规模而忽视质量,企业竞争力低下,同时产权的不清晰也阻碍了乡镇企业的发展。所以结构转换、产业升级和产权改革就成为当务之急。苏州乡镇企业在严峻的形势下,发展方向开始了历史性的重大转变,在发展战略上围绕"五个转向",即从注重产值增长转向注重提高经济效益;从外延扩大为主转向内涵挖潜为主;从粗放经营为主转向集约经营为主;从负债经营为主转向以自我积累为主;从内向型为主转向内外结合型发展,把工作重点转到提高企业的整体素质上来。[①]

无论是苏南模式,还是温州模式,在中国乡村工业化的过程中,存在着一些共性的问题。技术水平低下、人才缺乏、产权不清晰、重复建设、严重浪费资源和能源、破坏环境、难以实现规模经济等问题,困扰着中国乡村工业的发展。乡村工业发展到一定阶段之后,必须实现整体的转型与提升,必须实现技术和制度的创新。2004年中央1号文件指出:要适应市场需求变化、产业结构升级和增长方式转变的要求,调整乡镇企业发展战略和发展模式,加快技术进步,加快体制和机制创新,重点发展农产品加工业、服务业和劳动密集型企业。这既是乡镇企业目前发展规模、结构、特点的要求,也是其进一步发展战略、模式的必然选择。90年代中期之后,乡镇企业开始普遍建立现代企业制度,进行产业的升级改造,乡镇企业逐步融汇进民营经济的大

---

① 王荣、韩俊、徐建明主编:《苏州农村改革30年》,第113页。

潮中,"乡镇企业"这个词汇已经不再有人提起了。从"社队企业",到"乡镇企业",再到"民营企业",这三个关键词的转变,标志着中国乡村工业化的三个不同历史时期。

第十一章
存量变革与增量创新：新中国农业信贷体制的历史演变

一、引言：农村金融改革：从十一届三中全会到十七届三中全会

作为农村经济体制改革中重要的组成部分，我国农村金融体系在十一届三中全会以来一直处于探索和改革之中，从1979年中国农业银行恢复从而揭开农村金融改革序幕，到2008年10月十七届三中全会提出"构建现代农村金融制度"，农村金融改革经历了曲折的历史进程并最终确立了正确的战略目标。

我国是典型的二元金融结构，农村金融体系长期处于最严格的金融抑制之下，导致我国农村金融体系并未发挥应有的有效配置农村资金的金融功能，从而极大地影响了农村金融效率的提升和农村经济的转型发展。政策性金融体系的低效运作和职能单一、农村商业性金融机构大规模撤并裁减乡村基层网点、农村合作金融体系长期以来机制僵化且目标模式混乱、民间金融长期遭受压抑，使得农村金融领域"系统性负投资"逐步加重[1]，严重降低了农户信贷可及性。农村金融领域改革的滞后引起了中央政府的高度重视，随着2003年农信社产权制度改革和管理体制创新进入实质性阶段，农村金融领域的改革突飞猛进，中国人民银行和银监会连续出台了一系列重要决策，一批新的农

---

[1] 王曙光、邓一婷：《农村金融领域系统性负投资与民间金融规范化模式》，《改革》2006年第6期。

村金融机构（中国邮政储蓄银行、村镇银行、农村商业银行、农村合作银行、农民资金互助组织、小额贷款机构等）如雨后春笋出现在我国农村金融市场，而十七届三中全会对农村金融改革的科学定位将30年的农村金融改革推向了一个新的战略高度。应该说，近年来农村金融领域确实发生了若干重大变化，这些变化推动了农村金融产权主体的多元化，改善了农村金融市场的竞争生态，使得我国农村金融体系服务"三农"的能力有很大提升。

本章拟从农村合作金融、农村民间金融和新型农村金融机构这三个最有代表性的领域来考察农村金融体系的变迁，并试图从这个历史变迁中系统总结农村金融改革的经验教训，并对中国未来农村金融的变革趋势作出分析。历史经验证明，农村金融改革的成功主要在于渐进扶持增量部分从而推进边际式变革，同时对微观经济主体的自发制度创新行为进行激励，并通过中央政府的立法框架对这些制度创新进行规范化和合法化。从这个意义上来说，农村金融领域改革的真正成功之处在于继承发扬了我国农村改革的传统智慧，即边际增量改革、局部试验—推广模式与对微观主体制度创新的默许式激励。

二、从路径依赖到制度突破：农村合作金融体系改革

农村合作金融体系因其分支机构众多且地域覆盖广泛，一直是影响农户信贷行为和农村资金融通的最重要金融机构。农信社从1980—1996年一直处于中国农业银行的管理控制之下，缺乏独立的经营自主权。尽管1984年《关于改革信用合作社管理体制的报告》强调信用合作社在组织上的群众性、管理上的民主性、经营上的灵活性，实行独立经营、独立核算、自负盈亏[①]，但是实际上农信社的独立性仍旧缺

[①] 中共中央文献研究室、国务院发展研究中心编：《新时期农业和农村工作重要文献选编》，第277—283页。

乏制度保障。1996年8月国务院《关于农村金融体制改革的决定》出台，农村信用合作社与中国农业银行脱钩，标志着中国农村信用合作社重新走上了独立发展之路。1996年的改革启动了农信社以产权明晰为主旨的产权制度调整，初步形成了农村信用社自求发展、自我约束、自主决策的经营机制。农信社体系发生实质性改革的标志是2003年国务院出台的《深化农村信用社改革试点方案》，该方案提出要加快信用社管理体制和产权制度改革，把信用社逐步办成由农民、农村工商户和各类经济组织入股，为农民、农业和农村经济服务的社区性地方金融机构。[①]2003年以来的试点改革取得了明显成效：资本充足率大幅提高，不良贷款率下降，资产质量明显改善，支农服务功能增强[②]；同时组建农村商业银行和农村合作银行等银行类机构和县统一法人社，产权制度改革稳步推进，农村合作金融的命运出现了转机。

可以说，农信社体系的改革从十一届三中全会以来到2003年的25年间持续徘徊不前的根本原因在于，农信社的自身定位、业务功能、经营模式、管理体制等方面一直处于严重的路径依赖状态，决策者始终把坚持合作制作为农信社改革的战略目标，从而使农信社改革难以获得制度突破。历史事实表明，农信社从来没有成为真正意义上的合作制。农信社并没有遵循民主管理、互助合作、服务社员等基本合作制原则，其商业化倾向逐渐清晰，越来越演变为一个追求营利目标的股份制金融机构。[③]学术界的主流意见认为，把合作制当作信用社的目标模式成本极高且基本无可操作性。同时，在管理体制上，2003

[①] 王曙光、乔郁等：《农村金融学》，北京大学出版社2007年版，第177—180页。
[②] 自1994年至2003年，全国农信社连续10年亏损。2004年实现轧差盈余105亿元，盈利面达到81.2%。2005年上半年实现轧差盈余93.36亿元，同比增盈80.7亿元。2005年末，全国农信社存款30694亿元，贷款21968亿元，均比2002年有较大规模提高；贷款中农业贷款余额10299亿元，占全部金融机构农业贷款的比重达到87.5%，参见王曙光：《农村金融与新农村建设》，第227页。
[③] 谢平：《中国农村信用合作社体制改革的争论》，《金融研究》2001年第1期。

年之后推行的省联社紧密型管理意味着权力的集中,而缺乏监督的集中意味着官僚主义、低行政效率和寻租行为。陈旧的农信社体制使得合作金融体系官办色彩仍较浓厚,产权结构分散,股东权益难以得到保障,内部治理结构扭曲,内部人控制现象较为严重[①],目前这些弊端在一定程度上仍旧普遍存在。

农村合作金融体系改革的制度突破关键在于目标模式的重新选择,这就意味着放弃回归合作制的原教旨主义理念,客观清晰地审视农信社当前的运营机制和内部治理特征,从而确定一条更具可操作性和更有益于农信社可持续发展的改革路径。2008年6月29日重庆继上海和北京之后组建了我国第三家省级农村商业银行,这标志着我国农信社新一轮改革正式拉开帷幕。我国改革开放的经验证明,存量改革成功的关键在于正确的定位和多元化的产权构建。未来的农村信用社改革的基本趋势,是鼓励各地区农信社寻找符合本地区发展特点的产权模式和组织形式,坚持产权制度改革模式的多元化和组织形式的多样性,同时,明确农信社的功能定位,承认我国农村信用社的商业化和股份化趋势,不再执着于"合作制"的原教旨主义观念。农信社应定位于建立真正的社区银行,吸引民间资本参与,扩大投资股的比重,改善内部治理结构,使农信社真正成为独立经营的市场主体。同时,未来的农信社还要加强跨区域的资源整合和竞争,打破地区垄断局面,进一步提升农信社的竞争实力。

三、市场准入与风险控制:农村民间金融规范发展

民间融资在我国有悠久的历史与广泛的地域分布,且具有明显的

---

① 黄范章、贺力平等:《关于农村信用合作社改革的思考》,《经济学家》2001年第6期。刘恒保:《推进我国农村合作金融改革的思考和建议》,《经济研究参考》2000年第56期。

内生特征，与中国乡土社会特有的社会信任关系、经济组织结构和文化传统密切相关，而在当代民间金融演进和扩张的过程中，地方政府也扮演了非常重要的角色。①20世纪80年代初期，在一些经济比较发达的地区（如浙江温州），出现了大量民间金融组织，合会、轮会、标会、排会、当铺、私人钱庄、挂户企业（非金融机构借贷）的融资活动非常活跃，并在20世纪80年代中期发生了影响广泛的浙江乐清"抬会"事件和苍南、平阳"排会"事件。②温州方兴钱庄在民间金融组织中颇具代表性。1984年9月25日，苍南钱库镇方兴钱庄成立，这是新中国成立后第一家由私人挂牌营业的金融机构。1986年11月7日中国人民银行总行发出明传电报指示按国务院《银行管理暂行条例》不能发给方兴钱庄《经营金融业务许可证》。温州市分行考虑到方兴钱庄在当地金融市场的地位和影响，决定暂不采取强制性取缔措施，并决定在钱库镇的银行和信用社也实行利率浮动，从而使温州成为全国第一个率先进性利率改革试点地区，以此形成银行和信用社与私人钱庄竞争的局面。因此，方兴钱庄的成立和成功的经营，对于促进当地金融市场的竞争、促进银行和信用社加快利率改革步伐并改善经营起到巨大的作用。

农村合作基金会也曾是民间金融中比较活跃且规模较大的一类。农村合作基金会于1984年在少数地方试办。截至1998年底，全国共有农村合作基金会29187个，其中乡（镇）农村合作基金会21840个，占74.8%。③1999年1月国务院《清理整顿农村合作基金会工作方案

---

① 王曙光、邓一婷：《民间金融扩张的内在机理、演进路径与未来趋势研究》，《金融研究》2007年第五期；王曙光：《国家主导与地方租金激励：民间金融扩张的内在动力要素分析》，《财贸经济》2008年第一期；王曙光：《农村金融市场开放和民间信用阳光化：央行和银监会模式比较》，《中共中央党校学报》2007年第2期。

② 姜旭朝：《中国民间金融研究》，山东人民出版社1995年版；李元华：《温州民间融资及开放性资本市场研究》，中国经济出版社2002年版。

③ 王曙光：《农村金融与新农村建设》，第90页。

的通知》下发，清理整顿农村合作基金会工作全面开始。到 2000 年底，农村合作基金会或者并入当地农村信用社，或者由地方政府负责清盘关闭，农村合作基金会不再单独设立的目标基本实现，农村合作基金会自此退出了历史舞台。① 彻底取缔农村合作基金会这样一种重要的民间金融组织，在学术界引起巨大争议。

我国当前民间金融有几个特点：第一，民间融资比重高，资金规模巨大，增长速度快。据调查，在农村地区通过非正规金融取得的借款占 56.78%；越是经济落后地区，非正规金融借贷比重越高。② 第二，民间金融的用途重点转向生产经营，特别是成为中小企业融资的主要渠道。浙江省宁波地区民间融资约 85% 用于生产经营，温州地区约为 93.3%，福建省约为 98.2%。③ 第三，民间金融的形式种类繁多，地域分布特征显著。目前，中国存在的民间金融形式主要包括：民间借贷、民间合会、钱庄、典当行、集资、农村合作基金、农村互助储金会。民间金融的地域分布特征显著，其发展状况与当地民营经济发达程度密切相关。

随着我国金融改革的进一步推进，民间信用的重要作用以及民间信用合法化的重要意义已经被决策部门所认识。2005 年 4 月，央行副行长吴晓灵表示能为微小企业和小额贷款需求者提供最好服务的还是带有非正式金融性质的社区性的"草根金融"，政府不应该对民间合

---

① 截至 2001 年 1 月底，全国 29 个省、区、市（海南、西藏没有农村合作基金会）共清理整顿农村合作基金会 28588 个，总资产 1841 亿元，总负债 1807 亿元。其中并入当地农村信用合作社 6337 个，资产 487 亿元，负债 481 亿元；由地方政府负责清盘关闭的 22251 个，涉及资产 1306 亿元，负债 1289 亿元。数据来源：农业部农村合作经济指导司、农村合作经济经营管理总站：《清理整顿农村合作基金会工作成效及下一步政策建议》，内部报告，2001 年。

② 李建军：《中国地下金融调查》，上海人民出版社 2006 年版，第 111—117 页。

③ 中国人民银行货币政策分析小组：《2004 年中国区域金融运行报告》，《金融时报》2005 年 5 月 25 日。

法的金融行为进行过度的干预。[1]2005 年 5 月 25 日,中国人民银行发布《2004 年中国区域金融运行报告》,明确指出"要正确认识民间融资的补充作用",这被普遍看作是央行首次对民间借贷的正面积极评价。[2]2007 年至今,银监会和中国人民银行在一系列政策框架中,均对民间金融的积极作用给予了肯定,同时也采取各种政策措施促进民间金融的规范化和阳光化,使其在一定政策引导下逐步成为正规金融体系的一部分。2008 年的十七届三中全会也进一步明确肯定了民间金融组织在农村融资中的积极作用,并将采取立法手段促使其进一步规范发展。

民间信用组织的规范化和合法化应针对不同性质的民间信用组织而采取不同的措施。对于那些零散的、小规模的、范围极为狭窄的民间信用形式,可以继续使其维持较为松散的形式,实行非审慎监管;对于那些规模较大、而且一般由一定金融机构承担的民间信用形式,则需要制定正式的法律条文,明确其法律地位,采取明晰的监管框架,对其进行审慎性监管。民间信用作为一种"草根金融",具有强大的生命力,简单地取缔和抑制,只能引起地下金融活动的增加和金融风险的累积,而不利于金融监管的有效进行。民间融资规范化和民间资本市场准入的工作在 2005 年开始有所突破。2005 年底央行选择山西平遥、贵州江口、四川广汉和陕西进行民间小额信贷的试点工作,试图引导民间金融的融资活动走向正轨,并将民间融资纳入金融监管机构的正式监管之下。央行"只贷不存"小额贷款公司试点揭开了我国民间金融规范化的序幕,具有深远的意义。[3]

---

[1] 程凯:《吴晓灵:适当放开民间金融》,《中华工商时报》2005 年 4 月 18 日。
[2] 中国人民银行货币政策分析小组:《2004 年中国区域金融运行报告》,《金融时报》2005 年 5 月 25 日。
[3] 王曙光、邓一婷:《农村金融领域系统性负投资与民间金融规范化模式》,《改革》2006 年第 6 期。

四、增量改革与资本整合：新型农村金融机构

银监会 2006 年 12 月 20 日发布《关于调整放宽农村地区银行业金融机构准入政策，更好支持社会主义新农村建设的若干意见》，提出农村金融市场开放的试点方案。其基本原则是："按照商业可持续原则，适度调整和放宽农村地区银行业金融机构准入政策，降低准入门槛，强化监管约束，加大政策支持，促进农村地区形成投资多元、种类多样、覆盖全面、治理灵活、服务高效的银行业金融服务体系，以更好地改进和加强农村金融服务，支持社会主义新农村建设。"应该说，银监会的农村金融市场开放试点方案，是最近十几年以来农村金融领域力度最大的改革举措，对于改善农村金融领域信贷资金外流、农村经济主体融资困难、推动农村产业结构调整和农民增加收入必将产生深远的影响。更重要的是，农村金融市场将出现多元投资主体并存、多种形式金融机构良性竞争的局面，有利于有效动员区域内农民储蓄和民间资金，有序引导这些闲散资本流向农村生产性领域，对民间信用的合法化和规范化有着重要的意义。[1]

在银监会开放农村金融市场的方案中，村镇银行是新型农村金融机构中最重要的组成部分，是吸引民营资本进入银行业、支持农村金融发展的重要途径，同时也是促使农村民间金融阳光化的重要举措。村镇银行作为农村金融领域"增量改革"的重要成果，对我国农村金融结构的提升和农民信贷现状的改善有着极为重要的意义：首先是实现了农村金融机构产权主体的多元化，而这种股权结构的变化最终使得村镇银行的内部治理结构和激励约束机制与原来的农村信用社迥然不同。其次，村镇银行的成立还促进了区域之间的竞争，使得跨区域

---

[1] 王曙光：《村庄信任、关系共同体与农村民间金融演进》，《中国农村观察》2007 年第 4 期。

的资金整合成为可能。2007年4月28日，北京农村商业银行在湖北仙桃建立了北农商村镇银行，这是我国农村金融机构跨区域竞争的第一步。跨区域的竞争和资源整合对于提高资金使用效率、改善地方金融生态都具有极为重要的意义。再次，村镇银行还引进外资银行加盟到中国农村金融市场，对于农村金融总体质量的提高有着深远意义。2007年12月13日，香港上海汇丰银行在湖北随州建立了独资的曾都汇丰村镇银行，这是外资银行涉水中国农村金融的第一步。最后，村镇银行的建立还使得我国现有政策性金融机构、商业性金融机构和合作金融机构有了更丰富多元的投资选择。

五、结论：中国农村改革的传统智慧和现代农村金融制度构建

中国改革开放以来农村变革所积累的传统智慧可以概括为三点：第一，边际式增量改革。整体改革过程不是按照一个理想的模式和预定的时间表来进行的，新的资源配置方式和激励机制不是同时在所有经济领域发挥作用，而是在率先进行改革的部门和改革后新成长的部门首先发挥作用。农村乡镇企业的发展壮大是增量改革的一个典型案例。第二，"局部试验—推广"。政府先在某些经济领域或某些地区进行尝试性的改革，然后将成熟的经验和运作方式向其他地区和经济领域进行推广。不论是农村联产承包责任制的推行和土地制度的变革，还是粮食体制与农业税收体制的变革，都是在局部区域先进行试验，然后再将这些试验的成功模式进行推广。① 这种"试验—推广"的局

---

① 包产到户的尝试与推行实际上经历了较长的过程，1956年就有浙江温州、四川江津等很多地区开始试验包产到户，但一直未获得中央的肯定。1978年底的十一届三中全会尽管提出发展农业生产的一系列主张，但仍明确规定"不许包产到户"（见《关于加快农业发展若干问题的决定》），直到1982年，《全国农村工作会议纪要》（即第一个"一号文件"）才正式肯定了家庭联产承包制度的合法性，参见杜润生：《杜润生自述：中国农村体制变革重大决策纪实》。

部性改革方式在某种程度上降低了改革风险，保证了整个改革过程的可控制性和稳健性。[1]第三，对微观主体创新行为采取默许式激励。农村的家庭联产承包责任制的推行并不是在全国一刀切式地进行推广的，在家庭联产承包责任制试验的初期，农民和地方政府是冒着巨大的政治风险的[2]，但是对于微观主体的创新，中央采取了务实的宽容态度，允许农民的自发试验。对微观主体创新行为的默许式激励容许在一定范围内的自发试验，为整个制度创新和制度变迁提供了必要的舆论前提和经验准备。

农村金融改革作为农村变革的组成部分，在某种程度上也体现了以上三条传统智慧。历史经验表明，改革农村金融体制关键在于扶持增量部分，在整个农村金融体系中引入有效的新型竞争主体，使农村金融机构的产权结构和市场竞争结构逐步多元化。村镇银行、农村资金互助组织、小额贷款公司等新型金融机构的组建，极大地丰富了我国农村金融机构的谱系，既增加了农村金融的供给，又改善了农村金融体系的竞争生态，对我国未来农村金融发展意义重大。增量改革既是中国整个经济体制改革的重要经验，也是农村金融改革未来必须坚持的方向。可以说，在1978—2005年长达27年中，我国农村金融改革举步维艰的一个重要原因即在于仅仅着眼于存量的改革，而忽视或延缓了扶持增量部分的成长。而2005年之后我国农村金融改革取得突破性进展的最大动力来源于开始鼓励增量部分的发展，我们有理由相信，村镇银行和农村资金互助组织的迅猛发展必将极大优化我国农村

---

[1] 参见林毅夫、蔡昉、李周：《论中国经济改革的渐进式道路》，《经济研究》1993年第9期；林毅夫：《制度、技术与中国农业发展》，上海三联书店1992年版。

[2] 在20世纪70年代末期和80年代初期，安徽、广东、内蒙古、河南等地的地方政府和农民都冒着巨大的政治压力尝试包产到户，中央虽有激烈的争议，但最终采取了宽容和鼓励的态度。1980年5月30日邓小平明确指出："农村政策放宽后，一些适宜包产到户的地方搞了包产到户，效果很好"，对包产到户给予了明确的支持。参见《邓小平文选》第二卷，第315—316页；罗平汉：《农村人民公社史》，第377—393页。

金融结构,为我国农村经济转型提供更为全面和有效的信用支撑。政府应该对微观主体创新行为给予鼓励与宽容,那些基层的农村金融机构,尤其是村镇银行、农村资金互助组织以及基层的信用社,都属于草根性的金融组织,与农民有着密切的内在联系,其内部创新的动力和意识都非常强,在实践中创造了很多行之有效的组织形式、运作模式和治理模式,值得鼓励和推广。①

在扶持增量成长的同时,存量改革也应稳健推行,而我国改革开放的经验证明,存量改革成功的关键在于正确的目标模式定位和多元化的产权构建。未来农信社改革应该遵循八条基本原则,即增加农村金融供给原则、改革模式多元化原则、维护县域农信社独立性原则、股份制社区银行目标原则、管理体制中行业管理与经营权分离的原则、农信社产权结构多元化原则、促进市场竞争和防止垄断原则、内部治理有效性原则。

十七届三中全会提出了"构建现代农村金融制度"的战略目标,必将对我国未来农村金融改革产生深远的影响。我认为,现代农村金融制度的基本内涵应该包括:第一,完善的市场竞争结构,即在农村金融市场中,各类不同性质、不同规模、不同地域的农村金融机构应展开较为充分的竞争;第二,农村金融主体结构充分多元化,这些金融主体既包括银行类金融机构,也应该包括农业保险机构、农产品期货市场、农业信贷担保机构等其他农村金融主体,在银行类农村金融机构中,又包括农村政策性金融机构、农村商业性金融机构、农村合作金融机构、农村小额贷款机构以及农民资金互助组织等;第三,现代农村金融制度要求完善合理的产权结构,尤其要吸引民间资本加入正规农村金融体系;第四,完善的治理结构和有效的激励约束机

---

① 王曙光:《新型农村金融机构运行绩效与机制创新》,《中共中央党校学报》2008年第2期。

制;第五,要拥有良好的有竞争力的人力资源结构;第六,提升农民信贷可及性,充分满足农村各类经济主体的融资需求;第七,农村金融机构在财务上必须具备可持续性。当前,我国农村金融体系距离这样的要求还有一定差距,据统计,我国现有"零金融机构乡镇"2868个,只有1家金融机构的乡镇有8901个,其中西部地区的情况尤为严重,共有2645个"零金融机构乡镇",占全国"零金融机构乡镇"的80%。[①]相信随着改革的进一步深化,一个产权多元、主体多元、竞争充分、内部治理完善、人力资源结构合理的现代农村金融制度必将在我国逐步建立起来,从而使得农村金融机构不仅能充分满足农民的资金需求,而且能够实现自身的可持续发展。

---

① 参见中国人民银行农村金融服务研究小组编:《中国农村金融服务报告2008》,中国金融出版社2008年版,第41页。

第十二章
从全面介入到两权分离：国有资产管理的历史演变与制度创新

一、引言

国有资产，在新中国的经济发展中一直扮演着重要的角色。计划经济时期，凭藉着由庞大的国有经济体系支撑的国有资产的运营，中国的基础工业得到了快速发展，并由此建立了相对完整的工业体系。改革开放后的今天，国有经济仍然是我国国民经济至关重要的组成部分。国有资产管理是解读中国政府与经济之间关系的一把钥匙。正因为如此，这一问题才一直备受关注。近年来，研究者对于国有企业的国有资产管理问题投入了更多的研究热情，以下几个方面常常是研究者探讨的重点：一是现有的国有资产管理模式及其存在的问题和可能的解决方案；二是对国有资产管理中所涉及的国有企业改革层面问题的讨论；三是对国有资本运营公司的经营现状及国有资本投资结构、产业布局等问题的深入分析；四是对国有资产管理中新出现的如国有资本经营预算制度等问题的探讨。由于问题本身与现实的密切联系，对国有资产管理的探讨大多是针对当下的管理实践进行的。本章尝试从历史的视角梳理新中国国有资产管理所发生的变迁，并探讨这一变化所体现出的特征。

广义的"国有资产"包括经营性国有资产和非经营性国有资产以及资源性国有资产三大类[①]，本文的"国有资产"仅指企业所拥有

---

① 李松森、孙晓峰编：《国有资产管理》，东北财经大学出版社 2010 年版，第 4 页。

的经营性国有资产,因为不论是在计划经济时期,还是在改革开放以后,这都是国有资产中最重要的一个构成部分,也是我们分析国有资产管理时最需要关注的内容。对于企业经营性国有资产管理的讨论必然会涉及两个要素,第一个是国有资产的所有者,尽管理论上国有资产属全民所有,但由全体公民对国有资产进行管理在实践中缺乏可操作性,因此,现实中的国有资产"所有者"角色由政府来扮演(当然严格来说,国有资产的所有者是全体人民,政府只是充当了代理人的角色)。第二个是国有资产的经营者,即国有企业。本章即以政府与国有企业之间的关系为切入点探讨新中国成立以来国有资产管理所表现出的变化。概括而言,新中国的国有资产管理经历了从直接到间接、从介入到评估、从微观到宏观、从管企业到管资产再到管资本的转变。

二、从全面介入到两权分离:新中国国有资产管理模式的演变

1. 国有经济体系的快速构建与计划管理的起步

新中国国有资产规模和国有经济体系的壮大并非发端于社会主义改造。1949年前后,数量庞大的官僚资本企业的收归国有,连同解放区的公营经济及在此基础上组建起来的国营金融和国营商贸体系,以及政府通过征用、转让等方式接收的外资企业,为新中国国有经济体系的形成创造了条件。国民经济恢复时期,政府大力推动合作社经济的发展,这些举措使公私营企业的力量对比发生了快速的变化。在社会主义改造开始以前,国有经济在国民经济中的比重,特别是在交通、金融以及工业等领域,已经颇为可观。以工业产值为例,1949年国营工业企业的产值占全国工业总产值的比重为34.2%,1952年这一比重

已经上升到 52.8%。①

1949年国营工业企业仅有 2858 个，1952 年已经增至 9517 个。②对国营企业实施计划管理的探索也从这一时期启动。1950 年 6 月，中央重工业部计划司在《国营工业经济计划工作的组织与方法》中强调"所有一切与生产及建设相关的全部经济内容"都必须包括在工业经济计划内，而"企业计划"应当包括产品计划、劳动计划、供应计划、成本计划等生产计划以及产品分配计划、基本建设计划和财务计划等内容。以产品计划和产品分配计划为例，前者要包括"产量的技术定额、生产设备的运用情况、产品之种类与质量、按月度及季度的产品数量和完成产品计划的技术条件"，后者要包括"已生产的成品的类别、数量及价格，产销的平衡、按期拨出商品的计划、企业收入及盈余计划等"。③ 企业计划应逐级上报主管机构，最终经中央人民政府批准后再下达执行命令。这种计划管理方式在赶超工业化战略开始实施后被不断加强。

2. 工业化目标下全面介入的"所有者"：计划经济时期的国有资产管理

1950 年统一财经工作的完成带来了中央政府财政收入的大幅增长，使其推进大规模经济建设成为可能，而优先发展重工业的工业化目标的确立则直接影响了新中国政府对国有资产的管理方式。1953 年，中国在苏联的援助下启动了第一个五年计划，也在学习和模仿苏联的过程中建立起高度集中的计划经济体制。"一五"计划的基本任务

---

① 中国社会科学院、中央档案馆编：《中华人民共和国经济档案资料选编·1949—1952·工商体制卷》，中国社会科学出版社 1993 年版，第 976 页。
② 中国社会科学院、中央档案馆编：《中华人民共和国经济档案资料选编·1949—1952·工商体制卷》，第 267—283 页。
③ 中国社会科学院、中央档案馆编：《中华人民共和国经济档案资料选编·1949—1952·综合卷》，第 802—804 页。

就是"集中主要力量进行以苏联帮助我国设计的 156 个单位为中心的、由限额以上的 694 个建设单位组成的工业建设，建立我国的社会主义工业化的初步基础"[1]。为了推进这些项目的建设，政府开始进行大量的直接投资。从 1953 年到 1978 年的二十余年间，每一年国家投资在基本建设投资资金来源中的比重都在 70% 以上[2]，1961 年为 73.7%，是其中唯一低于 75% 的一年。政府的直接投资为国有资产的大规模形成奠定了坚实的基础。

政府不仅在国有资产的形成中发挥着重要的作用，还控制着国有资产的运营。从"一五"时期起，政府开始了对国营企业严格的计划管理。按照当时国务院的规定，关于国营企业的生产，总产值、主要产品产量、新种类产品试制、重要的技术经济定额、成本降低率、成本降低额、职工总数、年底工人到达数、工资总额、平均工资、劳动生产率、利润 12 项指标都属于指令性指标，一经确定不得随意更改。1957 年仅中央直属国营企业就有 9300 余个。[3] 社会主义改造完成后，公有制在国民经济中占据了绝对主导的地位，越来越多的国营企业接受政府的指令性计划。

而除了生产环节的全程控制，国营企业的财务也受到政府的严格管理。在逐步建立计划经济体制的第一个五年计划期间，虽然时有调整，对国营企业基本上一直施行高度集中的统收统支的管理体制。国营企业日常生产经营中所需的各项资金，多由各级财政支付。以流动资金供给为例，从 1951 年起一直到改革开放，国营企业的流动资金除了在 1959—1961 年期间短暂地施行过全部由银行供应外，其余时间或

---

[1] 李富春：《关于发展国民经济的第一个五年计划的报告》，《人民日报》1955 年 7 月 8 日第 2 版。

[2] 国家统计局固定资产投资统计司编：《中国固定资产投资统计年鉴（1950—1995）》，第 91 页。

[3] 董志凯、武力主编：《中华人民共和国经济史（1953—1957）》（上卷），社会科学文献出版社 2011 年版，第 436 页。

者全部由财政拨款,或者按照一定比例由财政和银行分别供应。[1] 一般情况下财政拨款是国营企业流动资金的最主要来源,银行供应的只是很少一部分。而在利润分配方面,国营企业绝大部分的利润都要上缴财政,并不能自主支配。

也就是说,从计划经济体制确立开始,政府就以全面介入的姿态出现在国有资产的管理和经营当中,所有权与经营权实现了高度的统一,作为出资人的政府既是所有者又直接干预国有资产的经营。在物资集中统一管理、价格由政府控制、市场调节机制缺失的大背景下,承载着国有资产运营任务的国营企业从原料供应、要素价格、生产过程、产品分配与销售、基本建设、财务制度等方方面面都受到了政府的严格限制,几乎丧失了生产经营自主权。

过多的干预确保了资源向政府希望优先发展的部门倾斜,却抑制了国营企业的生产积极性。这一问题在第一个五年计划期间就已经显露出来,一方面,在生产经营决策和收益分配上的被动地位无法为企业提供有效的激励,难以调动企业更大的生产热情;另一方面,企业"收入多少,收入是否完成,和自己本身的支出不发生关系"[2],即财政资金的无偿使用使国营企业没有足够的动力去增加收入节约支出,国营企业的这种"预算软约束"在计划经济时期始终存在。为了改变这一状况,使国有资产的运营更有效率,中央政府并不乏反思和改革,第一个五年计划完成后和20世纪的60年代末,在国有资产管理方面,中央政府曾经两次尝试放权。权利的下放包括两个层面:一个是将管理权下放给地方政府,调动地方政府的积极性;另一个是通过调整利润分配、适度扩大自主权等方式调动企业的积极性。但是,每一次快

---

[1] 财政部工业交通财务司编:《中华人民共和国财政史料·第五辑·国营企业财务(1950—1980)》,中国财政经济出版社1985年版,第32—56页。

[2] 李先念:《关于财贸工作的汇报提要》(1956年4月1日),载中国社会科学院、中央档案馆编:《中华人民共和国经济档案资料选编·1953—1957·综合卷》,中国物价出版社2000年版,第653页。

速的大规模放权往往会带来一定时期内生产与管理的混乱无序以及地区之间、企业之间盲目的重复建设，使经济陷入一个"一统就死、一放就乱"的怪圈。在计划经济运行方式和强调重工业的发展战略没有发生根本性改变的前提下，国营企业的问题并没有得到彻底解决。以全面介入的所有者身份出现的新中国政府，高效而快速地构建了一个基本完整的工业体系，然而，如何在实现这一目标之后继续推动国有资产的高效运营是计划经济时期政府面临的一个难题。

3. 两权分离下的出资人与经营者：现代企业制度构建过程中的国有资产管理

改革开放以后的国有资产管理大体上可以分为三个阶段：第一个阶段是1978—1984年，这一时期伴随着农村经济改革的大力推进，城市经济管理体制的改革也逐步启动。为了调动企业的生产积极性，作为国有资产所有者的政府首先不再以全面介入的姿态出现，而是逐步向国有企业放权让利。第二个阶段是1984—1992年，认可并着手于探索所有权与经营权的分离、转变"政企不分"的局面是这一时期国有资产管理改革的主要特征。第三阶段是1992年以后，在社会主义市场经济体制的改革目标确立后，理论的突破成为国企改革的加速器，在构建现代企业制度的过程中，国有资产管理的模式随着国企改革的深入而不断创新，探索公有制与市场经济的结合方式是这一时期国有资产管理的重点。所有这些变革的核心目标在于：第一，从"所有者"的角度而言，改变国有企业一直以来存在的"所有者缺位"现象，一方面明确"所有者"的权利，另一方面也对政府的行为边界作出重新界定；第二，从"经营者"的角度而言，让担负着国有资产保值增值任务的国有企业不再依附于政府，而成为市场经济条件下真正独立的并具有竞争力的经济主体；第三，在市场经济条件下寻求新的机制，以市场化而不是行政干预的方式解决所有权与经营权分离之后存在于出资人与经营者之间的委托代理关系。

(1) 从"放权让利"开始

如前文所述,在计划经济时期,为了减少高度集中的决策和管理模式对企业生产经营积极性的抑制,政府已经开始了一些扩大企业自主权、提高企业利润留成比例的尝试。改革开放初期的"放权让利"在一定程度上可以被视为这种思路的延续,但力度更大。继四川省少量企业试点之后,1979年5月,政府扩大企业经营管理自主权试点工作的步伐加快,京、津、沪三地8家大型企业的试点工作启动。1979年7月,国务院正式发布《关于扩大国营工业企业经营管理自主权的若干规定》,在确保完成国家经济计划的前提下,这一规定赋予了企业在补充计划制定、产品生产与销售、利润留成、固定资产处理、外汇分成等方面一些自主权,但政府在计划制定下达、产品定价上仍具有绝对的主导权。[①] 此后的几年中,全国范围内扩大经营自主权的试点企业数量不断增加,各种形式的经济责任制开始在大量企业中推行,国营企业的利润分配制度随之改革。1983年和1984年财政部先后两次出台关于"利改税"的规定,由利税并行逐步过渡到以税代利,与此几乎同时进行的是"拨改贷",1983年6月国务院批转央行《关于国营企业流动资金改由人民银行统一管理的报告》,其中明确提出从1983年7月起,"国营企业的流动资金,全部改由银行贷款供应,国家财政不再增拨流动资金"[②]。即使是国营企业,也必须通过贷款或自筹方式获取流动资金,而不能像以往一样依赖国家财政的无偿拨款。

1984年5月,国务院发出《关于进一步扩大国营工业企业自主权

[①] 国家经济委员会经济体制改革局编:《中国经济管理政策法令选编1979年1月—1983年6月》(上),经济科学出版社1983年版,第15—18页。

[②] 国家经济委员会经济体制改革局编:《中国经济管理政策法令选编1979年1月—1983年6月》(下),第410页。

的暂行规定》①，和此前出台的规定相比，国营企业在产品的生产与销售中获得了更大的自主权，甚至原来的国家统配物资都允许企业在一定比例内自行销售，企业还可以在一定范围内对工业生产资料进行自行定价，此外，在机构设置、人事任用、工资奖金、联合经营等方面企业都可以根据自身需要作出相关决策。同年，经国务院批准，国家计委对计划体制进行改革，工农业生产中的大量产品不再推行指令性计划。尽管在这一时期的改革中所有制形式和隶属关系并没有发生大的变化，但市场调节逐渐被引入到国营企业的生产经营过程中，国有资产的经营管理已经告别了单纯由国家计划和政府行政命令来决定的时代。

（2）所有权与经营权的分离

从20世纪80年代中期开始，我国经济体制改革的重点逐步向城市转移，增强国有企业的活力成为经济体制改革的中心环节。1984年10月《中共中央关于经济体制改革的决定》中第一次提出国有企业的所有权与经营权可以"适当分开"，这意味着全民所有并不等同于必须由政府直接经营企业。1987年中共十三大报告中明确提出全民所有制企业"不可能由全体人民经营，一般也不适宜由国家直接经营"，为了企业的生机与活力，应当"实行所有权与经营权分离，把经营权真正交给企业"。②这一理念的提出标志着国有资产管理的改革进入第二阶段，在肯定了"两权分离"的合法性与合理性之后，国有企业有权在保证所有权不变的前提下，灵活地选择经营方式以实现国有资产的保值增值，由此"政企不分"是必然要解决的问题。

短短几年的时间里，中央相继出台了一系列文件。1985年国务院批准《关于增强大中型国营工业企业活力若干问题的暂行规定》，强调"部门和城市都要实行政企职责分开、简政放权"；1986年9月，

---

① 中共中央文献研究室编：《十二大以来重要文献选编》（上），中央文献出版社2011年版，第394—397页。

② 中共中央文献研究室编：《十三大以来重要文献选编》（上），第24页。

中共中央、国务院发布《全民所有制工业企业厂长工作条例》，提出厂长"对本企业的生产指挥和经营管理工作统一领导，全面负责"，即国有企业的领导体制为厂长负责制，而不再是"党委领导下的厂长负责制"，此后，实行厂长负责制的企业由少量试点逐步推广到全国；1986年12月国务院作出《关于深化企业改革增强企业活力的若干规定》，规定提出对全民所有制小型企业可"试行租赁、承包经营"，对全民所有制大中型企业"实行多种形式的经营责任制"，并严禁截留下放给企业的权利；1988年的《全民所有制工业企业法》以法律形式确认了国家对国有企业施行所有权与经营权相分离的管理原则，且企业实行厂长（经理）负责制。同年国务院出台《全民所有制工业企业承包经营责任制暂行条例》，提出了承包经营责任制可以采取的多种形式及承包双方的权利义务。1992年6月，国务院发布《全民所有制工业企业转换经营机制条例》，该条例明确了国有企业享有的十四项权利，不仅包括生产经营决策权、产品及劳务定价权、产品销售权等权利，还享有进出口权、留用资金支配权、投资决策权、拒绝摊派权等权利，企业在生产经营、利润分配、人事管理方面获得了前所未有的自主权。这些文件使政府与企业各自的职责日渐明晰，同时也推动着经营国有资产的国有企业成为独立自主、自负盈亏的经济主体。

（3）现代企业制度构建与两权分离后的"委托代理"关系

在所有权与经营权逐步分离的背景下，我们对国营企业的称呼也发生了改变，以"国有"替代了"国营"，称谓的变化已经可以看出国有资产管理模式的转变，代表全体人民行使"所有权"的政府退出了对企业的直接经营，"国有"更多的是对产权属性的强调。如果说前一阶段的改革侧重于调整政府与企业之间经济利益的分配关系，推动国有企业发展成为自主经营的独立经济主体，那么在1992年以后，改革则沿着两个方向向前推进：一个是从宏观层面探索"两权分离"后，作为所有者或者说出资人的政府如何实现对国有企业的管理和制约；

另一个是从微观层面深入到国有企业内部，构建现代企业制度，完善公司治理结构，使国有企业能够适应市场经济条件下的竞争环境。

就宏观层面而言，两权分离、政企分开的一个直接后果是政府对国有企业日常生产经营活动行政性干预的不断减少，那么随之而来的问题是政府如何实现对国有企业的监督，以保证国有资产的增值和防止国有资产的流失。换言之，所有权与经营权的分离必然带来委托代理问题，如何在将国有企业推向独立的同时保障国有资产所有者的权益是这一层委托代理关系中必须解决的核心命题。1988年5月，国家国有资产管理局成立，成为专门负责国有资产监督与管理的政府机构。这一机构在国有资产的管理方面做出了很多探索和改革，但仍具有一定行政管理的色彩。为了将简政放权落到实处，一些地方政府很早就开始了改组企业主管部门的尝试。如深圳、上海等地先后成立国有资产投资或经营管理公司，代表政府管理国有资产。1992年，国有资产管理局还一度提出并推行"国有资产授权经营"的管理模式，尝试组建企业集团并授权企业集团对其旗下企业的国有资产进行管理，希望通过企业集团代行出资人权利以推动国有资产的保值增值。这些探索为今天国有资产管理模式的形成奠定了基础。

2002年党的十六大提出了在坚持国有资产国家所有的前提下，由中央和地方政府"分别代表国家履行出资人职责"的新设想。2003年4月，国务院国有资产监督管理委员会正式成立，政府作为国有资产所有者所应履行的职能与其所承担的社会公共管理职能被明确分离开来。随着地方各级国资委的成立，我国的国有资产管理按照新的模式进行：作为国有资产所有者的代表，国资委尽管享有对企业负责人、重大事项、国有资产进行管理的权利，但为了确保所有权与经营权的分离，国资委并不直接管理国有企业，而是授权给国有资本运营或投资公司，在国有企业公司制日益完善的条件下，国有资本运营管理公司以投资者或者说股东的身份，通过派出股东代表、董事、监事等方式参与到由其控股或参股的企业的重大决策中去。

与以往的国有资产管理方式相比,这种运作模式有两点特别值得关注:其一,借助于国有资本运营管理公司,国资委实现了国有股东的人格化,虽然增加了一层委托代理关系,却在一定程度上解决了出资人不到位的问题。其二,国有资本运营或投资公司代表出资人对于国有企业进行的管理所采取的是市场化的干预方式而不是行政手段,这是改革开放以来国有资产管理体制改革希望达到的目标之一。

2007年9月,国务院发布《关于试行国有资本经营预算的意见》,国有资本经营预算制度的建立是近年来关于国有资产管理的又一项重要改革。国有资本经营预算试点工作于2007年启动,根据要求,试点企业必须按照一定比例上缴国有资本收益。国有独资企业的利润、清算收入,国有控股、参股企业国有股权的股利、利息,以及企业国有产权的转让收入都是国有资本收益的构成部分。2011年,国务院决定将1631户企业纳入中央国有资本经营预算实施范围,并提高了中央企业国有资本收益的收取比例,一些省市也先后出台了国有资本经营预算的实施办法。这一制度的实施改变了从1994年起国家不要求国有企业上缴税后利润的做法,而依法取得国有资本的收益,不仅是对所有者权益的维护,再次调整了国有资产所有者和经营者之间的利益分配关系,同时也推动着国有资本经营收入与支出的规范化和国有资本收益的全民共享。

就微观层面而言,在确立了社会主义市场经济体制的改革目标之后,国有企业的改革方向也更加明确,1993年召开的中共十四届三中全会提出,对于国有企业,要进一步转换经营机制,建立"产权明晰、权责明确、政企分开、管理科学的现代企业制度"。1994年,国务院选择了一批国有大中型企业,启动了建立现代企业制度的试点工作,试点方案中的两项内容对此后的国有资产管理以及国有企业的发展产生了深远的影响:第一,为明晰企业的产权关系,由国家授权投资机构（如国家投资公司、国家控股公司、国有资产经营公司、国有独资公司或企业集团等）作为国有资产投资主体，依法对其所持股企业进行股权管理；第二，企业不仅要在组织形式上改组为公司，还必须建立规范的内部组织管理机构，包括股东大会、董事会和监事会，构建健全规范的公司治理结构成为国有企业此后改革的一项重要目标。同一时期，政府还大力推进国有企业的股份制改革，实现股权的多元化。为了改善国有企业的经营困境并强化对企业的预算约束，从1994年开始国家不再要求国有企业上缴利润，同时也不再对国有企业进行亏损补贴。

从20世纪90年代起，随着乡镇企业、外资企业和私营企业的发展与崛起，国有企业在市场经济竞争中面临着日益严峻的挑战，在经历了企业转制和艰难的"脱困"之后，国有企业的运行机制发生了明显的变化。2003年国资委成立后，先后采取了公开招聘央企高管、推进国有独资企业的董事会建设和独立董事制度以及央企的兼并重组等举措继续深化国有企业的改革。现代企业制度的构建与公司治理结构的完善推动着国有资产的经营者——国有企业逐步走向市场，国有资产的运营与保值增值越来越通过市场化而非行政干预的方式实现。

三、四重转变：新中国国有资产管理的演进特征

从政府直接干预下的国有经济体系的快速构建与不断壮大，到为了实现有效激励而进行的所有者与经营者之间"权"、"利"关系的不断调整，再到所有权与经营权分离后的国有资产管理模式的创新，新中国的国有资产管理呈现出以下四个方面的变化特征：

首先是管理方式发生了从直接到间接的转变。在计划经济体制确立初期，为了倾全力推进工业特别是重工业的发展，在资源匮乏、积累有限的条件下，政府采用了最为直接的方式以国营企业为载体对国

有资产的管理和运营进行干预。在这一方式下，所有企业的原料供应、投资建设、生产销售等每一个环节都与政府发生着密切的联系，企业在生产经营中事无巨细地遵行着政府的计划与指令。政府的行政命令可以控制资源的配置，却无法确保微观经济主体的生产积极性，这必然带来国有资产运营的低效。第一个五年计划结束前后，国务院曾出台文件尝试改进工业管理体制，其中一个重要举措就是大幅度减少对企业下达的指令性指标，允许企业在日常经营中根据实际情况适度修改非指令性指标，希望以此扩大企业的自主空间。1964年，国家经委还提出了试办工业、交通托拉斯的意见，这一政策的初衷就是要通过创办托拉斯性质的工业、交通公司，"用社会主义的经济办法（而不是用行政办法）"、"按照经济原则"来管理国营企业，以杜绝工业管理的"机关化和官僚主义"。[①] 这些措施的目的都在于尽量减少政府对国营企业的直接干预，然而这一目标很难在政企不分的前提下实现。改革开放后，所有权与经营权分离，政府由最初的放权，逐步过渡到目前的授权给国有资本运营公司，让后者以经济手段影响国有企业的重大决策，这推动着政府的国有资产管理实现从直接到间接的转变。

其次是对国有资产价值的评判发生了从介入到评估的转变。赶超战略下的工业化起步时期政府对国有资产的管理是介入式的，国有资产的形成及其保值增值过程中的每一步几乎都有政府介入的印迹。1984年以后，将国有资产的所有权与经营权分离开来的改革原则日益清晰和明确，政府逐步退出企业的日常生产经营过程。在慢慢走向独立自主、自负盈亏的过程中，国有企业的经营模式以及组织形式都发生着重大变化。很多国营企业开始采取租赁、承包等经营方式，各种

---

① 中共中央文献研究室编：《建国以来重要文献选编》（第十九册），中央文献出版社1998年版，第138页。

形式的经营责任制被大量采用，一些地区甚至进行了国营企业的股份制试点。于是，企业的出售转让、企业之间的兼并联营、企业的股权多元化以及与外商外资的合作等问题随之而来，这必然涉及国有资产产权的变动。如何在这一转变中维护国有资产所有者同时也包括经营者的合法权益、确保国有资产不会在产权的变动中有所损失是亟待解决的问题，这要求政府在产权层面探索新的管理机制。1990年7月，国家国有资产管理局资产评估中心成立，负责对资产评估机构进行资格审查并组织国有资产的评估等工作，地方各级国有资产管理局的资产评估中心也相继成立。1991年11月，国务院颁布了《国有资产评估管理办法》，提出在发生资产拍卖、转让，企业的兼并、出售、联营、股份经营、清算，中外合资或中外合作项目，企业租赁等情形时必须对国有资产进行评估。而国有资产的评估需要由政府认可的具有相关资质的评估机构来进行，行政主管部门不能进行国有资产评估。[①]政府对国有资产的管理、对国有资产价值的认定实现了从介入到评估的转变，维护国有资产权益的方式也开始发生变化。

第三是实现了从管企业到管资产再到管资本的转变。如前所述，在高度集中的计划经济体制下，政府对国有资产的管理主要体现为管企业，通过直接介入，影响企业的生产细节，即使是扩大企业自主权，也是有限度的。1957年底《国务院关于改进工业管理体制的规定》中曾大力削减企业的指令性指标，但主要产品产量、职工总数、工资总额、利润等四项内容仍必须严格遵照国家的指令性计划。对企业的控制是高积累以及计划经济体制得以维系的重要条件。改革开放后，对国有资产的管理首先是完成了从管企业到管资产的转变。20世纪80年代中后期，随着各种经营责任制的推行，政府对企业的干预逐步减

[①] 国家国有资产管理局政策法规司编：《国有资产管理法规汇编（1988年—1997年3月）》，经济科学出版社1997年版，第334—335页。

少。"从管企业到管资产"这一变化的核心特点在于政府不再介入企业的日常经营，但要求企业实现国有资产的保值增值。以当时颇为盛行的承包经营责任制为例，企业需要向政府承诺的是"包上交国家利润，包完成技术改造任务"①，但如何完成企业完全可以自主决策。而新世纪以来的国有资产管理开始由管资产向管资本转变。随着所有制结构的调整和国有企业改革的深入，产权的流动与重组成为社会经济中的常态，国有资本与集体资本以及非公有资本交叉持股的混合所有制经济获得了前所未有的发展，这必然带来企业产权结构的变化。"管资本"与"管资产"相比，前者更加强调资本的流动性，更加强调以股权为纽带通过市场化的运作优化国有资本的配置，从而实现产业的整合，因此也更为契合当下混合所有制企业快速发展的经济形势。

最后是政府关注的重点实现了从微观到宏观的转变。计划经济时期政府对国有资产的管理是通过对国营企业从组织形式到生产过程的全程控制实现的。而改革开放后，政府关注的重点逐渐由微观层面上升到宏观层面，在逐步退出国有企业的生产经营决策之后，如何优化国有资本的整体布局、推进国有经济的战略性调整是政府在国有资产管理中面临的核心命题之一。特别是新世纪以来，一方面国家高度关注国有资本产业布局的优化和整合，国资委自2006年起明显加大了中央企业的兼并重组力度，在减少央企数量的同时也对国有资本涵盖的领域做出调整。另一方面，政府相继出台文件鼓励非公有制经济的发展，支持民间资本进入公用事业等领域，放开一些垄断行业的竞争性业务。1978年，全民所有制工业占全部工业总产值的比重为77.63%，到改革开放30周年时这一局面发生了重大变化，根据国家统计局的统计，2007年在全部规模以上工业中，国有及国有控股企业数量仅占

---

① 中共中央文献研究室编：《十三大以来重要文献选编》（上），第80页。

6.1%，工业总产值占 29.5%[①]，不论从企业数量还是从企业规模来看，国有企业占据绝对优势的领域已大为减少。2011年，规模以上工业国有控股企业占规模以上工业总产值的 26.2%，其中，在煤、电、油、气、水的生产和交通运输设备制造等关系国计民生的重要领域，所占比重达到 40%—95%；在冶金、有色等原材料领域，比重达到 25%—40%；但在多数竞争性行业比重在 10% 以下。[②] 2013年《中共中央关于全面深化改革若干重大问题的决定》中提出国有资本的投资运营"要服务于国家战略目标，更多投向关系国家安全、国民经济命脉的重要行业和关键领域"，这为国有资本的投资明确了方向，而这一目标的逐步推进也标志着政府对国有资产的管理实现了从微观层面到宏观层面的转变。

四、结论

从 1949 年新中国成立到现在，政府对国有资产的管理模式发生了巨大的变化。改革开放以前，国有企业的运营并不是单纯的企业行为，在集中一切力量发展基础工业的大背景下，国有资产的经营、管理、增值同时肩负着推进工业化建设的国家使命。而改革开放以后，政府逐步减少了对国有企业的干预，在构建社会主义市场经济体制的过程中，对国有资产的管理也开始更多地遵行市场经济的运行规则。新中国的国有资产管理由此经历了从直接到间接、从介入到评估、从管企业到管资本、从微观到宏观的转变，国有资产管理模式的变化从一个侧面也反映出了政府职能以及治理方式的转变。

[①] 国家统计局：《改革开放 30 年我国经济社会发展成就系列报告之三》，http://www.stats.gov.cn/ztjc/ztfx/jnggkf30n/200810/t20081029_65689.html。

[②] 国家统计局：《从十六大到十八大经济社会发展成就系列报告之八》，http://www.stats.gov.cn/ztjc/ztfx/kxfzcjhh/201209/t20120904_72844.html。

从新中国近 70 年的长期发展视角出发，我们可以看到国有资产和国有企业一直在新中国的工业化和赶超战略中扮演着极其特殊而关键的角色，国有资产的有效增值和国有企业的发展壮大，既是我国社会主义经济制度的必然要求，也是社会主义经济制度得以巩固强大的有力保障，更是中国在全球化竞争中得以保持战略优势地位的重要体制前提。因此，必须从国家战略高度认识国有资产管理制度的演变与创新，无论政府管理国有资产的方式发生何种变迁，其最终目标始终应该是保证国有资产的发展壮大，而不是削弱国有资产和国有企业，政府对国有资产的管理与增值始终肩负着不可替代的职责。国有资产的真正所有者是全体人民，因此，全体人民对国有资产应该享有的权益必须得到法律上的有效保障和捍卫。

第十三章
地方政府行为与民间金融演进：以温州为核心的微观史学考察

一、制度变迁中地方政府的角色

1. 经济体制变迁中的地方政府创新

转型经济学（transition economics）是20世纪末期以来中国乃至国际经济学界异常活跃的学术领域之一。[①]值得注意的是，不论是在强制性制度变迁还是在诱致性制度变迁中，地方政府都有着不可替代的重要作用。一方面，强制性制度变迁中，地方政府成为中央政府强制性变革措施和政策的执行者和中央政府制度变迁理念的输送者、传播者，在中央政府和微观经济主体（初级行动团体）之间充当了中介的作用。而各个地方政府对中央政府制度理念的理解的不同以及对中央政府改革举措执行方式的不同，成为导致地方经济发展和改革路径出现差异的重要因素。比如，有些地方政府在执行中央政府各种改革政策时采取比较灵活的有弹性的框架，而不是亦步亦趋地做中央政策的"追随者"。在这些地方，尽管表面上看这些地区并没有违反中央政府的政策框架，但是很多改革措施已经考虑到区域经济发展的特点和地方政府自身的效用函数。而有些地方政府则主要充当了中央决策的"追随者"，严格执行中央的决策，而不敢冒政治风险修正不利于

[①] 关于转型经济学及其争议的综述，参见王曙光：《金融自由化与经济发展》第七章，北京大学出版社2004年版。

地方经济发展和与区域经济特征不符的政策措施。因此，在强制性制度变迁中，由于地方政府的行动特征存在着差异，导致不同区域的经济发展水平和市场化水平产生了差异。即使是在自然条件相似、地理上非常临近的地区，由于地方政府行动的差异所导致的经济发展水平和市场化水平的差异，也是非常惊人的。[①]

另一方面，在诱致性变迁中，地方政府往往成为地方微观经济主体创新行为的解释者和最初的合法化者。诱致性变迁中的初级行动团体（微观经济主体）在各种获利机会的推动下，自发地采取很多与传统体制难以兼容的创新举措，促进了民间部门的发展和体制转换。但是初级行动团体的创新行为受到地方政府行为的显著影响。由于中央政府在信息上的劣势，导致中央政府不可能直接迅速观察到初级行动团体的创新行为，因此，地方政府往往是地方初级行动团体创新行为的最直接和最早的观察者，那些具有开放理念和创新精神的地方政府，往往更愿意冒一定的政治风险鼓励和默许地方微观经济主体的创新，并把这些创新行为进行理论上的总结和阐释，在合适的机会，地方政府会把这些创新行为的系统性的阐释传达给中央政府。诱致性变迁中的中央政府在充分考虑到这些创新行为的合理性和典型性之后，会以立法的形式向全国其他地区推广。从以上的讨论中就可以看出，在诱致性制度变迁中，地方政府的角色至关重要。如果没有创新性的地方政府，如果没有地方政府在冒一定政治风险的前提下保护和宽容微观经济主体的创新并及时总结这些创新经验，就难以形成整个国家的制度变迁。

中国的经济体制改革中政府用"试验推广"的方式先在某些经济

---

① 比如，浙江省温州和丽水地区在地理上临近，在改革开放之初，经济发展水平相近，市场化水平也相近。但是在改革开放的20多年中，由于温州地方政府更多地创造性地执行国家的改革政策，而丽水往往采取更加稳定、政治风险更低的政策框架，导致两个地区的经济发展水平和市场化水平有了很大的差异。

领域或某些地区进行尝试性的改革，然后将成熟的经验和运作方式向其他地区和经济领域进行推广。这种模式虽然导致不同地区和经济领域的发展与改革的不均衡性与收入不均等，但是从另一方面说，地区之间的割裂可能形成制度落差，这种落差固然导致地区之间发展的不平衡，但是也会引发地方政府的制度创新，激发经济发展的活力和区域间的制度转移。局部地区的改革试验和创新行为具有极大的示范性，具有较强的外溢效应，落后地区就是在这种示范效应下逐步模仿先进地区的行为特征，从而达到经济发展和制度创新的目的。因此，林毅夫等从传统的一般均衡的观点对这种局部改革的弊端所作出的评价是不全面的，要知道，正是这种制度安排上的非均衡特征和局部试验的特征，才是中国经济体制顺利改革并保持经济持续稳定增长的奥秘所在。

地方政府在这种"局部试验—适时推广"的制度变迁模式中扮演了重要角色。地方政府有时是局部创新的主体，它们创造出具有当地特色的发展模式，使各种创新性的制度安排与当地特有的初始禀赋特征以及历史文化传统相衔接。地方政府有时又是当地微观经济主体创新行为的解释者和鼓励者，地方政府在中央政府还没有做出正式制度安排的情况下，往往冒着一定的政治风险制定出大胆的地方性法规，将那些初级行动团体的尚处于地下状态的创新行为合法化。地方政府创造了很多极具想象力的制度和方法，然后中央政府再以中央文件或法律的形式向其他地区推广扩散。在中国的局部渐进增量改革中，如果离开了地方政府的作用，改革的成功是难以想象的。

2. 渐进式变迁中的地方分权、财政联邦制与地方政府行为

以上我们谈到了地方政府在制度变迁中的角色问题。有一个问题是至关重要的，那就是：在中国成功的渐进式制度变迁中，推动制度变迁的主要力量是什么？换句话说，是什么因素支撑了中国长期稳定

的经济增长和成功的经济体制改革？对于这个问题，经济学家的回答令人眼花缭乱。很显然，改革以来中国的经济体制发生了深刻的变化，正是这种制度创新而不是很多经济学家所说的"资源投入型增长"支撑了中国长期稳定的发展与转型。但对于中国制度创新背后的动力，却有相当不同的看法。值得关注的一个经验事实是，在中国的渐进式的转型中，地方创新行为总是充当了相当重要的角色，地方政府以及其他微观经济主体共同形成了地方性的创新主体，从而有力地推动了中央计划者的改革行动，而中央计划者总是在总结地方创新主体的创新经验之后将其适当合法化，从而形成整个国家的集体行动。而地方创新行为主体中，地方政府应该是最值得关注的创新者。关于地方政府在渐进式制度变迁中的作用及其创新动因，已经有大量文献给予关注并作出了相当深刻的分析。[1] 很多经济学家认为，转型中的地方政府之所以会有发展经济的行为，是来源于边际激励很强的财政联邦制的作用。

1980年开始，中央政府意识到传统的国家工业化推动战略的不足，为了增强对转型中地方政府发展经济的激励，中国财政预算体制由单一制（unitary system）转向财政联邦制（fiscal federalism），即财政包干制。财政联邦制的实行，给中国转型中的地方政府形成了很强的发展经济的激励。[2] 但不同地区的地方政府因为所面临的经济发展条件不同，在发展经济过程中的作用机制仍存在显著差异。

很多经济学家认为中国体制作为政治上集权的体制，行政分权和

---

[1] 关于财政联邦制与地方政府创新行为的研究成果的综述，本部分主要参照了钱滔：《地方政府、制度变迁与民营经济发展》，浙江大学博士学位论文，2005年4月，第31—35页。

[2] 参见 Yingyi Qian and Gerard Roland, "Federalism and the Soft Budget Constraint", *American Economic Review*, 1998(December), 88(5), pp. 1143-1162; Hehui Jin and Yingyi Qian, "Public vs. Private Ownership of Firms: Evidence from Rural China", *Quarterly Journal of Economics*, August 1998, 113(3), pp. 773-808; Justin Yifu Lin and Zhiqiang Liu, "Fiscal Decentralization and Economic Growth in China", *Economic Development and Cultural Change*, 2000(October), 49, pp. 1-21.

财政联邦是中国转型过程中激励地方政府发展区域经济的重要制度的条件，这一体制条件所导致的地方政府间的竞争促成和维持着中国转型过程中的市场机制，是中国渐进式制度转型过程中实现经济快速发展的关键所在。Blanchard 和 Shleifer（2001）对财政联邦制在经济发展中的作用作了进一步的研究，他们指出俄罗斯在经济转型中，中央政府和地方政府之间也是采用财政联邦制，但俄罗斯的地方政府却因为税收、管制、俘虏和腐败等原因而限制了地方经济发展。因此，财政联邦制虽然很重要，但转型中要促使地方政府发展经济还有一个重要的条件是政治上的集权，即中央政府所拥有的对地方政府官员的任免权。[1]

地方政府在财政联邦制下有足够的动力和内在激励去发展地方的经济，并给地方民营经济创造良好的发展条件。很多文献注意到，民营经济发展过程中出现了一种政治约束弱化的制度变迁，地方政府与民营企业的互动促进了民营经济的发展。Parris（1993）认为地方政府官员与地方经济发展在利益上的一致性是地方政府能够选择促进民营经济发展的重要原因。[2] 史晋川、金祥荣等（2002）的研究表明了弱化政治约束的制度变迁对民营经济发展的促进作用，财政收入最大化的地方政府在其中也起到了一定的作用。[3] 史晋川、汪炜和钱滔等（2004）则进一步认为，财政收入最大化的地方政府在民营企业的作用下，会有激励推动有利于民营经济产权保护和弱化政治约束的制度安排。[4] 中国经济改革初期民营经济发展在给个人带来收入的同时，也增加了地

---

[1] Olivier Blanchard and Andrei Shleifer, "Federalism with and without Political Centralization: China versus Russia", IMF Staff Papers, 2001, 48, pp.171-179.

[2] Kristen Parris, "Local Initiative and Reform: The Wenzhou Model of Development", *The China Quarterly*, 1993 (June), 134, pp.242-263.

[3] 史晋川、金祥荣、赵伟、罗卫东等：《制度变迁与经济发展：温州模式研究》，浙江大学出版社2002年版。

[4] 史晋川、汪炜、钱滔等：《民营经济与制度创新：台州现象研究》，浙江大学出版社2004年版。

方政府的财政收入。这就意味着这一时期不同地区民营经济发展上的差异，一定程度上会影响地方政府的行为，特别是对历史条件和资源禀赋所形成的约束很强的地方政府而言。以浙江温州为例，1984年温州注册的个体工商户已经达到10万户，商品市场成交额占当年社会商品零售额的41.87%；1985年这两个经济指标分别达到13万户和50.26%，1985年温州个体工商户给地方政府带来的税收额为4365万元，占比约为11%。①

从中国经济改革初期民营经济发展状况和地方政府出台的政策之间的关系来看，虽然不同的地区之间有所差异，但两者之间已经出现了一定的相关性。随着家庭联产承包制和财政联邦制的实行，不同地区的地方政府都在一定程度上出台了一些微观层面的改革措施，重点是促进区域内商品经济的发展。史晋川和钱滔（2004）的研究表明，转型初期浙江台州的地方政府通过初步理顺政府与集市、家庭工业的关系，增进了区域内农村各种生产要素的释放。②地方政府的主要措施有：开始逐步放开农副产品购销价格，促进区域内集市的恢复与发展，加快区域内国营、集体商业的改革。从而逐步形成多种经济成分、多种经营形式、多种渠道流通的农村家庭工业—集市的区域分工体系。史晋川和金祥荣等（2002）的研究表明，在民营企业的推动和地方政府的参与下，温州在1983年就形成了十大商品产销基地和专业市场（例如永嘉县桥头纽扣市场）。这就充分说明了转型中地方政府根据自身的历史条件和资源要素禀赋的差异，在不同的经济发展条件下采取了不同的推进区域经济发展方式。③

对于地方政府在经济改革中的地位和行动特征，很多文献从不同

---

① 该数据引自钱滔：《地方政府、制度变迁与民营经济发展》，第44页。
② 史晋川、钱滔：《政府在区域经济社会发展中的作用》，《经济社会体制比较》2004年第2期。
③ 参见史晋川、金祥荣、赵伟、罗卫东等：《制度变迁与经济发展：温州模式研究》。

角度作了比较详尽而深刻的分析。① 杨瑞龙（1998）从制度变迁的视角分析了地方政府在转型期的特殊功能。他认为随着放权让利改革战略和"分灶吃饭"财政体制的实施，拥有较大资源配置权的地方政府成为同时追求经济利益最大化的政治组织。② 地方政府经济实力的提高所引起的谈判力量的变化导致了重建新的政治、经济合约的努力。当利益独立化的地方政府成为沟通权力中心的制度供给意愿与微观主体的制度创新需求的中介环节时，就有可能突破权力中心设置的制度创新进入壁垒，从而使权力中心的垄断租金最大化与保护有效率的产权结构之间达成一致，化解"诺思悖论"（这一悖论是指一个能促进经济持续快速增长的有效率产权制度依赖于国家对产权进行有效的界定与保护，但受双重目标的驱动，国家在界定与保护产权过程中受交易费用和竞争的双重约束，会对不同的利益集团采取歧视性的政策，从而会容忍低效率产权结构的长期存在和导致经济衰退。国家具有双重目标，一方面通过向不同的势力集团提供不同的产权，获取租金的最大化；另一方面，国家还试图降低交易费用以推动社会产出的最大化，从而获取国家税收的增加。国家的这两个目标经常是冲突的）。这样一种有别于供给主导型与需求诱导型的制度变迁方式，作者称之为中间扩散型制度变迁方式。中间扩散型制度变迁方式的特征是：地方政府成为中间扩散型制度变迁方式中的"第一行动集团"；非平衡改革战略下的潜在制度收益与地方政府对制度创新进入权的竞争；地方政府自发制度创新获得事后追认。作者推断：一个中央集权型计划经济的国家有可能成功地向市场经济体制渐进过渡的现实路径是，改革之初的供给主导型制度变迁方式逐步向中间扩散型制度变迁方式转变，并随

---

① 关于地方政府在转型中的行动特征及其功能的文献的综述，本部分主要参照了张晓：《地方政府在民营经济发展中的作用》，浙江大学硕士学位论文，2005年11月，第5—7页。
② 杨瑞龙：《我国制度变迁方式转换的三阶段论——兼论地方政府的制度创新行为》，《经济研究》1998年第1期。

着排他性产权的逐步确立,最终过渡到与市场经济内在要求相一致的需求诱导型制度变迁方式,从而完成体制模式的转变。杨瑞龙和杨其静(2000)[①]随后又设立了一个"阶梯式的渐进制度变迁模型",再次讨论了地方政府在我国制度变迁中的特殊作用。模型验证了他们的假设,中国的市场取向改革是在中央政府官员、地方政府官员和微观主体之间的三方博弈中向市场经济制度渐进过渡的,三个主体在供给主导型、中间扩散型和需求诱致型的制度变迁阶段分别扮演着不同的角色,从而使制度变迁呈现阶梯式渐进过渡特征。在这样一种制度变迁的框架内,中央政府因缺乏制度创新的知识而依赖于地方政府的知识积累和传递,但为了控制由不确定性带来的风险,也需要防止地方政府的"过度"改革;在行政性放权的条件下,地方政府官员希望通过引入市场经济制度搞活本地经济,赢得中央或上级政府认同的最佳政绩,因而具有捕捉潜在制度收益的动机,但他们的制度创新既要获得中央的授权、默许或事后认可,也需要微观主体在不给他们带来政治风险的前提下积极参与;微观主体为了经济自由和机会也渴望能扩大其自主决策能力的市场经济制度,但难以直接成为中央政府的谈判对手,同时搭便车心理的广泛存在也使集体行动难以形成,因此地方政府便成为他们廉价的集体行动组织,再者,微观主体还受到来自中央和地方政府的制度创新约束。可见地方政府是连接中央政府的制度供给意愿和微观主体制度需求的重要中介,也正由于他们的参与给制度变迁带来了重大影响。地方政府参与制度创新大大降低了改革演变成"爆炸式革命"的可能性;地方政府在市场取向改革中扮演主动参与者的角色使中国的制度变迁轨迹呈现阶梯状,从而减弱了制度遗产对渐进式市场取向改革的约束;地方政府参与制度创新可减弱市场取向改

[①] 杨瑞龙、杨其静:《阶梯式的渐进制度变迁模型——再论地方政府在我国制度变迁中的作用》,《经济研究》2000年第1期。

革的"政权约束",使改革具有帕累托改进的性质。

黄少安(1999)提出了"制度变迁主体角色转换假说"[①]。他认为,制度变迁通常是由多元主体共同完成,或涉及多元主体,不同主体在制度变迁中扮演的角色或起的作用是不同的,这些主体在制度变迁中的角色又是可变化的,而且角色转换是可逆的。决定不同主体角色定位和转换的主要因素是制度变迁对不同主体的利益影响。在此基础上,黄少安提出并运用"制度变迁主体角色转换假说"阐释了中国经济体制变迁的历程;并且,他据此批评了杨瑞龙所提出的"三阶段论"和"中间扩散型"制度变迁方式假说。针对"三阶段论",黄少安认为,"中国制度变迁的过程及不同制度变迁主体的角色及其转换远非'三阶段论'那么简单和分明,基本上不存在所谓的'三阶段论'。中央政府即'权力中心'、'地方政府'、民众及其他主体的角色定位和转换的情况要复杂得多,在不同方面的改革中,在改革的不同阶段上,都是变化的。而且角色转换是可逆的"。针对"中间扩散型"制度变迁方式假说,黄少安认为,地方政府在其区域里也常常是其所需要的制度的强制供给者,并不是介于"自愿制度创新者"与"制度强制供给者"之间的中介性制度创新主体或组织,因而它主导的制度创新也不是介于"不同微观主体自愿契约"与"权力中心强制供给"之间的第三种变迁方式。而且,虽然有"地方政府"充当制度创新"主角"的情况,但是并不存在一个特定的相对独立的"中间扩散型制度变迁"阶段。

史晋川、钱滔(2004)的《政府在区域经济发展中的作用》一文以浙江台州为例分析了政府作用,提出台州地方政府在民营经济发展和市场经济体制建设中的作用的基本特征是,通过进一步理顺政府与

[①] 黄少安:《制度变迁主体角色转换假说及其对中国制度变革的解释》,《经济研究》1999年第1期。

专业市场的关系,并逐步理顺政府与民营企业的关系,形成与民间的互动来增进区域内各种生产要素的流动与组合。[①] 台州区域制度创新与民营经济发展的基本特征则可以概括为"民间诱致加政府增进的制度创新与经济发展模式"。换言之,也就是"民间拉动加政府推进"的区域经济社会发展模式。事实上,民间诱致性拉动力量与政府增进式推动力量两者的互动,对于中国的经济体制改革与经济发展也同样具有普遍的意义,只是方式与程度上有所差异。

二、地方政府行为的约束条件和目标函数

1. 地方政府行为的约束条件

在中国"渐进—发展式"的经济体制变迁过程中,地方政府对于局部制度创新有着重要的作用,而地方政府在财政联邦制下也完全有动力去发展地方经济并保护区域内微观经济主体的创新行为。与中央政府相比,地方政府有着制度创新上的比较优势:

(1) 地方政府比中央政府掌握更多的信息,具备信息优势。地方政府对区域内微观经济主体的行为模式、经济与社会需求以及各种约束条件都比较熟悉,而中央政府并不具备关于地方经济发展的完备信息。

(2) 地方政府在制度创新上面临的约束以及创新成本都比较低。中央政府在决策和法律制订方面往往面临着更多的约束,他们要将整个国家的情况纳入其效用函数和考量范围,而地方政府只需要考虑本地区经济发展的需要,因此仅面临本区域的内部约束条件和资源禀赋条件,可以在局部创新方面有更大的创新空间。同时,地方政府的创

---

① 史晋川、钱滔:《政府在区域经济社会发展中的作用》,《经济社会体制比较》2004年第2期。

新成本比较低，即使出现制度创新中不可预期的风险，也可以将风险仅仅局限于一个较小的区域，因此对整个国家的整体影响不大。地方政府制度创新成本的可控性，使得中央政府在一定程度上可以默许乃至鼓励地方政府进行一定的制度创新，如果这种制度创新成功，则可以将创新经验通过法律化的形式在其他地区推广复制，而如果这种创新不成功，则中央政府也可以将创新风险控制在可以忍受的范围内。这是中国"局部试点—推广"改革模式成功的基础。

（3）地方政府的比较优势还在于，地方政府与微观经济主体的物理距离更近，因此微观经济主体可以通过非常便利的途径说服、诱导地方政府进行局部的制度创新，地方政府所获得租金比中央政府更直接，因此更加有动力进行有利于地方微观经济主体的制度创新。也就是说，与中央政府性比，地方政府进行制度创新的比较收益更大且更直接。

因此，由于拥有更完备的信息（所谓地方知识，local knowledge）、可控的创新成本和较低的禀赋约束、较大的制度创新收益等原因，地方政府进行局部的制度创新的内在激励比较强烈。但是，地方政府在推进改革的过程中，也必然面临着诸多约束条件，这些约束条件包括：

（1）地方财政预算约束。地方政府进行制度创新，受到自身财政实力的巨大影响，那些财政实力较强的地区，地方政府有更大的潜力和空间进行区域内的制度创新，而那些财政实力差甚至入不敷出的地区，地方政府在制度创新上受到较多束缚。比如，地方国有企业改革的成败往往取决于地方财政力量的强弱。在一个财政力量较强的地区，地方政府可以按照经济发展的要求，对一些绩效差的国有企业进行破产或者重组，而破产或者重组所引致的很多成本（如国有企业职工的下岗等）则在很大程度上需要政府来承担。如果地方政府有较强的财政实力，就可以极大地推动区域内的国有企业改革，并有效承担国有企业改革带来的成本和风险，保持地方经济发展的稳定性。而那些地方财政实力不强的地区，由于难以承受国有企业改革引发的社会成本，就不会在国有企业改革方面有太大作为。

（2）中央政府的政治约束。对于地方政府而言，政绩是最重要的考虑因素之一，因此，中央政府对地方政府官员的政治约束主要体现在中央严格把握对地方政府官员的任命权上。由于中央政府有任命权，因此地方政府在制度创新方面受到严格的约束，一个地方政府官员，需要权衡自己的政治收益和政治风险，作出符合收益最大化目标的决策。在大规模制度变迁的时期，中央政府在地方风险得到有效控制的前提下，会在一定程度上偏好那些有创新精神的地方政府官员，以及时把这些人的创新经验作为示范性的样板推广到整个国家。因此，那些有创新精神并带来地方经济快速发展和改革迅猛推进的地方政府官员更容易获得中央政府的关注和赏识。

（3）地方民意代表的道义约束。在我国现有的政治体制下，地方政府官员的产生以及职位的升迁实际上主要依靠上级组织部门以至中央政府的任命。但是，地方人民代表大会尤其是县级和市级人民代表大会的重要性近年以来越来越突出，地方人大由于在地方性法规的制定、地方政府官员的选举以及地方重大事务决策方面的作用越来越大，导致地方政府在很多时候不得不考虑这些地方民意代表的意见。地方民意代表的道义约束尽管并不是那么显著的和强大的，但是地方民意代表一般都是地方精英，这些地方精英在当地有不可忽视的影响力。

（4）地方利益集团的现实约束。地方利益集团对地方政府行为有着不可估量的影响。在区域经济发展过程中，地方上成长起一批具备实力的大企业和其他经济实体（其中包括金融实体），这些经济或金融实体为了自身发展的需要，会形成游说力量极强的地方利益集团，比如温州普遍存在的民间商会。各种民间商会利用集团的力量，向地方政府决策者和地方民意代表进行游说、劝说、寻租或施加压力，激励或推动地方政府以及立法部门通过有利于民间经济部门发展的政策或法律规章。地方利益集团已经成为制约和激励地方政府行为的一个重要力量。当然，在与地方利益集团的博弈过程中，地方政府获得了大量的租金，这些租金有时转化为地方政府官员个人的好处，但在很多时候，这些租金会成为地方政府提供公共品的资金来源，从而解决地方政府财政约束过紧的问题，使地方政府在行动方面具备更大的空间和潜力。那些与地方利益集团特别紧密的地方政府，可以通过有利于地方利益集团的法律政策制定等有效途径，从地方利益集团那里获得大量的资金支持，并把这些资金用于拓展地方政府自身的行动能力。

2. 地方政府行为的目标函数

地方政府的目标函数包括以下变量：（1）地方政府自身租金的最大化。（2）政治风险可控条件下的政治收益的最大化。地方政府在权衡每一个决策或通过每一个地方性法规的时候，将政治风险控制在可以接受的范围是一个重要的考量因素。地方政府的官员在进行地方性的制度创新的时候，一方面希望这些创新性的行为会引起中央政府的重视和肯定，同时又希望这种创新性行为不至于过于超越中央政府的预期，不至于引起中央政府对区域经济风险的担忧。因此，地方政府总是面临着政治风险与政治收益的权衡。（3）区域经济发展的最大化。区域经济发展也是地方政府最重要的目标之一，只有在区域经济获得实质性发展的前提下，地方政府的政绩才能够被充分肯定。

以上我们分析了地方政府行为的目标函数和约束条件。从这些约束条件和目标函数变量看，支持区域内民营部门发展及其制度创新，可以为地方政府带来多方面的利益：

第一，民营部门的发展符合区域经济发展最大化的目标，同时民营部门的创新一旦经过地方政府的解释和法律化，会顺利转化为地方政府的创新性成果，因而可以顺理成章地成为地方政府的政绩，使地方政府官员容易获得中央政府的政治肯定和行政提拔，从而地方政府官员的政治收益达到最大化。

第二,支持区域内民营部门的发展,可以与地方利益集团和地方民意代表达成较好的合作博弈关系,地方上的民营部门和民意代表会通过各种方式提升地方政府的财政力量和政治力量,并通过某种形式的合谋将有利于地方经济发展的创新行为合法化。

但是,在支持民营部门发展和创新的过程中,地方政府必然面临巨大的政治压力,承担一定的政治风险。在实践中,地方政府会在中央政府的政治约束和其他三个约束之间寻求一个平衡点,在政治风险可控的条件下,支持民营部门的发展与制度创新。而不同地方政府行为的区别,在于对不同约束条件和目标函数中的各个变量所设置的权重不同。如果一个地方政府更多地重视中央政府的政治约束而忽视其他的约束条件,过于担心政治风险带来中央政府对自己政绩评价的负面影响,则它一般会采取较为保守的策略,减少甚至压制民营部门的创新行为,以使得地方微观主体的行为严格符合中央政府的现行规定。而如果一个地方政府更多地考虑地方利益集团的现实约束和民营代表的道义约束,并将自身的租金最大化和区域经济发展的最大化作为主要目标,则它会甘冒一定的政治风险来扶持民间部门的发展和创新行为。而那些具有创新意识的地方政府,也容易获得中央政府的关注,这种关注更激励了地方政府的创新行为。史晋川、谢瑞平(2002)在《区域经济发展模式与经济制度变迁》一文中指出[①],地方政府在权衡自身收益与中央权威、短期"政治安全"与长期"政治绩效"后,以默许、"合谋"甚至保护的态度来与上级政府进行博弈,并充当好地方制度创新的"解释员"。这种非正式制度安排减少了微观经济主体与地方政府之间和微观经济主体与中央政府之间的两类"摩擦成本",使

---

① 史晋川、谢瑞平:《区域经济发展模式与经济制度变迁》,《学术月刊》2002年第5期,第49—55页。

对"摩擦阻力"的承受部分地转移到地方政府,从而以另一种方式间接地"推动"微观经济主体制度变迁的顺利进行。

三、地方政府行为与民间金融发展(一):温州钱庄

1. 温州钱庄的发展史:从清代到 20 世纪 80 年代

温州的钱庄历史悠久。①温州钱庄的产生,可追溯到清朝以前的银钱兑换业。至清朝,温州的银钱业已经相当发达,在光绪《永嘉县志·庶政志》中记载,清乾隆年间就有"存典生息"的记载,同治十二年有"存状元桥各行生息"的记载,咸丰同治年间,温州城已出现钱业同业组织。光绪年间,有字号可查者,如光绪六年(1880)在温州城区开设的春升官银号,该银号收存地方官署的钱财赋税款,颇具地方国库的作用。此外,还有祥记、裕通、乾丰、茂生、万生、厚生、宝丰(宝通)、怡生、统源、厚康、德生、大升等钱庄,到光绪末年(1908),温州的钱庄已经发展到近 17 家,有的与外埠开展了业务往来。据瓯海关《温州十年(1882—1891)报告》,光绪八年到十七年,温州就有春升、裕通、怡生三个钱业机构与宁波和上海有业务往来。

辛亥革命后,钱庄业进入大发展时期,1916 年温州成立了钱业公会,该组织是统一市场利率、资金拆借、申甬汇兑、信息交换的重要场所,对当时温州的经济发展起到举足轻重的作用。到 20 世纪 20 年代中期,温州钱庄总数达 23 家,其中以洪元钱庄、鼎源钱庄、厚康钱庄和涵康钱庄实力最为雄厚。20 年代末期,温州钱庄发展到 104 家。30 年代初期,民族危机加深,温州钱庄进入停滞和衰落阶段。据统计,1931 年温州城内的大小钱庄仍有 70 余家,到 1934 年只有 32 家,

---

① 关于温州钱庄从清代到中华人民共和国成立初期的发展史,参见温州市志编委会编:《温州市志》(中),中华书局 1998 年版,第 1845 页。

1936年减少到17家，1937年只剩下厚康、洪元、鼎源、和昌等13家。1937年"七七事变"爆发，沪、杭、甬一带先后沦陷，但在1941年之前，温州基本处于偏安局面，成为抗日大后方在东南沿海进出口物资的唯一口岸，这使得钱庄业有了复苏的条件。特别是与敌占区沪甬等地的汇兑业务，由于官办银行无法汇兑，钱庄便独占鳌头，因此到1942年，温州钱庄又由战前的13家发展到33家。在此期间组建的钱庄，有不少已经扬弃了独资或合伙的形式，成为股份有限公司。但是这一转变，随着国难加深而中止，温州三次遭日寇轰炸，温州港口的进出口贸易几乎停顿，钱庄再度衰落。抗战胜利后，由于内战升级和物价飞涨，钱庄业的资金来源枯竭。1949年5月温州解放后，人民政府为稳定金融，扶植生产，恢复社会正常信用，对钱庄业进行整顿，到1949年7月底止，经整顿增资申请登记复业的钱庄计21家。此后人民银行以金融行政管理力量打击市场金融投机，取缔地下资金拆放，严厉处理非法金银交易，运用牌价收购金银，动员私营行庄暗账转正，并规定钱庄必须将过去囤积的商品如数销出；加强利率和汇率的议订，规定信用放款在其存款的半数内运用，其服务对象必须有利于国民经济的发展。在此期间，由于私营钱庄受到新兴人民政权的严格管理和金融行政约束，多数复业钱庄纷纷停业，到1950年底，温州留存的钱庄仅有咸孚、益谦、永康、余丰、惠大5家。1951年初它们合并为永和钱庄，1952年8月又并入温州企业公司。至此，温州钱庄业宣告结束。

20世纪80年代，温州个体私营经济迅猛发展，民间资本存量迅速增加，这为私人钱庄业的复苏提供了土壤。温州的私人钱庄有独资和合资两种形式。在20世纪80年代初期温州比较著名的钱庄有苍南县钱库镇方兴钱庄、乐清县城关镇乐成钱庄、巴曹信用钱庄和金乡镇金乡钱庄。[①]

[①] 关于20世纪80年代的温州钱庄的基本情况，参见中国人民银行温州市支行：《温州农村资金市场汇报提纲》，打印稿，1986年4月。

（1）钱库方兴钱庄的情况我们在下文将作详细评论，此处仅作简略介绍。方兴钱庄于1984年9月25日经钱库区政府批准，由方培林独资兴办，账面自有资金5000元，钱庄自定存贷利率，短期存款月息1%，长期存款月息1.2%；贷款月息2%或2%以上，存贷利差一分左右。据1985年8月中旬调查，方兴钱庄累存990笔，计652.7万元，累放1031笔，计456.9万元，存款余额计89.2万元，贷款余额71.64万元，月利差收入为6000余元。

（2）乐成钱庄，于1985年3月28日经乐清县城关工商所批准经营"民间货币"，并发给个体户临时营业执照。钱庄由徐嫦娥、徐娥妹、屠建乐三个待业青年合伙经营，徐嫦娥为负责人，注册资金三万元，在乐清县城关设立三个营业点，办理存贷业务。该钱庄印有营业章程，章程规定：①存款不限地域，存款自愿，取款自由，为储户保密；②存款活期月息1%，定期半年以上月息1.2%；③贷款利率实行浮动，月息约2%。经调查，钱庄存贷月发生额约在10万元以上。

（3）巴曹信用钱庄，由10人合伙自发组成，对外三个牌子（巴曹工商服务公司，巴曹塑胶厂，巴曹信用钱庄），负责人黄仕想，存息1.5%—2%，贷息2%—2.5%，资金来源4.19万元，1986年2月3日至3月15日，累存132100元，余额104400元，累放165154元，余额108950元。

（4）金乡钱庄，1986年3月6日金乡区公所批准试办，该钱庄由江昌国、沈信郎合办，并特聘供销社离休干部项延华为顾问，但是关于金乡钱庄开展业务的情况，还没有相关的资料。

20世纪80年代后期，由于金融监管当局的严格管理，这些钱庄或者自行停业，或者转入非公开经营。下面本部分通过方兴钱庄的兴衰史来对钱庄的发展作个案研究。

表 13.1　1931年永嘉县城区钱庄一览表

字号	地点	资本	字号	地点	资本
谦昌庄	打蓬巷	一千元	汇源庄	盐关前	一万元
永泰庄	大桥头	二千元	裕孚庄	盐关前	五千元
衍丰庄	大殿街	一万元	达康庄	北大街	六百元
余丰庄	塔儿头	一千元	兆康庄	北大街	一千零八十元
永余庄	上横街	六百元	厚源庄	南大街	八千八百元
联源庄	前坦	六千元	开源庄	招商局前	二千元
庚泰庄	文书巷	一千元	普达利庄		二千四百元
联康庄	青龙殿	六千元	公达利庄		二千一百元
博源庄	横天灯	一千元	允生庄	保宁殿前	五百元
公通庄	四顾桥	兑换六千元	永谦庄	白马殿	二千元
恒源庄		一千七百元	胜华庄		一千元
信康庄	道司前	一万二千元	福兴庄		五百元
洪大庄	后市街	二万元	臻康庄		三千元
源溢庄	大南门外	二千元	万康庄		五百元
瑞生庄	小南大街	二千元	联生庄	马槽头	五百元
恒德庄		五百元	兆成庄	晏公殿前	一万元
晋康庄		二千元	滕德泰庄	府前街	兑换五千元
信瓯庄	县学前	三万二千元	华东庄		二千四百元
同昶庄		二千元	宏亨庄	杨府殿下	一千元
益达利庄	西门西城下	二千一百元	诚康庄	铁井栏	二万元
敦裕庄	南大街	二万一千元	元康庄	三官殿前	五千元
长裕庄	北大街	二万元	益康庄	上营堂前	四千元
德生庄	南门外	三千元	宝康庄	北大街	一万二千元
润溢庄	春花巷	二万二千元	洪康庄	涨桥头	一万元
汇臻庄	行前街	一万二千元	顺康庄	高殿下	四千元
汇胜庄		二万六千元	慎康庄	纱帽河	二万元
鸿胜庄		二万四千元	厚康庄	小南门	五万五千元

续表

字号	地点	资本	字号	地点	资本
源孚庄	晏公殿巷	三万元	涵康庄	虞师里	一万五千元
统华庄	大沙巷	六千元	温康庄		二万四千元
永安庄	虞师里	三万五千元	滋康庄	五马街	一万元
征信庄	铁井栏	三万元	聚康庄	纱帽河	二万四千元
大升庄	内横巷	五千元	润源庄		二万二千元
宏生庄	文书巷	四千元	汇源庄		二万一千元
成孚庄	四营堂巷	二万元	福源庄		二万四千元
公合昌庄		三千七百元	胜源庄	涨桥头	二万元

注：本表缺洪元、鼎源两钱庄。
资料来源：民国时期永嘉县《税收征信录》1931年"经征各业"统计。

表13.2 1949年7月温州市城区私营钱庄一览表

行庄名称	负责人	资本额	组织形式	地址
咸孚钱庄	叶志超	五百万元	股份有限公司	铁井栏街
厚康钱庄	汪雪怀	五百万元	股份无限公司	胜利路
德隆钱庄	彭叔眉	五百万元	股份有限公司	南大街后市街
永康钱庄	朱毓文	五百万元	股份无限公司	后市街1号
敦大钱庄	戴本耕	五百四十万元	股份无限公司	南大街铁井栏口
瀍昌钱庄	周竺林	五百万元	股份无限公司	三官殿巷
永沣钱庄	翁来科	五百万元	股份有限公司	中山路打铁巷口
惠大钱庄	王慎夫	五百万元	股份无限公司	五马街口
益谦钱庄	金达溶	五百二十万元	股份无限公司	南大街
洪元钱庄	叶仲文	五百万元	股份有限公司	东门涨桥头
鼎源钱庄	戴剑夫	五百万元	股份无限公司	虞师里54号
慈康钱庄	陈筱韶	五百万元	股份无限公司	纱帽河44号
裕泰钱庄	周伯瑜	五百万元	股份无限公司	公园路92号
和昌钱庄	杨步瀛	五百万元	股份无限公司	虞师里
益大钱庄	周普光	五百万元	股份有限公司	曹仙巷21号
余丰钱庄	陈次真	五百五十万元	股份有限公司	东门上岸街91号

续表

行庄名称	负责人	资本额	组织形式	地址
元大钱庄	蒋觉先	六百万元	股份无限公司	五马街
信瓯钱庄	郑伯言	五百万元	股份无限公司	墨池坊15号
顺源钱庄	叶汝舟	五百万元	股份无限公司	北大街打锣桥口
隆泰钱庄	陶正冶	五百万元	股份有限公司	东门行前街
钜康钱庄	夏叔翰	五百万元	股份无限公司	大简巷37号

资料来源：温州市档案馆存档（金融部分）。

2. 方兴钱庄的兴衰史及其启示

1984年9月25日[①]，苍南钱库镇，挂出了一块"方兴钱庄"的牌子，这是中华人民共和国成立后，大陆第一家由私人挂牌营业的金融机构，而创办这家钱庄的是当年30出头的支边回城青年方培林。在改革开放初期，计划经济的思想意识还非常浓厚，政府对金融体系的管制十分严格，我国旨在降低国有金融体系垄断性的金融体制改革还刚刚拉开序幕。在这个特殊的历史时刻，钱庄作为一个新鲜事物，必然引起当地以及全国的强烈反响。很有趣的是，方兴钱庄的成立，尽管与当时的国家金融管理法规是完全不兼容的，但是却得到温州地方政府（从当地镇政府到温州市政府）的大力支持。因此，研究方兴钱庄的兴衰史以及在方兴钱庄开办过程中地方政府行为，对于我们理解地方政府在制度变迁中的地位和作用十分重要，对于我们理解中国的改革模式的诸多特征也有特殊的意义。

由于方兴钱庄的成立在当时确实属于爆炸性新闻，引起很多争议，因此温州当地的媒体对方兴钱庄并没有作任何公开的报道。这也就验证了温州地区发展的一个秘诀：温州总是"在外部争议中声名远扬，在内部不争议中改革发展"。当时温州日报社农村部的记者胡方松和

---

① 对于方兴钱庄的开业时间，不同的文献有不同的说法。前文《温州农村资金市场汇报提纲》中记载的是1984年9月25日，中国人民银行温州市支行《关于钱库钱庄情况的调查报告》中记载的也是9月25日。有些文献记载的是9月29日。

叶谷风采访了方培林,并撰写了《钱库方培林试办钱庄》一文,最终没有公开刊登,而是转为"内参"保留下来[①],这篇文章说:

> 党的十一届三中全会后,钱库经济繁荣起来,钱库镇上的商店发展到134家,全镇从事商业活动的就有659户,占总户数的60%;企业也发展到224家。因此,社会上对流动资金的需求量很大。自由借贷利率达到百分之二至四。镇上的方培林和陈联华,从今年(1984年)九月十一日《温州日报》刊登的《市区可办信用社融通资金》一文中受到启发,决心创办钱庄,解决社会资金融通问题。两人深入调查,了解到镇周围五个大队流动资金需要1000万元,现约缺200万元,而农民手头有大量闲散资金。他们确信办钱庄能够弥补信用社不足之处,起补充作用。九月十二日,他们拟出报告请示区领导,立即得到区委、区公所批复同意。为了提高业务知识水平,方培林多次拜师,登门求教,阅读有关银行的业务书籍,订出办钱庄的具体办法。经营管理采取董事会制,由股东选出董事会和董事长,由董事长委任经理,由经理组阁主持日常工作。钱庄采取投股集资,每股金额1000元,个人入股不限,总股为100股,计10万元。年终结算,由董事会研究作出合理分红。收贷采取浮动利率,目前暂定凡存满6个月者,月息百分之一;存满一年者月息百分之一点二到一点五;零存整取者,参照人民银行利率。贷出利率,月息浮动在百分之一点五到一点九五,每月收清利息。他们还采取财产法人承保制,凡将现金存入钱庄,借贷双方都要执行法律,严格借贷手续,到期不能偿还

---

① 参见戈文:《新中国第一家私人钱庄诞生和消亡纪实》,《温州人》总第41期,1998年6月。文中提到的那篇被作为内参的报道,是对方兴钱庄最早的报道。其中大部分事实是准确的,但是其中提到的"董事会制"和"股东集资"与事实有些出入。1989年,漓江出版社出版的长篇纪实文学《温州大爆发》,也对方培林试办钱庄进行了详细的描绘。

者，按政府有关法律处理。方培林今年30岁，回城知识青年，是全民单位江南医院职工。他家几代经商，熟悉经营管理。他现在已与单位商定停薪留职，试办钱庄，存款地域范围不限，借贷只能限在本镇。

钱库镇的方兴钱庄，是在温州商品经济得到初步发展、贸易和生产性经营活动对资金融通提出更高要求的背景下出现的，可以说，方兴钱庄的试办，是对传统农村信用社体系和农村商业银行体系低效率、高门槛、手续烦琐、服务能力低下的一种必然的替代。在传统的带有官办性质的金融体系不能满足当地市场主体的需求的情况下，方兴钱庄作为民间部门，对市场中的潜在的获利机会最快作出反应。而当时，在温州地区，民间的无序的资金循环格外活跃，各种抬会、排会、高利贷都不同程度地存在，有些民间融资活动投机性很强，给资金市场带来极大的风险。因此，方培林试办钱庄的初衷，是办一个合作性质的公开性的金融服务机构，降低民间金融的经营性风险，补充农信社融资能力的不足，为当地的资金需求者提供方便快捷的金融服务。

方兴钱庄开办过程中，有四个最基本的要素或者条件：

一是当地市场经济发展为方兴钱庄提供了充足的资金来源，也提供了大量有着强烈信贷需求的市场主体。

二是当地传统的带有官办色彩的金融体系的无效率和竞争力低下，导致方兴钱庄具备竞争实力和在当地金融市场竞争中存在下去的必要性和可行性。

三是钱庄开办者本身必须具有极高的信誉，能够获得当地资金借贷者的充分信任，这是降低信贷风险的重要保障。

四是当地政府部门的鼓励和扶持，赋予其在区域内的合法性，保护新兴的民间融资部门。

从以上四个要素或条件来看，方兴钱庄的成立可以说正当其时。

民间资金的丰裕和资金需求的旺盛,使方兴钱庄得以迅速捕捉到获利机会并有效利用当地的资金优势;而农信社的效率低下则使得方兴钱庄具备了市场竞争上的比较优势。第三个条件即钱庄创办人本身的信誉是方兴钱庄作为一个民间金融机构开展业务和有效控制风险的必要前提,方培林的家庭几代经商,在当地有一定的信誉,因此存款户愿意把自己的资金存在钱庄。但是综观这四个条件,第四个条件是非常关键的。假如具备了前三个条件,但是地方政府对钱庄的设立持反对态度,那么钱庄的试办是不可能的。

1984年12月12日至25日,中国人民银行温州市支行派出四人调查组在行长带队下,遵照温州市人民政府1984年9月26日的传真电报的指示精神,对苍南县钱库镇曾被钱库区公所批复试办的方兴钱庄的基本情况进行了专题调查,并向市政府提交了调查报告。[①] 这个调查报告详尽分析了钱库镇的经济发展和资金需求情况。20世纪80年代以来,钱库镇由于政策允许和提倡,发挥集镇优势,剩余劳动力纷纷从事第三产业,从中寻找就业和致富门路。全镇街道1098户居民(包括农业户)中,有1250多人从事百货、饮食、旅馆、照相、修理等行业,镇上开有各种商店700多家,形成了家家有人经商的繁荣局面。钱库镇已经成为江南三镇中的商业贸易中心,邻省的福建、江西,邻县的泰顺、文成、平阳、永嘉、乐清,还有温州市区和市郊的商人也到镇上进货。钱库镇商品吞吐量相当可观,资金需求量很大。整个钱库镇当时的流动资金需求总共为900多万元,银行和信用社贷款金额只有200万元,有时还不到100万元,所欠部分主要靠民间借贷来调剂,而民间地下钱庄的利率是极高的。钱库镇的资金供求矛盾十分突出,而方兴钱庄的创始人方培林出生在这个小镇上,在他多年的交

[①] 参见中国人民银行温州市支行:《关于钱库钱庄情况的调查报告》,打印稿,1984年12月31日。

易活动中深知这个潜伏的矛盾,于是就向钱库镇委提出了开办钱庄的要求。钱库镇委在一个会议上审议了试办钱庄的问题,一致的意见是"批一个试一试,如果失败了我们就挑担子"。批复之后一个星期,钱库镇接到温州市人民政府的传真电报,要求方兴钱庄停止试办,钱库镇委将这一精神转达了方培林。十天之后钱库镇委发现方培林已经在搞钱庄经营,在这种情况下,钱库镇委并没有制止方培林的经营活动,而是采取了宽容和观望的态度,给了方兴钱庄一定的发展空间。钱库镇委黄书记认为:"信用社的经营作风与贷款方法群众不适应,让地下钱庄放任自流也不是办法,地下钱庄应想个办法去疏导一下,把它引到地上来,批个试试看,如果说人民银行支持,地方政府又支持,办钱庄肯定有生命力,一定办得很好。"钱库镇委领导的这个思想实际上是非常深刻的,也是非常大胆的,他们扮演了地方局部创新尝试者的角色,同时了承担了制度创新中的巨大政治成本。应该说,在当时的经济发展水平、意识形态环境和体制框架下,能够提出这样的观点,是非常难能可贵的,从这里我们也可以看出温州的基层政府部门对民营金融机构的开明科学的态度。

在中国人民银行温州市分行的这份极有文献价值的报告中,温州分行的结论是:

> 经过行务会议讨论,温州市人民银行对要不要试办钱庄统一了认识,基本的看法是同意试办,并建议加强管理监督。我们认为在钱库镇这个商品经济繁荣、资金需求量大、民间借贷频繁、银行和信用社难以满足需求的情况下,批准试办一个钱庄有利于理论探讨和金融改革,在实际工作中也有助于探索新路。从理论上讲金融形式取决于经济形式,经济上提倡和允许国营、集体、个体一齐上,金融形式上也应该适应经济发展。从实际上看,钱庄在经营作风、服务方式、服务态度上跟当前银行和信用社相比

都有其独特之处。……不过，（对试办钱庄）必须持慎重态度，要加强管理：一要经过批准，发执照；二要有一定的自有资金；三要有一套账册；四要接受人民银行管理；五要上缴保证金；六要照章纳税；七要框定以业务范围；八要确定利率杠子，人行对钱庄资金不担风险。①

中国人民银行温州市分行的这个调研报告及其结论，显示出很高的政策水平和政治胆识，也反映出温州市支行对当地金融发展的严谨客观、开明求实的态度。从人民银行的角度来看，这样的态度是难能可贵的，因为钱庄的试办直接冲击体制内原有金融机构的经营和相关者利益，而温州市分行站在一个客观中立的立场，不仅没有对这个新兴事物进行抑制和打压，反而对其成长发展提供支持和扶助，这不能不说是一个极富创新意义的举动。

1986年初，国务院颁布《银行管理暂行条例》②，方兴钱庄自行停业，并作了一些清理，营业执照也被收回。1986年7月12日，方培林草拟了《关于要求试办民间金融机构的报告》，提出向"社会公开招股5万至10万元，建立民间金融机构，企业性质为股份合作经济，独立核算，自负盈亏；在股东中产生董事会，并选出董事长，由董事长委托经理主持日常工作，财会工作人员向社会招聘，业务上接受人民银行指导，账户接受人民银行检查，并照章纳税；年终利润分配由董事会据国家政策法规，做出再分配，照顾国家、集体、个人三者利益"③。1986年7月26日，方培林再次向中国人民银行温州市分行提出重办方兴钱庄的申请。方培林在申请报告中说：

---

① 参见中国人民银行温州市支行：《关于钱库钱庄情况的调查报告》，打印稿，1984年12月31日。
② 1986年1月，国务院颁布《银行管理暂行条例》，第28条规定："个人不得设立银行或其他金融机构，不得经营金融业务。"
③ 参见方培林：《关于要求试办民间金融机构的报告》，打印稿，1986年7月12日。

"适当发展民间信用"是1985年中央1号文件明确提出的,"温州模式"的经济发展道路,是中央领导同志肯定的。那么商品经济的发展是要求金融机构和融资形式能相适应地发展。民间庞大的资金市场需要完善、管理、引导。为此,我要求中央人民银行(作者按:应为中国人民银行总行)及省市各级人民银行准予设立民间金融机构。该机构将以灵活的经营方法和一定的利率浮动幅度来引导民间信用,发展民间信用。一、宗旨:为了搞活农村金融,为商品生产服务。二、名称:钱库镇方兴钱庄。……六、利率浮动:幅度定在活期存款月息一分,定期在1.2—2之间,放款在1.5—2.5之间。七、资本金:5万。……政策允许的话,请尽快做出决定。①

方培林的申请报告,以1985年中央1号文件为合法性依据,以"温州模式"得到中央领导同志的肯定为挡箭牌,简明而深刻地阐述了民间金融机构对商品经济的重要作用,而且提出建立钱庄的目的是"引导民间信用、发展民间信用、搞活农村金融,为商品生产服务"。可以说,作为一个生长于草根阶层的民间金融机构的创办人,方培林对经济发展形势的判断和商业机会的判断是十分准确的,对民间金融机构的定位也是非常到位的,充分显示了民间金融机构创业者的胆识和眼光。

1986年9月25日,中国人民银行温州市分行向中国人民银行浙江省分行提交了《关于试办苍南县钱库镇方兴钱庄的报告》。这份报告指出:"最近中央决定在温州建立商品经济试验区。温州市委、市府发(1986)98号《关于温州试验区有关问题的报告》提出:'允许

---

① 参见方培林:《关于试办钱库方兴钱庄的报告》,手写稿复印件,1986年7月26日。

试办股份性质的金融机构和少量的私人钱庄,但要付保证金①,交纳税收,并适当限制其利率',以进一步完善市场体系。根据市委、市府领导指示,和方培林本人关于开办'方兴钱庄'的要求,现随文上报请审批。"

1986年11月4日温州市委书记董朝才对方培林试办钱庄的申请②作了回应,在"温州市党政领导阅批来信登记卡"上批示:"温州市人民银行,根据试验方案,方培林应继续办下去,具体工作希你们联系。"③1986年11月6日,温州市苍南县县长刘晓桦对钱库镇方培林反映县有关部门不同意办钱庄的问题作出批示:"请工商局抓紧办理。私人钱庄应允许试办,不必再请示有关部门,出问题由县委县府负责。"(苍南县委办公室抄告单第一号)④苍南县委和温州市委主要领导人对方培林试办钱庄的态度是非常明确的,他们都坚定地认为试办钱庄是温州试验区进行市场化改革试验的必要组成部分,应该允许私人创办民间金融机构;而苍南县政府"出问题由县委县府负责"的批示更是令人印象深刻,表达了地方政府敢于承担政治责任和政治风险、锐意改革敢为人先的精神。而"温州模式"的核心和精髓,正在于地方政府极端尊重和积极响应民间部门的创新性行为,并对这些创新性行为给予保护和鼓励,并由此承担了一定的政治风险。

但是故事还没有结束。1986年11月7日中国人民银行总行一封

---

① 此处保证金应为准备金。

② 1986年10月29日,方培林曾致信温州市委董朝才书记,其中说:"我们私人金融业没有挂牌,没有纳税,无人过问,是'地下'钱庄。苍南座谈会之后,曾有报告给县委,要求方兴钱庄重新开业,县委书记、县长均已签字同意重新开业,但银行、工商局不给执照,至今还是地下。我们更没有办法。……只好在十字街口徘徊。写信给你的目的,没有其他要求,只想能让你知道,我们钱庄还在,仍在小规模地活动,等待着中央新的决策。"据方培林致温州市委董朝才书记信的手写稿复印件,1986年10月29日。

③ 据"温州市党政领导阅批来信登记卡"复印件,温州市委书记董朝才同志批示,1986年11月4日。

④ 据"苍南县委办公室抄告单,第一号",苍南县县长刘晓桦同志批示,1986年11月6日。

明传电报发到中国人民银行温州市分行,这封电报中说:"中国人民银行温州市分行:十一月六日来电悉。经与国家体改委研究,答复如下:对于私人钱庄,请按国务院银行管理暂行条例规定办,不能发给《经营金融业务许可证》。"① 在中国人民银行总行坚决不准发给方兴钱庄《经营金融业务许可证》的情况下,中国人民银行温州市分行考虑到方兴钱庄在当地的影响,认为如果以强制的手段取缔,肯定会造成用户的损失而产生社会的混乱,所以温州分行决定在钱库镇的银行和信用社也实行利率浮动②,改变了以往的服务方式,成为人民银行总行批准的全国第一个率先进行利率改革试点,以此形成银行和信用社与私人钱庄竞争的局面。因此,方兴钱庄的成立和成功的经营,对于促进当地金融市场的竞争、促进银行和信用社加快利率改革步伐并改善经营起到巨大的作用。而银行和信用社改变服务方式和经营模式后,反过来给方兴钱庄的生存形成压力,1989年,经营了5年的方兴钱庄自行关闭。由于钱庄的业务发生额不大,且都是短期存贷,加上方培林对客户认真负责,因此钱庄关闭后的扫尾工作做得非常出色而稳健,没有留下任何令客户和监管者不满意的纠纷。③

---

① 据中国人民银行明传电报复印件,部委号:银传字[1986]37号,机号:5113,签批人:刘鸿儒(签批时间:1986年11月8日),1986年11月7日。

② 1986年,温州成为全国第一个实行浮动利率的改革试点城市,中国人民银行总行同意,温州有权按照市场需求,将基准利率上浮一倍。原中国人民银行温州市分行副行长应健雄回忆,1988年资金最紧张时,温州银行月息曾高达1分4厘4(即月息1.44%),这一措施很快抑制了贷款,1989年1月利率就下来了。由于坚持了多年的利率改革,到1993年7月,温州这个仅有600万人口的城市,储蓄存款高达126亿,人均2000多元,存款多于贷款57亿,而浙江省总的顺差(存款多于贷款)总共67亿。参见贺宛男:《温州50亿资金找不到出路引出的思考》,《新闻报》1993年8月26日。

③ 在1998年接受记者采访时,方培林认为,中国人民银行不给当时的方兴钱庄签发"经营金融业务许可证"是可以理解的,他为自己当时能得到政府部门的支持,创造了这样的一段历史而深感荣幸,至今,他仍然对支持过他的人深怀感激。参见戈文:《新中国第一家私人钱庄诞生和消亡纪实》,《温州人》总第41期,1998年6月。

3. 民间金融部门、地方政府与中央监管部门之间的博弈框架

方兴钱庄的故事至此结束。通过方兴钱庄从成立到自行关闭的全过程，我们可以非常清晰地勾画出民间金融机构和地方政府行为之间的关系框架。这个框架可分为七个阶段：

第一阶段：在经济体系由计划经济向市场经济过渡的时期，由于原有计划体制下某些市场机制的缺失，导致微观经济主体的市场需求难以得到有效满足，因而在经济体系中，潜藏着因市场空白而出现的超常获利机会。由于传统的计划经济中缺乏有效的融资部门，国有金融体系（银行）和合作金融体系（农村信用社）效率低下，金融产品单一，均难以满足新兴的中小企业、个体工商业者以及居民的融资需求，因此迫切要求出现新的金融机构来响应民间部门强烈的融资需求。

第二阶段：一些具备市场竞争意识、善于捕捉市场获利机会的"民间金融家"敏锐地发现市场空白和存在的巨大盈利空间，在现有经济体制、法律环境和意识形态环境还难以提供明确而有力的支持的条件下，这些"民间金融家"在强大的利润驱动力下开始自发建立民间金融部门（私人钱庄），引起整个社会以及决策者的高度关注。民间金融家的创新行为，对传统金融体系构成挑战和竞争性压力，从而引发制度层面的帕累托改进。

第三阶段：民间金融部门在成长过程中选择适合于自身发展的行为策略：一部分民间金融部门选择隐藏自己的经营行为，始终使自己的经营处于地下状态，努力不引起监管部门的关注，尽量不构成对传统金融部门的挑战和压力；另一部分民间金融部门选择公开性的经营行为，它们公开自己的身份，并以公开的方式向地方政府官员进行劝说和游说，试图使自身合法化和规范化。第二种模式可以视为一种积极的行为选择，民间金融部门试图被现行体制和意识形态所接受，并

寻求政治上和法律上的合法身份，以求得经营上的稳定性。

第四阶段：地方政府官员出于自身租金最大化和发展地方经济的考虑，响应民间部门的创新行为，在自己的权限内给予民间金融部门以适当的道义支持和政策性鼓励。在温州方兴钱庄的案例中，从钱库镇政府到苍南县政府再到温州市人民政府，包括中国人民银行温州市分行，都在关键时刻给予方兴钱庄以巨大的支持，相关的官员表现出强烈的创新精神、宽容的执政理念、巨大的政治胆识，在承担一定政治风险的前提下支持民间部门的创新行为，是温州民间金融部门得以存在和发展的关键性因素之一。地方政府在民间部门的推动和激励下，向中央监管部门进行游说，充当了地方民间部门创新行为的解释者和中间人，向中央监管部门传递地方民间部门的创新经验。

第五阶段：中央监管部门的目标函数包含着三个重要的变量：一是经济稳健发展，即任何经济行为都要保证经济增长，以增进国民总体的福利水平；其二是控制转型中的摩擦成本，即在新旧体制交接的时期，要照顾到不同经济主体和利益集团的福利，使各个经济主体和利益集团的福利格局出现一种均衡的状态，并保证每一个改革策略都能使各个利益集团实现帕累托改进（在不损害一个利益集团的福利的前提下增进另一个利益集团的福利）；三是控制金融风险，使金融风险达到最小化，因为金融风险的增大会明显损害前两个目标的实现。在这三个目标的约束下，中央监管部门会权衡利弊，选择合适的行为框架和法律框架。在温州的方兴钱庄的案例中，中央监管部门最终驳回了温州地方政府和地方金融监管部门的创新性诉求，从中央监管部门的角度来看，这个行为选择是可以理解的，这是最高行政当局必然的策略选择。但即使在中央监管部门驳回地方创新性诉求的情况下，地方政府仍有空间坚持自己的与中央不同的政策框架和策略行为。在温州方兴钱庄的案例中，温州市地方政府和地方金融监管部门并没有按照中央监管部门的禁令禁止方兴钱庄的经营行为，而是采取了相反的策略，对其经营行为给予宽容和保护，使其自然发展。

第六阶段：传统金融体制在与民间金融机构进行市场化竞争的过程中被迫进行市场化改革，进行利率浮动改革并改善经营机制。温州地方政府和地方监管部门并没有取缔方兴钱庄，而是在允许其经营的前提下，努力改善传统金融机构的经营行为，并进行金融体制改革。温州是第一个进行利率市场化改革的地区，利率实现浮动之后，农村信用社和银行已经流失的资金逐步回流，运用利率水平调节资金供求的潜力和自由度增大，自身的市场竞争能力有所提升。而民间金融机构存在的理由和意义也正在于此。正是民间金融部门的存在，才使得传统的银行体系和农村信用社部门感受到竞争压力，从而逼迫其进行金融体制改革和经营机制革新。

第七阶段：民间金融部门在正规金融部门逐步改善经营机制和国家政策环境不断发生变化的情况下，内部发生分化：一部分民间金融机构由于经营规模和经营方式的原因而在竞争中失败，从而自行关闭；而另一部分则有可能在新的法律框架和政策环境下实现规范化和合法化，融入到正规金融体系中。

四、地方政府行为与民间金融发展（二）：温州典当业

1. 温州典当业的早期历史

当铺是一个中国老百姓已几十年不见的字眼，在人们心目中，当铺代表着旧社会最黑暗、最悲惨的一面，人们往往将当铺与"高利盘剥"、"乘人之危"等字眼联系在一起。因此，发展典当行业，承认典当行业在新的历史阶段中对发展市场经济的积极作用，是需要一点政治勇气的。温州是新中国成立后继成都之后第二个批准重建当铺的城市，而就温州典当行业发展的规模而言，它已经远远超过了成都。

典当业是兼有银行信用和商业行为的特殊行业，从本质而言，典

当业是以一方以财物作为质押取得贷款使用权,一方定期收回本金和利息为主要活动的行业,其经营活动具有双重性。温州典当业有很悠久的历史。① 宋代温州已有典当业。此时的温州典当业以收取抵押品而借款于人为己职,借款多少,按抵押品的估价而定,到期不赎,抵押品归当铺所有。它凭借款利息及拍卖赎品来维持经营,因其能解决典当人经济上的燃眉之急,故能长期生存。南宋淳熙五年(1178),乐清县令袁采在《袁氏世范》卷下《治家》中云:"今若以中制论之,质库月息自二分至四分,贷钱月息自三分至五分,贷谷以一熟论,自三分至五分,取之亦不为虐,还者亦可无词。典质之家至有月息什而取一者。"这里虽然有实物金融因保存物品占用库房、存在损耗、物品估价有风险等促使经营成本较高的因素,但是10%的月息毕竟太高,这无疑是一种高利贷,显示出典当业在高息时盘剥百姓的一面。不过,宋代的温州,也有不以盈利为目的的典当。王瓒等撰的明《弘治温州府志》卷十二《人物三》中称:"陈光庭,乐清人,嘉熙庚子(1240)大旱,岁饥,死、徙不可胜计。光庭创东、西二仓,节己口腹,聚谷于中,令里人以物质谷,不取其息。春耕则纳质以取谷,秋收敛则纳谷而取质,民咸德之。"

至清代,温州典当业更加兴盛,乾隆初年(约1736),永嘉城内设善赉当铺;嘉庆间(1796—1820),瑞安县城设大赉当铺;道光元年(1821),乐清县大荆镇设张氏当店;五年,永嘉城区设德丰当铺;同治二年(1863),永嘉城区又设仁和当店;同治间(1862—1874),平阳县设鼎盛当店;光绪间(1875—1908),永嘉城区相继开设通济当店、公大当店,平阳县金乡镇亦设殷大同典当。此外,温州城乡还有为数不少的代当(当店的代理者)。

由于市场竞争的结果,清代温州典当业的利率已趋于正常。道光

---

① 参见俞光:《温州典当业源远流长》,《温州日报》2003年12月13日。

二十一年二月底，瑞安赵钧在《过来语》中记道："瓯俗典铺起息，比省会重三倍有余，如当钱三十五千，一月该利八百七十五文，省会五十两，八厘起息，一月只合二百八十文。"当时温州典铺（代当）当钱三十五千文，月利八百七十五文，即月息2.5%，按通俗的说法，月息二分五厘，比宋代已大幅度下降。

清末，永嘉县署《温州府永嘉县光绪三十四年实业统计表》提供了当时永嘉县典当业较完整的统计数字。该年永嘉县有当店5家：善赍、德丰、仁和、通济、公大，共有房舍135方丈（即1500平方米）、143间，总资本11万余两。店主分别来自宁波、瑞安、永嘉，经理聘请宁波、永嘉人担任。店伙合计93人，杂役20人，贷出资财56万两，行息率二分三厘，止赎期限27个月，合计年赢利5000两，各店每年四季节缴官规费40元，当、赎物品有金银、珠玉、铜锡、绸纱、丝布、衣服等类共400多种。由此可知，当时永嘉县典当业的资本利润率为4.5%，并不算高，也可能在填表时店主有所保留。《温州市金融志》还指出，在当期内，物主可随时付本利取赎，不满1月者，按整月计息，到期不赎，当店即可没收典当物拍卖抵偿。当物的估价，由店方当面讲定，不容讨价还价。柜面定价后，出具当票，以作取赎凭证。典当人因不填遗失当票，只要注明该票的花色、当本、日期，可以挂失，但赎回时需有担保。此外，有下述情况不受当：典当物属公物或贼赃；典当人形迹可疑者；珍奇物件不能估定其价值者。

至清宣统元年（1908），据永嘉实业统计记载，永嘉城区典当机构为五家。1930年初，永嘉城区仅存通济、德丰、善赍三当。[①] 如同全国其他地区一样，20世纪50年代以来，典当业在温州逐渐绝迹。

---

① 参见《温州市金融志》，上海科学技术文献出版社1995年版，第32—34页。

2. 温州典当业的重新复苏及其经营特征

1988年初，中华人民共和国成立后绝迹近40年的典当业，又再次出现在温州市的鹿城街头，继而扩大到了下属的一些县镇。自1988年2月9日温州市第一家典当商行——温州金城典当服务商行开业至1988年8月底，温州市已开业的典当行遍布了除洞头县以外的8县2区，达34家之多，其中属全民所有制的1家（非独立，系温州市服务公司创办），属股份制组建的33家。34家典当行拥有货币资本金1578万元（其中集体股337万元），资本总额最高的达150万元，最低的5万元。截至1988年8月31日，34家典当行的累积发生额达117656090元，余额为61290890元。规模最大的一家典当商行——金城典当行，1988年8月底余额达10115300元。典当行营运资金的来源主要有三个方面：（1）向金融机构借款3608万（其中各家银行3094万元，城市信用社、农金服务社514万），占资产总额的58.9%；（2）内部集资，向主管部门及一些企业单位借款943万元，占资产总额的15.4%；（3）自有货币资本金1578万元，占资产总额的25.7%。[①]据当时的调查，典当商行的从业人员，有待业青年、集体或街办工商业改行的，及少数有一定专业特长的，如金银鉴别行家、会计、律师（仅一人）等专业人员。解放前从事过典当业，属"重操旧业"的人员，目前在温州寥寥无几。

20世纪80年代末期建立的典当机构，其质押物以不动产居多数。如1988年6月份中国人民银行温州分行对温州市区五家已开业典当行的调查，结果表明不动产质押物金额占整个质押物金额的75.79%，其中的一家典当行不动产质押占其整个质押物金额的比例为94%。[②]（见表13.3）

[①] 参见中国人民银行温州市分行：《关于温州市典当业发展基本情况的调查报告》，(1988)温市银金管字第0375号，1988年9月22日，打印稿复印件。

[②] 参见中国人民银行温州市分行：《关于温州市典当业发展基本情况的调查报告》。

表 13.3　温州市五家典当商行质押物状况（1988 年 6 月）

单位：万元

	动产						不动产		
	金银饰品	家用电器	机动车辆	商品	物资	其他	房屋	设备	其他
金城	138.90	27.78	111.12	—	—	—	648.2	—	—
大公	110.53	6.41	24.58	—	6.5	1.52	402.74	14.3	8.2
鹿城	93	20	8	—	—	—	411	7	—
东瓯	43.1	11.1	9.6	—	—	—	210.4	4.5	—
公平	5.12	2.30	1.10	0.50	—	8.5	265.4	—	—
合计	390.65	67.59	154.40	0.50	6.5	10.02	1937.74	25.8	8.2
占比	24.2%						75.79%		

资料来源：中国人民银行温州市分行：《关于温州市典当业发展基本情况的调查报告》，(1988)温市银金管字第 0375 号，1988 年 9 月 22 日，打印稿复印件。

典当商行的资金投向，据 1988 年 6 月份中国人民银行温州市分行对市区五家典当行的调查，结果表明，大部分资金用于生产与经营，占 97.93%，用于解决生活临时急需的仅占 2.07%。

表 13.4　温州市五家典当商行的资金投向状况（1988 年 6 月）

单位：万元

	生产	经营	生活
金城	259.48	648	18.52
大公	14.3	555.97	4.5
鹿城	30	492	17
东瓯	55	210	18.7
公平	—	282.92	—
合计	358.78	2188.89	53.72
占比例	13.79%	84.14%	2.07%

资料来源：中国人民银行温州市分行：《关于温州市典当业发展基本情况的调查报告》，(1988)温市银金管字第 0375 号，1988 年 9 月 22 日，打印稿复印件。

从组织机构看,典当商行都实行董事会下的经理负责制,设董事会、经理室、估价科、拍卖处、财务科等职能部门,人员一般为10—12名。从人员素质看,典当商行的主要负责人原来是一些工商企业的负责人,有一定的经营管理经验。例如温州金诚典当商行的董事长是时任鹿城区城郊工业供销公司的经理;大公典当商行的董事长由吉瓯贸易公司的经理兼职。商行的其他人员,则基本上是从社会上招聘的各类有关专业技术人员。

典当商行的经营范围,分动产和不动产两大类。动产类以日用品、家用电器、金银饰品、有价证券、富余原材料、企业闲置设备及交通工具等为主;不动产主要是房屋。表13.3即是对温州市区5家已开业典当行质押物结构的调查统计数据。

典当商行的典当期限一般规定为:起当期10天,不到10天提前回赎的按10天收费,典当期为3个月,期满不能回赎的,可在期满前3天内提出延赎申请,延赎期15天。典当物品的实际价值必须在100元以上,不足100元不受理,典当逾期不回赎的,作绝当处理,但可领取绝当价数30%的金额。

典当商行的综合费率,包括服务费、仓管费、保险费等,一般为月率24‰—36‰,高于城市信用社贷款利率,低于民间借贷利率。如首家开业的金城典当服务商行的收费标准:按月收取当金2%—3%服务费,视物品体积、保管要求,按月收取当金0.6%—1%仓管费、保险费,三项合计为月3%左右。

商行对典当物品的估价方法:不动产一般按市价的50%左右估价;动产质押物视市场情况,如黄金饰品一般是按市价的70%—75%估价。

从典当商行的经营情况看,1988年8月至12月间,是温州典当业发展的高峰期,据当年8月份的一次调查,34家典当商行的累计发生额达11765.6万元,当金余额为6129万元;规模最大的金诚典当商行,8月底余额为1011.5万元。据11月底对市区12家典当商行的统计,累计发生额11668.98万元,当金余额为4309.9万元;规模最大的金诚典当商行,11月15日余额731.6万元,与8月份相比,规模在缩小。到了1989年5月间,温州典当商行的境况显得不佳,据调查,截至5月底市区12家典当商行累计发生额16949.25万元,余额2584.64万元,其中已逾期当款1912.63万元,占了74%,在全部逾期当款中,不动产当款逾期1740.5万元,占了91%。[1]

3. 温州典当业引起的争议和温州地方政府的政策框架

典当业的重新复苏引起了社会各界的普遍关注,人们对典当业的性质和作用存在很大的争议。在这样的背景下,面对如此富于争议和挑战性的课题,温州市人民银行联合温州市经济研究中心、温州市金融学会,于1988年11月30日至12月1日召开了"温州市典当业理论讨论会",试图综合理论界、政策主管部门和典当业界的观点,澄清和统一相关认识,并在此基础上提出对典当业进行管理的基本政策框架,使其健康发展。参会者一致强调新的典当业与旧中国典当业的不同,认为至少在以下几点上,两者有根本的区别[2]:

一是经营宗旨不同。旧社会的当铺是乘人之危,高利盘剥,剥削穷人,经典的情景是"方桌当字空中挂,丈高柜台挡门墙,穷人抱烂门前站,老板袖手站中堂"。旧中国的典当业主除了平常的高利收入外,最主要的收入来源还是绝当钱,即对绝当的质押品由当铺自行处理,收入全归当铺所有。而新的典当业本着公平、合理、方便、服务的宗旨,发挥为商品生产和流通服务的功能,甚至还为少

---

[1] 参见张震宇:《温州的典当业》,http://www.ripbc.com.cn/yjxxw/jinrongnianjian/page/1990/9004314.htm。

[2] 这些观点参见中国人民银行温州市分行:《温州市典当业理论讨论会观点综述》,1989年1月19日,打印稿复印件。会议时间为1988年11月30日至12月1日。

数居民解决生活上的燃眉之急。新的典当行一般规定，对按期不能归还借款者，当铺规定，客户有特殊困难，可以续当，即使发生绝当，将拍卖收入扣除应收的费用的结余部分还给质押者。典当行在质押物的估价及费率、绝当物品的处理（温州金城典当商行规定：绝当物品向当主发还原值70%—80%的绝当金额）等方面，基本能体现公平自愿、等价有偿、诚实信用等原则。新的典当行的盈利主要来自于利息（即服务费）、而不是借对绝当物的拍卖获取，据调查，到1988年8月底止，全市三十四家典当行仅发生三笔绝当业务，计2240元。①

二是服务对象不同。旧社会当铺的质押者主要是低收入、生活水平比较低下的穷困阶层，而新的时代，"无钱衣衫送当铺"的现象不复存在，典当业的业务对象主要是从事生产经营的个体工商业户、区街企业和少数居民。可以说旧社会是"穷当"，新社会是"富当"。

三是当金流向不同。旧社会的当铺当金流向主要是消费领域，以解决生活上的困难，而当今的当铺当金流向主要是用于生产、流通领域。

四是质押品不同。旧社会的当铺质押品主要是衣物等低值日用品之类，而当今的当铺质押品大多是高档品，如金银首饰、交通工具（摩托车、汽车等）、家用电器（彩电、冰箱等）、房屋等。

这次讨论会对于温州典当业的发展具有特殊重要的意义。经过这次会议，理论界、业界和决策监管部门各界人士普遍认为，典当业在20世纪80年代的复苏有其必然性和客观经济基础。温州市1987年个体工业产值为18.95亿元，占全市工业产值的36.84%，特别是个体商业占全市社会商品零售总额的32.8%，商业网点占87%。个体工商业户对资金需求具有随意性，时间的货币价值观念特别强，为适应激烈

---

① 参见中国人民银行温州市分行：《关于温州市典当业发展基本情况的调查报告》。

的市场竞争，急需一种方便快捷的融资渠道，而典当业正好迎合了这种需求。典当行业中，一起动产典当手续从估价、签约、封存到最后取款不到半小时，而一起不动产典当也只用三到四小时，非常迅捷，比地下借贷节省很多成本。

  温州地方政府和金融监管当局对新兴的典当业的态度是非常开明而且积极的，在全国典当业总体上还遭受质疑的时候，温州地方政府和监管当局就采取了宽容、规范、引导的政策。中国人民银行温州市分行以及温州市人民政府的基本政策，是采取与私营企业一样的政策口径，即"允许存在、兴利除弊、加强管理、逐步引导"，主要"通过经济手段和法律手段来约束和调整其经营行为，切忌运用行政手段，人为地干预典当业的经营活动，以免把典当业推进死胡同"①。在典当业经营的具体管理上，温州地方政府和监管当局也形成了一些一致的看法，归纳起来，有以下几个方面：（1）资本金额度。认为资本金额度应该体现既要保证典当商行在资金上的正常运转，又要保证经营者有利可图的原则，并认为典当行的资本金不应单纯依赖于银行，用银行贷款扩大规模不合适。（2）经营业务范围。地方政府和监管部门认为，典当业适当办理不动产质押业务，为个体工商户提供资金服务，是极其可行的，但对不动产质押比例过高的情况应予以关注和调整，以降低金融风险。（3）综合费用率（包括服务费、仓储费、保险费）。温州地方政府和监管当局认为典当业的综合费率应该接近并略低于民间信用借贷利率水平，以月息3%较为适宜。对过高的综合费用率应加以管理和限制。（4）管理体制。1988年，温州市人民政府专门发了《关于加强典当行业管理的通知》，《通知》明确规定，典当行业统一归中国人民银行温州市分行管理。这使温州市人民银行对当地典当业

---

① 参见中国人民银行温州市分行：《温州市典当业理论讨论会观点综述》，1989年1月19日，打印稿复印件。

的统一管理有了政策依据。

五、地方政府行为与民间金融发展（三）：温州钱会和非金融机构借贷

1. 治理与疏导：从乐清"抬会"事件和苍南、平阳"排会"事件看温州地方政府行为

浙南地区农村素有组织"会"的传统，"会"是一种古老的民间经济互助性质的信用形式，在浙南有广泛而悠久的影响，即使在新中国建立后也一直没有中断。在温州，一般意义的"会"被称为"呈会"。"呈会"作为民间借贷的一种形式，其性质、规模、对象、用途等在改革开放之后发生了新的变化，其资金投向由主要满足生活消费转向生活消费与生产经营投资相交叉，由直接融资转向直接信用与间接信用并存，其种类纷繁，性质各异。据温州市金融学会应健雄的调查，20 世纪 80 年代初"呈会"的种类有："聚会"、"摇会"、"标会"、"退会"、"单千跟"、"八年四"、"压会"、"啃会"、"导会"、"摸会"、"抬会"十一种。[①]"呈会"按性质大体分为三个大类：

第一类是传统的亲友之间的经济互助性质的呈会，这类呈会一般规模小，形式简单，时间短，会员一般为亲朋至友。会款的用途一般为建房、婚嫁、高档消费品等，偶尔也用于筹措生产性资金。这类互助性质的呈会一般没有信用中介人，由会主（发起人）与各个会脚直接发生关系。可以是一次性的"聚会"，也可以是连续轮流式的"摇会"。

第二类是有信用中介人参与的经营性质的呈会。这类会名目繁

---

① 应健雄：《加强资金市场管理、取缔金融投机活动——乐清"抬会"的始末》（初稿），民间借贷利率理论讨论会材料，打印稿，1986 年。

多，有"退会"、"压会"、"八年四"等。它是一种较大规模筹集生产经营资金的手段，其特点是经营货币、存贷结合、存贷见面、收取利差。"会主"充当信用中介人以攫取盈利为目的进行组织和筹措资金，从事资金的拆借活动，一个"万元会"的会主每月可得利差300元左右。这类呈会具有间接信用的性质，在一定条件下对融通资金、促进生产经营有一定作用，但是由于会主一般自有营运资金极微，风险承受能力比较差，信贷关系比较松散，信用情况模糊，因此风险性很大，一旦面临倒会，会造成比较严重的损失。1984年春，乐清黄华乡会主南碎倩倒会，清账后亏空40万元，给落会的会员造成巨大经济损失。①

第三类是具有金融投机诈骗性质的会，"抬会"即属于这种性质。"抬会"从形式上看是"八年四"会的变种，它以超高利率为诱饵，吸引社会闲散资金，采取以会养会、以会得会的手法，使大量资金脱离生产经营和流通领域，加剧资金供求矛盾，潜藏巨大金融风险，带有严重欺骗性质。应健雄认为，"抬会"是一种以妇女为骨干、以单线联系为基本形式、以欺骗为手段、以牟取暴利为目的的金融投机活动，会主没有自有资金，多为无文化的妇女。

抬会是民间"单万会"，即百人每人每月百元成单万会的变种，参与者之间不存在互助成份，会脚之间也不存在直接的信息交流和相互监督。抬会的组织结构很像金字塔状的立体几何图形：在塔尖的是大会东，中间是中小会东，底端是人数最多的会脚。其内部参与者之间的关系不像一般的互助会，存在真正关系的只有两个当事人——会东和会脚：大会东和中小会东之间实际上也是会东与会脚的关系，而中小会东只不过在充当更低一层的会东时，又成为高一层的会脚，大

---

① 应建雄：《加强资金市场管理、取缔金融投机活动——乐清"抬会"的始末》（初稿）。

会东也可以直接拥有不再扩展组织的会脚。

一种典型的抬会的资金轮转使用的一般流程是：起会时，各个会脚先向会东支付 11600 元；从第 2 个月开始，会东每月向会脚支付 9000 元，连续支付 12 个月，计 10.8 万元；从第 13 个月起，会脚每月向会东支付 3000 元，连续支付 88 个月，计 26.4 万元。这种抬会要持续 100 个月，在不考虑时间价值的情况下，会东可以从会脚那里获得 16.76 万元的收益。但对于会脚而言，只要起会时支付 11600 元，接下来的 12 个月每月就有 9000 元收入，如果抬会能够顺利运行到第 13 个月，会脚 11600 元就可获得 10.8 万元的收益，这种获利程度是任何其他的金融投资和实业投资行为所无法达到的。从而，抬会对一般个人而言是非常具有吸引力的。

但是，问题的关键是：会东如何在一年的时间内，把 11600 元转变成 10.8 万元？对会东而言，唯一的出路是发展新的会脚，把新会脚的钱支付给老会脚。会东由会脚抬，老会脚由新会脚抬，逐渐发展到一个会抬另一个会。经过计算，会东要使抬会顺利运行下去，到第 6 个月，必须要发展到 22 个会脚，到第 12 个月，要发展到 691 个会脚，到第 18 个月，要发展到 20883 个会脚。抬会的发展速度和规模是非常迅速的，以乐清为例，从 1985—1986 年不到一年的时间里，该地区形成了 12 个属于金字塔最顶端的大会东，其中三个涉及的会款发生额在亿元以上，10 万元以上的大中小会东达上千人。

但是，一个地区的抬会能够顺利运行下去需要有两个前提：一是该地区要有数量可以无限增加，愿意且有能力（至少可以支付起会时的 11600 元）入会的新会脚；二是每个参与者都能信守承诺按时照协议支付会金。实际上这两个前提是不可能满足的。乐清的实际情况证明了这一点，抬会几乎是在同一时间内迅速崩溃。而且，在倒会过程中，某些大的会东为了在倒会之前大捞一把，创造了如"短会"和"官会"等抬会的变体。"短会"参与者资金轮转使用的一般流程与一般的抬会差不多，只不过持续时间特别短：每个会脚在起会向会东支付1.2万元，接下来的两个月会东向会脚支付9000元。一个"短会"只持续3个月，在这三个月内对会脚而言可以获得6000元的收益，而对会东而言，只能靠发展新的会脚。"官会"又称"倒抬会"，会脚在起会时先从会东那里获得资金，然后在三个月后向会东偿还少量资金就可以了，但只有当地的官员才可以成为会脚，其规模也视干部的官阶的大小而定。这些大的会东之所以组织这种赔本的"官会"，其目的主要是想通过干部入会来带动百姓入会，同时还可以得到当地政府的支持。①

"抬会"的发源地在温州乐清县柳市镇，其发展到高峰时，每个家庭几乎都卷入其中。抬会的利率高达25%—50%，大大超过了生产经营者的承受能力。维持抬会的唯一方法，就是不断发展新的会脚，不断扩大抬会的规模，以会养会，以会保会，潜伏着极大的危机。20世纪80年代中期，浙江温州乐清发生了严重的"抬会"风波，这场倒会风波最早发生于乐清，余波涉及温州平阳、苍南、永嘉、洞头及台州、丽水等14个县（区），卷入的总人数达20多万，30%的群众卷入其中，13个乡镇的参加户数达70%，情况严重的乡村几乎涉及每家每户。以乐清为例，到1986年初，会款发生额10多个亿，实际投入的资金22亿元多，因入会而破产自杀的63人，200多人潜逃，近千人被非法关押、拷打，无数家庭在一夜之间变成负债累累。这次抬会风波使得乐清当地的整个金融市场陷于极度的混乱之中，正规金融机构的资金大量被抽走，而人们为了筹集资金入会，使得民间私人借贷的月利率由原来2%—3%上升到10%—20%，最高时达到40%，两亿元

---

① 关于抬会的运作机制，参见陈德付：《互助会的投融资效率——温州案例研究》，浙江大学硕士学位论文，2005年11月，第44—48页；应建雄：《加强资金市场管理、取缔金融投机活动——乐清"抬会"的始末》（初稿）。

左右的民间游资都流向了这场抬会的"金融游戏"中去。①

以上我们描述了乐清"抬会风波"的始末,下面我们看看在苍南、平阳两地发生的"排会风波"的来龙去脉。"排会"于1984年的下半年在平阳的局部地区出现,继而从平阳敖江向苍南龙港扩散蔓延,1986年初乐清"抬会"倒会前夕是"排会"发展的高峰期。据统计,平阳参与"排会"的人数约17万人,涉及资金为10399万元,主要发生地为平阳的敖江、万全、昆阳等三个区四个镇共18个乡;苍南参与"排会"的人数约3.5万人,涉及资金为9135万元,主要发生地为苍南的龙港、宜山等二个区一个镇共七个乡。②

排会是互助会畸形发展后的另外一种变体,其资金的轮转使用规则非常复杂。与一般互助会的一个最大不同是它的资金的支付方法:会东和会脚之间不完全用现金结算,会脚可以以空头认会,采取挂帐计付利息的办法。在利息支付上,有的排会还计算复利利率,其利率一般高于当地民间私人直接借贷的利率。与抬会一样,排会的会东也必须靠发展新的会脚才能使排会顺利运行下去,倒会也是必然的。在倒会后的清理债权债务期间,由于排会种类很多,其资金的轮转使用规则又非常复杂,类似于"短会"和"官会",某些大的会东在倒会前夕也创造一些持续时间很短的排会的变体,继续发展大量的会脚,使得清理难度加大,给当地造成了很大的混乱和危害。

抬会和排会的特征可以归纳如下:(1)会东一般都无自有资金,有的实际上是一些金融诈骗分子,都是利用会脚的资金达到发财的目的。(2)会东是靠高利率为诱饵吸引人们入会,这种高利率大大超过了外部市场的投资收益率和人们入会后用来消费可以承受的水平,使得资金的投向完全脱离了生产和消费领域。(3)各种会已经从原来单

---

① 参见姜旭朝:《中国民间金融研究》。
② 参见李元华:《温州民间融资及开放性资本市场研究》,中国经济出版社2002年版;温州市委调查组:《关于苍、平两县"排会"的剖析》(初稿),打印稿,1987年8月1日。

一的且带有互助性质的组织逐渐转变为"会中有会"且以营利为唯一目标的组织。会东都必须靠不断发展新的会脚的方式才能使会顺利运行下去。(4)与一般的互助会的会脚彼此之间是比较熟悉的不一样,这些变体都是只靠会东和会脚之间的单线联系,会脚之间不存在直接的信息交流和相互监督,这加大了这些会发生倒会的概率,成为会东非法牟取暴利的一种工具。

温州20世纪80年代中期发生的"抬会风波"和"排会风波"是中国当代民间金融发展史上的重大事件,总结在"抬会风波"和"排会风波"中温州地方政府的危机处置方式和对民间呈会的政策框架,对未来民间金融发展是有巨大指导意义的。温州地方政府和金融监管部门在发生抬会和排会的倒会事件后,采取了积极处置、分类管理、管制与疏导相结合的方法,既有效地遏制和取缔了非法的金融投机诈骗活动,同时又保护和引导民间金融组织向规范方向发展。归纳起来,温州地方政府和金融监管当局的危机处置和监管政策框架包含以下几个方面:

第一,有效保护、规范和疏导合法的民间金融组织及其融资活动。温州地方政府和金融监管部门充分认识到,民间金融的发展是商品经济发展的需要,而且对现有的金融体系起到重要的不可或缺的补充作用,因此对正常的民间借贷、资金互助会以及民间的金融机构的融资活动,应该予以保护和引导。在温州市金融学会的调查报告中,这样概括温州地方政府和金融监管部门采取的政策框架:

> 目前民间借贷的性质和形式发生根本变化,其资金投向已经由原先的满足生活消费转向生产经营活动,由民间直接融资转向直接信用与间接信用并存。这对促进农村商品经济的发展起到拾遗补缺的作用。民间借贷是一个大范畴,应区别不同性质和形式,因地制宜,采取不同政策。允许私人之间直接拆借,合法的借贷

关系受法律保护。亲友间的互助性质的呈会允许继续存在。呈会的总金额一般不得超过1万元，利率可以略高于（一般以不超过8%为宜）当地信用社的贷款浮动利率。对以获取利差为目的的经营性的呈会和私人钱庄，均属金融机构性质，自有资金极微，缺乏承受风险能力，根据国务院颁布的银行管理条例是不允许存在的。鉴于温州市目前的实际情况，可采取过渡的办法，向当地人民银行登记、清理，逐步收缩。清理登记期间，要按收取会款或存款总额的10%比例，向农业银行缴纳准备金，向税务部门缴纳税款。①

尽管这个报告的作者应建雄只是代表温州市金融学会提交了这份调研报告，但是由于应建雄同时又是温州市人民银行的副行长，因此，这个报告所确定的基本政策框架可以被视为代表着温州市地方政府和金融监管当局的主导性的意见。在这个极有灵活性的政策框架中，温州地方政府和金融监管当局强调"因地制宜，区别对待"，对合法的民间借贷和民间金融机构采取了疏导和保护的政策，而即使对于国家明令禁止的地下钱庄和经营性的呈会，也不是采取简单取缔的办法，而是采取比较柔和的"过渡性措施"，使民间融资秩序得到有序的引导和管理，并设计了相关的风险防范机制。

温州市委调查组所起草的《关于苍、平两县"排会"的剖析》也表达了同样的政策倾向与思维方式，在这个报告的最后，温州市委谈到这次处理排会事件的经验教训：

> 应该说，民间信用活动对促进农村商品经济的发展有一定的

---

① 应建雄：《加强资金市场管理、取缔金融投机活动——乐清"抬会"的始末》（初稿）。

积极作用，我们应采取疏导方针，既要加强管理，又要积极疏导，通过疏导实现管理。个人之间正常的相互拆借，任何部门不应干涉，合法的借贷关系应受到法律保护。凡属非盈利性的、具有经济互助性质的成会（也叫呈会），可允许存在，但对其规模、利率、期限等要有所限制。对以盈利为目的的经营性质的成会活动，会主都要向当地政府或银行办理登记，清理账目和会款。①

温州市委的政策基调与温州人民银行的基调是完全一致的。我们不能不说，这样的政策框架是成本最小的，但同时又是符合民间金融发展规律的。

第二，严厉取缔和打击非法的金融诈骗投机活动。对于民间高度投机性质的排会和抬会等金融组织形式，温州地方政府和金融监管当局的政策指向非常清晰，即进行严厉取缔和打击。温州人民银行和温州地方政府都认为，"对于金融投机违法活动，必须坚决取缔，依法没收非法所得。但在取缔过程中，应有领导地进行，要讲究政策和策略，引火不烧身。对投机者要坚决打击，经济上不给占便宜，对广大群众利益又要给以保护，要有利于社会安定"②。

第三，危机处置中坚持分类指导原则和保障金融安全原则。1986年，温州乐清"抬会"倒会后，给社会造成严重混乱，1986年3月19日，乐清县政府决定对抬会会主采取行动，由于消息泄露，全县上千名大小会主全部逃走跑光，会脚为追回会款，全家倾巢出动寻找，最后发展到到处抓人质（人质中还有不满周岁的三个孩子）。会主住宅房屋被捣毁有140多栋，很多房屋被洗劫一空，犯罪分子乘机行凶抢劫，社会秩序一片混乱。1986年3月24日，温州市委根据温州市人

---

① 温州市委调查组：《关于苍、平两县"排会"的剖析》（初稿）。
② 应建雄：《加强资金市场管理、取缔金融投机活动——乐清"抬会"的始末》（初稿）。

民银行建议,派出调查组帮助乐清县清理会案工作,明确"抬会"的性质为金融投机违法活动,"以有利于社会安定团结、有利于商品经济发展、有利于社会主义正常金融活动开展、有利于清理会案工作的顺利进行为指导思想,区别民间借贷中,直接拆借、经营性呈会和金融投机活动,分别采取允许存在、逐步取代和坚决取缔三种不同对策"。温州市委在危机处置方面,提出抬会的处置"以不得利为原则,会主还本,会脚退利"的原则,逐步稳定了人心,使大中小会主陆续回来,并在政府监督下进行清账,抓走的人质大都放回。分类指导原则和保障金融安全原则,是温州市地方政府危机处置中坚持的两大原则,由于很好地坚持了这两个原则,温州乐清县的抬会风波得到比较顺利的处置。根据应建雄的报告,截至1986年4月17日,已清退会款9266万元,部分得到会款的居民,将现金送存银行和信用社,导致银行和信用社的储蓄大幅上升,3月20日到4月30日,乐清县城乡储蓄余额增加1008万元。①

第四,构建多层次的资金融通市场,调动正规金融机构和非正规金融体系两方面的积极性。有效控制民间金融机构风险、提高资金融通效率的最重要手段,是加快正规金融机构的改革,形成由银行信用、合作社信用、社会集资、民间信用等多渠道、多层次的资金融通市场。其中银行信用和信用社信用是农村资金融通的主导性力量,社会集资和民间信用是必要的有益的补充。温州市地方政府认识到,要控制区域金融风险,合理引导和管理民间金融组织,首先必须对正规金融机构的经营管理进行改革和创新。在这个指导思想下,温州市积极进行浮动利率改革,信用社和银行根据当地资金需求情况,根据企业和个体工商户的平均资金利润率水平不断调节利率水平。同时,温州市地

---

① 应建雄:《加强资金市场管理、取缔金融投机活动——乐清"抬会"的始末》(初稿)。

方政府鼓励信用社开拓经营领域，试办资金委托、信用咨询等新金融服务项目，并鼓励在有条件的乡镇成立集体金融服务社，办理资金委托业务，这些资金服务社对民间信用活动起到很好的引导和调节的作用。正规金融机构加快改革，使非正规金融组织存在的必要性下降，同时也鼓励了那些规范的民间金融组织正常地开展金融服务，这是保障区域金融安全的治本之策。

2. 合法化和规范化：温州的非金融机构借贷

在温州20世纪80年代民间金融发展和演变过程中，挂户公司（企业）经营存贷款业务是温州民间信用的重要形式之一，在农村资金市场中占据不可替代的作用。所谓挂户公司（企业），是指在一些拥有正式执照的注册公司下面，往往挂靠着很多没有正式执照的未注册的个体工商户和其他经营者，这些个体工商户和其他经营者由于没有正式的执照，因此难以开展工商业经营活动，而借助挂户公司（企业），这些个体工商户可以获得正规企业的各种便利，比如获得正规的企业发票、业务活动中必需的介绍信、正式的银行账户、正规的合同等，在资金困难的时候还可以得到挂户公司（企业）的贷款支持，这些利益，使得挂户经营者可以非常顺利地开展业务。挂户公司（企业）是温州商品经济发展初期一个非常独特的现象，当时的温州形成挂户公司（企业）与挂户经营者之间互相利用、互相依存的局面。挂户公司（企业）依靠挂户经营者而获得手续费和挂户费，而挂户经营者则利用挂户企业获得开展业务必备的便利，极大地节省了交易成本。

（1）平阳县挂户企业经营金融业务情况

在20世纪80年代的温州苍南、平阳一带，挂户企业依靠社会资金向挂户经营者提供贷款和其他金融服务，是解决民营小企业和个体工商户融资困境的重要途径。我们首先看20世纪80年代中期对平阳县挂户企业开展金融业务的调查结果。① 根据中国人民银行温州市分行撰写的一份调研报告，我们可以获知，20 世纪 80 年代中期，平阳县腾蛟区有四个挂户公司进行存贷款服务，这四个公司分别是：腾蛟区凤巢乡工业公司、腾蛟镇工业公司、二轻腾蛟供销公司、带溪工业公司。这四个公司自 1984 年 9 月至 1985 年 4 月相继开展存贷款业务，到 1985 年底这四家公司以月息 1.2—1.8 分的利率水平吸收存款 100 户，共 32 万元，等于当地三个信用社（凤巢信用社、腾蛟信用社、带溪信用社）储蓄存款总额 90.13 万元的 35.7%。四家公司又以月息 1.5—2.1 分的利率累计发放贷款 205.1 万元，共 841 户，放款余额为 55.01 万元，等于三个信用社贷款 62.58 万元的 88.18%。其资金来源除吸收社会公众的存款外，还得到银行和信用社的贷款分别为 8.6 万元和 3 万元。其资金投向主要是与本公司挂户的业务员（个体工商户），用于经营塑料卡片、皮鞋等。四个挂户公司存贷款的基本情况如下。

表 13.5　20 世纪 80 年代温州平阳腾蛟区四个挂户公司经营金融业务情况

	人数	吸收存款余额（占比）	发放贷款余额（占比）	利差收入	取得银行贷款	取得信用社贷款
凤巢乡工业公司	5	3.5 万元（10.88%）	4.396 万元（7.99%）	810.08 元	—	—
腾蛟镇工业公司	5	4.97 万元（15.4%）	14.45 万元（26.27%）	4357.92 元	2.8 万元	2 万元
二轻腾蛟供销公司	8	14.946 万元（46.45%）	21.41 万元（38.92%）	2407 元	2 万元	1 万元
带溪工业公司	7	8.76 万元（27.22%）	14.76 万元（26.83%）	8232.04 元	3.8 万元	—
总额		32.176 万元	55.016 万元	13424.74 元	8.6 万元	3 万元

资料来源：中国人民银行温州市分行：《非金融机构办理金融业务的情况》，手写稿复印件，1986 年。

---

① 中国人民银行温州市分行：《非金融机构办理金融业务的情况》，手写稿复印件，1986 年。

平阳县腾蛟区是一个半山区,从整个温州的情况来看,腾蛟区算是一个商品经济比较落后的地区,居民生活水平在平阳县属于中等偏下。因此,腾蛟区当地的居民如果想经营工商业和搞副业,首先面临的瓶颈就是资金瓶颈。而这四家挂户公司所在地的三个信用社(凤巢信用社、腾蛟信用社、带溪信用社)的资金非常有限,其自有资金仅有4.88万元,吸收存款也只有106.96万元,远远不能满足个体工商户的资金要求。从挂户经营者和挂户公司之间的关系来看,挂户公司依靠挂户经营者(个体工商户、业务员)来实现产值和利润,而这些业务员和个体工商户之所以在公司挂户,除了因为可以获得正式的银行账户、介绍信和正式合同文本等便利之外,其实最大的诱惑和便利来自于挂户公司可以为挂户经营者解决资金问题。在这种相互依存的共生关系中,挂户公司发放贷款实际上是吸引挂户经营者的一种手段,是挂户公司实现利润和产值的一种途径。

四个挂户公司自从1984年9月开办存贷款业务以来,对腾蛟区商品经济发展和增加居民收入起到一定的积极作用,对此,中国人民银行温州市分行的调查报告给予了充分的肯定。据统计,到1985年左右,平阳县腾蛟区搞业务的人员(实际上就是个体工商户)已经增加到2000多人,这2000多人通过挂户公司开介绍信到各地订业务、销售产品,促进了家庭工业的发展,增加了居民收入,使当地工业产值和社会积累快速增加。据温州市人民银行的统计,腾蛟工业公司1984年7月成立到12月,挂户的业务员所完成的产值只有20万元,而开办存贷款业务以后,1985年1月到12月挂户的业务员完成产值190万元;二轻腾蛟供销公司1984年挂户的业务员产值只有111万元,利润1800元,而开办存贷款业务后,挂户业务员的产值达282万元,利润6580元,上缴税金25万元。但是,由于挂户公司自有资本少、金融专业人员缺乏、贷款程序简单,导致其面临的风险也较大,同时导致信用社和银行存款大大减少,如带溪工业公司的存款8.76万元,占带溪信用社存款16.42万元的53.35%。①

（2）苍南县挂户公司开展金融业务状况

苍南县是民间金融比较发达的一个区域，由于当地资金充裕，个体工商户和家庭工业资金需求量大，因此挂户公司经营存贷款业务的规模也比较大。据中国人民银行苍南县支行的统计②，苍南县仅灵溪、宜山二区镇就有96家挂户公司（企业）。其中，正常营业的70家挂户公司（企业）全部办理存贷业务。1985年1—11月份，累计向4000多户挂户经营者提供服务，累计吸收存款4595万元，存款余额2170万元；累计发放贷款5007万元，贷款余额2140万元，占资金需求的25.1%，被挂户经营者称之为"第二信用社"。如宜山区的信托贸易公司、工业购销公司、江南供销公司为310户挂户经营者提供服务。1985年1—11月份，三家公司的营业总额为1270万元。以两个月周转一次计算，资金需求量为221万元。三家公司自有资金为40.2万元，银行和信用社贷款月平均余额为21.5万元，挂户经营者自有资金为71万元，三项资金来源仅占资金需求量的60.1%，而39.9%的资金缺口则靠挂户公司融通资金来填补。

苍南县挂户公司（企业）经营存贷业务主要有二种类型：一种是以服务为目的，在加强服务、扩大业务、增加当地财政收入的同时，收取相应的手续费。挂户经营者如发生临时性资金周转困难，可向挂户公司申请贷款，挂户公司则根据挂户经营者的生产经营、经济实力和信誉等情况决定贷与不贷、金额大小、期限长短。若公司资金吃紧、供不应求，便向当地银行和信用社申请贷款，把这部分贷款按银行、信用社贷款利率转贷给挂户者，不吃利差，只提取一定的手续费。第二种类型的挂户公司（企业）则以盈利为目的，对外办理存贷款业务，

---

① 数据来自中国人民银行温州市分行：《非金融机构办理金融业务的情况》。
② 数据来自中国人民银行苍南县支行：《挂户公司（企业）现状及发展趋势》，手写稿复印件，1985年。

广泛吸收城乡居民或挂户者闲散资金。这类公司吸收存款少者在20万—30万元之间，多者在100万元左右。存款月息为2.1%—2.5%，对挂户者放款月息为3%—3.5%，坐吃利差1%左右。

（3）瑞安挂户公司开展金融业务情况

瑞安也存在着挂户公司作为非金融机构开展存贷款业务的情况。温州人民银行调查了瑞安两个挂户公司。[①] 其中瑞安县城关镇劳动服务公司，1984年11月开始办理存贷业务，至1985年8月14日向当地居民吸收存款83笔，计14.14万元；对所属工商企业累计发放贷款48笔，计25.6万元。调查日存款23笔，余额6.06万元；贷款4笔，余额5.8万元。该公司以月息1分吸收存款，以月息1.5分发放贷款，自开办存贷业务以来，利息收入4554元，利息支出3399元，盈利1155元。

瑞安县城西劳动服务公司，1983年开始吸收私人存款，至1985年7月底共吸收存款155笔，计23.88万元，对所属工商企业累计发放贷款88笔，计33.49万元，1985年7月底存款81笔，余额14.99万元，贷款27笔，余额11.79万元。该公司用1.25分月息吸收定期存款，以月息1.8—2分发放贷款。开办存贷业务以来，利息收入25700元，利息支出8212元，盈利17788元。

对于挂户公司等非金融机构开展金融业务，温州市地方政府和金融监管部门的基本政策取向是进行限制和引导。有些开展金融业务比较好的挂户公司，地方政府一般将其改造，并入金融服务社，成为专营金融业务的机构，上述瑞安的两个挂户公司就是采取这种策略；而对于大部分挂户公司进行存贷业务的行为，则根据国务院颁布的银行管理暂行条例，给予停办清理。尽管挂户公司办理金融业务有其必然性和社会经济背景，也对当地经济发展做出了一定贡献，但是毕竟这

---

① 数据来自中国人民银行温州市支行：《温州农村资金市场汇报提纲》。

些挂户公司风险承受能力有限，专业性不强，极容易引发金融风险，因此，对其进行严格的限制是必要的。同时，温州市地方政府和金融监管部门也认识到，挂户公司开办存贷款业务的根本原因，在于当地的正规金融体系难以满足个体工商户的资金需求，因此根本解决措施还是在于改革现有的银行和信用社，使其真正能够成为农村资金供给的主体。

六、结论

本章以温州为案例，对民间金融内生成长过程中的地方政府行为与民间部门的互动关系作了详尽的探讨。基于大量第一手的文献，包括在温州民间金融发展历史进程中诸多当事人的第一手资料、书信、政府函件、地方规章制度的草案等材料，本章对温州钱庄、典当业、钱会和非金融机构借贷发展中的地方政府行为进行了深入研究。温州的典型案例对我们理解地方政府在民间金融演进中的作用有重要意义。

在中国以国家为主导的渐进的强制性制度变迁中，地方政府扮演了极为重要的角色。地方政府有着与中央政府完全不同的目标函数，而且随着财政联邦制和地方分权体制的形成，地方政府行为的独立性也越来越明显。地方政府在与中央政府的博弈过程中，并不总是充当命令的执行者，而是往往充当了地方利益的保护者。因此，当民间金融在温州这样的民营经济发达的地区开始兴起的时候，地方政府官员出于自身租金最大化和发展地方经济的考虑，往往会响应民间部门的创新行为，在自己的权限内给予民间金融部门以适当的道义支持和政策性鼓励。在温州方兴钱庄的案例中，从钱库镇政府到苍南县政府再到温州市人民政府，包括中国人民银行温州市分行，都在关键时刻给予方兴钱庄以巨大的支持，相关的官员表现出强烈的创新精神、宽容的执政理念、巨大的政治胆识，在承担一定政治风险的前提下支持民间部门的创新行为，是温州民间金融部门得以存在和发展的关键性因素之一。地方政府在民间部门的推动和激励下，向中央政府和中央监管者进行游说，充当了地方民间部门创新行为的解释者和中间人，向中央政府与中央监管者传递地方民间部门的创新经验。在典当业、民间钱会以及非金融机构借贷发展的过程中，也贯穿着同样的逻辑。地方政府对新兴的民间金融部门采取的宽容态度，在某种程度上刺激了民间金融的发展，也促进了当地民营经济的发展。但是，温州地方政府对民间金融的发展并不是简单地放任自流。在对钱庄、典当、民间钱会、非金融机构借贷的管理过程中，温州地方政府基于对民间金融性质的准确判断，采取分类引导、区别对待的策略，保护和鼓励合法的民间金融，而打击和抑制非法的投机性的民间金融，因此比较好地控制了地方的金融风险。

温州民间金融的发展也促进了国有金融体系的改革与创新。传统金融体制在与民间金融机构进行市场化竞争的过程中被迫进行市场化改革，进行利率浮动改革并改善经营机制。在方兴钱庄的案例中，温州地方政府和地方监管部门并没有取缔方兴钱庄，而是在允许其经营的前提下，努力改善传统金融机构的经营行为，并进行金融体制改革。温州是第一个进行利率市场化改革的地区，利率实现浮动之后，农村信用社和银行已经流失的资金逐步回流，运用利率水平调节资金供求的潜力和自由度增大，自身的市场竞争能力有所提升。而民间金融机构存在的理由和意义也正在于此。正是民间金融部门的存在，才使得传统的银行体系和农村信用社部门感受到竞争压力，从而逼迫其进行金融体制改革和经营机制革新。温州地方政府在扶植和鼓励民间金融的过程中，着力改善区域金融的竞争结构，营造了一个区域金融充分竞争的局面，既有利于民间金融的健康成长，也有利于传统国有金融体系的存量改革，达到了地方政府改善区域金融生态的终极目的。

下 篇

"中国模式"的历史反思

第十四章
反思"中国模式":内涵、争议与演进

一、引言:"中国模式"与"中国模式"研究的"转型"

2004年,乔舒亚·库珀·雷默(Joshua Cooper Ramo)在一份研究报告中首次使用了"北京共识"的概念。这一概念的提出扮演了催化剂的角色,它拉开了此后备受国内外学界关注的"中国模式"讨论的序幕。2008年是改革开放30周年,2009年是中华人民共和国成立60周年,以此为契机,关于"中国模式"的讨论达到了一个高潮,大量研究成果相继问世。

"中国模式"的有无是这种讨论的逻辑起点。从这一理念被提出开始,围绕着是否有"中国模式"的争议就一直存在。这种分歧的相当一部分原因来自于人们对"模式"一词的定义不尽相同。笔者认为,在探寻中国独特发展路径与方式的意义上,"中国模式"是存在的。不论我们称之为"中国模式"、"中国道路",还是"中国经验"、"中国特色",都不可否认,在从传统走向现代的过程中,中国展现出了一条与西方国家迥然相异的现代化路径。这条路经植根于中国数千年文明和历史积淀,并仍在演进与完善当中。

必须指出,笔者倾向于将"模式"视为一个中性词汇。称其为"模式",既不表明我们的研究只侧重于总结成绩,也不意味着我们要突出这一发展方式的普适性。"模式"不是完美的代名词。不同的模式中都会孕育着一些优秀的、值得效仿的要素,但不可能被完全复制。而对"中国模式"的探讨,如同我们对任何历史现象的讨论和研究一样，探讨的目的首先是为了尽可能客观深入地认识这段历史。明确上述内容，是本章以下讨论的基础。

值得关注的是，关于"中国模式"的讨论在持续升温。在"北京共识"提出后的最初几年中，人们对"中国模式"的研究焦点大体集中在"中国模式"产生的背景、"中国模式"的有无、内涵、特征、性质等几个主题上，而近几年来关于"中国模式"的讨论似乎出现了某种程度的"转型"，对"中国模式"的研究表现出一些新的趋势和热点：其一，研究者对于"中国模式"所涵盖的时间范围的界定发生了细微的变化；其二，"中国模式"的普适性与独特意义引起了更多的关注；其三，研究者在探寻"中国模式"内涵的同时也开始了对"中国模式"的全方位反思；其四，不同领域的学者都关注甚或开始了重新构建关于"中国模式"解释框架和话语体系的尝试；其五，"中国模式"的未来走向成为新的研究重点。

不少学者已经在梳理和总结已有的研究成果方面进行了非常富有价值的工作[①]，已有的述评文章系统地梳理了人们关于"中国模式"讨论的缘起、"中国模式"的有无、"中国模式"的内涵、特征、性质以及意义等方面的研究。为了避免不必要的重复，本章尝试以近年来的

[①] 近年来关于"中国模式"问题的研究综述和述评有很多，如郭盛：《"中国模式"研究综述》，《红旗文稿》2011年第2期；杨新铭：《"中国模式"：缘起、争论与特征》，《徐州师范大学学报（哲学社会科学版）》2011年第9期；钮维敢、蔡瑞艳：《国内外关于"中国模式"研究视角进展述评》，《南京政治学院学报》2011年第5期；杜艳华：《学界关于"中国模式"讨论观点述要》，《高校理论战线》2011年第1期；吴波：《近年来国内外中国模式研究述评》，《山东社会科学》2011年第5期；徐丹丹、孟潇、王芮：《对"中国模式"问题的研究综述》，《经济学动态》2010年第9期；冯玺：《近几年来国内外对"中国模式"的研究述评》，2010年度中国现代经济史研究动态及前沿问题讨论会入选论文；胡键：《争论中的中国模式：内涵、特点和意义》，《社会科学》2010年第4期；刘文革、刘聪睿：《关于"中国模式"研究观点述评》，《政治经济学评论》2010年第4期；中央党校科社部社会制度比较教研室：《2005年以来学术界关于"中国模式"问题研究综述》，《科学社会主义》2010年第3期；郑云天：《国内外关于"中国模式"研究述评》，《社会主义研究》2009年第4期；庄俊举、张西立：《近期有关"中国模式"研究观点综述》，《红旗文稿》2009年第2期；等等。

研究成果为重点,对"中国模式"研究中所表现出的变化和趋势进行文献的梳理和评述。

二、"中国模式"研究中的新动向

1."中国模式"时间范围的再界定:长时段视角下的"中国模式"

"北京共识"概念的提出和改革开放以来取得的巨大成就,都是推动"中国模式"研究的重要因素。这种促进本身也带来了一个结果,就是"中国模式"似乎从一开始就紧紧地和改革开放联系在了一起。从已有的研究成果来看,对于"中国模式"的解读可以分为较为明显的两类:一类是只将改革开放后中国的发展经验、特点定义为"中国模式"或者"中国道路"——这几乎占到了"中国模式"讨论的绝大部分;另一类则是在更长的历史时段内解读"中国模式",时间范围界定的差异减少了两种讨论之间对话的基础。

越来越多的学者开始将视野拓展到改革开放前,而不以 1978 年作为"中国模式"的起点,这是值得关注的一个新特点。这些研究成果总体上可以分为以下几类:

第一,很多学者强调"中国模式"的研究在时间段上不应被人为割裂开来。如钮维敢、蔡瑞艳指出,相当多的研究成果都认为"中国模式"产生于中国改革开放之后。这种界定本身没有什么问题,而关键在于,不能用断代的非延续性的历史观来静止地研究"中国模式",这违背了事物产生、发展和变化内在机理的普遍联系性。[①] 郑永年认为,中国模式的范畴应当涵盖新中国成立至今的 60 年,因为改革前"试错

[①] 钮维敢、蔡瑞艳:《国内外关于"中国模式"研究视角进展述评》,《南京政治学院学报》2011 年第 5 期。

式"的发展,为改革积累了丰富的经验。① 王绍光提出,如果"中国模式"只能解释30年,不能解释60年,那就不完全是中国模式,而只是中国改革的模式而已。② 杨新铭强调,历史继承性是中国模式的重要特征之一。③

第二,还有不少学者通过从政治基础、人力资本等诸多层面研究新中国前后两个30年之间的内在联系来论述"中国模式"的延续性。如甘阳提出,毛泽东时代的"创造性破坏",使中国的经济体制在改革前就远不同于苏联式的中央计划经济结构,这为1978年以后的改革奠定了根本基础。为此,对于共和国60年来的历史,必须寻求一种新的整体性视野。④ 李玲认为,新中国前30年在人力资本禀赋方面所付出的努力和积累,为改革开放后的发展提供了内部动力。⑤ 路风主张,经济发展的第一个条件是有效的政府,是政治问题,而中国后30年发展的政治框架是1949年的革命奠定的。⑥ 有学者进而分析了为什么很多研究者会把改革开放前后分裂开来的原因,认为这与我们采用了政府与市场非此即彼的二元对立的分析范式有关,这种形式主义的思维模式导致一些人简单地将前后两个30年分别视为"计划经济"时代和"市场经济"时代,并将改革开放后推行的"市场经济"改革简单地归因于遵循新古典主义经济学理论的市场信条。⑦

第三,除了强调新中国60年历史的不可分割之外,还有学者将

---

① 郑永年:《中国模式:经验与困局》,浙江人民出版社2011年版,第2页。
② 王绍光:《善于学习是中国体制的活力所在》,载潘维、玛雅主编:《人民共和国六十年与中国模式》,生活·读书·新知三联书店2010年版,第278页。
③ 杨新铭:《"中国模式":缘起、争论与特征》,《徐州师范大学学报(哲学社会科学版)》2011年第9期。
④ 甘阳:《中国道路:三十年与六十年》,《读书》2007年第6期。
⑤ 李玲、李明强:《人力资本、经济奇迹与中国模式》,《当代中国史研究》2010年第1期。
⑥ 路风:《中国模式不是计划出来的》,载潘维、玛雅主编:《人民共和国六十年与中国模式》,第21—22页。
⑦ 邹峥杰:《从实践历史探索"中国模式"》,《探索与争鸣》2010年第11期。

这种在更长历史时段下审视"中国模式"的理念直接贯彻在研究当中，潘维的研究颇具代表性。潘维根据新中国 60 年的历史实践，提出"中国模式"由经济、政治、社会三个子模式构成，社稷、民本、国民"三位一体"，形成了"当代中华体制"。① 不仅如此，潘维并试图在一个更长远的历史文化传统中寻求"当代中华体制"的根基。根据新中国 60 年的发展历程总结"中国模式"的学者还有很多，如胡钧等学者对"中国模式"内涵的概括，认为它包含着一党执政、公有制的主体地位、政府在经济发展中的主导作用等诸多要素。②

第四，除去上面提及的文献之外，还有学者力图将"中国模式"置于一个更长远的历史视角下进行考察。比如，黄平说，理解改革以来的 30 年"一定要回到六十年，甚至九十年，乃至 1911 年、1830—1840 年，或者更早"，因为这"为理解现代中国以及今天的变迁，提供了一个必要而基本的背景和视野"③。林春指出，"中国模式"来自近现代中国人民追求独立解放和繁荣富强的艰险历程，有深刻的时代渊源和路径依赖，是一部不应也无法割断的历史的一部分。④ 甘阳提出，"关于中国发展的讨论如果不能和中华文明几千年传统建立起一种有机的关系，整个讨论是有问题的"⑤。武力提出，新中国 60 年的经济发展与制度变迁，应该放到世界现代化的历史进程中去审视⑥；等等。

这些讨论拓展了"中国模式"研究的视野与维度，也有助于人们在

---

① 潘维主编：《中国模式：解读人民共和国的 60 年》，总论及第 1—84 页。
② 胡钧、韩东：《"中国模式"的实质、特点和面临的挑战》，《政治经济学评论》2010 年第 4 期。
③ 黄平：《中国一定要走出自己的道路》，载潘维、玛雅主编：《人民共和国与中国模式》，第 52 页。
④ 林春：《"中国模式"议》，《政治经济学评论》2010 年第 4 期。
⑤ 甘阳：《中国道路还是中国模式》，《文化纵横》2011 年第 5 期。
⑥ 武力：《从二百年的大视野看新中国六十年经济发展》，《中共党史研究》2010 年第 5 期。

一个连续的而非间断的历史情境中重新对"中国模式"进行深入的思考。

2. "中国模式"的普适性与独特意义

"中国模式"的世界影响是"中国模式"研究中不能回避并日益受到关注的一个话题。关于中国模式是否普适,多数研究者持否定态度,但这并不影响人们对于"中国模式"价值的肯定,因为"中国模式"的存在,使西方模式与西方经验的"普适性"受到了质疑。

(1)"中国模式"普适吗?

研究"中国模式"并不是为了证明它的普适性,对于这一点,国内外的研究者倒是可以达成难得的一致,绝大多数研究者的研究都不是为了示范、推广和复制"中国模式"。

不具普适性是一些学者不赞成"中国模式"提法的重要原因。赵启正认为,"'中国模式'没有普适性,正像已经高度发达的国家的模式也没有普适性一样"[①]。还有学者进一步声明,中国的特色恰恰在于其改革之前"国家工业化"资本原始积累进程中形成的制度难以被他国复制。[②] 沈大伟、L. 霍恩-法萨诺塞、裴宜理、M. 怀特(Martin King Whyte)、P. 格利高利(Paul R. Gregory)、周晓(Kate Zhou)、谢淑丽等许多西方学者则从政治体制、经济模式、国情等诸多层面的特殊性以及中国经济发展中的不足和缺陷入手分析"中国模式"的不可复制,甚至由此质疑"中国模式"的存在。只有少数学者,如美国肯尼迪政府学院的 J. 奈(Joseph Nye)、英国剑桥大学国际问题研究中心的 S. 哈尔珀(Stefan Halper)、美国匹兹堡大学的 T. 罗斯基(Thomas G. Rawski)等认为"中国模式"中有一些发展中国家可以效仿的做法或

---

① 赵启正:《中国无意输出"模式"》,《学习时报》2009 年 12 月 7 日。
② 温铁军、董筱丹:《"中国经验"的"中国特色"——中国工业化进程之于其他发展中国家的不可复制性》,载潘维主编:《中国模式:解读人民共和国的 60 年》,第 163 页。

是"中国模式"中的一些因素存在输出的可能性。①

但并非完全没有不同的声音,近两年国内倒是有一些学者开始讨论"中国模式"所可能具有的"一般适用性",比如石磊、郭强等学者的阐释。②

(2)"中国模式"的独特意义:多元化的世界

"中国模式"的出现日益促使人们反思现代化路径的多元性,这甚至可能需要我们重新界定和思考"现代"一词的含义,而不是以西方的一切作为标准,判断一个民族或国家是否进入了现代文明。

关于"中国模式"的意义,有的研究者是从理论视角思考的。如韩朝华指出,中国的发展有助于当代市场经济理论的丰富和深化,因为西方的市场经济理论只服务于既有市场经济体系的维护,而不涉及如何创建市场经济。③乔榛则分析了"中国模式"下的"社会经济人"假定、竞争的新形式和经济制度绩效的稳定标准对西方主流经济学核心范畴的挑战。④

而更多的国内外研究者是从世界文明多样性以及现代化路径的多元化角度来讨论"中国模式"的意义。如郑永年指出,对很多西方人来说,"中国模式"是对西方价值的挑战和竞争。⑤伦敦经济学院的林春认为,挑战工业资本主义的优越性和普遍性,使全球化过程从属于本土多民族、地方的文化资源和真实需要,是建设"中国模式"的本

---

① 参见上海市哲学社会科学规划办公室、上海社会科学院信息研究所编:《国外社科学前沿》(第 14 辑),上海人民出版社 2011 年版,第 572—586 页。
② 石磊、张翼、寇宗来:《演进中的"中国模式":战略、机制与架构》,《社会科学》2010 年第 3 期;郭强、任福兵、朱姝:《中国模式具有一定普适性》,《学术界》2010 年第 4 期。
③ 韩朝华:《"中国模式"热中隐含的理论挑战》,《探索与争鸣》2011 年第 7 期。
④ 乔榛:《"中国模式"对西方主流经济学的挑战》,《政治经济学评论》2011 年第 3 期。
⑤ 郑永年:《国际发展格局中的中国模式》,《中国社会科学》2009 年第 5 期。

意。①阿里夫·德里克的观点与其十分类似，他提出，在全球现代性的体制下，"中国模式"至少在某种程度上强化了对特殊的现代性的强调，增强着人们对替代性模式的可能性的信心。②约翰·奈斯比特甚至说，中国的政治模式也许可以证明资本主义这一所谓的"历史之终结"只不过是人类历史道路的一个阶段而已。③

"中国模式"挑战了西方模式的普适性，这一点亦被许多中国学者所强调。如台湾学者朱云汉认为，中国发展模式的出现将加速一元现代性框架的式微和多元现代性框架的确立。④杨其静提出，"中国模式"对西方世界的挑战之一，在于它可能使部分人所认为的以美国为代表的民主发展模式具有普适性受到质疑。⑤周弘强调，中国的成功进一步证明了世界文明的多样性。⑥赵凌云指出，"中国模式热"并不是一个单纯的学术现象，"中国模式"突破了"西方中心论"，彰显了复线历史模式，它因此而具有丰富的人类思想史意义。⑦

3. 对"中国模式"及"中国模式"研究的反思

近几年来，人们探讨的核心已经不仅仅是"中国模式"的内涵，关于"中国模式"的反思取而代之成为很多研究者讨论的新焦点，与之相伴随的，是研究者对于"中国模式"研究本身的反思。

---

① 林春：《"中国模式"议》，《政治经济学评论》2010年第4期。
② 阿里夫·德里克：《"中国模式"理念：一个批判性分析》，《国外理论动态》2011年第7期。
③ 赵启正、约翰·奈斯比特、多丽丝·奈斯比特：《对话中国模式》，新世界出版社2010年版，第194页。
④ 朱云汉：《中国模式与全球秩序重组》，载潘维主编：《中国模式：解读人民共和国的60年》，第604页。
⑤ 杨其静：《市场、政府与企业：对中国发展模式的思考》，中国人民大学出版社2010年版，第204页。
⑥ 周弘：《全球化背景下"中国道路"的世界意义》，《中国社会科学》2009年第5期。
⑦ 赵凌云、赵红星：《论"中国模式"的人类思想史意义》，《湖北社会科学》2011年第5期。

(1)"中国模式"存在吗?

尽管已经讨论了几年,但至今仍有许多研究者并不赞成"中国模式"这一提法。他们的观点又大体可以分为如下两类:

一类是否认中国有自己的模式。有些学者认为,中国经济增长的直接原因及其发展轨迹与日本、韩国和中国台湾地区相比颇多相似之处,都属于亚洲后期快速发展的一种模式,持此观点的代表如傅高义、钱颖一等。钱颖一还指出,就经济增长态势和性质而言,中国也没有特别之处。① 还有一些学者认为中国发展所遵循的原则和方向与西方没什么本质区别,代表人物如黄亚生、姚洋。黄亚生认为,改革以来,中国在经济、政治上推行的诸多举措,都与西方社会倡导的理念相一致,他强调,"在大的原则问题上,中国如果要成功,必须和西方的体制接轨"②。姚洋认为,中国的发展有其独特之处,但在过去的30年里,中国经济只是准确无误地朝着新古典经济学理论的市场信条迈进。③ 抛开上述两种趋同论,学者们质疑"中国模式"的理由有很多。陈志武指出,从世界范围来看,一国经济持续多年的强劲增长在历史上并非独一无二,因此,中国的经济发展还需要更长时间的检验。④ 谢淑丽认为,中国存在着太多的不确定性——经济政策与政治理念的不断调整、经济高速发展带来的负面效应,以及中国现有的"制度优势"在未来能否持续,这些足以否定"中国模式"的存在。⑤ 贾康提出,一种制度要被称为"模式"至少要满足三个特征:一、有别于既有模式,二、具备基本的稳定性,三、可以在某种程度上为其他主体效仿,在

---

① 参见上海市哲学社会科学规划办公室、上海社会科学院信息研究所编:《国外社会科学前沿》(第14辑),第572页;谢平、管涛等主编:《反思中国模式》,中国经济出版社2011年版,第7页。
② 黄亚生:《"中国模式"到底有多独特?》,中信出版社2011年版,第6页。
③ 姚洋:《中国道路的世界意义》,北京大学出版社2011年版,第99页。
④ 陈志武:《没有中国模式这回事》,转引自何迪、鲁利玲主编:《反思"中国模式"》,社会科学文献出版社2012年版,第86—91页。
⑤ 上海市哲学社会科学规划办公室、上海社会科学院信息研究所编:《国外社会科学前沿》(第14辑),第574页。

这个意义上讲,"中国模式"远未形成。① 原因各异,但这些研究者的共同点在于认为中国并没有独特的发展模式。

另一类则是因为中国发展过程中存在的问题和缺陷而不认同"模式"一说。比如秦晖对中国模式下"低人权优势"的批评。② 再如资中筠,承认处于经济体制转变过程中的中国"有其历史传统和转型中的阶段性特色",但强调不能无视当下市场经济以及"举国体制"所存在的种种问题,"与其高唱'中国模式',不如低头寻找'中国道路'"③。还有学者从思想史的角度对"中国模式"的观点给予批评,如许纪霖认为"中国模式热"与中国近十年来的历史主义思潮息息相关,有关"中国模式"的各种叙事,多从拒绝普世价值出发,试图在历史与现实当中寻找中国不同于西方的民族"个性",隐藏在这些观点背后的潜台词似乎是民族利益才是唯一有价值的价值,这种历史主义的思维极易从相对主义走向价值虚无主义,进而"堕入国家主义的历史深渊"④。这些观点本质上反映了研究者对于"中国模式"存在问题和内在缺陷的忧虑。

(2)关于"中国模式"的反思:"合宜"的政府

"中国模式"还不是一条成熟的现代化道路,面临着来自政治、经济、社会、文化和环境等各领域的挑战。⑤ 腐败、贫富差距、产业结构升级、环境压力、能源危机、经济增长方式不可持续、收入分配不公等,中国在快速发展过程中所遇到的种种问题和困境,都成为国内外研究者在讨论"中国模式"时反思的对象。⑥ 而其中有一个命题相对而

---

① 谢平、管涛等主编:《反思中国模式》,第16页。
② 秦晖:《中国的崛起和"'中国模式'的崛起"》,载何迪、鲁利玲主编:《反思"中国模式"》,第44—76页。
③ 资中筠:《也谈"中国模式"》,载何迪、鲁利玲主编:《反思"中国模式"》,第84—85页。
④ 许纪霖:《普世文明,还是中国价值?》,载何迪、鲁利玲主编:《反思"中国模式"》,第13—43页。
⑤ 高建:《"中国模式"的争论与思考》,《政治学研究》2011年第3期。
⑥ 近年来这方面的著述有很多,如谢平、管涛等主编:《反思中国模式》;周艳辉主编:《海外学者论中国经济发展:增长的迷思》,中央编译出版社2011年;周天勇:《中国梦与中国道路》,社会科学文献出版社2011年版,等等。而期刊上以某一个具体问题为探讨对象的相关论文则更多。

言引起了较多的关注,这就是政府在经济、社会发展过程中发挥的以及她所应当发挥的作用,这也是"中国模式"中最核心的内容之一。

首先被人们关注的是政府与市场的关系。尽管有学者认为"中国模式"的经验之一在于改革以来在强调市场功能的同时没有走向市场万能主义[1],但减少政府的干预仍是许多研究者的期待。美国加州大学伯克利分校的 P. 巴德汉(Pranab Bardhan)、马萨诸塞州理工学院的黄亚生等学者都明确地质疑威权主义在中国经济发展中的作用。[2] 国内的一些学者,如吴敬琏、秦晓、卢现祥等,也不断强调推进市场化改革、从强有力的政府转化为强化市场型政府的重要意义。秦晓特别提出,值得警惕的是政府干预受到了权力和资本相结合形成的特殊利益集团的驱动。[3]

而更多研究者对"政府"作用的反思并不单纯地停留在经济层面。如燕继荣指出,中国模式改革的方向是必须改变家长式包办主义的管理模式,促进政府围绕"公共性"和"回应性"实现制度创新,给民间和社会以更大的发展空间。[4] 持类似观点的学者不在少数,如郑永年认为,中国必须推进国家与社会间的分权,强化社会的力量,扩大公民的参与。[5] 丁学良则将政府的公共政策缺乏透明度、公众不能以公开、合理的方式参与国家公共政策的决定称之为"中国模式"的四大成本之一。[6] 萧功秦强调,中国必须不失时机地发展公民社会,改变"强国家—弱社会"的体制,在保持执政党执政地位的历史连续性与正当性

---

[1] 郑永年:《中国模式:经验与困局》,第 107—108 页。
[2] 上海市哲学社会科学规划办公室、上海社会科学院信息研究所编:《国外社会科学前沿》(第 14 辑),第 582 页。
[3] 吴敬琏:《"中国模式",还是过渡体制》,载何迪、鲁利玲主编:《反思"中国模式"》,第 1—9 页;秦晓:《是制度缺陷,还是制度创新——对"中国模式论"的质疑》,《经济导刊》2010 年第 5 期;卢现祥、李小平:《中国模式:问题与反思》,《福建论坛(人文社会科学版)》2011 年第 1 期。
[4] 燕继荣:《"中国模式"的学术辨析》,《探索与争鸣》2010 年第 12 期。
[5] 郑永年:《中国模式:经验与困局》,第 162 页。
[6] 丁学良:《辩论"中国模式"》,社会科学文献出版社 2011 年版,第 135—136 页。

的同时，渐进地走出威权主义。①

对国家作用的认识仁者见仁、智者见智。与国内一些学者的观点相反，有的西方学者倒是很认同中国模式中国家的独特作用。《当中国统治世界》一书的作者马丁·雅克就认为，中国模式包括一个积极的、无所不在的国家，而中国的国家本身就是一个不断进行改革和结构调整的高度能动的机制。②"政府"在未来的中国发展中扮演一个什么样的角色，是"中国模式"中备受瞩目的话题。不论是经济层面，还是社会层面，乃至政治层面，"政府"的职能都需要被合宜地界定。

（3）关于"中国模式"研究的反思：社会主义与意识形态

随着"中国模式"研究成果的大量涌现，引起人们反思的不只是"中国模式"，还有"中国模式"研究本身。而需要特别指出的是，学者们关于"中国模式"研究的反思，大都和社会主义、意识形态等概念或因素联系在了一起，这些反思把社会主义、意识形态这些最具中国特色的要素摆在我们的面前，同时，也在另一个侧面促使我们思考"中国模式"未来的发展方向。

杨煌指出，社会主义的原则、方向和价值观是中国模式所必须坚持的，那么对中国模式的研究就不能缺少社会主义的视角。③程恩富认为，中国模式的经济、政治、文化和社会的体制内涵指的是社会主义本质在中国的当代实现形式，所以，对中国模式的研究必须与社会主义、与中国特色社会主义道路紧密地联系起来。④谢忠文、李倩提出，关于中国模式的研究，其渊源、发生和发展都表现出强烈的意识形态色彩，这一维度的缺失，或者说，去意识形态化却将导致中国模式产

---

① 萧功秦：《中国模式面临五大困境》，《人民论坛》2010年第11期。
② 马丁·雅克：《中国将如何改变我们的思维方式：以国家为例》，王瑾编译，《当代世界与社会主义》2011年第4期。
③ 杨煌：《中国模式与社会主义》，《红旗文稿》2011年第18期。
④ 程恩富等：《关于中国模式研究的若干难点问题探析》，《河北经贸大学学报》2011年第1期。

生身份认同危机。① 甚至有学者认为,"中国模式"是一个在西方政治语境下提出的、承担着既定政治任务的理论话语,"模式论"在一定程度上是中国威胁论的延续。因此必须否定"中国模式"的存在。②

4. 解释框架和话语体系的重新构建:"中国模式"研究中新的理论诉求

为了更加深入地解读"中国模式",学者们在研究方法的采用上进行了很多的探索。一方面,不少学者开始运用量化的、模型化的方法对"中国模式"中最核心的一些问题——比如经济增长与制度变迁之间的互动关系、经济增长的原因及质量、经济分权模式的具体影响等进行实证分析,力求得出更为精确的政治经济学解释。③ 而另一方面,研究者关注的不再仅仅是"中国模式"是什么的问题,还有我们究竟应当用什么样的研究视角和理论框架去解读"中国模式"。于是,在研究方法的探索上出现了一个新的趋势——相当一部分学者开始了重新建构对中国经验、道路进行解释的理论框架与话语体系的尝试,而不再像以往一样单纯地在西方理念的框架内诠释"中国模式"。

"中国模式"所引发的许多争议,都可以归因于这一讨论中包含了一定的价值判断与取向,而并不是纯粹的学术探讨。东西方话语体系和分析范式的不同,很容易使关于中国模式的讨论走向政治性和道德意义上的争论,因此,对于"中国模式"这个外来话语,我们必须使

---

① 谢忠文、李倩:《中国模式研究中的意识形态因素》,《探索》2011 年第 2 期。
② 冯海波、崔伟:《"中国模式"概念批判》,《前沿》2011 年第 21 期。
③ 选择具体问题进行实证分析以揭示"中国模式"的研究成果有很多,如靳涛:《中国经济增长与制度变迁的互动关系研究》,《厦门大学学报》2011 年第 4 期;贺大兴、姚洋:《社会平等、中性政府与中国经济增长》,《经济研究》2011 年第 1 期;徐现祥、王贤彬:《晋升激励与经济增长》,《世界经济》2010 年第 2 期;钞小静、任保平:《中国经济增长质量的时序变化与地区差异分析》,《经济研究》2011 年第 4 期;杨其静:《市场、政府与企业:对中国发展模式的思考》;等等。

之内化到我们自己的解释框架之中。①应当看到,建构自己的解释框架和话语体系的努力,并不仅仅是出于对西方世界"有色眼镜"的被动回应,更重要的是,这是中国人在现代化进程以及中国不断崛起的过程中所必然思考和面对的文化自觉。

(1)"中国模式"的理论诉求

正如有些学者指出的,不同于"中国经验"、"中国道路"等描述性的表述,"中国模式"的提法本身已经包含着理论升华的诉求,它更为积极地突出了"中国特色"的分量。②构建自己的解释框架,有些学者是从"中国模式"自身所蕴含的理论资源着手分析的,如乔榛、杨永华等学者针对"中国模式"的理论精华所作的探讨。③还有的学者则是从西方经济学的内在欠缺的角度论述发展我们自己的经济学的必要性,如简新华、时磊、杨德才等学者关于西方发展经济学理论在体系和内容上存在的不足的分析,以及对中国独特发展轨迹所可能作出的理论贡献的讨论。④当然,也有学者从"中国模式"研究中存在的问题的角度,指出目前理论总结的不足。如常欣欣、毛德儒认为,迄今为止的很多研究仍缺乏理论抽象,缺少基于宏观历史视野和终极价值挖掘的整体性和深刻性,而大都是从政治、经济、社会等层面概括出"中国模式"的若干方面,再作板块式的归纳组合。⑤

除此而外,还有一些学者则是更为直接地针对西方的话语系统提

---

① 轩传树:《从"外来"到"内化":对西方"中国模式"之争的一种解读》,《马克思主义研究》2011年第5期。
② 杨学功:《"中国模式"讨论的哲学反思》,《北京行政学院学报》2011年第4期。
③ 乔榛:《"中国模式"对西方主流经济学的挑战》,《政治经济学评论》2011年第3期;杨永华:《中国模式的理论基础:市场经济与公有制相容性》,《华南师范大学学报(社会科学版)》2011年第1期。
④ 简新华:《发展经济学的最新发展:中国特色发展经济学》,《政治经济学评论》2011年第1期;时磊、杨德才:《政府主导工业化:经济发展的"中国模式"》,《江苏社会科学》2011年第4期。
⑤ 常欣欣、毛德儒:《近年来"中国模式"研究中的相关问题与思考》,《当代世界与社会主义》2011年第2期。

出"中国模式"理论化的重要性。如谢忠文认为,单纯凭藉西方学术话语系统下的市场化、民主化等概念范畴并不能全面准确地理解中国模式,所以必须突破西方的分析范式。① 肖贵清认为,我们应当运用马克思主义的立场、观点和方法,构建中国自己的话语体系。② 杨承训提出,我们要探析"中国模式"之经济科学的内在规律,剔除膜拜美欧的做法。③

(2)文化自觉视角下的"中国模式"研究

早在20个世纪90年代初,我国现代化理论研究的开拓者罗荣渠先生就提出,现代化理论研究的一个基本任务是"建立现代化研究的中国学派",中国社会科学界有必要建立起自己的一套研究现代发展问题的综合理论架构。④ 近20年后,"中国学派"再度成为我国学者关注的热点。如果说让中国实现现代化、走上国富民强的道路是近代以来数代中国人为之不懈奋斗的理想,那么"中国学派"的创立、形成与完善则是无数中国学人努力的方向。

几年前,贺雪峰在一篇文章中批评了中国农村研究以及社会科学研究中缺乏主体意识的状况,他进而指出,要改变这一局面,"就需要强调社会科学为理解和解释中国服务;就要破除西方社会科学与中国社会科学之间隐然存在的等级关系;就要在社会科学本土化上做文章"。只有当我们有了主体意识,我们的研究才不会在与西方社会科学的对话中迷失方向。⑤

而近两年,越来越多的学者提出了类似的观点。如潘维指出,"中国道路的成功挑战了西方经济学知识里的'市场与计划两分',西方政治学知识里的'民主与专制两分',西方社会学知识里的'国家与社会两分'",总结"中国模式"能够"促进我国学界对本土文明的自

---

① 谢忠文、李倩:《中国模式研究中的意识形态因素》,《探索》2011年第2期。
② 肖贵清:《论中国模式研究的马克思主义话语体系》,《南京大学学报(哲学·人文科学·社会科学)》2011年第1期。
③ 杨承训:《"中国模式"之经济科学方法论》,《中州学刊》2010年第1期。
④ 罗荣渠:《现代化新论》,商务印书馆2004年版,第115页。
⑤ 贺雪峰:《什么农村,什么问题》,法律出版社2008年版,第7、10页。

觉，从而促进'中国话语系统'的形成，以及'中国学派'的崛起"。而没有"中国特色"的清晰定义，就会被"世界潮流"和"普世价值"冲击得失去方寸。① 衣俊卿说，积极推动"中国模式"在实践上的不断完善和理论上的不断自觉，是"中国模式"进一步发展的理论诉求，也是中国哲学社会科学研究责无旁贷的历史使命。② 温铁军认为，中国这个社会不是西方的意识形态能够解释的。是否用西方意识形态来评价中国经验，是否用西方服务于意识形态的社会科学来研究中国经验，是"中国学派"能不能真正建立的前提条件。③ 甘阳提出，任何直接到西方找一种学说来解决中国问题的尝试，都是肤浅的。我们应当"用中国的方式来研究中国，用西方的方式去研究西方"④。

甚至有学者开始了对于中国近代以来的学术体系和治学传统的反思。荣剑就提出，"自晚清新政以来，中国的思想界和中国传统的史学叙事便被笼罩在西方强大的普世主义语境中，这是中国已有数千年传承的知识体系和价值系统所遇到的最严重的挑战"⑤。翟玉忠则进一步指出，近代以来西方知识体系的全面输入、移植导致了中国本土学术体系的解体与消亡。这本质上是美国文化征服战略的一部分。而"中国学派"不等于西方学术的本土化，光引入西学是不行的。⑥

人们所反省的并不只"中国模式"本身，还有多年以来中国人在

---

① 潘维主编：《中国模式：解读人民共和国的60年》，第6、21页。
② 王广：《"中国模式"的理论诉求——衣俊卿教授专访》，《国际社会科学杂志》第26卷第1期（2009年3月）。
③ 温铁军：《中国1950年代的两次重大战略转变》，载潘维、玛雅主编：《人民共和国六十年与中国模式》，第11—12页。
④ 甘阳：《用中国的方式研究中国，用西方的方式研究西方》，《现代中文学刊》2009年第2期。
⑤ 荣剑：《论历史观与历史价值观——对中国史学理论若干前提性问题的再认识》，《中国社会科学》2010年第1期。
⑥ 翟玉忠：《中国现代学术的兴起与马克思主义的中国化》，求是理论网（http://www.qstheory.cn/tbzt/xslt/）。翟玉忠：《中国学派不等于西方学术的本土化》，载潘维、玛雅主编：《人民共和国六十年与中国模式》，第312页。

各个方面包括学术研究领域言必及欧美、行必求接轨的态度。中国实践中的很多核心要素并不是完全得自于西方。正如西方学者所指出的，我们不应该对中国信奉市场和竞争感到惊讶，它们同样深植于中国的历史和精神传统当中。亚当·斯密在18世纪末期就描述了中国市场远比当时欧洲的市场要大得多，发达得多。①那么，与实践相一致，我们在理论上也必须进行独立的拷问和探索。

5."中国模式"未来的发展方向

抛开结构失衡、环境危机、投资低效、内需不足等具体问题的争论，"中国模式"未来发展最根本的指导性原则与方向是研究者探讨的又一个重点。人们热切关注"中国模式"的未来走向。中国是否以及如何能在社会主义、市场经济以及政治民主化之间寻找到一个完美的结合点，是人们争论的核心。

（1）什么才是社会主义体制下的市场经济？

美国霍普金斯大学的J.安德斯（Joel Andreas）说，中国并没有开创一个非资本主义市场体系的发展道路，作为推行改革的结果，20世纪80年代存在的非资本主义市场经济已经转变成资本主义经济。②在很多西方的研究者看来，市场化、自由化以及以此为基础的西方模式将是中国经济发展的最终归宿。所以，接下来的问题是，中国该向着什么样的目标发展？是否西方的今天就是中国的明天？尽管我们在20世纪90年代就提出了要构建"社会主义市场经济体制"，但对于中国而言，如何真正地实现"社会主义"与"市场经济"的有效结合仍然是一个有待研究的课题，这可能构成"中国模式"最重要的内容。

越来越多的学者开始讨论中国现行"市场经济"存在的问题。如

---

① 马丁·雅克：《中国将如何改变我们的思维方式：以国家为例》，王瑾编译，《当代世界与社会主义》2011年第4期。
② 上海市哲学社会科学规划办公室、上海社会科学院信息研究所编：《国外社会科学前沿》（第14辑），第588页。

丁学良认为，"中国特色的市场经济"特点之一是特权参与市场交易，这种市场经济是"小众的"，它所带来的财富分配格局必然是私人财富的集中，必须转变为"大众的市场经济"才能改变只有一小部分人享有发财致富机会的不公平状态。① 而王毅指出，这种"权力经济"的膨胀在中国并不乏历史传统。② 私有经济的不断增多和贫富差距的不断扩大，已经使一些西方的左翼学者对中国的社会主义性质和走向持怀疑的态度。③ 有的学者对于中国的批评非常严厉，比如，马丁·哈特-兰茨伯格和保罗·伯克特认为，"中国的市场社会主义改革并未将该国导向一种新型的社会主义；而是导向了一种日渐等级化和残忍的资本主义形态"，改革成果远没有被广大人民共享。④ 在马丁·哈特-兰茨伯格看来，中国已经恢复了一些非社会主义的事物。长期积累起来的国家权力已在很大程度上受到私有的、以赢利为目的的公司的影响，且受到国外跨国公司的掣肘。国家的发展能力已因此而受损。⑤

虽然大部分学者的观点并不像兰茨伯格的评论那么激烈，但不断扩大的贫富差距还是极大地影响了人们对于"中国模式"的认识。法国学者托尼·安德烈阿尼指出，日益突出的贫富差距对于一个自称为社会主义性质的国家而言是非常消极的，在"社会主义与市场"这个复杂的方程式中，后者占了上风。⑥ 德里克认为，在中国改革开放以

---

① 丁学良：《辩论"中国模式"》，第 177—180 页。
② 王毅：《所谓"中国模式"自秦制以来就有》，载何迪、鲁利玲主编：《反思"中国模式"》，第 163—165 页。
③ 范春燕：《近年来西方左翼学者关于中国特色社会主义的争论及其启示》，《国外理论动态》2011 年第 7 期。
④ Martin Hart-Landsberg and Paul Burkett, "China and Socialism: Market Reforms and Class Struggle", *Monthly Review*, July – August 2004, pp.9, 26. 转引自刘爱武：《国外中国模式研究评析》，《山东社会科学》2010 年第 12 期。
⑤ 马丁·哈特-兰茨伯格：《对中国改革经验的批判性评估》，载王新颖主编：《海外学者论中国模式：奇迹的建构》，中央编译出版社 2011 年版，第 121—143 页。
⑥ 托尼·安德烈阿尼：《中国融入世界市场是否意味着"中国模式"的必然终结》，载王新颖主编：《海外学者论中国模式：奇迹的建构》，第 120 页。

来的发展过程中，分配的正义逐渐弱化，从而把实现社会主义远远地推向一种不明确的未来。而中国要想保持持续发展和进步，必须保持和发扬那些在中国发展中起了重要推动作用的不被注意的社会主义因素。① 中国学者也不乏相关的论述。如杨平提出，应该看到，市场与资本的力量在过去30年的经济运行中，强烈渗透和影响了社会。未来这两种力量的斗争还将长期存在。② 王绍光强调，建设社会主义最重要的是有没有认清社会主义方向的视野，未来的发展坚持社会主义方向，才会道路越来越宽广。③

如何构建"社会主义市场经济体制"，如何在市场经济体制下彰显社会主义的优越性，不仅是学者争论的焦点，也是"中国模式"未来发展中亟待解决的命题。

（2）关于政治民主化

随着经济发展的不断加快，政治民主化被快速地提上了议事日程，这种呼声在国内外都变得日益强烈。如果改革是必然的，那么随之而来的问题就是我们要进行什么样的改革。

尽管不同的研究者对于"民主"内涵、形式的定义不尽相同，但"民主"这一概念一直都被视为褒义的词汇，它在大多数语境中都是进步、文明的象征和代名词。这为西方国家推销自己的民主模式提供了天然的理由。值得关注的是，在近来一些关于"中国模式"中的政治民主化问题的讨论中，不少学者提出了不同于西方的理解。

有些学者开始探讨"民主"本身与社会发展的不同阶段之间的关

---

① 阿里夫·德里克：《重访后社会主义：反思"中国特色社会主义"的过去、现在和未来》，载王新颖主编：《海外学者论中国模式：奇迹的建构》，第153、167—170页；阿里夫·德里克：《"中国模式"理念：一个批判性分析》，《国外理论动态》2011年第7期。

② 郭晓科、李希光：《中国模式的定义与探索——"百年清华·中国模式"高峰论坛综述》，《探索》2011年第3期。

③ 王绍光：《坚守方向、探索道路：中国社会主义实践六十年》，《中国社会科学》2009年第5期。

系。如房宁提出,民主形式的选择与社会发展的阶段性紧密相关。竞争性选举的问题之一在于它往往会造成利益冲突,放大利益分歧。当一个社会处于工业化阶段,即处在矛盾多发期,进行这样的利益切割就会造成更多的分歧与冲突。[1]郑永年明确指出,民主化并不等同于"西化"。民主政治的本质是竞争、透明、参与和政治责任,不是政党的数量。在郑永年看来,未来中国的民主化可能会结合三个主要因素:自上而下的党内选拔(党内民主)、自下而上的社会认可(社会民主)以及执政党和社会在法律构架内的有序互动(宪政民主)。[2]

学者们对中国特色的东西给予了不同程度的关注。如河清认为,"集权为民"的政治模式保证了新中国政治制度的稳定和经济的发展,从长远来看,这是中华民族两千年来一直在践行的一个政治智慧。中国人应当克服一百年来的文化自卑,恢复自己的核心价值观,而不是继续强化西方文化并从理念出发演绎西方的"普世价值"。[3]一些国外学者也充分认识到中国民主政治构建过程中的特殊性,如瑞典的张维为认为,经过漫长历史整合而形成的"百国之和"是中国的优势,中国人有自己独特的政治文化观。如果放弃自己的模式,转而照搬西方,就可能把中国的最大优势变成最大劣势。[4]哈佛大学费正清研究中心的马若德(Roderick Macfarquhar)、德国汉诺威大学的O.内格特(Oskar Negt)、美国霍普金斯大学的F.福山(Francis Fukuyama)、清华大学的贝淡宁等学者的观点有相似之处,他们认为考虑到中国特有的文化、传统,中国全盘引进西方理念、复制西方民主模式的可能性

---

[1] 房宁:《中国民主是"点菜",不是"点厨师"》,载潘维、玛雅主编:《人民共和国六十年与中国模式》,第63—66页。
[2] 郑永年:《中国模式:经验与困局》,第一讲及第89—96页。
[3] 河清:《用"为民"对等西方的"民主"》,载潘维、玛雅主编:《人民共和国六十年与中国模式》,第346—349页。
[4] 张维为:《中国模式的优势是"百国之和"》,《环球时报》2011年1月19日。

并不大。①这些声音促使我们反思,如何在不可抵挡的全球化浪潮中,寻找适合自己的民主模式和发展方向。

三、现代化路径的多元性——"中国模式"的历史价值

让我们再来回顾一下本文所总结的近几年来关于"中国模式"的讨论所表现出的五个特征:第一,在一个更长的历史时段内总结和审视"中国模式"——越来越多的研究者倾向于将整个新中国的历史视为一个整体,以此作为思考和把握"中国模式"核心要义的出发点。第二,"中国模式"是否普适和"中国模式"在理论与实践层面所具有的独特意义成为研究者关注的一个新的热点。第三,研究者开始侧重于反思"中国模式"所面临的种种问题,而对"中国模式"的反思同时也引发了对"中国模式"研究本身的反思。第四,需要给以特别关注的是,部分中国学者开始了构建新的解释框架和话语体系的尝试,力图进行独立的理论探索,而不是总在西方的话语体系内和学术范式下解读"中国模式"。第五,"中国模式"将何去何从成为新的研究热点,人们迫切地关注未来的中国将如何实现社会主义、市场经济和政治民主化的有效结合。

"中国模式"研究中这些看似相互独立的新的动向与趋势,彼此之间又具有千丝万缕的联系。它们共同指向一个命题,即现代化路径的多元选择。在新中国的发展历程中,尽管不同时期中国发展战略的制定都受到了外部环境的重要影响,但中国始终保持着发展方式的自主选择权,不论是改革开放前,还是改革开放后,她都以一种内生性的主动的变革方式决定着自己的走向。"中国模式"的突出特征在于,她没有照搬西方以及任何一个其他国家的经验,而是灵活地改变了对市场甚至是社会主义的原教旨主义式的理解,走出了一条独特的发展之路。这条道路并非

---

① 上海市哲学社会科学规划办公室、上海社会科学院信息研究所编:《国外社会科学前沿》(第14辑),第572、593—595页。

尽善尽美，既有探索过程中大量值得总结的经验教训，也有发展到一定程度后所面临的来自各方面的挑战和制约。但中国仍以自己的特出实践改变并丰富着东西方人对于"现代"以及"现代化路径"的理解。

世界上不同民族、国家的历史文化与传统，以及他们的生活方式和政治选择，都应该得到同等的尊重。然而，同样面对着世界上存在的多元文化，亨廷顿的结论是文明的冲突，而费孝通的理想却是"各美其美、美人之美、美美与共、天下大同"，这或许是东西方人思维方式的不同。走出"西方中心论"的影响，证明现代化路径的多元性，是"中国模式"的重要价值所在。

四、结论："中国模式"研究之再认识

综观近年来关于"中国模式"的讨论，我们大体可以将已有的丰硕的研究成果分为三类，它们分别涉及了关于"中国模式"讨论的三个层面。第一个层面的研究，是以探讨"中国模式"的内涵、特点、性质、意义为侧重点，力图解决的是"中国模式"是什么的问题；第二个层面的研究，和第一个层面相比，更具有方法论的意义，研究者关注的重点是我们应当以什么样的方法和视角去讨论、审视"中国模式"；而第三个层面的研究，则着眼于在更高的层面上反省我们对于自我文明、文化的认知态度，不论是创立"中国学派"以及社会科学本土化的倡议，还是"文化独立"的诉求，都大抵可以归入此类，它们直接指向中国人自身对中华民族的文化认同与文化自觉。由此而言，研究"中国模式"、"中国道路"抑或是"中国经验"、"中国特色"，更宝贵的意义在于确立中国人探讨自我发展道路的自信心、自主性以及确立这种探讨本身在方法论意义上所具有的话语合法性。

第十五章
独立自主与批判吸收 ——探索中国道路与反思苏联模式

这几年,"中国道路"成为诠释中国的关键词之一。很多人欢迎和赞同这个概念,甚至为此欢欣鼓舞,倍感自豪,甚至想到海外推销"中国模式";有些人从内心里讨厌这个概念,认为这个概念根本不成立,或根本不存在,他们以嘲笑和蔑视的态度,极力想抹煞这个概念的影响力。我认为,还是采取比较客观和冷静的态度为好,既不要过度兴奋,也不要一概抹煞。无论你承认不承认,"中国道路"都在那里,是一个客观实际的存在,就看我们如何解释这个存在而已。"中国道路"就是中国特色的发展道路。中国没有沿着西方经济学教科书所描绘的"标准化道路"前进,而是走了一条自己的道路。这条道路尽管在某些原理上确实与西方的道路有相似之处,但是不能因为相似就认为中国道路没有独特性。事实上,中国作为一个拥有悠久而独特的文化传统的大国,是不可能照搬任何国家的发展模式的。中国无论在文化上还是在经济体系、社会体系上,都与别的国家有显著的区别,这就注定了中国的发展路径与任何国家都不会雷同。因此,百年以来,中国一方面怀着羡慕和谦逊的心态,不断向先进的欧美国家和日本近邻学习,试图汲取它们的发展经验,同时也在不断地扬弃这些经验,不断探索自己的道路。因为中国发展的历史路径不同,所以中国在借鉴任何现成的模式的时候都必须考虑这个独特的"历史",只有从这个独特的"历史"出发,中国才能找到一条属于自己的道路。历史经验证明,照搬任何人都是行不通的。中国注定了要搞"中国特色"。

这个"中国特色",不是从改革开放之后才开始的,而是从 1949 年之后就开始了。而从这个历史逻辑出发,"中国特色"实际上的起点当然可以再往前追溯,追溯到什么时间都是成立的。

本章根据《毛泽东年谱》所提供的史料,详尽梳理了毛泽东在新中国成立初期对苏联模式的批判吸收以及独立自主地对社会主义体制的初步探索,并总结了 20 世纪 50 年代过渡时期"动态调整的渐进式过渡"的九大特征,即所有制上的多元性、过渡进程的渐进性、社会革命的和平性、过渡目标的动态调整性、利益集团的包容性、经济结构和发展路径的平衡性、集权与分权的兼容性、经济计划的试错性和灵活性、调动微观主体的积极性。本章最后总结了毛泽东的经济遗产和经济哲学渊源,并对邓小平渐进式改革和毛泽东渐进式过渡之间的渊源关系进行了探讨。

一、独立自主与批判吸收——毛泽东对中国道路的探索和对苏联模式的系统反思

1. 强调独立自主地探索中国道路,不迷信苏联模式,批评贾桂主义的奴性,鼓舞中国人民的民族自信

(1)深刻反思苏共二十大,强调把马列主义的基本原理同中国社会主义革命和建设的具体实际结合起来,探索建设社会主义的中国道路。1956 年 3 月 23 日,毛泽东主持召开中共中央书记处扩大会议,讨论赫鲁晓夫的秘密报告和中国共产党的对策。毛泽东说:社会主义社会,仍然存在着矛盾。否认存在矛盾就是否认唯物辩证法。斯大林的错误正证明了这一点。矛盾无时不在,无所不在。有矛盾就有斗争,只不过斗争的性质和形式不同于阶级社会而已。……赫鲁晓夫破除了那种认为苏联、苏共和斯大林一切都是正确的迷信,有利于反对教条主义。不要再硬搬苏联的一切了,应该用自己的头脑思索了。应该把

马列主义的基本原理同中国社会主义革命和建设的具体实际结合起来，探索在我们国家里建设社会主义的道路了。（560323-2-549～550）

（2）强调要有独创精神，不迷信苏联模式，少用苏联拐杖。可以说，中国特色社会主义道路是从毛泽东开始开拓的，其源头是毛泽东。1956年4月4日，毛泽东召集刘少奇、周恩来、彭真、邓小平等开会，最后一次讨论修改《关于无产阶级专政的历史经验》稿。会上，毛泽东说：最重要的是要独立思考，把马列主义的基本原理同中国革命和建设的具体实际相结合。民主革命时期，我们吃了大亏之后才成功地实现了这种结合，取得了新民主主义革命的胜利。现在是社会主义革命和建设时期，我们要进行第二次结合，找出在中国怎样建设社会主义的道路。这个问题，我几年前就开始考虑。先在农业合作化问题上考虑怎样把合作社办得又多又快又好，后来又在建设上考虑能否不用或者少用苏联的拐杖，不像第一个五年计划那样搬苏联的一套，自己根据中国的国情，建设得又多又快又好又省。现在感谢赫鲁晓夫揭开了盖子，我们应该从各方面考虑如何按照中国的情况办事，不要再像过去那样迷信了。其实，我们过去也不是完全迷信，有自己的独创。现在更要努力找到中国建设社会主义的具体道路。（560404-2-557）

（3）强调独立，屡次提出要批判贾桂的奴隶气，提出"打倒贾桂主义"，不要抄书照搬别人的模式，要破除对斯大林的迷信。1956年4月20日下午，毛泽东批评了一种说法"如果没有苏联的援助，中国的建设是不可能的"。他说：这种思想是不对的。当奴隶当惯了，总有点奴隶气，好像《法门寺》戏里的贾桂一样，叫他坐，他说站惯了。列宁反抗了第二国际，才取得了俄国革命的胜利，我们抵抗了第三国际的错误，才取得了中国革命的胜利。（560420-2-563）1958年3月22日，毛泽东在成都会议上作第四次讲话：要提高风格，讲真心话，振作精神，要有势如破竹、高屋建瓴的气势。……但我们的同志现在有精神不振的现象，是奴隶状态的表现，像京剧《法门寺》里的贾桂一样.站惯了不敢坐。对于马克思主义经典著作要尊重,但不要迷信,马克思主义本身就是创造出来的,不能抄书照搬。一有迷信就把我们脑子镇压住了,不敢跳出圈子想问题。(580322-3-321)1958年5月16日,毛泽东对北京第三工业建筑设计院关于在总路线精神推动下和苏联专家由两股劲拧成一股劲的经验报告,写题为《四海之内皆兄弟》的批语:"就共产主义者队伍说来,四海之内皆兄弟,一定要把苏联同志,看作自己人。大会之后,根据总路线同他们多谈,政治挂帅,尊重苏联同志,刻苦虚心学习。但又一定要破除迷信,打倒贾桂!贾桂(即奴才)是谁也看不起的。"(580516-3-350)

2. 强调在社会主义实践中的制度创新和制度自信,超越经典作家的思想,批判教条式地盲目学习苏联模式

(1)要把马克思主义与中国特点结合,不要教条主义地学习苏联。1956年4月29日,毛泽东在中南海勤政殿会见拉丁美洲几个国家共产党的代表。在座谈的最后,毛泽东说:有一点要跟大家说清楚,中国的经验只能提供参考。各国应根据自己的特点决定方针、政策,把马克思主义同本国特点相结合。中国的经验有好的,有坏的;有成功的,有失败的。即使是好的经验,不一定跟别的国家的具体情况相适合。作为参考则可,照抄则不可。照抄经验是要吃亏的,这是一条重要的国际经验。失败的教训很值得研究,能使人少走弯路。成功的经验在一国是成功的,但在另一国如果一模一样,不改变形式,反而会导向失败。(560429-2-573)

1957年2月27日,毛泽东在最高国务会议第十一次(扩大)会议作题为《如何处理人民内部的矛盾》的讲话,毛泽东说:工业化的道路,苏联有一条,我们现在走的跟苏联有些不同。重工业、轻工业、农业的投资比例,应该比较过去有一点改变。……重工业还是优先发展,但要走新的道路。这是否能比苏联工业化的速度快一些?看起来

要慢一些,实际上反而要快一些。……对一切国家都要学,对美国也要学,这是肯定了的。但是我们主要还是学习苏联。学习有两种态度。一种是什么都学,教条主义,好的坏的都搬来。这种态度不好。我们讲的是学习苏联先进经验。(570227-3-85~86)

(2)不要妄自菲薄,要打掉自卑感,中国社会主义的实践超过了马克思,要勇于标新立异。1958年5月8日,毛泽东在中共八大二次会议上作第一次讲话,讲破除迷信问题。毛泽东说:马克思没有做过中国这样大的革命,我们的实践超过了马克思,实践当中是要出道理的。这种革命的实践,反映在意识形态上,这就是理论。不要妄自菲薄。不要看不起自己。从古以来,发明家在开始都是年轻的……要敢想,敢说,敢做。不要不敢想,不敢说,不敢做,这种束手束脚的现象不好,要从这种现象里解放出来。劳动人民的创造性、积极性,从来就是很丰富的。我们现在的办法,就是揭盖子,破除迷信,让劳动人民的积极性和创造性都爆发出来。……我们要学列宁,要敢于插红旗,要敢于标新立异(580508-3-345~346)。

3. 强调社会主义实现模式的多元化路径,强调中国特色,为中国特色社会主义奠定理论和实践基础

(1)毛泽东认为社会主义的具体发展过程和表现形式是多样化的,不是千篇一律的,强调中国特色。1956年8月中旬、下旬,毛泽东审阅修改八大政治报告稿,在报告修改稿讲到社会主义制度在各国的具体发展过程和表现形式,不可能有一个千篇一律的格式的地方,改写一段话:"我国是一个东方国家,又是一个大国。因此,我国不但在民主革命过程中有自己的许多特点,在社会主义改造和社会主义建设的过程中也带有自己的许多特点,而且在将来建成社会主义社会以后还会继续存在自己的许多特点。"(560830-2-603)

(2)毛泽东阐述"十大关系"就是跟苏联比较,强调要学会独立

自主、自力更生。1958年5月18日,毛泽东主持召开中共八大二次会议各代表团团长会议时说:我为什么讲十大关系?十大关系的基本观点就是同苏联比较,除了苏联的办法以外,是否还可以找到别的办法,能比苏联、东欧各国搞得更快更好?(580518-3-353)实际上,尊重中国实际、搞出"中国特色"、创造性地建设中国特色的社会主义,是毛泽东头脑中根深蒂固的想法,这一思想实际上一直影响到改革开放之后"中国特色社会主义体制"的探索,这是一个一脉相承的指导思想。

4. 全面反思苏联模式的弊端,在经济过渡与经济发展中采取渐进与均衡策略,警惕重蹈苏联的覆辙

(1)认为苏联的教训是对农民福利和农业缺乏重视,肃反扩大化。1956年4月2日,毛泽东审阅修改《关于无产阶级专政的历史经验》稿。在文章讲到斯大林在后一个时期犯错误的地方,毛泽东加写了两段话:"他骄傲了,不谨慎了,他的思想里产生了主观主义,产生了片面性,对于某些重大问题做出了错误的决定,造成了严重的不良后果。""斯大林在他一生的后期,愈陷愈深地欣赏个人崇拜,违反党的民主集中制,违反集体领导和个人负责相结合的制度。因而发生了例如以下的一些重大的错误:在肃反问题上扩大化;……斯大林在这些问题上,陷入了主观性和片面性,脱离了客观实际状况,脱离了群众。"(560402-2-554)

(2)要重视轻工业投资和农民收入增加,不照搬苏联。苏共二十大与中苏论战给毛泽东以机会,把他长期以来形成的与苏联模式不同的思想公开出来,形成有中国特色的社会主义理论。1956年4月18日,毛泽东听取李富春关于第二个五年计划的汇报。毛泽东说:许多新产品都是在沿海工厂生产,可见沿海工业作用很大,应充分利用。沿海老工厂加以适当扩建,投资少,见效快。又说:农民的收入每年必须有所增加,就是说,百分之九十的合作社中百分之九十的人收入应有增加。……总之,向苏联学,但也不能完全照搬。(560418-2-561)

强调与苏联不同之处在于轻工业。1956年4月23日,毛泽东听取李富春关于第二个五年计划的汇报。谈到第二个五年计划基本任务的提法时,毛泽东说:在第二个五年计划工业投资中,轻工业投资比重比第一个五年计划时略有增加,这就是与苏联不同之处,将来历史会判断(我们的方法更)正确一些(560423-2-565)。

(3)针对苏联教训,强调处理好三个关系:沿海与内地、轻工业与重工业、个人与集体。1956年4月19日,毛泽东强调三个关系都必须很好地解决,即沿海与内地关系、轻工业与重工业关系、个人与集体关系。真想建设内地,就必须充分利用沿海;真想建设重工业,就必须建设轻工业;真想搞好集体所有制,就必须搞好个人所得。谈到农业增产问题时说:我国农业机械化的步骤要慎重,不能破坏了精耕细作。现在的危险是忽视个人利益,如果不注意个人收入问题,就可能犯大错误。命令主义和减少农村副业也是错误的。应该把积累、个人收入、发展副业、纠正命令主义都纳入规划之中。(560419-2-562)

(4)不断总结苏联教训,结合中国实际,系统提出"十大关系"。刚开始毛泽东提出"六大关系",到1956年4月25日,毛泽东主持召开有各省市自治区党委书记参加的中共中央政治局扩大会议,在会上发表《论十大关系》的讲话。讲话以苏联的经验为鉴戒,初步总结了中国社会主义革命和社会主义建设的经验,提出了调动一切积极因素,为社会主义事业服务的基本方针,论述了社会主义革命和建设中的十大关系。(一)重工业和轻工业、农业的关系。重工业是我国建设的重点,但是决不可以因此忽视生活资料尤其是粮食的生产。(二)沿海工业和内地工业的关系。沿海的工业基地必须充分利用,但是,为了平衡工业发展的布局，内地工业必须大力发展。（三）经济建设和国防建设的关系。国防不可没有。只有经济建设发展得更快了，国防建设才有更大的进步。（四）国家、生产单位和生产者个人的关系。必须兼顾国家、集体、个人三个方面，不能只顾一头。（五）中央和地方的关系。目前要注意的是，应当在巩固中央统一领导的前提下，扩大一点地方的权力，给地方更多的独立性，让地方办更多的事情。有中央与地方两个积极性，比只有一个积极性好得多。（六）汉族和少数民族的关系。我们着重反对大汉族主义，地方民族主义也要反对。（七）党和非党的关系。就是长期共存，互相监督。（八）革命和反革命的关系。（九）是非关系。（十）中国和外国的关系。一切民族、一切国家的长处都要学，政治、经济、科学、技术、文学、艺术的一切真正好的东西都要学。但是，必须有分析有批判地学，不能盲目地学，不能一切照抄，机械搬用。《论十大关系》的讲话，于1976年12月26日在《人民日报》发表，这对于理解毛泽东建设具有中国特色的社会主义思想非常重要。（560425-2-567）

（5）反对过分集中，解决好分权和集权的关系问题。1956年4月28日，毛泽东主持中共中央政治局扩大会议时说：过分的集中是不利的，不利于调动一切力量来达到建设强大国家的目的。请同志们想一想我们党的历史，现在适当地来解决这个分权、集权的问题。关于社会主义整个经济体制的问题，他说：关于企业的独立自主，列宁所说的独立自主，应搞到什么程度，请大家注意研究。我这里随便这么讲，表述不是很准确，叫做要有点"独立王国"，就是要有半独立性，或者是几分之几的独立性。这个问题很值得研究。……关于全国平衡问题，他说：有一个同志讲，地方要有独立性，同时还要有全国的平衡，我看这句话很好。有一些事情地方是不享有独立性的，只有国家的统一性。另一些事情地方是享有独立性的，但也还需要有全国的平衡，没有全国的平衡，就会搞得天下大乱。没有全国的平衡，没有调

剂，全国的工业化就搞不起来。（560428-2-570）

（6）毛泽东认为苏联有了重工业，丧失了人民，批评苏联扩大剪刀差。1957年1月18日，毛泽东主持省市自治区党委书记会议时说：苏联是有了重工业，丧失了人民。……适当地（不是太多地）增加轻工业方面的投资、农业方面的投资，从长远来看（五年、十年），既可以搞积累，又满足了人民的需要，反而对于重工业的发展有利。这样一来，就跟苏联走的那条路有点区别，不完全抄它那条路。……我们对于工农业产品的交换是缩小剪刀差，而不是像苏联那样扩大剪刀差。（570118-3-65）（570118-3-67）

5. 以苏联为镜鉴，突出群众路线，谨慎对待阶级斗争，降低过渡时期的社会转型恐慌

（1）突出群众路线，反对突出个人。1956年3月23日，毛泽东在分析赫鲁晓夫的秘密报告时提出，对于苏共二十大赫鲁晓夫大反斯大林，我们党应当表示态度，方式可以考虑发表文章……这篇文章可以在支持苏共二十大反对个人迷信的姿态下面讲一些道理，补救赫鲁晓夫的失误；对斯大林的一生加以分析，既要指出他的严重错误，更要强调他的伟大功绩；对我党历史上同斯大林有关的路线错误，只从我党自己方面讲，不涉及斯大林；对个人迷信作一些分析，并说明我党一贯主张实行群众路线，反对突出个人。（560323-2-550）

（2）苏联镇压反革命太过了，反思斯大林的失误。1956年6月28日，毛泽东接受罗马尼亚大使递交国书时说：我们不要迷信。认为在社会主义国家里一切都是好的，这是迷信。事物都有两面，有好的一面，有坏的一面。……过去认为苏联是没有错误的，现在斯大林问题出来了，许多人就惊讶不止。世界是美丽的，但也不是美丽的，世界上有斗争、有矛盾。……什么事情不能过分，过分了就要犯错误。斯大林基本上是正确的，是有很大功绩的，但是他犯了很大的错误，做

了很多坏事,斯大林就是过分了。镇压反革命分子本来是好事,但是过了分,把革命同志也看做反革命分子,就是一个大错误。我跟苏联同志说,过去他们犯过错误,今后还会有错误。他们不大相信。我们也犯过很多错误,今后还一定会有错误。我们要使错误小一些,这是可能的。但是否认我们会有错误,那是不现实的。(560629-2-589)

(3)认识到我们的任务是解放生产力,发展生产力,要减少社会恐慌心理,深刻指出斯大林的认识错误。1956年9月23日,毛泽东会见参加中共八大的英国共产党代表团时说:在斯大林时期,阶级没有了,社会已进入了没有阶级的社会,反革命更少了,但斯大林的思想仍停留在旧社会的时代。我认为这样才能够解释他的错误,即是认识的错误,认识不符合客观事实。又说:我们胜利只有七年。我们政权专政的职能,只剩百分之十了。由于没有那样多的反革命分子,所以专政的范围缩小了。现在我们的任务是解放生产力,保护生产力。生产力首先需要人,要人们不恐慌,要党内不恐慌,要民主党派不恐慌,要全国人民不恐慌。(560923-2-633)

(4)反思苏共二十大,反思波匈事件和社会主义的搞法,承认矛盾,强调要开动脑筋解决自己的问题。1956年11月4日,毛泽东主持召开中共中央政治局常委扩大会议,讨论匈牙利问题。毛泽东在发言中说:苏共二十大有个好处,就是揭开盖子,解放思想,使人们不再认为苏联所做的一切都是绝对真理,不可改变,一定要照办。我们要自己开动脑筋,解决本国革命和建设的实际问题。(561104-3-23)

(5)系统梳理中国与苏联的不同,提出要讲辩证法。1956年11月15日,毛泽东出席中共八届二中全会。毛泽东在讲话中谈到中苏关系问题。他说:我们跟苏联同志说,十个指头,九个指头是拥护你们的,是跟你们一致的,只有一个指头我们有矛盾,我们不同意你们一些事情。中国和苏联两个国家都叫社会主义,但苏联和中国的民族不同。至于所做的事,那有很多不同。比如,我们的农业合作化经过三个步骤，跟他们不同；我们对待资本家的政策，跟他们不同；我们的市场物价政策，跟他们不同；我们处理农业、轻工业同重工业的关系，跟他们不同。我们军队里头的制度和党里头的制度也跟他们不同。有些同志就是不讲辩证法，不分析，凡是苏联的东西都说是好的，硬搬苏联的一切东西。（561115-3-33）

（6）认识到苏联新经济政策结束太早了，不能急于国有化。1956年12月7日，毛泽东邀集全国工商联和民主建国会成员座谈时说：我们团结的主要对象、定息的主要对象是大的资本家，我们不要使对国家经济起重要作用的人利益受到损害。……资产阶级中，不革命的和反革命的是个别的，整个阶级不能说是不革命的或反革命的。现在有些文章太"左"了。但是，资产阶级还有两面性，一面进步，一面落后。……现在我国的自由市场，基本性质仍是资本主义的，虽然没有资本家。它与国家市场成双成对。……这叫新经济政策。我怀疑俄国新经济政策结束得早了，只搞了两年退却就转为进攻，到现在社会物资还不充足。……可以消灭了资本主义，又搞资本主义。现在国营、合营企业不能满足社会需要，如果有原料，国家投资又有困难，社会有需要，私人可以开厂。（561207-3-47）

二、中国道路的起点：过渡时期的体制特征、哲学渊源及其经济遗产

1. 中国道路的形成：动态调整的渐进式过渡的体制特征

1949—1957年是新中国的社会主义经济过渡时期，这个过渡模式可以用"动态调整的渐进式过渡"来概括。具体来说，"动态调整的渐进式过渡"包含九大特征：

（1）所有制上的多元性。新中国初期的生产资料所有制，包含国家所有制（即全民所有制）、合作社所有制（即劳动群众集体所有

制)、个体劳动者所有制、资本家所有制。尽管最终目标是实现社会主义的所有制形式，但是在过渡阶段毛泽东却采取高度的灵活性与原则性相统一的战略，既积极地发展国家所有制，引导集体所有制迅速发展，同时又包容个体劳动者所有制和资本家所有制，强调国家资本主义在社会主义过渡时期的合理性和长期性。事实上，毛泽东多元所有制并存的思想，就是混合所有制思想，而经济过渡时期的混合所有制比单一的纯粹的国家所有制更符合经济过渡的规律，更能激发各个主体的积极性，也更能保障经济发展的效率。

（2）过渡进程的渐进性。毛泽东一直强调经济过渡的长期性和渐进性，不采取一步到位的简单化的过渡方式，而是采取小步快走的分阶段的渐进过渡方式。对资本主义工商业的社会主义改造采取渐进的赎买方式，而且赎买的资金来源是企业利润的增量，保障了资本家的定息，这对于资本主义工商业的顺利改造是有积极作用的，极大地降低了社会的震荡成本。在1958年之前，对农业的社会主义改造也基本采取渐进的措施，不一下子取消单干，并强调不歧视单干农民，使农民在自愿的基础上逐步实现合作化。

（3）社会革命的和平性。无疑地，1949—1957年的社会主义过渡，是一场深刻的社会革命，这场社会革命引发国家所有制、社会分配制度、阶级关系等发生了深刻的变革，但是同时，这场变革又是以比较温和的和平方式进行的，是一种和风细雨式的社会革命，而不是一场暴风骤雨式的革命。在社会主义过渡时期，主要采取的方式不是暴力的剥夺，而是和平的分阶段的赎买政策，以极其细致和深刻的政治教育为手段，积极引导资本家走向社会主义。从更广阔的历史背景和更大的国际范围内比较来看，毛泽东所领导的中国社会主义过渡的和平特征是非常显著的，这在世界历史上都是罕见的。

（4）过渡目标的动态调整性。根据国内外经济社会状况等条件，对社会主义过渡的步骤和措施进行动态调整，是中国社会主义过渡的重要特征。中国的社会主义过渡要根据中国的实际情况来进行,没有成功的模式可供借鉴,毛泽东等第一代领袖以极其冷静而科学的态度,深刻审视中国独有的社会经济特征,以边实践边总结边前进的务实而谦虚的姿态,不断从经验和教训中摸索出一套可行的成本最低的经济过渡模式。动态调整的过渡实际上就是"干中学"模式,从失误中学习,从教训中学习,不断矫正过渡目标,不断修订不正确或超越阶段的过渡措施,以期使经济过渡的制度安排与经济发展的实际规律相契合。既不是放任自流和无所作为,也不是不顾条件暴虎冯河式地盲目硬干,而是针对现实中的矛盾斗争和约束条件,不断修订目标和措施,既有原则性,又有灵活性。

(5)利益集团的包容性。任何经济体制变迁和过渡都有极大的风险,其中最大的风险来自于社会利益格局和阶级关系大规模变动所引发的社会震荡。因此,一个成功的社会经济体制变迁,必然是社会震荡成本最小的改革,这就需要最大限度地采取谨慎的策略,对不同利益集团采取包容性措施,不激发社会矛盾,而是尽量缓解阶级冲突,给反对利益集团以生路,避免其大规模反抗。毛泽东在中国社会主义改造时期采取了比较谨慎的阶级斗争策略,对资本家采取渐进赎买和支付定息政策,在合作化运动中对地主、富农、中农采取缓和的分化和引导政策,不剥夺资本家和地主这些反对利益集团的生存权,而是通过政治教育的方式使其成为新社会的一员,彻底改造其思想,这就最大限度地降低了社会危机发生的概率。

(6)经济结构和发展路径的平衡性。在新中国初期,毛泽东娴熟地运用其辩证思维,以苏联为镜鉴,以高度的艺术处理轻工业、重工业、农业、国防工业的关系,揭示重工业和轻工业以及农业之间相互依存相辅相成的辩证关系,同时注意协调沿海与内地发展的关系,使得新中国经济结构比苏联更优化,既保障了重工业的优先发展,保障了国防工业的快速发展,同时又保障了轻工业和农业的发展;既照顾到赶超战略的实施,又照顾到民生;既照顾到积累,又照顾到消费,使经济过渡以一种比较均衡的状态来展开。从历史的眼光来看,毛泽东能够以辩证思维、以高度的艺术来驾驭中国转型期间经济结构和发展路径的平衡性,是具有相当前瞻性的举措,对中国未来的发展意义重大。

(7)集权与分权的兼容性。鉴于旧中国四分五裂、政令分散且无权威的状况,新中国强调财经统一、强调国家的权威、强调集权式的经济运行格局,是题中应有之义,这也是当时绝大多数中国人的梦想和希求。但是毛泽东在社会主义经济建设的实践中,敏锐地感悟到国家集权与地方分权的辩证关系,他既强调中央集权和国家权威,强调政令统一和财经统一,强调中央对整个经济发展和经济过渡的把控力,又强调调动地方积极性,强调要根据地方的实际情况来推动经济过渡,对不同地区要采取不同的过渡战略。这就使得新中国的经济运行机制既不像美国的联邦制那样特别强调地方政府的独立性和自主性,也不像苏联模式那样单方面强调中央的集权,而是走了一个中庸的路线,发挥两个积极性,这个思想到现在还有积极意义。

(8)经济计划的试错性和灵活性。1949—1957年是新中国尝试制定并实施社会主义经济计划的时期,经济计划的制定是一个极其复杂的社会工程。毛泽东强调经济计划一定要发挥群众的作用,要有领导、有步骤、科学地制定计划,而且要根据国内外经济社会条件灵活地调整计划,做到计划性和灵活性的统一。对于轻重工业、国防工业和农业的比重,对于各地粮食等农产品的计划供应和计划收购,都有一个长时间的摸索过程,数目的制定要不断试错,不断修订,才能比较接近经济发展的实际。

(9)调动微观主体的积极性。毛泽东一直强调"制度激励",强调"制度比人强",要调动企业和个人的积极性,要通过一定的制度设计来达到激励微观主体积极性的作用。这些思想在以后的企业改革、农村改革中都有一定的延续和体现。

2. 毛泽东的经济遗产和渐进式过渡的哲学渊源

毛泽东《论十大关系》是论述新中国经济过渡和经济发展战略构想的代表文献，其中反映出他力图突破传统封闭模式而在发展战略构想中独创中国特色的尝试。可以说，这些体现着辩证思维高度的思想及其实践为中国20世纪70年代末期的经济改革开拓了某种富有弹性的制度空间。比如中国国有企业的运行机制和农村经营模式明显不同于苏联体制，这为以后中国农村改革和企业改革埋下了伏笔。中国的产业结构也明显优于苏联的片面重视重工业的畸形的产业结构。这是毛泽东在试图突破并反叛苏联传统模式时给中国后来的经济发展和改革留下的珍贵的经济遗产。可以说，改革开放后很多政策都是毛泽东时代的遗留的东西的合乎逻辑的发展。

可以说，毛泽东同志在其特殊的历史背景下对苏联模式的叛逆精神基本上是以民族独立与民族振兴为基本取向，这种"叛逆"的意义在于，它使得整个民族获得了对根深蒂固的旧体制进行反思并选择具有中国特色的新体制的合法性和巨大的精神鼓舞。相对于当时盛行的对于苏联模式的狂热迷信而言，这种叛逆精神所隐含的启发和象征意义是极其丰富而重大的，正是这些思想资源部分地被后来邓小平时代的改革者所汲取，从而掀起了第二次体制上的革命。如果说毛泽东强调了一个民族选择自身发展战略与发展模式的自由权利，从而避免了苏联高度计划体制带来的毁灭性命运，那么，邓小平则是空前地强调和开发了经济中微观行为主体的选择权利，这是一种与民族的选择权利具有同等意义的权利。改革以来对于个体的正当的选择权利的尊重与宽容是体制改革的巨大推进力量，它空前地激发了微观主体的创新热情，从而将这些热情整合为巨大的制度创新的洪流，荡涤着传统的经济教条和体制弊病，为改革的顺利有效的推进开辟了道路。改革开放之后成效显著的农村改革和乡镇企业发展都是发挥个体自我选择权利的结果，而不是政府理性规划的结果。

如果去追溯哲学根源，毛泽东在建国初期的治国理念和经济发展哲学有两个来源。一方面，在渐进式过渡和国家动态平衡发展的思想方面，毛泽东更多地汲取了马克思主义和中国古代哲学中的优秀的辩证思维方法，尤其是采取了中国古典哲学中中庸的渐进策略，使建国初期的经济恢复和社会主义改造在一种稳健可控的思想指导下进行；另一方面，毛泽东的计划经济思想和他的试图控制和引导整个经济发展的思路来源于列宁的治国思想和哲学思想，而列宁治国思想与哲学思想的根基是德国古典哲学。自康德以来的德国古典哲学家无一不试图构建包罗万象的思想体系，这种体系试图解释整个人类发展的历史进程，并试图规划人类未来发展的理想轨迹，这种将人类理性过度夸大甚至迷信理性的哲学倾向对于社会主义者的诱惑和误导也是不可估量的。有趣的是，正是在德国，出现了强调国家干预主义的历史主义、浪漫主义、"国家有机说"、官房学派，与英法等国主张经济自由主义的斯密、李嘉图、巴斯夏相抗衡。有幸的是，在建国初期，前一方面的思想占主导性地位，在这一百废待兴的历史阶段，毛泽东高度艺术地运用了中国古代的治国智慧（如同他在战争中运用娴熟的古代战争艺术一样），即中庸的智慧，尤其在1949—1957年开展大规模治国尝试的最初阶段，他对于中庸治国哲学和辩证法的运用达到了炉火纯青的程度，在新中国肇创时代极端错综复杂的国内外局势下顺利实现了中国工业化基础的初步奠定、经济的快速恢复和农业现代化的有力推进，在不出现大规模社会动荡前提下实现了国家经济制度和社会政治制度的渐进式和平过渡，这是极端不易的。而到了50年代末期乃至于六七十年代，毛泽东却逐渐偏离了这一中庸的正确的经济发展路线，从而造成了消极的经济后果。

三、不能割裂两个时代：邓小平渐进式改革与毛泽东渐进式过渡的内在联系

与毛泽东形成相似对照的邓小平可能更多地受欧洲另外一种哲学传统所引导和影响，那就是英国的经验主义哲学和法国的自由主义哲学传统。经验主义者对于人类运用自己理性而臆想的所谓完美的社会蓝图怀着天然的警觉与排斥，他们更相信经验与实证，对人类理性并不迷狂。他们把整个人类社会看成是一个具有自身逻辑的（而非人类有意设计的）发展历程，他们在历史自身的逻辑面前是谨慎与敬畏的。而法国自启蒙时代以来的思想家，则强调公民的自由选择及不可剥夺的平等权利，反对任何集体以任何名义对个体自由的侵蚀与践踏。在某种程度上，邓小平或多或少受到了这种思想的影响。同时，邓小平身上还深刻地烙下了中国黄老哲学的印记，那就是遵循自然与人类本性，遵循经济发展本来的规律，尊重微观个体的自由意志，以"无为"达到"有为"。

由毛泽东时代的经济遗产提供背景而由邓小平的经济哲学为指导的中国经济改革模式，与苏联突变式或爆炸式的改革模式有很大不同。中国是一种渐进性的以制度的局部创新和地域的局部开放为突破口的改革模式，它缺乏事前预定的完整的理论设计和政策规划，"摸着石头过河"，它在旧体制没有被彻底打碎和否定的前提下进行新体制的尝试，这种从旧体制内生出来的增量改革路径是制度成本最小、制度变迁摩擦最小的一种模式。而苏联模式则是一种起始便对旧体制（思想、政治结构、经济制度）进行彻底否定的全面推进的暴风骤雨式的激进模式，它引起巨大的社会恐慌、社会利益结构的震荡性变化、经济秩序的极端混乱，增大了改革的成本和制度摩擦，带有明显的俄罗斯民族狂热的印记，这与其改革前所拥有的经济体制背景有极大相关性。

邓小平所推行的渐进增量改革模式，与毛泽东所采取的渐进过渡模式，有一定的机制相似性，他们都强调制度演进步骤上的渐进性，都强调照顾不同的利益集团以保障利益结构的相对稳定，都强调所有制的多元化和混合特征，都强调发展手段的灵活性和发展战略的平衡性。更为本质的是，毛泽东和邓小平都强调独立自主地探讨具有中国特色的社会主义道路，既不迷信苏联模式，也不迷信西方模式，而是根据自己的目标函数和约束条件来求索中国自己的发展模式。

20世纪70年代末期在中国掀起的意义深远的巨大的改革洪流，奠定了中国在此后改革与发展的基调，它对于中国人民思想观念上的强烈冲击和对于中国经济体制的深刻影响，已经并将继续随着历史的演进逐渐清晰地显现出来。广泛而深刻的体制变迁使中国获得了崭新的经济形态，长期高速度的经济增长、广大民众生存与福利状况的巨大改善、国家综合实力的迅猛提升，这些举世瞩目的经济成就，成为近代世界经济发展史上罕见的经济赶超奇迹，中国被公认为经济发展与经济过渡的成功范例。

这场改革带给中国人观念上的震撼是无可比拟的，中国人通过这场波澜壮阔的变革获得了对于传统体制的宝贵的反思力量，我们难以想象，如果没有这种反思的勇气，中国如何能够支撑如此艰巨而漫长的改革进程。正如前述，早在中国社会主义经济建设的初期，毛泽东就力图突破传统的封闭的苏联模式而在发展战略构想中独创具有中国特色的发展道路，这些思想和实践无意中为中国70年代末期的经济改革创造了思想前提与制度空间。邓小平继承并发扬了这种实事求是的反思与叛逆精神，开启了一个中国民众自主选择发展模式的新时代。通过比较这两个时代背后的精神实质，我们发现，这种反思和叛逆的勇气是一脉相承的。1949年到现在，中国经历了两次过渡，获得了异常丰富和宝贵的历史经验，这两次过渡给予中国人民以丰厚的历史遗产，使中国在深刻的制度变迁过程中多了一份清醒和自觉，少了一份自卑、急躁和盲目性；多了一份客观性和相对意识，少了一些主观性和绝对意识。在毛泽东和邓小平的语境中，社会主义成为"弹性的解释体系"，它是一个渐进的、动态调整的制度演进过程，而不是一个绝对的不可动摇的观念体系。这些观念，对于我国确立社会主义市场经济的体制改革目标具有先导意义。现在，我们已经确定了新的以市场经济为导向的社会主义体制，但是，新的体制对传统社会主义体制的扬弃必须是辩证的，传统社会主义体制中所包含的追求社会正义、公平等社会价值必须得到进一步的尊重与弘扬，这也是社会主义市场经济体制合法性的基础。

从更广阔的历史视角来看，毛泽东时代和邓小平时代是紧密联系的，不能把两个时代割裂开来，更不能将二者简单地对立起来。历史是一个有着内在的逻辑联系的统一的整体。只有客观看待这两个时代的利弊，尤其是客观梳理和充分借鉴新中国建立初期的治国理念和过渡思想，才能从中汲取宝贵的思想资源，才能看到中国道路的历史选择的内在逻辑，也才能更加准确更加科学地评价毛泽东在建国初期的行动和战略的伟大历史价值。

第十六章
中国经济体制变迁的历史脉络与内在逻辑

一、引言：对经济体制变迁的不同模式的反省

本章的主旨是探讨中国经济体制变迁的历史起点、变迁路径以及内在逻辑，并对中国经济体制变迁的路径和经验进行反省，对其成就和缺憾进行探讨，以期寻找未来中国经济体制变迁的大致方向。首先值得说明的是，在本章中，笔者不用"经济转型"或"经济转轨"这两个经济学界常用的术语，而用"经济体制变迁"或"经济体制改革"这两个虽比较陈旧但更准确的术语。其原因在于，"经济转型"或"经济转轨"这两个术语，弥漫着西方经济学以自身为中心的一种极不恰当的学术傲慢气息，它以自己为标准衡量一切其他体制，以自己为中心观察一切其他的社会经济形态。因此，"经济转型"或"经济转轨"这两个词，与历史学研究中的"西方中心主义"在思维方式和逻辑体系以至于研究心态上是有内在的一致性的。近代以来，在整个科学界（包括自然科学和人文社会科学），这种思维方式、逻辑体系和研究心态不是覆盖着所有领域的一种主流的、我们习以为常而不知反省的"意识形态"吗？诸如"哥伦布发现新大陆"式的西方中心在主义话语体系，笼罩着整个学术界，在经济学界尤其如此，以至于我们已经深深陷入这种极不适当、极不客观和科学的话语体系而不自觉，这极大地妨碍了我们对现实和真理的探索。事实上，世界上所有的经济体，即使是最发达的经济体，它的经济体制亦不可能是达到一种完美境地的、静态的、一成不变的。因此，经济体制的变迁是无处不在的，不

存在哪一种经济体制必然向哪一种经济体制"转轨"的问题。在经济史上，国家干预主义和经济自由主义的消长在任何国家都存在着，且随着时间和社会经济结构的演变不断发生着嬗变，因此无论是国家干预主义还是经济自由主义，都不可能绝对化地被奉为永久的教条，而是应因时而变，因地而变，相机抉择，不可"刻舟求剑"式地采取教条主义的态度，盲目崇信某种思潮而将其定于一尊。①

实际上，在西方的所谓"转轨经济学"界，从来没有统一的共识，对经济体制变迁的激烈争议从来没有停止过。这些争议不应当被理解为仅仅是经济学家纯粹的理论思辨，恰恰相反，在真实的经济体制变迁当中，不同路径选择确实极大地影响着变迁的绩效，影响着这个过程中不同交易主体的利益结构的变化。强制性变迁和诱致性变迁、渐进式变迁与激进式是其中的两个主要争议问题。虽然这两组概念的划分标准是有显著区别的——前者以制度变迁的主导者为标准，而后者以制度变迁的路径选择为标准——但是，这两组概念其实指向同一个事实，即在执行强制性变迁的经济体中，其制度变迁往往以国家权力所有者为主导来推进的，其制度变迁的路径也往往带有激进式的特征；而在执行诱致性变迁的经济体中，其制度变迁往往以初级行动团体为主导来推进，其制度变迁路径也往往带有渐进性的特征。但是在现实中，完全也有可能出现另外一种不同的组合，即在国家主导的强制性制度变迁中，其推进模式有可能是渐进的，国家控制着制度变迁的节奏和速度，有意识地、选择性地推进制度变迁策略，能够主动地决定何种制度需要快速推进，而何种制度需要缓行或变相执行；而在初级行动团体为主导的诱致性制度变迁中，也有可能并不是和风细雨地推进，而是采取极其果断或迅猛的模式，从而使国家发生革命式的制度

---

① 关于国家干预主义和经济自由主义思潮的消长，可参见王曙光：《金融自由化与经济发展》，第1—16页。

变迁。

在苏联和东欧社会主义国家的制度变迁中，除了个别的国家之外，大部分国家采取了国家主导的激进模式，制度变迁的节奏很快，变革很迅猛，对社会经济的冲击也很大，从而导致社会经济在制度变迁的冲击之下，长期难以恢复正常状态，使社会摩擦成本极高，付出了比较惨重的代价。究其根源，并不是其目标函数发生了颠覆性的失误，而是其制度变迁的路径选择存在严重的问题。这些国家在西方经济学家的引导之下，渴望按照新古典经济学的教条，以疾风暴雨式的制度变革，迅速实现整个国家经济体制的自由化、市场化和产权的私有化。所谓"震荡疗法"（shock therapy），是一种大爆炸式（big bang）的跳跃性的制度变迁方式，希望在较短时间内完成大规模的整体性制度变革，也就是所谓"一步跨到市场经济"。大爆炸式的激进式制度变迁之所以往往很难取得预期的效果，甚至在很长时期之后仍然很难恢复正常的经济增长，其原因是早期的过渡经济学往往忘记了"制度"这一变量的特殊性。制度实质上是社会经济主体之间相互制约与合作的一种社会契约，因而制度变迁实际上是旧的契约的废止和新的契约的形成过程，而契约的重新设计、创新以及签订本身均需付出一定成本，比如在发生产权关系变革的制度变迁过程中，需要重新进行资产价值评估，重新以法律形式界定各方的权利义务关系，需要制定新契约和保护新契约所花费的时间和费用，还有人们学习和适应新的规则和关于新体制的知识所耗费的各种成本。这些成本的存在，注定了制度变迁不可能是一个一蹴而就的、疾风暴雨式的瞬间的"历史事件"，而应该是一个"历史过程"。

我们需要深刻理解这个"历史过程"。具体来说，这个"历史过程"包含着经济主体的学习过程和知识更新过程（即政府、企业与居民为适应市场经济运作模式而必须逐渐获取和接受有关市场经济的理念和知识）、政府和立法机构的法律建构过程（即政府和立法机构对传统法律体系的修正以及建立新的法律架构和法律秩序，从而实现法律体系由传统计划体制向市场化体制的变迁）以及国家政治体制的完善过程。这些变迁都不可能或者说很难在短时间内迅速完成，而是必须经过较长时间的学习和适应才能奏效。这个"历史过程"注定是漫长而且艰辛的，驾驭这个"历史过程"，不仅需要路径设计上的前瞻性，而且需要极大的耐心和智慧，要在合适的拐点上积极推动制度变迁，而在制度变迁的时机未到时不盲目行动，这需要整个社会建立起一种协商的机制与关于制度变迁路径的共识，从而在每一个制度变迁时刻求得整个社会的最大利益公约数。

二、中国经济体制变迁的历史起点与基本条件

1978年底开启的经济体制变迁，虽然基于对传统社会主义体制的系统反思与检视，但是这种反思与检视从总体来说，并不是对传统社会主义体制的一种颠覆式的抛弃，而在很大程度上承继了传统社会主义体制遗留下来的宝贵遗产，并加以适当的修正。这个检视、反思、承继、修正的历史过程，当然不是一个经过事先详密计划的具有"顶层设计"意味的自上而下的过程，而是一个在既已形成的历史条件的基础上，边修正、边探索、边实验、边创新、边试错、边学习的过程，也就是一个"摸着石头过河"的"干中学"的过程。当我们梳理这个历史过程的时候，切勿把这个历史过程"断裂式"地看待，不要以为中国的经济体制改革是对原有体制的彻底抛弃和彻底否定，不要想当然地认为经济体制改革不需要任何历史条件和历史积淀就可以轻而易举地成功，也不要简单地仅仅把经济体制改革的成功归结为改革开放以来的制度变迁的自然结果。历史是延续的，一些历史形成的制度元素和物质元素不可能不对未来的制度变迁起作用，有些看起来是后来制度变迁所造成的结果，实际上也许更多地受惠于先前已经形成的制

度元素和物质元素,是这些"历史变量"的合乎逻辑的历史发展的结果。从历史的长期的互相联系的角度看问题,比仅仅从当下的、短期的、断裂式的角度看问题,要科学得多,客观得多,如此我们对历史变迁才会有更为全面的认识。

(一)农村基础设施与农村改革的物质条件准备。中国的经济体制改革是从农村开始起步的,农村经济体制改革的成功与巨大绩效,不仅为整个改革开放提供了巨大的物质资本,而且为改革开放奠定了群众舆论基础,使改革开放的效果在最初的十几年被广大农民所肯定,从而赢得了更为广泛的国民支持。农村改革之所以获得如此巨大的成功,当然与结束人民公社体制、改变农村激励机制、释放农民种粮积极性有直接关系,制度的变革使得农民获得了空前的经济自主权,其收益的分配机制也更为灵活,从而极大地激发了隐藏在农民中的创造潜能,改变了传统人民公社体制的一些弊端。但是不能简单地把农村改革视为对传统人民公社体制的抛弃和颠覆,恰恰相反,无论是从制度元素还是从物质元素上,农村改革都从传统人民公社体制中汲取了大量的"资源",这些"资源"经过农村改革所提供的市场条件和激励机制的催化,释放出巨大的能量。从物质条件来说,农村改革受益于人民公社时期甚至更早的合作化时期所积累的大量物质要素,其中最主要的是农业基础设施的巨大改善。从20世纪50年代到70年代末,政府运用极大的政治动员能力、国家控制力并借助合作社和人民公社的体制优势,对中国的农业基础设施进行了大规模的改造,实现了农业基础设施的"改天换地"般的巨大变化。

农业机械化在50年代到70年代有了长足的进步,根据农业部提供的农业机械总动力的数据,1957年我国农业机械总动力分别为165万马力和12.1亿瓦,1978年则分别为15975万马力和1175亿瓦。1952年我国的排灌动力机械分别为12.8万马力和0.9亿瓦,1978年则分别为 6557.5 万马力和 482.3 亿瓦。[①] 农业机械使用量在计划经济时期获得了较大幅度的增长，如大中型拖拉机 1952 年全国共有 1307 台，1962 年增至 5.5 万台，1978 年有 55.74 万台；机动脱粒机 1962 年全国有 1.5 万台，1978 年 210.6 万台。[②] 在 50 年代到 70 年代整个计划经济期间，农田水利设施得到了巨大改善，广大农村地区根据各地的实际情况，充分利用了人民公社的制度优势，对大江大河和各地的区域性的水利设施进行了大规模改造，平整农田，改善灌溉和防洪防旱条件，取得了辉煌的成就，这在中国数千年历史中都是极为罕见的，而这些农田水利设施的改善，无疑对于改革开放后的农业增长起到巨大的作用。农村中的机耕面积和有效灌溉面积在整个计划经济期间有了很大增长，1952 年我国机耕面积为 204 万亩，1978 年为 61005 万亩；有效灌溉面积 1952 年为 29938 万亩，1978 年为 67448 万亩；1952 年我国机电灌溉面积占有效灌溉面积的比重仅为 1.6%，到 1978 年这一比重已经达到 55.4%。[③] 农业技术水平和农业技术投资在这个期间也有极大的提高和增长，对此本书第二章有详尽的论述，本章不再赘述。总之，在整个计划经济期间，农业基础设施建设、农业机械化和现代化、农田水利改造以及技术水平的提升等，这些都为改革开放后的农业奇迹做出了历史性的贡献，这些贡献应该得到客观评价，其作用不容抹煞，不能被"故意"忽略。

（二）1949—1978 年所准备的人力资本条件。人力资本对经济发展的影响甚大，而人力资本的概念，应该包含教育、健康和生育等多方面维度。李玲教授在她的研究中正确地指出了改革开放前中国人力

[①] 中华人民共和国农业部计划司编：《中国农村经济统计大全（1949—1978）》，农业出版社 1989 年版，第 308—314 页。

[②] 中华人民共和国农业部计划司编：《中国农村经济统计大全（1949—1978）》，第 308—315 页。

[③] 中华人民共和国农业部计划司编：《中国农村经济统计大全（1949—1978）》，第 318 页。

资本方面的巨大改善对改革开放后创造"中国奇迹"所起到的巨大作用："新中国前三十年的一条重要经验在于寻找到一条依靠劳动密集投入的路径，保障全民健康、教育，提高劳动力素质，降低人口的死亡率和生育率。用最低的成本启动人力资本内生改善的机制是中国模式的重要特征，使得中国在改革开放前人均收入水平很低的情况下就能够拥有高于其他发展中国家的人力资本禀赋，这为中国在改革开放后迅速地把握全球化的有利时机创造经济奇迹提供了内部动力。新中国成立后低成本高效率的人力资本的累积方式，不但为探索后续的经济奇迹的来源提供了重要线索，也创造了一种全新的人类发展模式。"① 从健康方面来说，新中国成立以来人民健康事业取得巨大进步，很多流行性疾病如天花、霍乱、性病等得到彻底消除，而寄生虫病如血吸虫病和疟疾等得到大幅度削减。平均寿命从 1949 年的 35 岁增加到 1980 年代早期的 70 岁，婴儿死亡率从 1950 年的约 250‰ 减少到 1981 年的低于 50‰，这些成就，都不但在发展中国家中遥遥领先，而且很多指标超过了中等发达国家，甚至接近某些发达国家水平。中国在 70 年代相对较低的生育率水平和社会成员的健康与教育水平联系紧密，婴儿死亡率和儿童死亡率明显低于相同经济水平和更高收入水平的发展中国家，这使得家庭减少了通过多生育子女来提高子女存活数量的激励，而妇女地位提高、教育水平提高和科学避孕技术的采用是生育率下降的另一组重要原因。节育、教育、健康在伴随着妇女解放的过程中螺旋式上升，在性别和代际间不断改善人力资本的存量。② 从教育来看，新中国成立以来到 20 世纪 70 年代，中国在初等和中等教育方面成效显著，农村青壮年文盲率大为降低，由新中国成立时的 80% 左右

---

① 李玲：《人力资本、经济奇迹与中国模式》，载潘维主编：《中国模式：解读人民共和国的 60 年》，第 201 页。

② 李玲：《人力资本、经济奇迹与中国模式》，载潘维主编：《中国模式：解读人民共和国的 60 年》，第 210—215 页。

降低到 15% 左右，而改革开放初期印度的文盲率为 60%。在正规教育方面，1949 年中国小学入学率在 25% 左右，而到改革开放初期，学龄儿童入学率稳定在 90% 左右，1979 年小学净入学率高达 93%，接近工业化国家水平，其中小学生中 45% 为女生；中国拥有中等教育水平的人口显著高于其他发展中国家，甚至高于某些发达国家。[①] 1978 年之前人力资本的积累，为改革开放的成功提供了雄厚的人才基础，反观 80 年代之后，在人力资本的某些方面（比如农村医疗体系、人均健康水平、基础教育体系等）反而退步了，这些需要深刻的反思。

（三）人民公社体制的调整所准备的制度变革条件。改革开放后实行了家庭联产承包责任制，人民公社体制慢慢退出历史舞台。实际上，人民公社体制在六七十年代也在不断调整，不断消除人民公社体制的一些弊端，其中核心的调整就是激励机制的调整，这些调整的方向实际上与改革开放后的制度变革是一致的，这就为改革开放后的制度变革提供了历史条件和基础。本书第五章对人民公社的制度调整作了详细的研究，在此只简要回顾一下。调整主要体现在两个方面：基本核算单位的改变和建立农业生产责任制的尝试。1959 年 2 月 27 日至 3 月 5 日召开的郑州会议提出了指导人民公社建设和整顿的具体方针："统一领导，队为基础；分级管理，权力下放；三级核算，各计盈亏；收入计划，由社决定；适当积累，合理调剂；物资劳动，等价交换；按劳分配，承认差别。"[②] 这是人民公社体制的第一次调整。1960 年 11 月 3 日，中共中央在《关于农村人民公社当前政策问题的紧急指示信》又强调了以下几点：（1）三级所有，队为基础，是现阶段人民公社的根本制度；（2）坚决反对和彻底纠正一平二调的错误；（3）加强生产队的基本所有制；（4）坚持生产小队的小部分所有制；

---

① 李玲：《人力资本、经济奇迹与中国模式》，载潘维主编：《中国模式：解读人民共和国的 60 年》，第 216—217 页。

② 《建国以来毛泽东文稿》第八册，第 916 页。

（5）允许社员经营少量的自留地和小规模的家庭副业。[①]经过各地调查和试点，以及1962年初七千人大会的讨论，1962年2月13日正式发出《中共中央关于改变农村人民公社基本核算单位问题的指示》，指出，以生产队为基本核算单位，更适合于当前我国农村的生产力水平，更适合于当前农民的觉悟程度，也更适合于基层干部的管理才能，是调动广大农民集体生产积极性的一项重大措施。《指示》还指出，实行以生产队为基础的三级集体所有制将不是一项临时性的措施，而是在一个长时期内（例如至少30年）需要稳定施行的根本制度。[②]据此，中央对《农村人民公社工作条例（修正草案）》再次作了修改，并于9月27日由八届十中全会正式通过。此后到1978年12月中共十一届三中全会重新制定了《农村人民公社工作条例（试行草案）》之前，这个修正草案一直是对农村人民公社和整个农村工作起指导作用的文件。

与人民公社基本核算单位下调同步进行的是农业生产责任制的建立与健全。在1958年底和1959年上半年的整顿期间，人民公社基本核算单位逐步下移到生产大队（生产队），平调的财物做了算账退赔，分配上减少了供给制的比例，劳动管理方面明确了人民公社也要建立责任制，也要包产。在这个时期，"三定一奖"（"三定"指定产、定劳力、定投资）或"三包一奖"（"三包"指包产、包工、包成本）的责任制形式得到普遍认同，类似的责任制形式在各地不断涌现。1961年6月15日公布的《农村人民公社工作条例（修正草案）》规定："生产队是直接组织生产和组织集体福利事业的单位。""生产大队对生产队必须认真实行包产、包工、包成本和超产奖励的三包一奖制。可以一年一包，有条件的地方也可以两年、三年一包。包

[①] 中共中央文献研究室编：《建国以来重要文献选编》（第十三册），第661—662页。
[②] 中共中央文献研究室编：《建国以来重要文献选编》（第十五册），第176、180页。

产指标一定要经过社员充分讨论,一定要落实,一定要真正留有余地,使生产队经过努力有产可超。超产的大部或者全部,应该奖给生产队。""生产队为了便于组织生产,可以划分固定的或者临时的作业小组,划分地段,实行小段的、季节的或者常年的包工,建立严格的生产责任制。畜牧业、林业、渔业和其他副业生产,耕畜、农具和其他公共财物的管理,也都要实行责任制。有的责任到组,有的责任到人。"①既然"责任制的单位较生产队有所减小,可以是'组'和'个人',一些地方在贯彻执行'六十条'时,走向了不同形式的或者变相的'包产到户'"②。这个修正草案还规定:"在生产队办不办食堂,完全由社员讨论决定";"社员的口粮,不论办不办食堂,都应该分配到户,由社员自己支配"③。这就等于事实上宣布取消了农村公共食堂和分配上的供给制,对消减社员间的平均主义具有重要意义。"文化大革命"结束后,定额管理和各种类型的农业生产责任制陆续恢复并有新的发展,直到20世纪80年代初被土地家庭承包经营所取代。从这个连续的历史过程我们可以看出,人民公社在核算单位和农业生产责任制方面的探索和调整,实际上为改革开放后的农业体制变革开辟了道路。

(四)人民公社体制下的社队企业发展与乡镇企业的崛起。乡镇企业被学术界普遍认为是中国经济改革所取得的最重要成就之一,80年代成为中国经济"三分天下有其一"的重要组成部分,到90年代之后,乡镇企业融入了民营经济发展的大潮,中国的经济结构发生了深刻的变化。乡镇企业在80年代中后期之前被称之为"社队企业",而社队企业是50年代以来人民公社体制的重要产物。可以说,正是社队企业在50年代到70年代的大发展,才奠定了乡镇企业的发展基础,

---

① 中共中央文献研究室编:《建国以来重要文献选编》(第十四册),第385、393、399页。
② 贾艳敏:《农业生产责任制的演变》,第131页。
③ 中共中央文献研究室编:《建国以来重要文献选编》(第十四册),第401页。

从而为改革开放的成功奠定了基础。

1958年开始，基于毛泽东关于人民公社"工农兵学商"相结合的设想，中共中央正式提出了发展农村工业和社队企业的政策主张。1958年12月10日，中共八届六中全会通过的《关于人民公社若干问题的决议》提出："人民公社必须大办工业。公社工业的发展不但将加快国家工业化的进程，而且将在农村中促进全民所有制的实现，缩小城市和乡村的差别。"1958年后，人民公社所办的工业得到了迅猛的发展。1958年社办工业达260万个，产值达62.5亿元。六七十年代是社队企业发展比较迅猛的时期。在这一时期，社队企业在全国蓬勃发展，有些地区社队企业的规模比较大，奠定了乡村工业化的基础，也为未来乡镇企业的大发展提供了技术条件、管理经验和人才条件。

在整个"文化大革命"期间，社队企业有了长足的发展。1965年至1976年期间，按不变价格计算，全国社办工业产值由5.3亿元增长到123.9亿元，在全国工业产值中的比重由0.4%上升到3.8%。到1976年底，全国社队企业发展到111.5万个，工业总产值243.5亿元，其中社办工业产值比1971年增长216.8%。其中江苏省农村工业发展比较好，1975年社队工业总产值达22.44亿元，比1970年的6.96亿元增长2.22倍，平均每年增长20%以上；同期社队工业在全省工业总产值中所占比重，由3.3%上升到9.3%。[1] 我们可以想象，如果没有这些社队企业的发展，如果没有六七十年代社队企业的管理经验的积累和技术积累，八十年代以来的乡镇企业的异军突起是不可能的。据统计，到改革开放前的1978年，社队企业恢复发展到152万个，企业总产值达493亿元，占农村社会总产值的24.3%[2]，这就为乡镇企业

---

[1] 莫远人主编：《江苏乡镇工业发展史》，第140页。
[2] 韩俊：《中国经济改革三十年：农村经济卷》，第145页。

的发展奠定了坚实基础,也为我国的改革开放尤其是农村改革提供了雄厚的物质基础。

(五)比较完备的工业体系的构建与技术、人才条件的历史准备。20世纪50年代,随着"一五"计划的实施,新中国的社会主义工业化建设开始启动,经过20多年的发展,到改革开放的80年代,我国已经基本建立起一个比较完备的工业体系,重工业、轻工业和国防工业都发展到一定的水平,培养了大量的技术人才和基层技术工人。从国际比较的角度来说,我国在20多年的时间里,以极快的速度,从一个一穷二白、工业基础极为薄弱的国家,发展成为一个拥有比较完备的工业体系的工业国家,实现了整个国家的初级工业化,这是一个极为伟大的前无古人的成就,在世界经济发展史上也是极为罕见、没有先例的。在第一个五年计划时期(1953—1957),工业发展总体上持续高速增长,工业总产值、工业基本建设投资、基建新增固定资产等指标增长迅猛,其中工业总产值年均增长18.36%,"一五"计划取得了极大的成功。1952—1957年间,重工业产值增长了210.7%,轻工业产值增长了83.3%,年均增长速度,前者为25.4%,后者是12.9%,轻重工业都得到了快速发展。① 第二个五年计划时期(1958—1962)是"大跃进"和经济调整时期,在这个时期,工业生产总量指标出现波动(1961年达到低谷),从这五年的总体增长而言,工业总产值增长率年均为9.46%。② 在国民经济调整和恢复时期(1963—1965),工业生产有所恢复,工业总产值年均增长18.16%,在此期间,工业总产值在社会总产值中的比重持续上升2.02%,1965年底比重为52.02%,我国工业化程度进一步提高。③ 1966—1976年间,我国工业发展仍然保持了快速的增长,在艰难曲折中仍旧有年均9.5%

---

① 上海财经大学课题组:《中国经济发展史(1949—2005)》(上),第290—291页。
② 上海财经大学课题组:《中国经济发展史(1949—2005)》(上),第302页。
③ 上海财经大学课题组:《中国经济发展史(1949—2005)》(上),第309页。

的增长率，从1966年到改革开放的1978年，我国工业总产值在社会总产值中的比重不断上升，从1965年的52.02%上升到1978年的61.89%，尽管经历了十年的曲折，但是我国工业化水平仍然不断提高，工业在国民经济中发挥着越来越举足轻重的作用。①1966—1976年间，国家积极支持"五小"工业的发展，使得小型企业发展迅猛，1976年全国小型企业数由1970年的19.11万个增加到28.76万个，1977年小型企业数增至31.6万个，占全国工业企业总数的97.97%。同时在这个时期，集体所有制企业的增长也远远超过全民所有制企业的增长，1965—1976年间，城镇集体工业的产值由133.1亿元增长到489.4亿元，占工业总产值比重由9.6%上升到15%。②可以说，前三十年的工业发展为改革开放后的经济发展提供了雄厚的物质基础，其中中小企业的发展和非全民所有制的城乡集体企业的发展，为改革开放后中小企业遍地开花以及所有制结构的调整奠定了基础，这个发展过程是一脉相承的，而不是断裂的。

（六）社会主义计划的自我调整所奠定的新型"计划—市场"关系。毛泽东、刘少奇、陈云、李富春等第一代领导者在新中国建立初期，经过一段时间的摸索与试验，已经对计划经济运行的规律有了比较深刻的认识。他们都一致强调，社会主义计划不是一种刻板的计划，而是要考虑到一定的自由度，考虑到区域的差异性，考虑到企业的自主权，考虑到计划本身的弹性和可调节性。这种对社会主义计划经济的刻画体现的是一种弹性的社会主义模型，而不是一种僵化的社会主义模型。我们在本书第六章对此有过详尽的探讨，在此只作提纲式的论述。这种弹性的社会主义计划经济既要集中计划和统一，以期消除经济运行的无组织和无政府状态，又要体现一

---

① 上海财经大学课题组：《中国经济发展史（1949—2005）》（上），第319页。
② 上海财经大学课题组：《中国经济发展史（1949—2005）》（上），第324—325页。

定的分散性和灵活性，使计划不是一个僵死的东西，而是一个弹性的体系。这种弹性的社会主义计划经济是中央计划的统一性和因地制宜的结合，是集权和分权相结合，在强调中央权威的前提下，也尊重地方的一定意义上的自主性和独立性。在中国这样一个大国实行计划经济，必须调动地方的积极性和主动性，而不是单纯强调集中统一。从某种意义上来说，正是地方的博弈行为使社会主义计划能够有效率地实施，且能够完成自我调整。这种弹性的社会主义计划经济强调"大计划"和"小自由"的结合。允许自由市场在一定程度上、一定区域内、一定产业中存在。既要有大一统，要有对一些细小的部分留有一定的余地，使微观的细胞能够充满活力，在非关键领域实施灵活的价格政策和资源配置政策。这种弹性的社会主义计划经济是明确规定的指令性计划和不明确规定的隐含的指导性计划的结合。这个思想早就存在于第一代领导者中，现在这种思想则成为我国制定经济计划的主导性的原则。这种弹性的社会主义计划经济强调把经济计划与价值规律结合，提倡尊重价值规律。这种计划体制其实是试图把计划和市场平衡起来，不破坏市场规律，尤其是价值规律。弹性社会主义模型中对市场规律的包容性解释，实际上为改革开放后解决"计划—市场"的矛盾统一提供了理论上的可能性和现实中的可操作性。改革开放后，我国的经济运行机制发生了深刻的变化，但是对社会主义计划的系统性反思和调整，实际上在在此之前的几十年中就在进行了。

三、中国经济体制变迁的内在逻辑和传统智慧

中国自 1978 年以来实行的改革开放实践为全球发展中国家和转型经济国家提供了生动而有价值的参照系。中国改革开放的不断深化和持续的经济增长，蕴含着大量富有创造性的中国智慧，同时也为经济

学家探讨经济发展和转型理论提供了丰富的视角。可以毫不夸张地说，中国的经济改革中所包含的一整套思维型态、理论框架和行动模式，必将成为全球经济发展的最重要成果，同时也必将引发经济学内部的一场深刻的反省与革新。从这个意义上说，对中国改革开放模式的总结无疑将具有全球意义，中国的经验为那些处于发展中的转型国家提供了大量值得借鉴的行动框架与制度安排，这些行动框架和制度安排无疑都烙上了独特的中国智慧的印记。我们可以从中国范式中抽象出一些更为一般的规律或者原则，这些一般原则尽管不可能在另一种文化或制度框架中被完全复制，但是其借鉴价值却值得珍视。中国经济改革的传统智慧可以概括为以下八条：

第一，中国的经济改革具有强制性变迁与诱致性变迁相融合的特征。其突出的表现是，在很多领域的改革中，初级行为团体在制度选择和制度变革中起到引人注目的关键作用，如农民在影响深远的农村制度变革中就不是作为单纯的"制度接受者"，而是在某种程度上参与和开启了制度选择和制度变革，最后再由政府将这些制度选择和制度变革形式向更大的范围内推广，并以国家法律的形式对初级行为团体的制度选择和制度变革加以确认和合法化。从这个角度来看，在中国以国家为制度主体的强制性制度变迁中，又包含着若干的诱致性制度变迁的因素和特征，这构成中国经济体制变迁的一个重要特色。

第二，中国的经济改革具有渐进性变迁和激进性变迁相融合的特征。中国的总体经济改革总体上无疑是渐进式的，具有试错的"摸着石头过河"的特征，边际化改革有效降低了改革的摩擦成本，减少了社会震荡。但在每一具体改革举措的推行和新制度安排的实施方面，又具有激进的特征，很多具体的改革机制实际上是在很短的时间内完成的，国有企业的股份制改革、国有商业银行的股权结构和内部治理结构的变革、资本市场的股权分置改革等，实施周期都非常短，这显示出中国改革在总体稳健渐进的条件下在具体改革实施层面的果断性以及对于制度变革时机的准确把握。值得强调的是，渐进性改革虽然在制度变迁的长期路径上体现出渐进性特征，但是在制度变迁的每一个具体阶段和具体步骤上，又应该具有改革的实质性和果断性，也就是说，改革的每一个具体阶段和具体步骤都应该触及实质性的经济关系，都应该为最终的市场化目标奠定基石。渐进性制度变迁的使命是尽快建立完善的市场经济机制，结束经济体制长期扭曲和双轨运行的局面，避免经济过渡时期内传统体制的复归和经济矛盾长期累积而发生经济体系的全面危机。

第三，中国的经济改革具有增量改革的特征。中国改革采取边际性的增量改革的方式，整体改革过程不是按照一个理想的模式和预定的时间表来进行的，新的资源配置方式和激励机制不是同时在所有经济领域发挥作用，而是在率先进行改革的部门和改革后新成长的部门首先发挥作用。国有企业的改革就是这种增量改革模式的典型表现，早期的承包制在不触动国有企业根本产权制度的前提下利用利润留成产生了新的增量使用，取得了在国有企业改革的特定时期改善激励机制和提高效率的成果。乡镇企业的发展壮大是增量改革的另一个典型案例，乡镇企业在未触动传统经济部门和不对原有资产存量进行再配置的前提下，创造了国民经济中新的市场作用的领域，在资产增量的配置中逐渐引入了越来越多的市场机制，从而大大增加了经济的活力。当然，增量改革在不触及原有经济格局、维持社会经济稳定和利益格局均衡的同时，也对资源配置效率产生了某些消极影响，新体制和传统体制的双轨并行产生了大量的寻租机会，企业和居民等经济主体倾向于通过寻租而不是公平的市场竞争来获得收益，容易造成大量生产性资源的浪费。

第四，中国的经济改革具有典型的局部性"试验—推广"的特征。政府先在某些经济领域或某些地区进行尝试性的改革，然后将成熟的经验和运作方式向其他地区和经济领域进行推广。这种"试验推广"的局部性改革方式尽管在某种程度上降低了改革风险，保证了整个改革过程的可控制性和稳健性，但是局部性改革本身的推广依赖于国家对不同领域和不同地区的强制性与行政性的隔离与割裂，容易导致不同地区和经济领域的发展与改革的不均衡性。但从总体来说，局部性的"试验—推广"的积极效应远远大于其消极层面，局部的尝试性改革激发了创新精神，同时也是整个国民对新体制和新模式的不断学习、适应和鉴别的过程，这对于降低改革的实施成本产生了积极作用。这种模式对全球其他转型国家无疑也有借鉴意义。

第五，中国经济改革具有建立在有效利益补偿机制基础上的帕累托改进性质。改革说到底是一个利益格局的变化过程，在这个过程中，如何建立有效的利益补偿机制，使得改革中每一个人的福利均能获得"帕累托改进"而不是"非帕累托改变"，是经济改革的核心问题。在中国整个改革过程中，中央决策者都能够在改革推进的关键时点对改革的受损者进行及时的补偿，使得改革的实施成本和摩擦成本降低到最低限度，避免了社会格局的断裂。尤其是近年来，中央提出"城市反哺农村、工业反哺农业"，农业税的取消、农村合作医疗的推行、农村公共设施财政支付力度的加大、农村教育经费的倾斜等，都是这种利益补偿机制的有机组成。

第六，中国经济改革的成功推行有赖于有效的财政分权体制以及由此激发的地方政府创新精神。在中国的渐进式的转型中，地方创新行为总是充当了相当重要的角色，地方政府以及其他微观经济主体共同形成了地方性的创新主体，从而有力地推动了中央计划者的改革行动，而中央计划者总是在总结地方创新主体的创新经验之后将其适当合法化，从而形成整个国家的集体行动。很多经济学家认为，转型中的地方政府之所以会有发展经济的行为，是来源于边际激励很强的财政分权体制的作用。财政分权体制给中国转型中的地方政府形成了很强的发展经济的激励。地方政府在财政分权体制下有足够的动力和内在激励去发展地方的经济，并给地方民营经济创造良好的发展条件。地方政府与民营企业的互动促进了民营经济的发展，而地方政府官员与地方经济发展在利益上的一致性是地方政府能够选择促进民营经济发展的重要原因。

第七，在中国经济改革中，一个显著的表现是在整体性的制度安排尚未作出系统性改革的条件下对某些微观主体创新行为采取默许式激励方式，这构成渐进式转型的一个重要特征。农村的家庭联产承包责任制的推行并不是在全国一刀切式地进行推广的，在家庭联产承包责任制试验的初期，农民和地方政府表现出强烈的创新意识，但是对于微观主体的自主创新，中央采取了务实的宽容态度，允许农民的自发试验。国有企业改革的各种自发性尝试行为也被中央默许和鼓励，而不是武断地以一种统一的模式推行。在金融体系的改革中，各地农村合作金融机构和城市金融机构在产权重组与经营模式多元化上也得到了中央的默许式激励。这种对微观主体创新行为的默许式激励被证明是有效的，它容许在一定范围内的自发试验，容许微观主体在合理的程度上进行局部的创新，结果是为整个制度创新和制度变迁提供了必要的舆论前提和经验准备。

第八，在经济改革进程中，中国在保持国家控制力和意识形态稳定性的前提下，建立了有效的不同利益集团的制衡机制与利益表达机制。很多国内外文献指出，中国持续稳定的经济增长和顺利的转型，依赖于强大的国家控制力和政治格局的相对稳定，同时中国在持续的法治化努力下建立了新的制度框架和法律框架，不同利益集团的利益均衡和利益表达有着比较畅通的渠道，这为解决经济改革中利益主体不均衡问题提供了制度基础和有效渠道。这是值得发展中国家和转型国家借鉴的一条基本政治经济学智慧。

四、中国经济体制变迁的若干检讨和未来方向探讨

20世纪70年代末期在中国掀起的意义深远的巨大的改革洪流,奠定了中国在此后40年间改革与发展的基调,它对于中国人民思想观念上的强烈冲击和对于中国经济体制的深刻影响,已经并将继续随着历史的演进逐渐清晰地显现出来。广泛而深刻的体制变迁使中国获得了崭新的经济形态,40年间高速度的经济增长、广大民众生存与福利状况的巨大改善、国家综合实力的迅猛提升,这些举世瞩目的经济成就,成为近代世界经济发展史上罕见的经济赶超奇迹,中国被公认为经济发展与体制变迁的成功范例。

这场改革带给中国人观念上的震撼是无可比拟的,中国人通过这场波澜壮阔的变革获得了对于传统体制的宝贵的反思力量,我们难以想象,如果没有这种反思的勇气,中国如何能够支撑如此艰巨而漫长的改革进程。正如前述,早在中国社会主义经济建设的初期,毛泽东就力图突破传统的封闭的苏联模式而在发展战略构想中独创具有中国特色的发展道路,这些思想和实践为中国70年代末期的经济改革创造了某种富有弹性的制度空间。邓小平继承并发扬了这种实事求是的反思精神,开启了一个中国民众自主选择发展模式的新时代。通过比较这两个时代背后的精神实质,我们发现,这种反思和叛逆的勇气是一脉相承的。

邓小平同志1992年春天的南方谈话是一个具有重大历史意义的事件,他对中国传统社会主义意识形态的冲击改变了许多根深蒂固的观念。保守主义者心目中奉为神圣的许多信条,如所有制问题,分配制度,社会主义本质特征,市场经济与社会主义关系问题等,都有了崭新的迥然不同的表述。社会主义成为一种"弹性的解释体系",它再也不与单一的所有制、平均主义的分配制度、大一统的高度计划经济体制等意识相联系,而是与多元化的所有制结构、承认收入差异性以及更

重视价格配置资源作用的市场经济体制相联系。这些观念，对于中共确立市场经济体制改革目标、对于1999年宪法的修改都具有先导意义。

如果我们回顾1992年之后20余年的改革进程，我们就会发现，凡是我们遵循经济发展的基本规律、尊重微观经济行为主体的选择权利、坚持改革的市场经济取向的时期，我们的改革事业就会顺利地进行，反之就会出现改革徘徊不前以至倒退的局面；我们还会发现，凡是在那些尊重微观主体的自主选择权利、鼓励和保护微观主体制度创新的热情、始终坚持市场经济的基本取向的经济领域，我们的改革就会取得巨大的成效。改革开放初期农村生产经营体制的成功改革和乡镇企业的迅猛崛起，都是这个结论的最为有力的佐证。中国将社会主义市场经济作为改革的基本目标模式，是经过40年改革的风风雨雨坎坎坷坷之后得出的正确选择，我们终于认识到，只有将市场调节作为资源配置的基本手段，才能最大限度地激发微观主体的创新热情，才能实现物质和人力资源的最优配置，才能促进生产力的持续稳定的发展。可以说，始终不渝地坚持改革的市场经济取向，是中国经济体制改革最为宝贵的经验。

一个竞争性的有效率的市场经济体系包含三个基本要素：其一是必须有自主经营、自负盈亏、产权明晰、权责明确的并有自主的市场选择权利的微观经济行为主体，其二是必须有以竞争性的市场价格为导向的包含各种要素的完善的市场体系，其三是必须有主要通过市场手段进行调节的规范而有效的宏观管理体系。这三个要素互为条件互相制约，共同构建起一个完整的市场经济体制。经过40年的改革，我们完全可以说，我们已经初步建立起社会主义市场经济体系，在重塑充满活力的市场主体、构建竞争性的市场机制和完善政府宏观调控体系三个方面都取得了突破性的进展。但是，这并不意味着我们的市场经济体系已经完美无缺，恰恰相反，以上述三个标准来衡量中国的市场化改革，我们发现我们还有很长一段路要走。在重塑具有充分活力的市场主体方面，中国的国有企业改革还要按照市场化的要求继续深化，国有企业一方面要建立产权明晰的现代企业制度，从而真正成为摆脱行政依附色彩的独立的市场主体，另一方面要按照"有所为有所不为"的原则逐步从竞争性产业中实现战略性退出。在构建竞争性的市场机制方面，中国要切实营造一种鼓励竞争的社会氛围，消除国有经济在某些竞争性行业的垄断地位，鼓励和允许民间资本平等参与市场竞争，并消除在某些行业中仍旧残存的不符合市场经济规律的价格管制。在完善政府宏观管理体系方面，政府要转变传统的强力行政干预的观念，主要运用市场化的手段对经济进行规范的宏观调控，减少对经济运行的直接介入。"把企业当作企业，把政府当作政府"，这是一个极为浅显的道理，但是要实现这样的目标，中国还要付出更多的努力。

我们还要反省渐进式变迁的消极层面。40年以来，中国采取的是一种渐进式的以制度的局部创新和地域的局部开放为突破口的改革模式，在旧有的传统体制尚未彻底消失的前提下进行新体制的尝试，这种从旧体制内生出来的增量改革路径是制度创新成本和体制摩擦成本最小的一种模式，与那些暴风骤雨式的制度变迁的激进模式相比，这种渐进模式更易于被民众接受，避免了巨大的社会恐慌、社会利益结构的震荡性变化以及经济秩序的极端混乱。但是，渐进模式初期的成功并不意味着它完美无缺一劳永逸，它对旧体制的宽容为以后彻底性的改革设置了一定的屏障，丧失了全面彻底改革的最佳时机，使得制度弊端和体制缺欠得以苟延残喘恶化淤积，直到不可收拾的地步，这也是在经过高歌猛进的变革阶段后改革突然变得步履维艰的内在原因。政治体制改革的缓慢和延宕，国有企业产权改革的徘徊，以及行政体系的无效率，对于改革的进一步推进起到严重的阻碍作用，渐进模式在这些领域的犹疑态度长期来看使得改革成本加大，旧体制对于经济增长的阻力开始显现，而新旧体制"双轨"并行不悖的增量改革的能量已经释放殆尽。渐进模式并不意味着放弃彻底而全面的制度创新，尤其是政治制度创新。

我们还要防止过度的市场化带来的风险,对某些领域过度市场化的弊端要有足够的警惕和反省。我们要深刻检视国家和市场的关系,十八届三中全会正确地指出:"要让市场在资源配置中起决定性作用,让政府在资源配置中起更好的作用。"对于后面一句话,我们恐怕还要有更为深刻的认识。在很多涉及国民基本福利和社会保障的领域,在很多民生和公共服务领域,过度的市场化已经给社会稳定和经济发展造成了巨大的负面影响。医疗领域过度市场化带来的看病难看病贵问题,教育领域过度市场化带来的教育乱象和教育质量下降问题,已经引起了全社会的关注和不满,即使在国有企业的改革方面,凡是涉及公共领域(比如在廉租房领域,在涉及公共安全的金融领域)的,也要在市场化方面极为审慎,不能以市场化为名损害广大人民的基本福利,不能以有损整个社会的和谐稳定为代价来盲目推行市场化。我们还要警惕在推行市场化的过程中行政权力与资本的勾结,警惕官僚资本主义对整个国家秩序和市场秩序带来的损害。我们还要防止在市场化过程中利益格局的固化和社会结构的固化,要创造一种合理的、弹性的、灵活的机制,给广大人民尤其是在社会经济结构中处于底层地位的人民以改变命运的机会,降低他们的生活和创业成本,给他们以生存的基本保障,并给他们提供发挥才智的空间,使他们活得有尊严,有幸福感,有稳定感,有对未来的希望。要高度警惕和极力防止两极分化,防止某些垄断性的阶层运用自己的垄断地位谋取垄断利益,要创造一种公平的、竞争性的、透明的游戏规则体系,让整个社会富有弹性和协调性,打破僵化的社会结构。我们要尤其关注城乡一体化和区域一体化的发展,尽最大努力消除地域性和族群性的贫困,促使公共服务和社会保障均等化和普惠化,使人民尤其是农民和城市贫困居民能够分享社会发展和社会变革带来的红利,以此来保证整个社会的长治久安和经济的可持续发展。

后　记

　　这本小册子是作者学习和研究中华人民共和国经济史的部分习作的结集。这些不成熟的文字，有些偏于经济史料和文献的梳理，有些偏于思想史和观念史的解读，虽说走的大体是"史论结合"的路子，可是有些着重于"史"，有些则偏重于"论"，体例并不整齐划一，理论思考以及对材料的运用还处于"初级阶段"，文风也大多尚保留着当初思考和写作时的初始原貌，并未刻意统一，这是需要向同仁和读者首先说明并致以歉意的。作者追求对新中国经济发展这一历史过程的"了解之同情"（陈寅恪先生语），然而以新中国经济史之错综复杂，对这一历史过程的任何解读不可避免为自己的知识结构与意识结构所囿，所谓"看山是山，看水是水"，殊不知这山水在各家眼中各具面貌。诚恳期待师友们的批评与教正。

　　这本小册子也是作者以忐忑的心情向师长们递交的一份不成熟的作业。作者多年受教于北京大学经济学院，在求学和研究过程中得到老师们的诸多呵护与教诲，永志难忘。在此谨向北京大学经济学院陈振汉先生和师母崔书香先生以及赵靖先生、石世奇先生、李德彬先生等先辈致以由衷的敬意，先生们虽已远去，但先生们的学养与人格将永远滋养和激励我们。作者的学术研究得到众多经济史学界大家们的训教与提携，我们要特别感谢董志凯教授、萧国亮教授、武力教授、李伯重教授多年来对我们的支持与指导。作者所在的中国社会科学院和北京大学的同仁们在作者的研究中亦给予多方面的照顾与帮助，在此一并致以衷心感谢。我们还要感谢北京大学哲学系王海明教授为本书出版提供的宝贵机会以及商务印书馆编辑老师的辛苦工作。

本书出版得到中央民族大学柏年康成基金资助，特此致谢。

王曙光　王丹莉

2016 年 9 月 16 日